古代歷史文化 研究輯刊

十一編

王明蓀 主編

第 2 冊

帝國的骨架：地緣與血緣之間
——先秦、秦漢地緣政治結構變遷大勢（上）

蕭映朝 著

國家圖書館出版品預行編目資料

帝國的骨架：地緣與血緣之間——先秦、秦漢地緣政治結構變
遷大勢（上）／蕭映朝 著—初版—新北市：花木蘭文化出
版社，2014〔民103〕
序6+ 目4+258 面：19×26 公分
（古代歷史文化研究輯刊 十一編：第2冊）
ISBN：978-986-322-561-4（精裝）
1. 地緣政治　2. 秦漢
618　　　　　　　　　　　　　　　　　103000929

ISBN-978-986-322-561-4

9 789863 225614

古代歷史文化研究輯刊
十一編　第 二 冊　　　　ISBN：978-986-322-561-4

帝國的骨架：地緣與血緣之間
——先秦、秦漢地緣政治結構變遷大勢（上）

作　　者　蕭映朝
主　　編　王明蓀
總 編 輯　杜潔祥
副總編輯　楊嘉樂
編　　輯　許郁翎
出　　版　花木蘭文化出版社
社　　長　高小娟
聯絡地址　235 新北市中和區中安街七二號十三樓
　　　　　電話：02-2923-1455 ／傳真：02-2923-1452
網　　址　http://www.huamulan.tw 信箱 hml 810518@gmail.com
印　　刷　普羅文化出版廣告事業
初　　版　2014 年 3 月
定　　價　十一編 24 冊（精裝）新台幣 46,000 元　　版權所有·請勿翻印

帝國的骨架：地緣與血緣之間
——先秦、秦漢地緣政治結構變遷大勢（上）

蕭映朝　著

作者簡介

蕭映朝，男，1972 年生於湖北廣水，醉心文史哲，留意興亡事，以詩行吟、以哲悟道、以史觀潮，而立之年赴燕園治史，先後獲北京大學歷史學碩士、中國人民大學歷史學博士學位，不惑將至，攜書劍獨上高原，立撫劍閣於拉薩，涉雪域山水，體西藏文化，覺高天之遼遠，看四野之蒼茫 ......

提　　要

　　西周創造性地實行了寓地緣於血緣之中的封建制度，以洛邑爲中心構建了十字形架構的地緣政治格局，開闢了以西馭東的地緣模式。平王東遷後，西周的縱橫地軸之上孵化出晉、楚、齊、秦四大國，基本主導著春秋時期地緣政治大勢。戰國初年，三家分晉後大大改寫了春秋時期的地緣政治格局，及至秦惠文王南并巴蜀而建立起秦蜀地緣聯合體，新地軸已是具體而微，戰國中後期的歷史即是秦人假新地軸之實力以衝擊舊地軸之形勢並最終席卷天下的歷史。秦統一六國的同時實現了新舊地軸的合璧，擴大化的關中成爲帝國控馭東方的根本。秦漢之際，天下紛亂，帝國之郡縣疆理煥然解散，水落而石出，以自然山河之限的四向地軸再次發揮出其強大的功能，可謂當之者興，失之者亡。劉漢新造，由異姓諸王而同姓諸王，至於「以親制疏、以近制遠」，皆是地軸政治在新形勢下的演繹。自武帝以來，隨著其外事四夷而拓展四疆事業的展開，地緣實踐繁複燦然，地緣政治結構再次呈現出十字形架構模式，帝國地緣政治的骨架由此奠定。

自　序

　　自晚清傳統的天下秩序崩潰以來，歷民國以至於人民共和國的建立，中華民族在痛苦中經歷著救亡圖存、國家地緣政治空間重構與民族精神重塑的艱難歷程，在此過程中，中華民族作出了巨大的努力、付出了巨大的民族犧牲，終於在現代世界政治體系中為自己贏得了獨立的生存發展空間，取得了舉世矚目的偉大成就。但是，伴隨著中國的再度崛起，也勢必對二戰以來美國主導的亞太地緣政治格局產生巨大的影響，一時間，南海問題、釣魚島問題、藏南問題次第出現、交織錯綜，成為當今中國崛起過程中必須直面的熱點地緣政治問題。歷史與現實、天下秩序與世界秩序、國家地緣政治空間的內涵與外延，崛起中的中國當何以自適？這在考量著中國政治家的智慧，也為世界各國所強烈關注。本著鑒往知來而有益於當下之命意，故而不揣鄙陋，自中國國家構建的上古時代與中國文化構建的軸心時代入手，系統梳理傳世典籍，以圖發現深蟄於天下秩序最深處的地緣政治結構演進歷程，揭示上古王朝政治變遷歷程中地緣政治的一般性規律。

　　地緣政治學是研究在特定的時空格局之下，政治行為體與地理環境之間、地緣政治區域之間互動關係的綜合性學科。而地緣政治學的學科也相應地具有動態性、整體性、歷史性、空間性、政治性、交叉性、人為性等相關特性。拉采爾在 1897 年出版了《政治地理學》，兩年後契倫提出「地緣政治」（德文 Geopolitik）的概念，就標誌著地緣政治學的正式誕生。地緣政治學誕生至今已經一個多世紀了，其在國際關係和現實政治中發揮著重大的作用，影響著各國內政及外交政策的制定和實施。中國古代擁有極為豐富的地緣政治實踐與地緣政治思想，自西周至西漢時期一系列複雜的地緣政治演變中，

孕育出中國古代帝國第一階段的地緣政治骨架來，其對於後世的地緣政治結構具有深遠的奠基意義。

由於西周天下秩序的特徵所在，地緣體系最為隱秘而不為強調，地緣政治活動也隱藏於以血緣紐帶為基礎的人倫體系最深處，《周易》裏雖強調了地險的意義，但系統的地緣政治思想並不見於西周時期。伴隨著地緣政治活動的逐漸展開，春秋到戰國時期地緣政治思想大量出現。在經歷著天下秩序經歷變體到失序的歷史演變中，「道」、「術」也經歷著為「天下」裂的歷史過程。觀乎春秋戰國時期各家乃至力主王道的儒家在內，無不程度不同地打上了地緣政治的烙印。縱觀先秦文獻，春秋戰國時期諸子的地緣政治思想集中體現在法家與縱橫家之中，兵家所強調的地理因素多是軍事地理學意味上的內容，絕大部分不具有地緣政治的宏觀意味。此外，一向不被學者所重視的儒家、道家也在不同程度上有自己的地緣政治主張。進入帝國時代，由於天下一統的新格局，地緣政治思想的活躍程度遠不及先秦時期，漢代的地緣政治思想集中體現於賈誼的《新書》與《鹽鐵論》中桑弘羊的相關論議之中，漢初的賈誼主要是思考如何通過地緣政治的方式以解決王國問題與匈奴問題，其成就主要體現於解決王國問題上；而身為武帝開拓四境的重臣桑弘羊親身參與了武帝時期一系列地緣戰略的決策與執行，其凸顯出國家管制經濟對於外捍匈奴、內馭諸侯的重要意義，並在武帝時期全新的地緣政治格局下提出了邊疆內地「肢體—腹心」說。從先秦到秦漢帝國時期，地緣政治思想也經歷著竟雄式向著控馭式轉變的歷史過程。

西周時期，周人以西部邊陲之小部族而入主中土，面對遼闊的大平原與斯時實力猶存的殷商遺民，創造性地實行了寓地緣於血緣之中的封建制度，在這一宏偉的緣政治擘畫漸次開展的歷史進程之中，西周通過營造東都洛邑而實現了渭河平原與伊洛平原的歷史性結合，並通過分封齊、魯等國而將這一地緣聯合拓展至山東半島附近，從而建立起控馭北中國最重要的地緣軸線；而其在南向則繼承了商王朝對江淮地區的經營，自洛邑向南經豫西山地綿延以至於南陽，隱然成為經略江漢、江淮的又一軸線，而其中南陽尤其處於樞紐地位。在北向的晉中、晉南地區亦有霍、唐、虞等重要封國，不過此一線在西周時期相對沉寂。總體言之，西周以洛邑為中心構建了十字形架構的地緣政治結構，橫向地軸為宗周—成周—齊、魯一線，宗周為根本所在，成周為控馭東部之大本營，而齊、魯則為其前哨，於地軸之兩側諸多封國呈

放射型展開，北及幽燕，南達江淮；從縱向觀察亦有一隱形之軸線，其北依太行、南連南陽，前鋒則直指荊楚核心的江漢平原，東出則勢關淮水。從根本上看，西周坐守關中而東向進取，依託眾多的封國而開闢了以西馭東的地緣模式，從這種意味上看北至幽燕，南至淮水都是廣義上的東方，唯獨南陽江漢一帶算是自洛邑而南的一個延長線。這大抵是西周立國的基本地緣構架所在。平王東遷之後，西周的縱橫地軸之上孵化出晉、楚、齊、秦四大國，基本主導著春秋時期的地緣政治關係的大勢，與此同時，東南的吳、越二國也成為軸線格局之外的異數，顯示出驚人的地緣能量。戰國初年，三家分晉後大大改寫了春秋時期的地緣政治格局，自茲始晉國主導北中國地緣局勢的狀況為之而發生根本變化，及至秦惠文王南並巴蜀而建立起秦蜀地緣聯合體後，新地軸已是具體而微，戰國中後期的歷史即是秦人假新地軸之實力以衝擊舊地軸之形勢並最終席卷天下的歷史。

秦統一六國的同時實現了新舊地軸的合璧，而隨著蒙恬的北擊匈奴而將國防線推進至陰山一線，北向地軸實現了空前的完固。擴大化的關中成為帝國控馭東方的根本。但是隨著秦人在南北疆的大舉拓展而造成了中空的局面，而又因為秦人自恃武力而擯棄了對人民基本的人文關懷，及始皇崩後未暇，陳勝振臂首倡而關東反秦勢力如燎原之勢而一發不可收拾，最終埋葬了強大的秦帝國。縱觀秦漢之際不同勢力的紛紜之爭，皆與地軸有莫大之關聯。項羽分封對於東西地軸皆加以肢解，而其自居於這一中軸線的中央以圖控馭東西之形勢，而齊地能在秦漢之際形勢自任與其完固的形勢不無關聯，而正是這一完固之齊攝其後終於拖住了項羽之楚而令其被迫兩線乃至數線作戰，以至於淪亡。韓之後封而數亡與其當東西交爭之要道不無關係，東魏為項羽所據而舊地軸上之西魏雖是其戰國時之故地，然則河東究竟淪喪過久而經由秦人之地緣改造後其民眾基礎蕩然無存，是以劉邦得以渡河而劫魏王豹之兵，韓信渡河而豹束手就擒。趙國能在秦漢之際有搶眼之表現與其佔據舊地軸之北段不無關係，而當其歷井陘之敗，斯無趙矣。項羽雖雄武蓋世而楚軍雖勇冠千軍，然則待到新舊地軸分而再合而南北地軸再次聯合之時，已是疲於奔命之局，其九郡之地終於成了四戰之地。是以當天下紛亂之時，帝國之郡縣疆理煥然解散，水落而石出，以自然山河之限的四向地軸再次發揮出其強大的功能，可謂當之者興，失之者亡。

劉邦最終定都關中乃是由於其「阻三面而固守，獨以一面東制諸侯」的

獨特地緣戰略地位，但是這種地位隨著冒頓統一匈奴而隨之被打破。西漢初年，不僅要面對東向的王國問題，還在漫長的國境線上面臨強大而統一的匈奴帝國的地緣衝擊，戰略壓力極大。這種情勢乃是西漢初年實行對匈奴妥協的和親政策的地緣政治背景。這一政策所造就的相對和平的地緣環境爲漢初諸帝不失時機地解決東向的王國問題提供了寶貴的時間。西漢初年，劉邦在奪取天下之後馬不旋踵次第翦滅了異姓諸王，劉邦一則爲懲秦孤立之敗的教訓，二則鑒於當時漢初軍功侯勢力強大之現狀，開始大封同姓諸王，並確立了「非劉氏而王天下共擊之」的原則，假血緣之紐帶以實現地緣控制再次成爲漢初地緣政治的重要組成部分。這種局面很快隨著血緣的日漸淡化而成爲漢廷的潛在威脅，文帝時期利用諸侯國無後、有罪及諸侯王去世等機會而實行賈誼的「眾建諸侯而少其力」之策，剖分齊國爲六、淮南爲三，而與此同時強化對皇子的分封，實行「以親制疏、以近制遠」的策略，從而將王國問題的解決向前推進了一步，文帝的種種處置使得橫向地軸呈現出重心逐步西移的趨勢。景帝時期在文帝的基礎上屬行削藩而終於激起了七國之亂，景帝挾戰勝之威一方面進一步析分王國，一方面從制度上收回王國的事權，從而將這一問題向前推進了一大步，隨著景帝的削奪王國支郡舉措的展開，東向地軸呈現出日漸虛無化的傾向。

隨著武帝外事四夷而拓展四疆的事業的展開，到宣、元之世西漢帝國的疆域有了一個很大的拓展。伴隨著這一歷史進程，西漢帝國的地緣政治骨架也由此而奠定，在遼闊的疆域之中，最爲重要的仍然是軸線地區。元朔二年，隨著河南地的收復而北向地軸再次回歸；而南向地軸在武帝時期也作爲獨立的地緣輻射中心向西南和東南兩個維度分別演繹出不同的新內涵；而隨著武帝的廣關，以大關中格局爲特徵的縱向地軸達到了空前的規模。在西向，隨著元狩二年的河西之戰的勝利，漢廷漸次開始了經略河西與西域的事業，這是漢匈對抗在西北地區的繼續，在這一過程之中，西向新地軸實現了歷史性的延拓，隨著神爵二年西域都護的設置、甘露三年韓邪單于的來朝及建昭三年郅支單于被誅，有漢以來的匈奴問題最終定格。而在東向隨著武帝時期推恩令下而王國日漸析分，東向地軸也隨之而消解，但是有鑒於秦代郡縣制在控馭局部地緣區域的支離破碎之弊，隨著刺史制度的建立，東疆刺史所在地區亦隱然有地軸的影子。而在縱向地軸之東部疆域，東北疆定朝鮮而置四郡，於其南則收兩粵而置九郡，皆是蔚爲壯觀的地緣新拓展，而漢廷在東北疆的

地緣實踐乃是對匈奴地緣戰略的一個重要組成部分，但是放在漢匈對抗的大格局之下，斯時東疆之地緣活動的意義則在其次。總體觀之，自武帝以來，地軸格局在發生著全面而深刻的變遷，這種變遷的結果乃是在地緣政治的架構上再次呈現出西周時期的十字形架構模式，所不同的是武帝時期的縱向地軸在東、北、南三個方位上都有延展，而呈現出所謂的大關中格局，而隨著漢匈對抗的深入而漢廷經略河西與西域事業的展開，西向地軸實現了歷史性的展拓，而斯時之東向地軸隨著王國問題的解決而僅僅依約於刺史州部之間，不易顯見罷了。這種變遷乃是西漢的帝國地緣政治歷史發展的結果，而正是在這一歷史進程中也相應地奠定了帝國地緣政治的基本骨架。

不意間畢業已經兩年多了，本打算好好修改一番，念及如今流落江湖而瑣事紛紜，只能先行面世，給人生上一個階段暫且劃上句點。在論文即將出版之際，回想我一路的學術歷程，我要衷心地感謝王炳華先生與劉華祝先生這兩位恩師。王師在西域歷史文化的研究造詣精深、學術聲望及於海內外，而能以寬闊的胸襟包容、勉勵我這樣的一個肆意妄爲的「異類」，令我深深感動，而我也爲未能傳承先生的學術衣鉢而感到汗顏，衷心地希望自己有朝一日能在地緣文化領域汲取先生的研究成果，將先生一生的學問與情懷在地緣政治這個領域裏發揚光大；劉師華祝先生是我進入燕園的首位學術領路人，對於我這樣的大齡無知者，先生亦是寬厚包容有加，但是先生深厚的文獻功底與對待學術的嚴肅態度令我深深敬佩，先生每次批閱我的習作纖細及於標點，每每讀到批註而爲之動容。二位先生不僅在學術上爲我指路而多加勉勵，在生活諸多方面亦爲我頗費心血，學養之謂，道德文章乎？聽二位先生之教誨而觀其爲人，深以爲然！我還要深深感謝余太山先生對於我的鼓勵，余先生的鼓勵和支持是我堅持完成這一個極具挑戰性的論題的精神動力；感謝北京大學環境學院的唐曉峰先生與復旦大學歷史系的周振鶴先生給我的指導，二位先生皆是在我冒昧相擾的狀態下而給予了我鼓勵和幫助；感謝北京大學國際關係學院的葉自成先生，我也是唐突中闖入了葉先生的課堂而得到了他的寬容與指導；感謝中國人民大學歷史學院的孫家洲先生，國學院的黃樸民先生、王子今先生、梁濤先生給予我的許多指導和關懷，感謝沈衛榮、烏雲畢力格、孟憲實等先生及國學院的老師們對我的幫助；感謝歷史學院的華林甫先生，林甫先生在論文寫作過程中多方爲我聯繫歷史地理學界的學者爲我答疑解難，提供資料，有求必應，令我感激莫名；感謝歷史學院的楊念群先

生，楊先生的歷史理論課給了我很多的啓示，與先生討論的那些日子是我非常珍貴的記憶；感謝北京大學的張帆先生一直以來對我的關懷與幫助，那些把酒縱論、共語移時的日子可待追憶；感謝北京大學歷史系的蔣非非先生一直以來對我的關照；感謝北京大學歷史系的老師們，在燕園的學習經歷是我今天進一步從事研究的重要基礎。感謝韓冰、李文傑、彭鵬、汪允普、胡丹、尹漢超等等我在燕園的同窗給我的幫助和支持；感謝王猛、李俊、周興祿、魏忠強、牛軍以及我在人大國學院的全體同學們，很榮幸能處身於這麼一個團結友愛的集體之中，靜園的三年時光中那些把酒論道、切磋學問的日子將成爲今生美好的記憶；感謝北京金字塔商橋培訓有限公司的裴淩霄女士在論文寫作過程中給我的很多幫助；感謝鐃勝文、陳璹、李家壽、丁建軍、尙愛忠、胡明德、邢國宏、劉雲宗、毛海明、陸德明、楊俊凱等諸位兄弟一直以來對我的支持，你們的友誼是我今生永遠的精神動力；感謝花木蘭文化出版社的各位編輯先生們，你們嚴僅的精神與高效率的工作態度令我深感敬佩；感謝謝雲師弟爲本書的校改付出辛苦；「哀哀父母，生我劬勞」，感謝我的父母對我的撫養和支持，他們的辛勞是我得以健康成長而攀登理想高峰的首要前提，我也爲自己這麼多年來不事產業未能很好盡到贍養之責而深深地感到慚愧和內疚；感謝我的繼母劉禮芳十幾年來對我的關愛和支持，對家庭的操勞，您的辛勞是我勇敢前行的重要基礎；感謝我的妹妹蕭俊和蕭銳多年來替我承擔起對家庭的責任，她們的付出乃是我得以追逐理想的重要保障；感謝我的兄弟李曉兵、唐自立、李曉軍、姐姐李曉蘭長期以來對我的關心與對家庭的幫助；感謝一切天南地北的朋友們和那些在生命路上相逢的人們對我的幫助和關懷；最後，我要把這篇尙顯粗糙的文章獻給遙在天國的母親劉鳳玲，您堅毅、勇敢與勤奮的品質是塑造我生命的根本源頭，願您含笑九泉！

蕭映朝 2013 年 9 月 8 日於拉薩撫劍閣

目

次

緒　論

0.1 選題意義

　　我國古代雖未有明確的地緣政治概念，但是地緣實踐的淵源卻極爲遙遠，不但地緣實踐豐富多彩，地緣思想也有著鮮明的中國特點。這不僅爲中國學者所重視，也爲西方地緣政治學者所注意。英國著名地緣政治學家傑弗里・帕克指出：「東亞核心區主要的歷史中心區位於中國西北的渭河流域，公元前 3 世紀秦王朝使之最初獲得政治上的統一。隨著漢代的鞏固，出現了高度統一的文化，眾所周知，這個『漢』中國被視爲是『眞正的中國』或稱爲『18 省』的基本統一體。當漢民族國家強盛之時，圍繞它的非漢的內側邊緣地帶被合併進來。在漢民族國家大擴張的時期，其外側邊緣地帶包括西藏、新疆、蒙古和滿洲也被合併進來。當其內側邊緣地帶迅速漢化並願意接受中國的統治和漢文明時，其外側邊緣地帶則仍然保留著其各自的經濟文化特質，儘管它們也強烈地受到中國的影響。漢中國由道路網連接在一起，而大運河的開鑿將黃河核心區域與經濟上極爲重要的揚子江流域連接在了一起。這種浩大的國家工程將全國的政治經濟連爲一體，並增強了其統一的實力。儘管中國地域最廣的時期覆蓋了遠東的絕大部分，但其力量延伸至海洋邊緣（環太平洋）地區總是有限和不確定的。這種不足源於中國政府對海洋活動的投入不夠及其外交政策中強烈的大陸偏向。」〔註1〕這段文字不但指出了中

〔註 1〕〔英〕傑弗里・帕克：《地緣政治學：過去、現在和未來》，劉從德譯，北京：新華出版社，2003 年，第 118～119 頁。

國在一個相對封閉的文化系統之內的地緣核心區的規律及其地緣政治的特性，也指出了在中國古代的地緣思維中一直都是大陸地緣的特點，同時還明確指出了在中國的地緣秩序中的華夷秩序問題。雖則用墨不多，但大抵關涉到中國古代地緣政治實踐的主要問題。

論及東漢以前之中國地理大勢，傅斯年先生曰：「在三代時及三代以前，政治的演進，由部落到帝國，是以河、濟、淮流域爲地盤的。在這片大地中，地理的形勢只有東西之分，並無南北之限。歷史憑地理而生，這兩千年的對峙，是東西而不是南北。」〔註2〕對於周代的封建制與宗法制相結合的特殊制度，周振鶴先生深刻指出：「封建制是地緣關係，宗法制是血緣關係，封建制與宗法制二而一，一而二。這是以地緣關係來維護血緣關係。」〔註3〕「大邦維屏，大宗維翰，懷德維寧，宗子維城」〔註4〕成爲西周獨特的地緣景觀。從具體的地緣格局來看，首先即營造洛邑，利用殷商遺民以攝制東方，這便形成了渭河平原與伊洛平原的首次地緣結合，其後封周公於魯、姜尚於齊，與洛邑直接相呼應，這大抵乃橫向地緣軸線的遠緒。對於伊洛平原之於關中的地緣重要性，傅斯年先生謂之：「又其次是伊洛區，這片高地方本不大，不過是關中河東的東面大口，自西而東的勢力，總要以洛陽爲控制東平原區的第一步重鎮。」〔註5〕對於周人平定管、蔡之亂的二次分封，錢穆先生指出：「魯、齊諸國皆伸展東移，鎬京與魯曲阜，譬如一橢圓之兩極端，洛邑與宋則是其兩中心。周人從東北、東南張其兩長臂，抱殷宋於肘腋間，這是西周的一個立國形勢，而封建大業即於此完成。」〔註6〕當西周立國伊始，王畿具有渭河平原，向東以伊洛平原作爲東向伸展，齊、魯遙相呼應以遙控大平原之形勢，周之王畿以晉、鄭等姬姓諸侯國爲枝輔，立國氣勢可謂宏遠。而在南方周人繼承了商人對於南疆的經略，其以南陽爲中心建立起南控荊蠻、東馭淮夷的地緣格局。總體言之，西周以洛邑爲中心構建了十字形架構的地緣政治結構，橫向地軸爲宗周——成周——齊、魯一線，宗周爲根本所在，成周爲控馭東

〔註2〕傅斯年：「夷夏東西說」，歐陽哲生主編：《傅斯年全集》第三集，長沙：湖南教育出版社，2003年，第181頁。

〔註3〕周振鶴：《中國地方行政制度史》，上海：上海人民出版社，2005年，第12頁。

〔註4〕程俊英：《詩經譯注‧大雅‧板》，上海：上海古籍出版社，2009年，第462頁。

〔註5〕傅斯年：「夷夏東西說」，歐陽哲生主編：《傅斯年全集》第三集，長沙：湖南教育出版社，2003年，第227頁。

〔註6〕錢穆：《國史大綱》，北京：商務印書館，2002年，第42頁。

部之大本營，而齊、魯則爲其前哨，於地軸之兩側諸多封國呈放射型展開，北及幽燕，南達江淮；從縱向觀察亦有一隱形之軸線，其北依太行、南連南陽，前鋒則直指荊楚核心的江漢平原，東出則勢關淮水。從根本上看，西周坐守關中而東向進取，依託眾多的封國而開闢了以西馭東的地緣模式，從這種意味上看北至幽燕，南至淮水都是廣義上的東方，唯獨南陽江漢一帶算是自洛邑而南的一個延長線。這大抵是西周立國的基本地緣構架所在。然則，犬戎來犯，平王東遷至洛邑後，則形勢大變，伊洛平原的根在於關中，東遷後渭河平原拱手讓與秦人，鄭、晉諸國環伺，根本已失，國勢陡降。大平原上形勢自成一體的齊國率先稱霸；昔日藩輔關中的晉國勢力日漸伸展，亦爲一霸；秦人銳意經營關中，漸成一偏霸。此三者構成了北中國的地緣主體。而南疆之楚則最爲大國。歷數春秋五霸則會驚異地發現：其中齊、秦、楚、晉四國恰好位於西周立國的縱橫地軸之上，是以司馬遷感慨而曰：「齊、晉、秦、楚其在成周微甚，封或百里或五十里。晉阻三河，齊負東海，楚介江淮，秦因雍州之固，四海迭興，更爲伯主，文武所褒大封，皆威而服焉。」〔註7〕在太史公眼裏四國的崛起與西周地緣軸線之地理優勢之間的關聯甚密。而大國之尤者之晉、楚二國則處於縱向地軸之上，春秋大部分的歷史即是晉、楚爭霸的歷史，從這種意味上說，春秋的地緣政治很大程度上是圍繞著縱向地軸轉動的歷史。當戰國之世，血緣之紐帶蕩然無存，各國皆務於地利與地力之獲取，開疆拓土是爲第一要務。從東向觀之，齊國在大平原上的地位極爲獨特，徐州相王，魏國尊其爲王；齊、秦互帝，亦在此橫向軸線之上；在連橫策略上，齊、秦二國也爲其發起的重心所在。北向地軸之晉國一分爲三，戰國初年，三晉之尤者魏國疆域關聯太行之東西，其因在戰略上首鼠兩端而終於被秦人逐出河西，自此秦人解除了東疆之威脅。惠文王時期南向滅巴蜀而實現了渭河平原與成都平原的地緣聯合，從而開闢了新的地緣軸線，秦昭襄王時期又北逐義渠而築長城，自茲始秦人的縱向新地軸初步奠定。新地軸尤其是秦蜀地緣聯合體大大加強了秦國的地緣力量，秦人藉此而強化了對於舊地軸的衝擊力度。而在南向，隨著秦人佔據巴蜀而漸次將楚人的勢力逐出，楚國的西疆門戶洞開。伴隨著舊地軸的日漸破碎與楚國遭受的地緣壓迫，東方列國彼此之間的競爭也日益殘酷。是以秦人開啓的縱向新地軸乃是其席卷天下而完成一統的關鍵步驟。

〔註7〕《史記·十二諸侯年表》，北京：中華書局，1959年，第509頁。

　　伴隨著秦國最終統一六國而新舊地軸實現了歷史性的合璧，而與此同時隨著蒙恬的北逐匈奴，縱向地軸得以延伸到陰山一線，北向地軸實現了空前的形勢完固。秦人以關中而取天下，隨著新舊地軸的合璧，秦人理所當然地將大關中視爲帝國控馭的根本所在。但是隨著秦朝建立後地緣活動著力於南北二端而導致了戰略上的中空局面，加之其不恤民力而用法殘暴，始皇沒後，陳勝振臂而天下蜂起，秦帝國的地緣體系迅速土崩瓦解。秦漢之際，項羽恃戰勝之威而主導列國，在項氏的大分封中，對於東西地軸的齊、秦二地皆一分爲三而予以肢解，而將劉邦勢力分封於巴蜀，力圖暫且凍結劉邦勢力，待到戡定東方之後再行解決。由於斯時東方未寧，項羽定都的彭城亦位於東向地軸之上，以便於隨時預於形勢，然則齊地倔強於彭城之側，而舊地軸之上的趙國亦日漸坐大，劉邦東出而再度奪取關中。而自韓信一舉摧毀了根本於舊地軸之上的趙國，天下形勢向著劉邦急劇傾斜，項羽亦終於在數線作戰的窘境中走向滅亡。東向地軸之意義在秦漢之際表現得尤爲明顯，韓信始定三齊，劉邦即入壁奪其軍，旋即遷韓入楚，然則斯時韓信之楚國所在之地亦含有淮北、淮南一部的廣大地域而勢關齊、魯，是以韓信入楚未暇劉邦即執之入京始後安。斯時，田肯賀劉邦曰：「陛下得韓信，又治秦中，秦，形勝之國也，帶河阻山，地勢便利；其以下兵於諸侯，譬猶居高屋之上建瓴水也。齊，東有琅邪、即墨之饒，南有泰山之固，西有濁河之限，北有渤海之利；地方二千里，執戟百萬；此東西秦也，非親子弟，莫可使王齊者。」〔註8〕此東西地緣軸線的意義亦爲嚴耕望先生所顯見：「觀此，則當時立國形勢，與漢初封異姓功臣者無異。所不同者，齊地本由漢朝直接控制，今以封長庶子耳。齊王肥於諸王中最爲親近，故以不封他人之齊地予之。……高祖不但以親生庶長子爲齊王，且以直系部隊中軍功最高之功臣曹參爲之相，統重兵，駐齊國，北與高祖會定陳豨，南與高祖會定黥布。及漢相蕭何卒，而曹參爲當然繼承人。可知當時實視齊爲東方支柱，鎮撫東土，仍與長安爲東西橫軸之兩端。其立國形勢，蓋與西周封魯相類矣。」〔註9〕

　　從項羽到劉邦，斯時對於定都問題的反覆討論足可見關中模式對於時人的深刻影響。而關中模式首先從秦人據有漢中與蜀地而打開東進局面開始，

〔註8〕〔宋〕司馬光：《資治通鑒・漢紀三》，〔元〕胡三省音注，北京：中華書局，1995年，卷十一，第365～366頁。

〔註9〕嚴耕望：《中國地方行政制度史・秦漢地方行政制度》，上海：上海古籍出版社，2007年，第17頁。

而後劉邦也正是由蜀地而關中而東向奪天下，再次演繹了這種模式。自從秦始皇奪取河南地以後，河套地區對於關中的地緣意義日益彰顯，從時人的觀念可以見其一斑，戰國時人言及關中形勝皆謂之以「披山帶渭」，而秦人一統後，皆謂之「被山帶河」，從「渭」到「河」雖為一字之別，但其中的地緣意味極為深遠。河套的得失在秦時似乎顯得不怎麼重要，但是當西漢立國之始而匈奴頻繁來襲之際，則足見其對於關中政權的地緣意義。劉邦最終定都關中乃是由於其「阻三面而固守，獨以一面東制諸侯」的獨特地緣戰略地位，但是這種地位隨著冒頓統一匈奴而隨之被打破。西漢初年，不僅要面對東向的王國問題，還在漫長的國境線上要面臨強大而統一的匈奴帝國的地緣衝擊，戰略壓力極大。這種情勢乃是西漢初年實行對匈奴妥協的和親政策的地緣政治背景。這一政策所造就的相對和平的地緣環境為漢初諸帝不失時機地解決東向的王國問題提供了寶貴的時間。西漢初年，劉邦在奪取天下之後馬不旋踵次第剪滅了異姓諸王，劉邦一則為懲秦孤立之敗的教訓，二則鑒於當時軍功侯勢力強大之現狀，開始大封同姓諸王，並確立了「非劉氏而王天下共擊之」的原則，假血緣之紐帶以實現地緣控制再次成為漢初地緣政治的重要組成部分。「漢興之初，海內新定，同姓寡少，懲戒亡秦孤立之敗，於是剖裂疆土，立二等之爵。功臣侯者百有餘邑，尊王子弟，大啓九國。……而藩國大者誇州兼郡，連城數十，宮室百官同制京師，可謂撟枉過其正矣。」〔註10〕這種局面很快隨著血緣的日漸淡化而成為漢廷的潛在威脅，文帝時期利用諸侯國無後、有罪及諸侯王去世等機會而實行賈誼的「眾建諸侯而少其力」之策，剖分齊國為六、淮南為三，而與此同時強化對皇子的分封，實行「以親制疏、以近制遠」的策略，從而將王國問題的解決向前推進了一步，文帝的種種處置使得橫向地軸呈現出重心逐步西移的趨勢。景帝時期在文帝的基礎上屬行削藩而終於激起了七國之亂，景帝挾戰勝之威一方面進一步削奪王國支郡，一方面從制度上收回王國的事權，從而將這一問題向前推進了一大步，隨著景帝的削奪王國支郡舉措的展開，東向地軸日漸呈現出虛無化的傾向。

　　武帝時期，在元朔二年的河南之戰重新奪取了河南地而實現了縱向地軸的再次完固，在南向則以巴蜀為中心而實現了在西南夷地區的地緣拓展，而這一拓展在東南向則有著控馭南越的地緣意義，在西南向則嘗試著打通大夏

〔註10〕《漢書・諸侯王表》，北京：中華書局，1962年，第393～394頁。

之道的地緣努力，二者皆大大豐富了巴蜀地區的地緣政治內涵。為了進一步強化關中在帝國地緣政治體系中的控馭地位，武帝在元鼎三年實行了廣關的舉措，大關中的地緣格局進一步強化。伴隨著漢廷在元狩二年河西之戰與元狩四年漠北之戰的勝利，在漢軍的持續打擊之下，匈奴的戰略重心日漸西移。為實現徹底戰勝匈奴的戰略目的，漢廷推行「斷匈奴右臂」的戰略，而經略河西與經略西域也應運而生。這一戰略在演進的過程中使得曾經因大關中格局的形成而消弭於其中的西向地軸實現了歷史性的延拓。在東向，隨著推恩令的實行，東向地軸進一步呈現出虛無化的傾向。而在縱向地軸之東部疆域，東北疆定朝鮮而置四郡，於南疆則收兩粵而置九郡，皆是蔚為壯觀的地緣新拓展，而漢廷在東北疆的地緣實踐乃是對匈奴地緣戰略的一個重要組成部分，但是放在漢匈對抗的大格局之下，斯時東疆之地緣活動的意義則在其次。在基本的十字形骨架之外，東南地區由於形勢自任而自然條件優越、民風強悍，一直以來是軸線格局之外的一個異數。早在先秦時期即出現了足以震動斯時地緣格局的吳、越等強國；而在帝國時期，東南地區及其相近地區的力量最終得以推翻強大的秦帝國，而在西漢時期，吳、楚二國乃七國之亂中之翹楚，淮南亦是屢次叛亂，閩越地區亦是一大頑強勢力。凡此種種足見東南地區的地緣能量，這也是東南地區成為關中政權地緣隱憂的原因，這種現象甚至在觀念上形成了所謂的「東南有天子氣」的意識。凡此林林總總大抵為西周以來至於西漢時期的地緣政治結構演變之大概。秦漢時期乃是中華早期帝國鎔鑄的重要時期，而秦漢帝國的構建脫胎於春秋戰國時期的地緣政治競爭，而春秋戰國時期的地緣政治則發端於西周獨特的寓地緣於血緣的宏偉構建，從地緣政治的視角系統梳理西周以來的地緣政治變遷，而力圖從中間探索些許規律性的原則，或許對於認識早期帝國的構建與鎔鑄有所助益。而本書之所以在短時間內能著手進行如此宏大的一個選題的研究，得益於長期以來歷史地理學及先秦、秦漢史學者紮實的實證研究所取得的豐碩成果，本書力圖在前輩學者研究的基礎上為探尋西漢帝國地緣政治構建的基本規律作出力所能及的努力。

拉采爾在1897年出版了《政治地理學》，兩年後契倫提出「地緣政治」（德文 Geopolitik）的概念，就標誌著地緣政治學的正式誕生。地緣政治學誕生至今已經一個多世紀了，其在國際關係和現實政治中發生著重大的作用，深刻地影響著各國的內政和外交。清季民初，地緣政治學理論傳入我國，對我國

傳統地理學產生了深遠的影響，梁啓超爲《中國地理大勢論》〔註 11〕一文即頗受西方地緣政治學思想之影響。其時當國家危難之際，政治地理一經傳入，即掀起熱潮，其時頗具聲名的作品還有：沙學濬之《從政治地理看胡人南下牧馬》、胡煥庸之《國防地理》、賈逸君之《中國國恥地理》等。二戰後，由於豪斯霍夫的地緣政治理論間接成爲納粹德國發動侵略戰爭的理論依據而臭名昭著，各國學者視「地緣政治學」一詞爲過街老鼠而避之不及。而我國對於地緣政治學的研究起步較晚，八十年代後方才開始打破對這一領域的禁忌，到本世紀開始以前尚停留在對於西方地緣理論思想的介紹和初步研究階段，從地緣政治學視角來觀察中國歷史更是寥寥無幾。但是近十年來，地緣政治學研究日漸活躍，以國際關係學、歷史地理學、軍事學爲主體的學者對於地緣政治的內涵、研究對象、地緣規律進行了較爲深入地探討，取得了可喜的成果。一些學者開始用地緣政治的方法來具體探討中國歷史上的地緣實踐規律，具體分析中國古代的地緣思想。但是從國外學者的研究情況看，則較國內起步要早，拉鐵摩爾早在上世紀三十年代就用地緣政治學的思想研究中國的邊疆形態與王朝演進規律。近年來，不同學科背景的學者紛紛運用地緣政治學的理論來研究中國歷史，作出了一些有益的嘗試，取得了一些成果，後篇綜述部分有論，不在此展開。王恩湧先生在談到政治地理學的性質時首先即談到其「歷史性」，他指出：「和其他許多學科相同，政治地理學的一個重要性質就是它的歷史性或時代性。」〔註 12〕回到具體的歷史環境下去探討特定時期的時空政治格局和實踐規律是件很有學術意義的事情，而這個工作對於歷史研究者而言更爲迫切。對於本書而言，在前人的歷史學科實證研究與地緣政治學理論探索的基礎上，系統梳理先秦以來的地緣實踐規律從而探尋西漢帝國的地緣政治結構乃是先秦、秦漢史研究領域的首次系統研究，無論成敗如何必當爲後來學者的深入研究提供某些參考，其些許學術意義或見於此。而從現實觀之，讀史明智首要在於鑒往知來、有益於當下。地緣政治學本身即是關乎國家安全的學問，洞悉中國古代王朝的地緣實現之路，瞭解其規律和經驗教訓，對於鞏固國土防禦、制定合理的國家戰略意義重大。從本書所涉的經略西域而言，美國進軍阿富汗、新疆「七·五」事件、國家能

〔註 11〕梁啓超：「中國地理大勢論」，《飲冰室文集點校》第三集，昆明：雲南教育出版社，2001 年，第 1802 頁。

〔註 12〕王恩湧等：《政治地理學：時空中的政治格局》，北京：高等教育出版社，2003年，第 4 頁。

源安全都再次凸顯出麥金德所謂的「心臟地帶」的重要地緣戰略價值，而西漢王朝是我國經略西域的肇始點，其經略西域的地緣戰略的經驗模式對後世影響深遠，這些研究對於今天我們維護民族團結、國家統一與國家地緣安全都具有重要的現實意義。

0.2 論文的主要創新點

0.2.1 理論創新

　　周振鶴先生在上世紀九十年代末曾呼籲建立歷史政治地理學〔註 13〕，他呼籲從三個方面加強對政治地理學的研究：一是思想家對於理想政治制度中地理因素的闡述；二是歷史學家或地理學家將地理要素作為政治體制的一個組成部分的觀點；三是政治家利用地理因素解決政治問題的具體操作過程。就國家而言，研究中國古代政治地理包括疆域的伸縮、與鄰國的地緣關係，有連續區與核心區的變遷，有首都定位的地緣政治基礎，有行政區與行政中心的變遷，有疆域本身的要素來進行分解式的以及政治學角度的研究，有研究政治過程對地理區域變遷的影響等方面。本書的主要工作大體集中在周先生所說的第一和第三兩大方面，尤其是第三個方面，既然中國古代的地緣政治格局不是一個全球看待，直接將西方的地緣政治思想拿來研究中國古代的地緣政治問題肯定是方枘圓鑿，與實際總有所阻隔。回歸到中國古代特定的天下觀念和天下時空看待中，去探討特定的地緣政治思想和地緣政治實踐的努力即為從未有人嘗試過的重要理論創新。

　　以地緣政治思想研究言之，由於地緣政治學在中國研究的時間短，對於中國傳統思想中的地緣政治思想的研究剛剛起步，雖則歷史地理學者、軍事理論學者及國際關係學者皆有所涉獵，但系統研究中國古代的地緣政治思想則主要為國際關係學者葉自成先生主編的《地緣政治與中國外交》一書中的相關部分。但是該書並非專門研究地緣政治思想的專著，且成於眾手，其中存在著缺乏具體歷史地分析地緣思想形成的歷史原因與有待釐清先秦諸子的學派理路的問題，從先秦、秦漢時期的地緣政治思想的研究來看，其所涉的文獻有限，並未及於文獻之全部，其間的研究空間極大。另外，西方的地緣

〔註 13〕周振鶴：「建構中國歷史政治地理學的設想」，《歷史地理》第十五輯，上海：
　　　　　上海人民出版社，1999 年，第 3 頁。

政治思想產生於資本主義全球化背景之下，誕生於資本主義的帝國主義階段，斯時正是帝國主義在全球掀起瓜分殖民地的狂潮，而中國古代的地緣實踐和地緣思想雖然豐富，而又當如何去看待這一相對獨立的時空條件下的地緣整體呢？天下秩序下的地緣政治思想和實踐主要是大陸環境下的地緣實踐，一開始就不同於西方的海權、陸權的二分看待，更不同於其後的空權看待。那麼中國古代的地緣思想和實踐的內涵和外延自然不同於西方全球化背景下的地緣看待，系統梳理中國古代地緣思想本身就具有重要理論意義，也是理論上的重要創新。本書第一章的地緣政治學內涵考辨部分，是國際關係學領域關於地緣政治學內涵的一次較為全面的考辨；而本書第一章的先秦、秦漢時期的地緣政治思想部分由於時間之故，雖則存在旁通研究不足的問題，也因體例結構之限而在既有文稿的基礎上作了大幅度的刪削，但是這一部分的研究是迄今為止學界關於先秦、秦漢時期地緣政治思想最全面的梳理，其中關於儒家、道家、《逸周書》等地緣思想的研究皆是從未有人涉足的空白領域；而這一部分乃是筆者系統閱讀了先秦、秦漢幾乎所有傳世文獻的基礎上作出的研究，在文獻佔有的充分程度上付出了極為艱苦的努力，由於主體部分的研究與寫作壓力巨大而不得不暫時放棄更為深入研究的計劃，但是系統梳理先秦、秦漢時期的地緣政治思想的過程中對於筆者加深對於下端的地緣政治實踐及地緣政治結構的研究奠定了堅實的基礎。

　　從本書下端所作的先秦、秦漢時期地緣政治結構演進的系統研究來看，本書是以地緣政治學理論來系統研究具體歷史時期地緣政治實踐的初次嘗試，可能囿於學力和時間之故，最終會有諸多不足，但是這一嘗試對於歷史學界、國際關係學界、軍事學界的研究者而言，也算是一次有益的探索，權當拋磚引玉，其成敗都當對學界同仁進一步研究這一課題做了一個積極的鋪墊。從學術創新而言，除了前面所言及的理論創新以外，本書所總結的先秦、秦漢時期地緣政治結構演進規律及西漢帝國地緣結構模式也是基於對具體歷史材料分析之下的一家之言，妥否可待商榷，或有些許學術價值。

0.2.2 局部創新

　　本書在具體的研究過程中牽涉到很多傳統的歷史學科問題，秦漢帝國的大關中格局近年來為學者所矚目，但是這一問題的系統梳理與研究仍有許多未明之處，本書從地緣政治的角度入手，系統梳理了新地軸的產生與新舊地

軸合璧的歷史過程，並進而具體分析了西漢帝國的地緣實踐對於縱向地軸的相關作用，從而使得這一問題有了一個更爲全面而清晰的認識；「斷匈奴右臂」與「隔斷羌胡」的戰略長時期混雜一起，且對「斷匈奴右臂」的解讀上長期以來眾說紛紜，本書細緻剖析了漢廷經略西疆的地緣層次，對於這一問題的研究推進到了一個新的階段；關於「東南有天子氣」冷鵬飛先生曾從區域文化的角度作了研究，但仍有意猶未盡之感，本書具體分析研究了東南地區自先秦以來的地緣實踐及格局變遷歷程，從而對這一問題的研究作出了新的推進；西漢初年代北地區的地緣形勢及其地緣功能的變遷歷程也是本書的一個創新點，代北地區在漢初具有獨特的地緣政治地位，王恢曾曰：「臣聞全代之時，北有強胡之敵，內連中國之兵，然尚得養老長幼，種樹以時，倉廩常實，匈奴不輕侵也。」〔註 14〕本書系統考辨了西漢初年代北地區的地緣政治變遷及其在匈奴與王國問題中的特殊地緣政治作用，對於這一特定地域的研究作出了新的貢獻；此外，本書立足於出土資料與傳統文獻，對自古以來一直極具爭議的西域都護的設立時間問題作出了全新的分析和解釋，從而將這一懸而未決的問題做出了相對合理的新解釋。

0.3 主要研究成果綜述

0.3.1 直接相關部分

　　顧祖禹痛感故國之亡，歷數十年而成的《讀史方輿紀要》〔註 15〕是我國古代具有地緣政治意味的總結性巨著，其中以明代的兩京十三布政司爲綱具體的探討了不同的地理單元的地緣意義，對於本書具體探討西漢王朝的地緣實現規律具有重要的參考價值；清代學者顧棟高的《春秋大事表》中涉及到春秋列國疆域變遷的相關內容，極具有地緣政治學意味，對於本書研究春秋時期的地緣政治狀況具有重要的參考價值；將地緣政治學的研究方法運用於中國古代研究，拉鐵摩爾的《中國的亞洲內陸邊疆》〔註 16〕具有奠基意義，

〔註 14〕《漢書・竇田灌韓傳》，北京：中華書局，1962 年，第 2399 頁。
〔註 15〕〔清〕顧祖禹：《讀史方輿紀要》，賀次君、施和金點校，北京：中華書局，2005 年。
〔註 16〕〔美〕拉鐵摩爾：《中國的亞洲內陸邊疆》，唐曉峰譯，南京：江蘇人民出版社，2008 年。

該書專注於中國的邊疆形態的地緣因素對於歷史的影響，其中所論述的長城的歷史地理意義、自然地理條件和生產生活方式對於春秋戰國時期各諸侯國的發展，以及秦漢帝國時期的漢匈對抗等方面對於本書進一步探討經略西域等相關地緣政治問題具有重要的參考價值；著名歷史地理學者周振鶴先生先後兩次撰文呼籲建立中國古代歷史政治地理學，對於這一新的領域在理論建構上具有奠基的意義，且其所著的《西漢政區地理》爲本書進一步研究西漢帝國的地緣政治結構的形成奠定了堅實的基礎，具有重要的參考價值〔註17〕。近年來運用政治地理學來研究古代史的專著有李峰的《西周的滅亡：中國早期國家的地理和政治危機》〔註18〕，該書系統探討了西周滅亡與其地緣政治架構的結構性矛盾之間的關係，對於本書研究西周晚期的地緣政治狀況具有重要的參考價值；陳珈貝著《商周南土政治地理結構研究》〔註19〕也是探討商、周南疆地緣政治結構的重要著作，其中不但論及商周南疆的政治地理結構，還涉及到楚國初期的政治地理狀況，對於本書具有相當的參考價值。宋鎮豪先生所撰的「論商代的政治地理架構」〔註20〕結合出土材料研究商代的政治地理結構，也是值得借鑒的重要文章。王健的《西周政治地理結構研究》〔註21〕，如該書書名所謂，該書主要研究王畿、方伯、政治疆域、王土等相對靜態的政治地理範疇，且亦如該題所謂，其理論傾向在於靜態的政治地理結構的探討而不注重地緣政治的互動變遷，但是該書爲近年來國內學者將政治地理學引入到歷史研究的一次積極嘗試，其中關於西周的天下形態的探討對於本書研究所涉的天下朝貢體系的地緣要素具有一定參考價值；另外，傅斯年先生的「大東小東說」〔註22〕與杜正勝先生的「西周封建的特質

〔註17〕周振鶴：「建構中國歷史政治地理學的設想」，《歷史地理》第十五輯，上海：上海人民出版社，1999 年，第 3 頁。氏著：「中國歷史上兩種基本政治地理格局的分析」，《歷史地理》第二十輯，上海：上海人民出版社，2004 年，第 15 頁。氏著：《西漢政區地理》，北京：人民出版社，1987 年。

〔註18〕李峰：《西周的滅亡：中國早期國家的地理和政治危機》，徐峰譯，湯惠生校，上海：上海古籍出版社，2007 年。

〔註19〕陳珈貝：《商周南土政治地理結構研究》，出自王明蓀主編：《古代歷史文化研究輯刊》（二編）第 4 冊，臺北：花木蘭出版社，2009 年。

〔註20〕宋鎮豪：《論商代的政治地理架構》，《中國社會科學院歷史研究所學刊》第一集第 19 頁，北京：社會科學文獻出版社，2001 年。

〔註21〕王健：《西周政治地理結構研究》，鄭州：中州古籍出版社，2004 年。

〔註22〕傅斯年：「大東小東說」，歐陽哲生主編：《傅斯年全集》第三卷，第 54～55 頁，長沙：湖南教育出版社，2000 年。

——兼論夏政周政與戎索周索」〔註23〕對於認識西周時期的地緣政治建構具有重要啓示。葉自成主編的《地緣政治與中國外交》〔註24〕一書中首次對於中國先秦時期的地緣思想作了梳理，具有開先河的意義，但由於該書成於眾人之手，因該書的作者爲國際關係學科背景，對於其中的地緣思想的梳理在處置上有待深入地回歸到具體的歷史環境下作具體分析，該書也沒有具體分析先秦地緣思想的成因及變遷規律，從而爲後人進一步作深入研究留有相當的餘地。在該書中還探討了秦漢時期的地緣變遷大勢，但該部分篇幅僅爲三頁，語焉不詳，並未涉及到秦漢時期地緣規律的根本之處；史念海先生的《河山集》尤其是第四集〔註25〕中大量關於秦漢時期不同地域尤其是跟今陝西相關的論述與本書研究相關甚密，具有重要的參考價值；饒勝文在閱讀《讀史方輿紀要》的基礎上撰寫的《布局天下：中國古代軍事地理大勢》〔註26〕一書以圍棋的理論重新闡釋了中國古代軍事地理的大的原則和格局，對於本書的研究具有相當的參考價值；胡阿祥主編的《兵家必爭之地：中國歷史軍事地理要覽》〔註27〕其中涉及到不同省區軍事地理價值，也探討了東西、南北對峙的大的地緣政治問題，對本書的研究也有一定的借鑒意義；宋傑的《先秦戰略地理研究》〔註28〕一書論述了先秦時期的戰略地理情況，對於本書探討先秦部分的地緣規律的探討有一定的價值；李孝聰先生所著《中國區域歷史地理》〔註29〕一書中的視點部分對於不同地域的地緣價值有不少精辟之論，很有啓發性。但史、饒、胡諸位先生的著述多以軍事地理爲主要理路來進行研究，不完全同於歷史地緣政治的研究。但以上這些著述大抵爲跟本書研究直接相關的部分。

0.3.2 局部相關部分

就跟本書具體部分相關而言，關於橫向地緣軸線一說，頗受嚴耕望先生

〔註23〕杜正勝：「西周封建的特質——兼論夏政周政與戎索周索」，杜正勝編：《中國上古論文選集》（下），臺北：華世出版社，1979年，第663頁。
〔註24〕葉自成主編：《地緣政治與中國外交》，北京：北京出版社，1998年。
〔註25〕史念海：《河山集》四集，西安：陝西師範大學出版社，1991年。
〔註26〕饒勝文：《布局天下》，北京：解放軍出版社，2006年。
〔註27〕胡阿祥主編：《兵家必爭之地：中國歷史軍事地理要覽》，海口：海南出版社，2008年。
〔註28〕宋傑：《先秦戰略地理研究》，北京：首都師範大學出版社，1999年。
〔註29〕李孝聰：《中國區域歷史地理》，北京：北京大學出版社2005年。

啓示，但嚴先生並未就此問題展開論述，更沒有具體從先秦到西漢時期大的地緣格局上加以考察，爲筆者進一步深入梳理論證留有研究空間；關於韓信平定齊地，辛德勇有「韓信平齊地理新考」〔註30〕一文，對於平定齊地的深入瞭解有參考價值；李曉傑的《戰國時期齊國疆域變遷考述》〔註31〕對於認識戰國時期齊國與列國之間的地緣互動狀態有重要參考價值。而在橫向地緣軸線自關中西向延展部分歷來無此之說，這也可將傳統的經略河西與西域的史地研究整合到西漢王朝的地緣大格局中加以具體研究；包括西域在內的中亞地區的地緣戰略價值，麥金德曾指出：「舊大陸所有定居的邊緣地帶，或先或後地感覺到來自草原的機動力量的擴張勢力」〔註32〕，它不僅改變了歐洲人的歷史而成爲所謂「巨大的亞洲鐵錘任意打擊這一空曠空間的成果」〔註33〕，也同時深刻影響著中國和印度等邊緣地帶國家的歷史。關於經略河西與西域的相關史地研究，傳統學者的成果甚多，其代表性的著述大抵有：日本學者松田壽男的《古代天山歷史地理學研究》〔註34〕中的第一部分論述了天山山脈的歷史地理意義，對於認識以天山爲中心的西域微觀地緣環境具有重要參考價值，另外該書還論及了漢書所載天山諸國的歷史地理情況，也有一定的參考意義；余太山先生關於西域史地相關的著述頗豐，其《兩漢魏晉南北朝正史西域傳研究》〔註35〕中所涉的西域地望、里數、山水狀況、物產等微觀研究對於本書的進一步研究具有基礎性的意義。此外，余先生的《兩漢魏晉南北朝與西域關係史研究》〔註36〕中也有涉及到西域地理相關的論述；劉光華的《秦漢西北史地叢稿》〔註37〕一書中頗多涉及到與經略河西與西域相關的歷史地理討論，具有一定的價值；其它與河西與西域史地相關著述還有：《王北

〔註30〕 辛德勇：《歷史的空間與空間的歷史》，北京：北京師範大學出版社，2005年。

〔註31〕 李曉傑：「戰國時期齊國疆域變遷考述」，《史林》，2008年第4期，第98頁。

〔註32〕 〔英〕麥金德：《歷史的地理樞紐》，林爾蔚、陳江譯，北京：商務印書館，2007年，第61頁。

〔註33〕 〔英〕麥金德：《歷史的地理樞紐》，林爾蔚、陳江譯，北京：商務印書館，2007年，第56頁。

〔註34〕 〔日〕松田壽男：《古代天山歷史地理學研究》，陳俊謀譯，北京：中央民族學院出版社，1987年。

〔註35〕 余太山：《兩漢魏晉南北朝正史西域傳研究》，北京：中華書局，2003年。

〔註36〕 余太山：《兩漢魏晉南北朝與西域關係史研究》，北京：中國社會科學出版社，1995年。

〔註37〕 劉光華：《秦漢西北史地叢稿》，蘭州：甘肅文化出版社，2007年。

辰西北歷史地理論文集》〔註 38〕中的少數篇章、黃文弼先生的《西北史地論叢》〔註 39〕中有不少篇章關於漢代西北史地的論述、蘇北海的《西域歷史地理》〔註 40〕中有部分關於漢代西域史地的論述、劉滿的《河隴歷史地理研究》〔註 41〕、藤田豐八著《西北史地研究》〔註 42〕、李並成的《河西走廊歷史地理》〔註 43〕、陳守忠的《河隴史地考述》〔註 44〕、侯丕勳和劉再聰主編的《西北邊疆歷史地理概論》〔註 45〕、王宗維的《漢代絲綢之路的咽喉——河西路》〔註 46〕、臺灣學者邵臺新的《漢代河西四郡的拓展》〔註 47〕、高榮的《先秦漢魏河西史略》〔註 48〕等，其它與本書經略河西與西域相關的著述還有：曾問吾的《中國經營西域史》〔註 49〕、馬大正主編《中國邊疆經略史》〔註 50〕、白鳥庫吉的《塞外史地論文譯叢》〔註 51〕、劉義棠編著的《中國西域研究》〔註 52〕、李大龍的《漢唐藩屬體制研究》〔註 53〕和《兩漢時期的邊政與邊吏》〔註 54〕、張春樹先生的《The Rise of Chinese Empire》〔註 55〕和《漢代邊疆史論集》〔註 56〕、箚奇斯欽著《北亞游牧民族與中原農業民族間的和平戰爭與貿易之關係》〔註 57〕、黃文弼的《黃文弼蒙新考察日記》〔註 58〕、羽田亨

〔註 38〕 王北辰：《王北辰西北歷史地理論文集》，北京：學苑出版社，2003 年。

〔註 39〕 黃文弼：《西北史地論叢》，上海：上海人民出版社，1981 年。

〔註 40〕 蘇北海：《西域歷史地理》，烏魯木齊：新疆大學出版社，2000 年。

〔註 41〕 劉滿：《河隴歷史地理研究》，蘭州：甘肅文化出版社，2009 年。

〔註 42〕 〔日〕藤田豐八：《西北古地研究》，楊鍊譯，臺北：商務印書館，1974 年。

〔註 43〕 李並成：《河西走廊歷史地理》，蘭州：甘肅人民出版社，1995 年。

〔註 44〕 陳守忠：《河隴史地考述》，蘭州：甘肅人民出版社，2007 年。

〔註 45〕 侯丕勳、劉再聰主編：《西北邊疆歷史地理概論》，蘭州：甘肅人民出版社，2008 年。

〔註 46〕 王宗維：《漢代絲綢之路的咽喉——河西路》，北京：崑崙出版社，2001 年。

〔註 47〕 邵臺新：《漢代河西四郡的拓展》，臺北：商務印書館，1989 年。

〔註 48〕 高榮：《先秦漢魏河西史略》，天津：天津古籍出版社，2007 年。

〔註 49〕 曾問吾：《中國經營西域史》，臺北：文海出版社有限公司，1978 年。

〔註 50〕 馬大正主編：《中國邊疆經略史》，鄭州：中州古籍出版社，2003 年。

〔註 51〕 白鳥庫吉：《塞外史地論文譯叢》第二輯，王古魯譯，臺北：商務印書館，1940 年。

〔註 52〕 劉義棠編：《中國西域研究》，臺北：正中書局，1997 年。

〔註 53〕 李大龍：《漢唐藩屬體制研究》，北京：中國社會科學出版社，2006 年。

〔註 54〕 李大龍：《兩漢的邊政與邊吏》，哈爾濱：黑龍江教育出版社，1998 年。

〔註 55〕 Chun-shu Chang：《The Rise of Chinese Empire》, The University of Michigan press, USA, 2006.

〔註 56〕 張春樹：《漢代邊疆史論集》，臺北：食貨出版社有限公司，1977 年。

〔註 57〕 箚奇斯欽：《北亞游牧民族與中原農業民族間的和平戰爭與貿易之關係》，臺北：正中書局，1972 年。

的《西域文明史概論》〔註 59〕、桑原騭藏的《張騫西征記》〔註 60〕；此外王炳華師四十載專注於新疆考古，足迹遍及天山南北，其關於新疆考古的著述《西域考古歷史論文集》〔註 61〕及其它相關考古成果對於彌補漢代西域地區史料不足具有重要意義；王明珂著的《游牧者的抉擇：面對漢帝國的北亞游牧部族》〔註 62〕一書從人類文化學角度觀察漢代邊疆游牧民族，能給人不同於傳統視角的一些新的看待，也有一定的借鑒意義。

　　關中是秦漢帝國地緣架構的中心，關中獨特的地緣戰略價值素來爲學者所關注。對於關中地緣戰略價值研究最重要的莫過於史念海先生，史先生專注於以陝西爲中心的軍事地理研究，足迹所至及於西北各地，其將實地考察與文獻結合的研究風格爲譚其驤先生所稱譽〔註 63〕，因史先生所著與本書相關度很高，前有所述，不再重複。關於關中地緣問題的相關歷史地理研究主要有：辛德勇的《歷史的空間與空間的歷史》〔註 64〕一書中「論劉邦進出關中的地理意義及其行軍路線」一文，該文對於認識秦漢之際劉邦實踐「關中模式」具有參考意義；關於武帝元鼎三年東擴函谷關的論述有辛德勇的「漢武帝『廣關』與西漢前期地域變遷」〔註 65〕一文，該文提出了「大關中佈防方略」，對本書相關研究有相當借鑒意義，其《秦漢政區與邊界地理研究》〔註 66〕中所涉的「秦始皇三十六郡新考」、「兩漢州制新考」諸文，皆對本書研究秦漢時期特定區域的地緣政治變遷具有重要的參考價值。此外關於這一問題論述的還有王子今先生和劉華祝師合撰的「張家山漢簡《二年律令・津關律》所見五關」〔註 67〕該文利用出土簡牘論證了

〔註 58〕黃文弼：《黃文弼蒙新考察日記》，黃烈整理，北京：文物出版社，1990 年。
〔註 59〕〔日〕羽田亨：《西域文明史概論》，耿世民譯，中華書局，2006 年。
〔註 60〕〔日〕桑原騭藏：《張騫西征記》，楊鍊譯，上海：商務印書館，1934 年，第 20 頁。
〔註 61〕王炳華：《西域考古歷史論集》，北京：中國人民大學出版社，2008 年。
〔註 62〕王明珂：《游牧者的抉擇：面對漢帝國的北亞游牧部族》，桂林：廣西師範大學出版社，2008 年。
〔註 63〕譚其驤：「《河山集》第四集序」，《長水集（續編）》，北京：人民出版社，2009 年，第 379 頁。
〔註 64〕辛德勇：《歷史的空間與空間的歷史》，北京：北京師範大學出版社，2005 年。
〔註 65〕辛德勇：「漢武帝『廣關』與西漢前期的地域控制」，《中國歷史地理論叢》，2008 年第 2 輯，第 76 頁。
〔註 66〕辛德勇：《秦漢政區與邊界地理研究》，北京：中華書局，2009 年。
〔註 67〕王子今、劉華祝：「張家山漢簡《二年律令・津關律》所見五關」，《中國歷史文物》，2003 年第 1 期，第 44 頁。

「大關中」概念，對於本書的縱向地緣軸線的論述奠定了基礎；孔祥軍的「漢初『三輔』稱謂沿革考」〔註68〕對本書第五章論述都城和王畿問題有一定參考價值；此外勞榦先生的「關於『關東』及『關西』的討論」〔註69〕、傅樂成先生的「漢代的山東與山西」〔註70〕、邢義田先生的「試釋漢代的關東、關西與山東、山西」〔註71〕皆具有重要的參考價值。如前所述，饒勝文、胡阿祥等前所列著述中皆有涉及到關中問題的相關論述，不作詳述。

蜀地的地緣意義自戰國時期秦佔有漢中、蜀地而得以彰顯，顧祖禹論曰：「自秦滅蜀而富強益者，後人之兼天下者，其能一日而忘蜀哉？」〔註72〕是以學者關於蜀地的戰略價值頗為關注，王子今先生的「秦兼併蜀地的意義與蜀人對秦文化的認同」一文中對於秦兼併蜀地後在戰略物資、兵員等方面的意義均有論述，王先生還留意到秦蜀之間的戰略交通的建設，這正是秦蜀地緣聯合體打造的具體整合體現；孟祥才先生的「論巴蜀在秦漢統一大業中的作用」〔註73〕一文對於巴蜀的戰略價值多有論述，具有一定的參考價值；劉蓬春的「戰國秦蜀楚巴對漢中、黔中的爭奪」〔註74〕對於戰國時期秦、蜀、楚、巴四大相鄰的地緣勢力對於其間的地緣樞紐漢中和黔中的爭奪有具體的論述，對於具體瞭解西南局部地緣之爭的狀況有借鑒意義；韓國學者金秉駿的「巴蜀文化的地域差異及秦的郡縣控制」〔註75〕在論述了巴蜀地域文化差異的基礎上指出了秦的郡縣控制對於巴蜀地區的影響，該文從側面印證了秦蜀地緣聯合體建立後的整合印痕；關於四川的地緣意義饒勝文的《布局天下》

〔註68〕 孔祥軍：「漢初『三輔』稱謂沿革考」，《歷史地理》第二十一輯，上海：上海人民出版社，2006 年，第 52 頁。

〔註69〕 勞榦：「關於『關東』及『關西』的討論」，《古代中國的歷史與文化》（上冊），北京：中華書局，2006 年，第 131 頁。

〔註70〕 傅樂成：「漢代的山東與山西」，《漢唐史論集》，臺北：聯經出版事業公司，1977 年，第 65 頁。

〔註71〕 邢義田：「試釋漢代的關東、關西與山東、山西」，《秦漢史論稿》，臺北：東大圖書股份有限公司，1987 年，第 105 頁。

〔註72〕 〔清〕顧祖禹：《讀史方輿紀要·四川方輿紀要》，賀次君、施和金點校，北京：中華書局，2005 年，第 3096。

〔註73〕 孟祥才：「論巴蜀在秦漢統一大業中的作用」，《三峽學刊》，1994 年第 2、3 合期，第 42 頁。

〔註74〕 劉蓬春：「戰國秦蜀楚巴對漢中、黔中的爭奪」，《成都大學學報（社科版）》，1998 年第 1 期，第 24 頁。

〔註75〕 〔韓〕金秉駿：「巴蜀文化的地域差異及秦的郡縣控制」，段渝校譯，《中華文化論壇》，1998 年第 1 期，第 117 頁。

的四川部分亦有論述，雖不是對於西漢王朝的具體探討，但有一般參考意義；另外治四川地方史的大家蒙文通先生的《巴蜀古史論述》〔註 76〕和徐中舒先生的《論巴蜀文化》〔註 77〕對於本書的研究皆有一定的參考價值；段渝先生的《政治結構與文化模式：巴蜀古代文明研究》一書中關於秦漢部分巴蜀地區的研究也有一定的參考價值。

　　關於河套地區的地緣價值的研究，亦多散落在上述諸位治歷史地理尤其是軍事地理的文集之中，如史念海的《河山集》第四集論及陝北的部分及第五集中的「新秦中考」〔註 78〕等部分與河套問題有關涉；薛正昌的《固原歷史地理與文化》〔註 79〕中之第一二章涉及到了河套戰略要地固原在秦漢時期的歷史地理情況；王子今先生的「秦漢時期河套地區的歷史文化地位」一文也涉及到該地區在漢匈對抗中的不同地緣功能，具有一定的參考價值；王天順著《河套史》〔註 80〕一書對河套地區秦漢時期的自然環境、交通線路、民族鬥爭等方面都有較為詳細的介紹，可資參照；直道問題關涉對匈的戰略通道，且與關中同河套地區的地緣體系的建立關係密切，自史念海先生以來，關於直道的討論參入的學者眾多，辛德勇〔註 81〕和張多勇〔註 82〕各自專門作了秦直道研究綜論，詳述三十年來直道研究的相關情況，在此不一一介紹。

　　關於長城問題的研究文章專著眾多，其主要有：張維華先生的《中國長城建置考》〔註 83〕，該書對於長城的考釋不僅涉及到秦統一後的長城，還涉及到戰國時期各諸侯國的長城，素為研究長城的學者所重視；景愛先生的《中國長城史》〔註 84〕是一部研究長城的專門史，是近年來研究長城的一部重要著作，該書中涉及到戰國、秦漢時期的長城內容占該書半數以上的分量，具有重要的參考價值；前文所述，拉鐵摩爾氏的《中國的亞洲內陸邊疆》一書

〔註 76〕蒙文通：《巴蜀古史論述》，成都：四川人民出版社，1981 年。
〔註 77〕徐中舒：《論巴蜀文化》，成都：四川人民出版社，1981 年。
〔註 78〕史念海：《河山集》第五集，西安：陝西人民出版社，1991 年，第 92 頁。
〔註 79〕薛正昌：《固原歷史地理與文化》，蘭州：甘肅文化出版社，1998 年。
〔註 80〕王天順：《河套史》，北京：人民出版社，2006 年。
〔註 81〕辛德勇：「秦漢直道研究與直道遺跡的歷史價值」，《中國歷史地理論叢》，2006 年第 1 輯，第 95 頁。
〔註 82〕張多勇：「秦直道研究綜論」，《甘肅社會科學》，2005 年第 5 期，第 192 頁。
〔註 83〕張維華：《中國長城建置考》，北京：中華書局，1979 年。
〔註 84〕景愛：《中國長城史》，上海：上海人民出版社，2006 年。

中有專門章節討論長城的地緣價值，頗多精辟之論；美國學者阿瑟·沃爾德隆所著《長城──從歷史到神話》〔註85〕一書雖則對於漢代長城的論述較少，但其具體考察明代長城的修築及其歷史意義的部分對於思考漢代長城的歷史地緣功能不無借鑒價值；黃麟書先生的《邊塞研究》〔註86〕中有相當篇幅涉及到對秦漢長城問題的討論，也具有一定的參考價值。此外，葛劍雄先生的《統一與分裂》〔註87〕、《西漢人口地理》〔註88〕也有一定的參考價值；盧雲先生的《漢晉文化地理》〔註89〕對於本書所涉地緣文化的相關探討具有借鑒意義。李開元先生的《漢帝國的建立與劉邦集團：軍功受益階層研究》〔註90〕一書中對於漢初王國地區變遷的相關討論對於本書研究漢初王國地緣政治變遷具有重要參考價值。美國學者狄宇宙所著的《古代中國與其強鄰：東亞歷史上游牧力量的興起》〔註91〕與法國學者勒內·格魯塞著的《草原帝國》〔註92〕對於觀察漢匈地緣政治互動也有一定的參考價值。

　　傳統的歷史地理學研究成果是本書展開進一步研究的重要基礎，其它相關著述主要還有馬保春的《晉國歷史地理研究》〔註93〕、陳偉先生的《楚東國地理研究》〔註94〕、石泉先生的《古代荊楚地理新探》〔註95〕相關篇章、后曉榮的《秦代政區地理》〔註96〕、徐慕的《秦代政區研究》〔註97〕、鍾鳳年先生所撰的「戰國疆域變遷考」〔註98〕，清代學者顧觀光的《七國地理考》

〔註85〕〔美〕阿瑟·沃爾德隆：《長城──從歷史到神話》，石雲龍、金鑫榮譯，南京：江蘇教育出版社，2008 年。

〔註86〕黃麟書：《邊塞研究》，臺北：造陽文學社出版發行，1979 年。

〔註87〕葛劍雄：《統一與分裂：中國歷史的啓示》，北京：中華書局，2008 年。

〔註88〕葛劍雄：《西漢人口地理》，北京：人民出版社，1986 年。

〔註89〕盧雲：《漢晉文化地理》，西安：陝西教育出版社，1991 年。

〔註90〕李開元：《漢帝國的建立與劉邦集團：軍功受益階層研究》，北京：三聯書店，2000 年。

〔註91〕〔美〕狄宇宙：《古代中國與其強鄰：東亞歷史上游牧力量的興起》，賀嚴、高書文譯，北京：中國社會科學出版社，2010 年。

〔註92〕〔法〕勒內·格魯：《草原帝國》，塞藍琪譯，項英傑校，北京：商務印書館，2003 年。

〔註93〕馬保春：《晉國歷史地理研究》，北京：文物出版社，2007 年。

〔註94〕陳偉：《楚東國地理研究》，武漢：武漢大學出版社，1989 年，第 103 頁。

〔註95〕石泉：《古代荊楚地理新探》，武漢：武漢大學出版社，1988 年。

〔註96〕后曉榮：《秦代政區地理》，北京：社會科學出版，2009 年。

〔註97〕徐慕：「秦代政區研究」，復旦大學博士學位論文。

〔註98〕鍾鳳年：「戰國疆域變遷考」，《禹貢》半月刊，第 2 卷第 8 期，1934 年；第 11 期，1935 年，第 3 卷第 7 期，1935 年；第 7 卷第 6、7 合期，1937 年。

〔註 99〕等著述皆是研究不同歷史時期、不同地區的重要歷史地理學成果，對於本書所涉相關部分的研究具有重要的參考價值。由於地緣政治學涉及到傳統歷史學研究的諸多層面，其它相關著述茲不一一列舉。

0.4 研究定位與研究方法

　　從研究內容來看，本書探討的相關問題涉及到地緣政治學、歷史學、考古學、民族學、文化人類學、軍事學、政治學等相關學科，屬於跨學科的交叉研究領域。李開元先生在上世紀八十年代撰寫了「史學理論的層次模式和史學的多元化」一文，茲後經與田中正俊及周一良先生探討而將史學研究定爲基層史學、中層史學與高層史學三個層級，根據李先生的意見，高、中、基三級並非高下之謂，而是指研究的側重有所不同。李先生認爲：「基層史學，以確立歷史事實之具體存在爲目的，以考釋和描述的方法追求史實之復原。中層史學，在基層史學已經確立了的史實之基礎上，以探討各個史實間的相互關係爲目的，以分析和歸納的方法追求史實間關係的合理解釋。高層史學，乃是在基層史學和中層史學已經確立了的史實和史論的基礎上建立歷史演化的一般法則和理論模式，抽象和假設爲其方法之特點。」〔註 100〕而歷史地理被鄧廣銘先生稱之爲打開歷史大門的四把鑰匙之一。傳統的歷史地理學多側重於微觀環節的實證復原工作，眾多歷史地理學者爲之作出了大量卓有成效的工作，爲進一步探討歷史時期的地緣政治規律奠定了堅實的基礎，大抵屬於李先生所說的基層史學；國際關係學學者則多從宏觀層面來觀察國際關係，爲認識地緣政治規律作了有益的啓示，其中關涉歷史的相關研究部分以及歷史學者研究宏觀之歷史命題則近之於李先生所謂的高層史學，而本書試圖回歸到具體的中國古代歷史的眞實，從中觀環節理性地審視具體王朝的地緣實現道路，試圖揭示出其一般性的規律來。在具體的論證中兼顧上下兩端，在注重歷史實證的同時充分吸收業已形成定見的史論，並以此爲基礎而進行宏觀的分析和思考，以圖揭示出先秦到西漢時期地緣政治演進的一般性規律來。

　　從具體研究方法上看，本書立足於歷史學科，首先使用的是歷史學科的

〔註 99〕〔清〕顧觀光：《七國地理考》，光緒二十八年重印光緒五年高氏刻本。

〔註 100〕李開元：《漢帝國的建立與劉邦集團：軍功受益階層研究》，北京：三聯書店，2000 年，第 5～6 頁。

考證方法，充分利用出土簡牘和考古材料加以印證，採用文本與出土材料相互印證的二重證據法；而本書所使用的另一個主要方法即是地緣政治學的宏觀動態分析方法，從整體上去理解和把握一個特定歷史時期的地緣政治規律。本書研究的主要理論基礎源自兩大方面：一則爲西方地緣政治學理論；二則是具體分析的中國先秦秦漢時期的地緣政治思想；此外，運用漢代以降尤其是顧祖禹的《讀史方輿紀要》對於中國地緣政治所作的總結性的研究成果爲基礎。在使用這些思想的時候，不是簡單的以西方的地緣政治思想比附中國的具體歷史，以史料爲其作注腳；也不是「爲賦新詩強說愁」地把中國古代的思想勉強貼上地緣政治的標籤，而是具體歷史地分析中國的地緣思想及其地緣政治實踐規律。在處理西方地緣政治思想與中國古代地緣政治思想的異同的時候，明確地甄別其產生的不同時空條件而加以審慎地使用。

0.5 論文的體例及相關概念界定

　　本書第一章考辨西方地緣政治學的眾多定義而力求界定地緣政治學的基本內涵。在此基礎上，本書系統梳理先秦、秦漢時期的地緣政治思想，以求爲後面具體論述先秦、秦漢時期地緣政治結構的演變奠定理論基礎。在具體的論述中本書採取略前詳後的原則，通過考察先秦時期的地緣政治變遷來探討西漢帝國的地緣政治結構的形成規律。本書論題爲「帝國的骨架」即是重點考察秦漢帝國尤其是西漢帝國的地緣政治結構，但並非政治地理學意味上靜止的結構，也不同於歷史地理學的政區沿革史，而是如同美國學者斯皮克曼所謂「地緣政治分析與純粹的地理分析不同，其主要的特點在於它所研究的是動的形勢而不是靜的形式。」〔註101〕本書在第一章部分將地緣政治學界定爲：研究在特定的時空格局之下，政治行爲體與地理環境之間、地緣政治區域之間互動關係的綜合性學科。但是囿於時間之故，本書在具體的論證中採取側重於兩個互動中的後者，而在涉及到重大的人地互動關係的事件時採取兼及論述的方式。另外，爲彌補這種不足，本書在全文最後專門設有餘論「源於地緣與超越地緣：西漢帝國地緣政治中諸要素之檢討」部分，以圖完善對於前者論述之不足。

　　在具體的論述中，本書爲方便行文之故，有一些特定的概念，茲在此一

〔註101〕〔美〕斯皮克曼：《和平地理學》劉愈之譯，北京：商務印書館，1965 年，第 16 頁。

一界定。地力，即是指主要通過人地互動而萃取的地緣經濟力量以及在此基礎上所轉化成的軍事力量；地利，主要是指山川形勢所帶來的分割不同政治地理單位的險要地區。橫向地軸：橫向地軸在西周時期大抵指關中渭河平原至齊、魯一線，自武帝經略河西遂延長至河西走廊地區。東向地軸在西周指的是洛邑以西至於齊、魯的地帶；春秋時期隨著地軸的斷裂，及至戰國時期東向地軸僅指齊、魯地區；秦朝建立地緣政治重心西移後，東向地軸指函谷關以東至於齊、魯的地區，西漢時期大抵同於秦朝。西向地軸在西周時期指的是洛邑以西的伊洛平原逾二崤而及於渭河平原地區；春秋、戰國時期主要指渭河平原地區；秦朝及西漢初年武帝經略河西之前，西向地軸消弭於大關中格局之中而不復存在；武帝經略河西後遂延拓至於河西走廊〔註102〕。縱向地軸的情況比較複雜，在西周時期指的是晉中、晉南經豫西山地至於南陽的地區；西周時期縱向地軸的北段相對沉寂，而南段則由於楚國的崛起而相對活躍，成為西周經略南疆的重要支撐。春秋時期縱向地軸主要表現為北向的晉國與南向楚國江漢平原至於南陽、豫西山地一線。隨著秦惠文王南奪巴蜀而縱向地軸發生了新的變化，到秦昭襄王修建長城後，縱向新地軸已經具體而微，秦始皇統一六國並北逐匈奴而建立新長城後，不但新舊地軸合二為一，縱向地軸的北段也日益完固。秦始皇統一後，南向地軸偏移到秦嶺餘脈的伏牛山、大巴山餘脈的今鄂東北的武當山、神農架與湘西的武陵山一線，其地緣屏障意義加強，其南端亦不再是南陽盆地延長線的江漢平原地區。隨著漢代在西南夷地區的拓展，南向地軸的範圍進一步拓展至今滇北、桂北的廣大地區。新舊地軸之北段大抵以黃河為界，其東向之舊地軸部分大抵涵蓋今山西地區，自新地軸產生後，但凡言及新舊地軸不同的地區皆分別以新地軸與舊地軸言之，不加區分之處皆指的是新舊地軸合璧後之總體，南向地軸與北向地軸亦然，進入帝國階段後新地軸地區的地緣功能主要是作為戰略縱深而發揮著地力的作用，而舊地軸地區主要發揮著控馭東部地利的地緣功能。秦蜀地緣聯合體主要指秦惠文王佔領巴蜀地區後而實現的渭河平原與成都平原的地緣聯合，其主要意義即是地力意義，秦蜀地緣聯合體的樞紐乃是漢中盆地。過渡地帶指的是漢水流域南折之前的地帶經南陽盆地至淮河流域一線，

〔註102〕本始二年後「斷匈奴右臂」戰略最終定型，西域亦納入西漢帝國的疆域範圍，但是由於漢廷在西域的行政管轄性質不同於其他地區，且西域的自然地理特徵所在，西域地區只能看作是西向地軸的一個戰略延伸，而不能作為西向地軸的一部分，本書所涉的西向地軸在漢代限於涼州刺史部所轄地區。

此一線大抵是南北勢力交爭的分界線，也大抵是長江流域與黃河流域之間的過渡地帶。

第一章 地緣政治學與先秦、秦漢時期 的地緣政治思想概觀

1.1 地緣政治學內涵辨證

1.1.1「地緣政治學」不同的定義形態

在幾乎所有的學科定義中，地緣政治學算是一個定義形態最爲複雜的學科。我們究竟要認同哪一個「地緣政治學」呢？這似乎成了研究地緣政治學的人們必須首先面對的一個問題，但是「地緣政治學」的定義史本身就是這樣一個自說自話的歷史。讓我們耐心審視這不同的定義形態，並沿著它們不同的訴求而努力走進地緣政治學內涵的最深處，發現其中最有價值的東西。

作爲「地緣政治（Geopolitik）」一詞的發明者，契倫認爲：地緣政治是「把國家作爲地理的有機體或一個空間現象加以認識的科學」[註1]。可見，在地緣政治學肇啓伊始，契倫延續著拉采爾的國家有機體論的思路，強調的是國家單元有機體自身的空間認識問題，其政治意味並不濃厚，也未曾納入到更廣泛的國際關係分析之中，更沒有出現全球看待的地緣政治格局判斷。美國著名地緣政治學家科恩認爲：「地緣政治分析的本質在於國際政治權力與地理環境的關係，地緣政治的看待隨著地緣政治環境的改變以及人們對於這種改

〔註1〕R・契倫：Staten son lifsorm，轉引自〔英〕傑弗里・帕克：《二十世紀的西方地理政治思想》，李亦鳴、徐小傑、張榮忠譯，李亦鳴校，北京：解放軍出版社，1992年，第56頁。

變背後性質的不同解釋而變化。」〔註2〕科恩強調了政治權力與地理環境的互動關係，但是同時指出了地緣政治環境的動態性特點。與之定義相近的地緣政治學家還有科林・S・格雷，他認爲：「地緣政治將被解釋爲『國際政治權力對地理背景的關係』」〔註3〕。該定義也強調了國際政治權力與地理背景的關係，不過較之科恩的定義要簡略。法國的雷蒙・阿隆認爲：地緣政治是「把外交——戰略關係與對資源作出的地理——經濟分析以及由於生活方式和環境（定居、旅遊、農業和航行）而引起的對外交態度的解釋，從地理角度加以系統化。」〔註4〕雷蒙・阿隆的詮釋突出了國際關係意味上的人地關係，但是其所謂的「對資源作出的地理——經濟分析」之說似乎將地理因素對於政治作用的內涵簡單化了，比如位置和地形對於國家安全的意義沒有得到起碼的體現，而其將地緣政治最終歸結爲「從地理角度加以系統化」之說也似乎更多地帶有政治地理的成分，這樣就有將地緣政治理解靜態化的傾向。《人文地理學詞典》對於地理政治學（geopolitics）的解釋是：「它是地理學研究的一個傳統領域，認爲空間是理解國際關係最爲重要的因素。但不應把當代地理政治學和地緣政治學相互混淆。地緣政治學是國家行爲合法化外交政策領域中極爲流行的一種環境決定論的原始形式。而地理政治學是研究解釋世界的地理政治秩序。主要包括：傳統地理政治學、權力關係分析、政治經濟學方法三個方面。」〔註5〕該解釋在詞典原文中極爲冗長，其中多所敏感地區分於地緣政治學（geopolitik），而在一個概念內涵之中還放上「傳統的地理政治學」本身就有邏輯問題，其所界定的另外的兩大內涵權力關係分析與政治經濟學方法也顯得過於迂迴，不像一個概念解釋所應有的清晰文風。《簡明不列顛百科全書》指出：地緣政治是「關於國際政治中地理位置對各國政治關係如何發生影響的分析研究。地緣政治指出某些因素對決定國家政策的重要性，諸如在獲得國家利益，控制海上交通線，據有戰略要地等」〔註6〕方面。該定義

〔註2〕Saul Bernard Cohen： Geography and Politics in a World Divided, Random House, New York, USA. 1963 P.25.

〔註3〕Colin S. Gray, The Geopolitics of the Nuclear Era, Crane, Russak & Company, Inc. N. Y.1977.p.6.

〔註4〕Raymond Aron：Peace and War-A Theory of International Relations, Transaction Publishers, New York, USA.2003 P.191.

〔註5〕〔英〕R.J.約翰斯頓主編：《人文地理學詞典》，柴彥威等譯，柴彥威、唐曉峰校，北京：商務出版社，2004 年，第 266～277 頁。本引文後部分爲摘錄略引。

〔註6〕《簡明不列顛百科全書》，北京：中國大百科全書出版社，1988 年，第二卷，第 596 頁。

與雷蒙‧阿隆定義剛好相反，它突出了位置的重要性卻忽視了地理——經濟關係對於政治力量凝聚的問題，從其後半部分的闡釋來看其中的地緣戰略色彩似乎更爲濃厚。《布萊克維爾政治學百科全書》指出：「地緣政治學是認識國家力量的地理原理而將國家當作三維空間現象所進行的研究，它在考察國家行爲時以這樣一些特徵爲背景材料：如疆域、氣候、有機和無機資源、地理位置以及人文特徵，如人口分佈、文化屬性、經濟活動和政治結構等。每一個國家都被看成世界政治空間中的一個組成部分，由此而產生的國際關係模式構成了它的關鍵性成分。地緣政治學用整體論的研究方法，其目的是把不同的現象結合起來，並將它們看作一個整體而加以描述和解釋。」〔註7〕這個定義突出了地緣政治整體性研究的學科特點，但是從其描述的內涵來看，似乎更像傳統的政治地理學的範疇。《中國大百科全書》（地理卷）認爲：「地緣政治學是政治地理學的一個部分，它根據各種地理要素和政治格局的地域形式，分析和預測世界地區範圍的戰略形勢和有關國家的政治行爲，地緣政治學把地緣因素視爲影響甚至決定國家政治行爲的一個基本因素，這種觀點爲國際關係理論所吸收，對國家的政治決定有相當的影響。」〔註8〕這個概念首先將地緣政治學看作是政治地理學的一個分支，但是其後半部分的闡述卻較爲實際地指出了地緣政治動態性的學科特點，也指出了其服務於國際關係的學科性質的變化。羅貝爾（Robert）詞典把地緣政治學定義爲：「對地理的自然信息和國家的政治之間關係的研究」〔註9〕。法國1962年的拉魯斯（Grand Larousse universel）詞典把地緣政治學定義爲：「對連接國家及其政治和自然規律之間關係的研究，其中自然規律決定前兩者」〔註10〕。這兩個定義都極爲簡單，前者只是模糊地指出了地理信息與國家政治之間的關係，且「信息」一詞不過是自然要素的折射而非其本身的一種呈現，給人的感覺缺乏一種直接的通透感；而後者的定義雖則強調了自然規律對於國家和政治的決定作用，但是這一定義本身似乎有割裂它們彼此間聯繫之感，因爲地緣政治不只

〔註7〕《布萊克維爾政治學百科全書》，北京：中國政法大學出版社，1992年，第290頁。

〔註8〕《中國大百科全書》（地理卷），北京：中國大百科全書出版社，1990年，第118頁。

〔註9〕轉引自：孫相東：《地緣政治學：思想史上的不同視角》，北京：中共中央黨校出版社，2005年，第21頁。

〔註10〕孫相東：《地緣政治學：思想史上的不同視角》，北京：中共中央黨校出版社，2005年，第21頁。

是簡單的政治加上地理，而是「人類政治與地理環境相互作用的產物，它是空間屬性和特定社會關係屬性的有機統一，是通過地理的政治化過程和政治的地理化過程實現的。」〔註11〕

布熱津斯基（Zbigniew Brzezinski）是這樣定義的：「地緣政治是指那些決定一個國家或地區情況的有關地理因素和政治因素的相互結合，強調地理對政治的影響。」〔註12〕布氏的定義強調了政治與地理的結合，同時突出了地理的影響作用，而且其空間界定上增加了「地區」這一層級，總體上說定義向前推進了一步。對於哈特向來說，地緣政治學是「地理學在政治中的運用」，「其價值及重要性的評估取決於所服務的政治目的的價值」〔註13〕。作為地理學家的哈特向強調了地理學科的前提，同時暗含著對其價值評估的憂慮，這一點為傑弗里‧帕克所發現，他說：「地緣政治學以一種使用的方式被分析和研究並非其真正的最大問題，從唯理的觀點來看，真正的問題在於其研究和運用之間缺乏一個明確的區分。」〔註14〕戈理菲斯‧泰勒對地緣政治學的定義是，「對一國位置和資源的突出特徵進行研究以確定該國在世界政治中的地位」。該定義突出了通過對國家位置和資源特徵研究而實行的「定位」功能，卻沒能反映出政治權力與地理要素相結合所形成的運動過程。雷納認為，地緣政治學「為國家提供了一種衡量自身國家實力和評價敵國實力的方法，它為在戰爭中擬定一國可能採取的軍事行動以及推測敵國可能採取的軍事行動的方法……因此它是贏得並維持和平的基礎」。該定義指出了地緣政治競爭性的本質，但也突出了其發揮「贏得並維持和平」的功能，其中也隱含著對於德國地緣政治侵略性的迴避，同時也反映出地緣政治本身無所謂好壞，關鍵看你服務的目標和動機。這一點也為惠特爾西所顯見：「眾所周知的地緣政治學教義旨在使政治地理學服務於這一或那一特定國家的目的。」〔註15〕

〔註11〕陸俊元：《地緣政治的本質與規律》，北京：時事出版社，2005年，第9頁。

〔註12〕〔美〕茲比格涅夫‧布熱津斯基：《競賽方案──進行美蘇競爭的地緣戰略綱領》，劉曉明、陳京華、趙濱譯，張毅君校，北京：中國對外翻譯出版公司，1988年，前言第6頁。

〔註13〕轉引自〔英〕傑弗里‧帕克：《地緣政治學：過去、現在和未來》，劉從德譯，北京：新華出版社，2003年，第10頁。

〔註14〕〔英〕傑弗里‧帕克：《地緣政治學：過去、現在和未來》，劉從德譯，北京：新華出版社，2003年，第16頁。

〔註15〕轉引自〔英〕傑弗里‧帕克：《地緣政治學：過去、現在和未來》，劉從德譯，北京：新華出版社，2003年，第7頁。

　　斯皮克曼在總結了歷史上對於地緣政治學功能的三種不同理解的同時傾向於認為「地緣政治學的專門範圍是在外交政策方面，它的獨特分析方式是利用地理因素來幫助制定適當的政策，以達到某種正當的目的。」〔註16〕基辛格的定義是：「（地緣政治學）是一種關注構成均勢的各種必要條件的分析方法。」〔註17〕這個定義有兩個特點：一個是其背後賦予了現代國關理論的關聯；二則是側重現實的政治操作。這當然跟基辛格所處的時代及其身份有關。奧沙利文認為地緣政治學「研究的是權力的行使者之間的地理關係，他們或是國家的統治者或是跨國集團的領導人。」〔註18〕這個闡釋是從研究對象的視角展開的，其政治意味尤其濃厚。臺灣學者陳民耿認為：「事實上地緣政治學系討論天然的影響於政治事端，並研究政治形式向有機的發展與轉變，以及政治生活的動力。」〔註19〕這個定義則似乎不夠明確，讓人總有些不夠通透之感。作為研究地緣政治學思想史的集大成者傑弗里・帕克在分析了眾多的地緣政治學定義的同時指出：「本書（《地緣政治學：過去、現在和未來》）所運用的地緣政治學基本概念旨在簡化源於空間和地理學觀念的國際關係研究。」這雖不是一個明晰的概念，但是它強調了地緣政治學地理學的學科起源與當今的國際關係理論歸向，具有鮮明的現時代特徵。中國學者陸俊元認為「地緣政治是政治行為體通過對地理環境的控制和利用，來實現以權力、利益、安全為核心的特定權利，並借助地理環境展開相互競爭與協調的過程及其形成的空間關係。」〔註20〕這個概念既突出了政治行為體與地理環境之間的互動關係，也同時體現了不同地緣政治區域的互動關係，且指出了地緣政治關注的核心利益的內涵，是一個比較全面的概念。

　　透視這林林總總不同的定義形態，我們總體可以發現幾乎所有的學者都承認地理與政治之間的關係為地緣政治學內涵的主體，當然，這種共識首先是他們都不得不正視「地緣政治學」這個概念，準確說這種共識正是拜這種概念本身所賜。此外，從這眾多的定義來看，自古往今，總體上我們的感覺是越來越「順眼」，這自然與我們處於現時代有關，任何一個學科的歷史都會

〔註16〕〔美〕斯皮克曼：《和平地理學》，劉愈之譯，北京：商務印書館，1965年，第14頁。

〔註17〕H. Kissinger, The White House Years, Little Brown, Boston, USA.1979. p.914.

〔註18〕〔英〕P.奧沙利文：《地理政治論》，李亦鳴等譯，北京：北京國際文化出版公司，1991年，第2頁。

〔註19〕陳民耿：《地緣政治學》，臺北：華岡出版有限公司，1977年，第14頁。

〔註20〕陸俊元：《地緣政治的本質與規律》，北京：時事出版社，2005年，第9頁。

隨著時代的流逝而賦予越來越豐滿的內涵形態，而越靠近評估主體的我們它們也就顯得越「順眼」。但是我們以此反觀，那麼我們對曾經的地緣政治學乃至於地緣政治實踐的看待是否需要回歸到一個具體的歷史真實中加以評判，而不是站在今人的學科界定上橫加指斥呢？這是一個值得反思的大問題。另外，這些不同的定義大多在地緣政治學層面展開，還有部分則圍繞著「地緣政治」本身來展開，這與地緣政治學本身的發展歷史有關，在地緣政治學發展的歷程中，很多的地緣政治學家並不去就「地緣政治」本身作界定和探討，而是直接去研究其內涵的具體方面，如馬漢、麥金德等地緣政治學家都是如此。最後，這諸多的定義之所以形態各異，側重點各有不同，這不僅與定義者所處的歷史時期的差異相關，還與其自身的學科出身差異、現實社會身份差異、不同的國家主體看待差異等諸多個人不同緊密相關。

1.1.2 地緣政治學思想史中的困惑與問題呈現

其實地緣政治學學科的歷史宛如一條河流的歷程一般，當河流發源伊始，構成它補給源泉的可能是來自冰峰的涓涓融水，而當其流經那些降水豐沛的中流的時候愈來愈多的支流將地表水滙入其中從而使其水量大增，奔流浩蕩；而當其流經那些乾旱少雨的地區的時候，可能不但沒有補給反而損耗嚴重，所以對於一條河流而言，潺湲靈動的源頭、洶湧奔騰的上游、寬闊平靜的中游和遼闊浩瀚的入海口雖則同屬於一條河流，其在不同區域的屬性和內涵卻是完全不同的，如若我們要具體地分析這條河流則不能籠統地以「某河流」一帶而過。作為多學科交叉且實用性極強的地緣政治學亦然如此，它在不同的歷史時期由於受到不同的學科、不同的流派、不同的政治歷史時勢的影響，因而呈現出不同的內涵與學科形態。因而，我們要完整地認識地緣政治學的學科內涵，就必須具體地回歸其學術史中冷靜地審視它在歷史中的具體流淌，從而給以客觀的認識。

在地緣政治學思想史研究中首先面對就是名稱之辨與學科之爭的問題，而且這兩個問題又常常糾纏在一起，使得問題更加複雜化，這在其它學科史中是極其罕見的。由於二戰期間德國的地緣政治學派部分地成為納粹理論淵源的原因，「地緣政治（geopolitik）」一詞很長時間為學者所摒棄，人們談地緣政治學而色變，學者們紛紛與地緣政治學這一名稱劃清界限。於是，大量的學者都宣稱自己研究的是政治地理學，而不是地緣政治學。說到地緣政治

學的學科淵源，傑弗里・帕克打了一個有意思的比方：「地緣政治學源於分離的雙親——政治科學和地理學——起初這兩種學科都將之視爲對方的一個私生子。此種尷尬的情形意味著因權宜之計似乎應將它丟棄時它就可能——而且曾經——遭一方或雙方的遺棄。當那些反對它的地理學家們藉口其更具政治學色彩而非地理學色彩大動干戈時，政治科學家們則極不情願地要將地理因素作爲政治學的核心來看待。」〔註21〕但是，情況並沒有那麼糟糕，在眾多的學者迴避地緣政治學這個概念的時候，地理學並沒有拋棄它，而是在批判德國地緣政治學派的同時接納了那些曾經的地緣政治學者們，政治地理學成爲地緣政治學在特殊時期的避難所。然而，隨著地緣政治學的命運在七十年代有了轉機，美國和法國分別成爲新地緣政治學的發源地，其代表人物分別是美國國務卿基辛格和法國地緣政治學家拉考斯特，關於這二人在重振地緣政治學中所發揮的作用，孫相東指出：「拉考斯特的任務是把地緣政治學從二戰以後幾十年的被禁狀態和非法地位中拯救出來，而使地緣政治學恢復爲一種客觀的多維度的嚴肅學科。基辛格在規劃美國的國家利益和對外戰略時，頻頻使用「地緣政治」的術語，從而賦予了地緣政治學一種背離意識形態和趨向現實主義對外政策的內涵。」〔註22〕全面的復興則是冷戰結束之後，地緣政治學一改昔日過街老鼠的命運，一時間充斥於學者和媒體的語彙系統之中，談地緣成爲一種時尚。傑弗里・帕克也指出：「與『地理政治學』一詞的這種處境相反，它的形容詞『地理政治的（geopolitical）』這個字眼兒，近年來無論在政治家當中還是在學界同仁或新聞記者當中都已經顯得十分流行了。」〔註23〕這說明了地緣政治學較之政治地理學（political geography）更受到廣泛的認同，雖然很多國內學者認爲這二詞沒有區別，可以通用〔註24〕。

〔註21〕〔英〕傑弗里・帕克：《地緣政治學：過去、現在和未來》，劉從德譯，北京：新華出版社，2003年，第5～6頁。

〔註22〕孫相東：《地緣政治學：思想史上的不同視角》，北京：中共中央黨校出版社，2005年，第216頁。

〔註23〕〔英〕傑弗里・帕克：《二十世紀的西方地理政治思想》，李亦鳴、徐小傑、張榮忠譯，李亦鳴校，北京：解放軍出版社，1992年，第2頁。值得說明的是譯者也對「地緣政治」一詞非常敏感，這大抵跟該書出版的1992年相對保守的政治環境有關，其實譯者所謂的「地理政治學」即是近年來通用的「地緣政治學」。

〔註24〕如據國際關係學者王日華在「中國近十年地緣政治學研究現狀」考證大多數學者像蕭星先生那樣，同意「地緣政治學實際上是地理和政治的結合體，故又稱爲地理政治學」。王逸舟先生也表示：「地緣政治往往與政治地理學在同

於是對地緣政治學的爭奪成爲熱點，不僅公認的地理學與政治學必然地參入其中，而且軍事學科也染指其間，從而使得問題更加複雜。大家都在使用著地緣政治學的方法卻不允許這個學科獨立，關於這其中的奧秘，帕克指出：「兩種學科都在他們的言論中兼容了對方的某些方面，但又極不願認同一個它們共享的獨立的分支學科。」〔註 25〕至於軍事學科則利用地緣政治中天然的戰略取向本性的軍事意味，開始了向地緣政治學的學科滲透，一時間冠之以「地緣戰略學」、「戰略地理學」、「戰爭地理學」等新名目的子學科紛紛出現，傳統的「軍事地理學」也大量使用地緣政治學的分析工具。

這種名稱之辯也自然地帶入國內相關領域的研究之中，而且更爲嚴重，這中間有個意識形態的問題，二戰之後在蘇聯及我國等社會主義國家裏，地緣政治學的處境更加艱難，它在特定的年代被指斥爲支持侵略的「僞科學」，因而地緣政治學不僅是個學術問題，更是個政治問題。所以甚至晚至八十年代中期以前國內學者在翻譯國外地緣政治學理論的時候都是格外小心。將「地緣政治學（geopolitic）」等同於政治地理學（political geography），或將同一個單詞的 geopolitics 翻譯爲「地理政治學」，這一變遷歷程從傑弗里·帕克一人所著的兩本不同的書的譯文中可以清晰看出，八十年代的《二十世紀的西方地理政治思想》題名採用「地理政治」一詞，而九十年代出版的《地緣政治學：過去、現在和未來》則譯爲「地緣政治學」了，這是一個顯證。雖然到今天爲止尚無人考證出「地緣政治學」一詞在翻譯中何時率先使用，但是已經有學者開始關注地緣一詞的中文意味了，尹朝暉認爲：「要理解『地緣文化』這一概念的內涵，首先得弄清『地緣』這個概念。『地緣』一詞來自早先國內對西方人文地理學的一個分支學科『地緣政治學』（Geopolitics 的譯名。）『地緣政治學』既然是個外來詞，從中文譯名的角度看，早先國內翻譯時選用這個「緣」字想必也是經過推敲的。「緣」在漢語詞典中有一個重要詞義，就是『因緣』，它也是一個佛教名詞，指的是「以事物相互間的關係來說明它

等意義上加以使用」。他認爲多數學者出於學科背景之故在使用這兩個概念的時候以自己的專業爲導向，如歷史地理背景的學者多使用「政治地理學」，而其本人包括幾乎所有的國際關係背景的學者多使用「地緣政治學」的概念。另據其統計 1995～2004 年十年間公開發表的與地緣相關的論文使用「地緣政治」的概念占文章總數的 93% 之多。出自互聯網：

http：//www.china-review.com/gao.asp 敘 id=16934

〔註25〕〔英〕傑弗里·帕克：《地緣政治學：過去、現在和未來》，劉從德譯，北京：新華出版社，2003 年，第 6 頁。

們生起和變化的現象，爲事物生起或壞滅的主要條件叫做因，爲其輔助條件叫緣」。因此『地緣』的概念並非通常的『地理』的概念，它是專指在國際空間範圍內，用於表達國家之間、國家集團之間在各個領域（政治、經濟、文化、軍事乃至資源與環境）的相互關係、對外政策與地理背景之間的關係的一個特定概念。」〔註26〕我國古代沒有現代意味上的「地緣」概念，《說文解字》釋「緣」爲「衣純也。」其原始意思跟今天的相互關係、因緣之類風牛馬不相及。這說明「地緣」一詞是翻譯過程中使用的一個晚近代的概念，從使用這個概念斟酌的上看，尹朝暉所謂的意思是成立的。總體看來，西人所忌諱言之的「geopolitik」在初期翻譯爲「地緣政治學」，而國人在翻譯時相應地將「geopolitics」翻譯爲「地理政治學」，然而從目前國內學者的名稱認同度來看，大家更傾向於「地緣政治學」這個名稱，這個名稱在中國的意思不是「geopolitik」，而是「geopolitics」。

　　至於地緣政治學與政治地理學的區別早在二戰前的德國學派已經有明確的區分：「在豪斯浩弗看來，政治地理學研究的是地球表面的國家分佈情況及其運轉的地理條件，而地緣政治學則是研究『自然空間中的政治行爲』。」〔註27〕關於地緣政治的根本特性，美國著名地緣政治學家斯皮克曼一語中的：「地緣政治分析與純粹的地理分析不同，其主要的特點在於它所研究的是動的形勢而不是靜的形式。」〔註28〕傑弗里·帕克在系統研究西方地緣政治學的基礎上深刻地指出了這兩個不同概念的區別：「可以把單個兒的國家看作是一塊塊的磚石，地理政治學探討的主要課題正是由這些磚石結合形成的格局和結構。從這個角度來看，地理政治學如同探討全球天氣系統的氣候學，而政治地理學更像是側重考察特定地域局部條件之細節的氣象學。誠然，二者之間肯定是密切相關的，但它們的研究對象與方法卻可能會有很大差別。固然地理政治學的方法論實質上是空間性的，但它所研究的主題卻大量地取材於其它社會科學。有鑒於此，這個術語本身在許多方面更適宜於看成是「地理政治科學」（geopolitical science）的縮寫形式。」〔註29〕雖然我們現在已然

〔註26〕尹朝暉：「地緣文化——當代國際政治研究的新視角」，《理論導刊》，2009年第1期，第104頁。
〔註27〕〔英〕傑弗里·帕克：《地緣政治學：過去、現在和未來》，劉從德譯，北京：新華出版社，2003年，第43～44頁。
〔註28〕〔美〕斯皮克曼：《和平地理學》，劉愈之譯，北京：商務印書館，1965年，第16頁。
〔註29〕〔英〕傑弗里·帕克：《二十世紀的西方地理政治思想》，李亦鳴、徐小傑、張榮忠譯，李亦鳴校，北京：解放軍出版社，1992年，第2～3頁。

清晰了地緣政治學與政治地理學之間的區別，但是一個有意思的現象卻是這兩個學科在學術史上卻有著幾乎相同的內容，拉采爾、契倫、麥金德、馬漢、斯皮克曼、鮑曼等都被雙方尊奉為本學科的重要學者，他們的理論也被宣稱為本學科的有機組成部分，這也是在所有學科中是獨一無二的現象。

地緣政治學思想史中第二個需要面對的問題是：學科歷史演進中的內涵變遷帶來的界定困難。這中間既有前面所提到的兩大學科之爭而導致的地緣政治學無法作為一個獨立的分支來界定自己的學科內涵，而時常遊移在政治學與地理學之間，從而引發一系列的口水官司。不僅如此，隨著時代的演進，地緣政治所關涉的內容日漸豐富，越來越多的方面貼上「地緣」的標籤而加入到「地緣」大家庭，但同前面的兩個學科一樣，諸如地緣經濟學、地緣文化學等等它們都沒有放棄自己的學科本位，從而使得地緣政治學必須被動地回應自己的學科內涵和研究工具是否應該更進一步。這種「裂變」的過程使得地緣政治學愈來愈難以駕馭更多學科參入其中的遼闊疆域而顯得力不從心，但是與之相反的是「聚變」的過程也在二戰期間有了長足的發展。這就是大戰略思維的最終形成，大戰略的思維無形中擴大了地緣政治學關注的領域。

地緣政治學本身就具有大戰略的性質，它內在地包含了太多的作為政治活動基礎的空間要素，而且地緣政治學本身也天然地具有服務於政治目標的戰略性質。布熱津斯基指出：「戰略是指全面而有計劃地採取某些措施以實現某一中心目標，或指具有軍事意義的重要資本；地緣戰略則是將其戰略考慮與地緣政治考慮合二為一。」〔註30〕孫相東博士在考察地緣政治學的理論淵源的時候其中一個重要的視角就是大戰略視角，他指出：「地緣政治學的大戰略傳統來源於地緣政治學創始人對地理和國家之間關係和祖國命運的關注，這奠定了該學科的基調。」〔註31〕所不同的是二戰之後這種思維更加得以強化。這就使得環保，層出不窮的技術革新，愈來愈專業的經濟學、社會學、民族學等諸多層面進入地緣政治學不得不正視的層面。這大大加劇了地緣政治學內涵的界定和學科體系的建構的難度。以至於傑弗里·帕克本人在《地緣政治學：過去、現在和未來》一書的最後章節乾脆冠之以「與現實一致——

〔註30〕〔美〕茲比格涅夫·布熱津斯基：《競賽方案——進行美蘇競爭的地緣戰略綱領》，劉曉明、陳京華、趙濱譯，張毅君校，北京：中國對外翻譯出版公司，1988年，前言第6頁。

〔註31〕孫相東《地緣政治學：思想史上的不同視角》，北京：中共中央黨校出版社，2005年，第103頁。

一作爲過程的地緣政治學」，這形象地折射出給地緣政治學作內涵界定的難度和無奈。

　　第三，地緣政治學的應用特質與保持學術的純粹性之間存在張力與矛盾，而這一問題又天然地同對地緣政治學學科性質的拷問糾纏不清。地緣政治學天生就是爲國家利益而生，致用性和實用性成爲其創生以來的天性。但是地緣政治內在地包含著特定政治主體的戰略訴求，如何平衡這種實用性與地緣政治學作爲一個學科的學術純粹性成爲一個難題。在現實中尤其當地緣政治學服務於特定國家的擴張和控制的時候，更容易爲人所詬病。關於這個問題，豪斯浩弗曾經這樣說：「純科學和應用科學之間的界限很容易被跨越。」而且最終他承認他自己也曾「偶爾跨越那些界限。」〔註32〕這就關涉到另外一個問題：地緣政治學的學科性質究竟是什麼？它是科學嗎？雖然豪斯霍夫本人給出了看似肯定的回答：地理學知識是「預測發展趨勢及制定未來政策的『科學基礎』。」〔註33〕但是這種所謂的「科學基礎」對於地緣政治學而言不過只回答了一半的問題，那政治又當如何看待呢？「按卡爾・豪斯霍費爾的說法，地緣政治是利用地理知識來支持和指導一個國家的政策的一種藝術。」〔註34〕這就使得問題複雜化了，這種複雜的現象李義虎是這樣看待的：「在第一次世界大戰之後的 10 多年間，德國曾一度成爲地緣政治學這一學科的重鎮，並且從一開始，德國地緣政治學就兼具科學加藝術的特徵，即同時使用推理和直覺的方法。除此之外，它還具有實用理性這樣的特徵，即把本學科直接服務於國家的利益和戰略目標。」〔註35〕關於這種雙重性質孫相東也指出：「地緣政治學一方面承認環境的客觀限制性作用，另一方面又注意到人的自由意志和主觀謀劃運作的空間，以及由心理環境所界定的認知和行爲的多樣性。在地緣政治學中，兩者的中間地帶是政治謀劃和戰略規劃的範圍。」〔註36〕

〔註32〕〔英〕傑弗里・帕克：《地緣政治學：過去、現在和未來》，劉從德譯，北京：新華出版社，2003 年，第 47 頁。

〔註33〕〔英〕傑弗里・帕克：《地緣政治學：過去、現在和未來》，劉從德譯，北京：新華出版社，2003 年，第 46 頁。

〔註34〕〔美〕普雷斯頓・詹姆斯：《地理學思想史》，李旭旦譯，北京：商務印書館 1982 年，第 226 頁。

〔註35〕李義虎：《地緣政治學：二分論及其超越——兼論地緣整合中的中國選擇》，北京：北京大學出版社，2007 年，第 109 頁。

〔註36〕孫相東：《地緣政治學：思想史上的不同視角》，北京：中共中央黨校出版社，2005 年，第 83 頁。

　　既然戰略在本質上是一種人類的利益選擇和措置，是在諸多可能性中追求必然性的一種選擇，因而無論地理環境多麼的客觀，這種選擇本質上還是帶有強烈的主觀化傾向的。地理學界在面對他們特殊的分支政治地理學的時候就保持著高度的警惕，阿爾夫雷德曾質疑：「人們可以具體地質疑，政治地理學的考察究竟應該深入到國家性質中多大的程度？」〔註37〕哈特向也對這個問題保持著謹慎的態度：「按政治地理學說來，在這個領域中，地理學是被用於特別的目的的，超乎求知的範圍。」〔註38〕言下之意那些屬於戰略措置層面的技術性層面就不再屬於科學了。但是，不僅僅是政治地理學，整個人文地理學都面臨這麼一種趨勢：「地理學擴大到自然和人類並不是任意的，而是深刻地根源於事物的本質；這種情況加深了研究地理學的困難，但卻是不可避免的。」〔註39〕那麼這種根源於「事物的本質」的趨勢是否就體現為一種科學的規律性呢？但是，阿爾夫雷德也同時宣稱：「空間本身是一種觀念形式，只有通過它的內容它才能獲得實在的意義。」這個命題再次拷問著地理學的根本問題：人與自然在地理學中究竟是一個什麼樣的關係？空間不僅僅是自然元素，同時也有人和人的活動，而意義的主體本身即是人類。這就使這個問題陷入了進退維谷的尷尬境地。傑弗里・帕克在這個問題上顯得更富有傾向性：「如果爭論認為地緣政治學是一門科學，那麼，地緣政治科學就必須是有關一個存在並受制於分析和解釋的客觀現實的研究，這與氣象或行星運轉之類的科學研究的客體在很大程度上一樣。同時，正如瓦勞克斯所指出的那樣，既然『並沒有特殊的科學存在』，那麼，就有可能對不斷重複的模式進行概括和識別。」一開始他就將標準放到一種純然的客觀的標準上去做判斷，接著他說：「當然，這也表明了一個核心的問題，地緣政治學的主觀對象並不是一個自然存在的東西，而只不過是一個人類的創造物而已。作為地緣政治學的原材料和具有自身結構並組合創新的空間客體，實際上更像人類世界的其他結構，而與其得以建構的那些自然結構相距甚遠。所以，主觀對象處在人類

〔註37〕　〔德〕阿爾夫雷德：《地理學：它的歷史、性質和方法》，王蘭生譯，張翼翼校，北京：商務印書館1983年，第166頁。

〔註38〕　〔美〕理查德・哈特向：《地理學的性質──當前地理學思想述評》，葉光庭譯，北京：北京：商務印書館，1996年，第504頁。

〔註39〕　〔德〕阿爾夫雷德：《地理學：它的歷史、性質和方法》，王蘭生譯，張翼翼校，北京：商務印書館1983年，第146頁。

和自然界的交匯處。」〔註40〕從後面這段話來看，他依然在最後的定性上留有餘地。這似乎又回到了科學加藝術的判斷了。

第四，地緣政治學理論強烈的西方本位色彩與研究者本身的本民族看待主體的視角傾向。因爲地緣政治學產生於西方，而近代以來，世界格局是以西方爲主導的，前期則更是以歐洲爲主導的，因而地緣政治學諸家理論中多以西方爲中心來建構理論的，因而在理論建構的外延上輕視對於東方等其它民族地域的地緣研究，從而體現爲強烈的西方本位主義特點。地緣政治學誕生於資本主義的帝國主義階段，這種理論一開始就帶有明顯地對外擴張與爭霸的性質，從這種意味上看，二戰期間的德國地緣政治學派不過是其中走得更遠的一支罷了〔註41〕。很多地緣政治學家眼中關注的力量中心都是西方列強，廣大的欠發達地區不過是列強爭奪和控制的後院，這一點爲李義虎先生所顯見：「地緣政治學發源於歐美國家，明顯地具有典型的『西方中心論』的有限地域論色彩」〔註42〕。不僅如此，每一個地緣政治學家在作具體的研究的時候大多暗含有一種對於本民族本國家命運的強烈關注在其中。例如，麥金德的「大陸心臟說」即是暗含著對於英國面臨陸權威脅和海權衰落的憂慮；豪斯浩弗的「生存空間說」和「泛區理論」更是赤裸裸地服務於德國的民族擴張；馬漢也是在爲新興海上強國美國的崛起而大聲疾呼；斯皮克曼的邊緣地帶學說更是成爲二戰後美國地緣戰略和外交政策的基石。因而，在接受西方地緣政治學家的思想的同時，我們既要注意揚棄其中的霸權思維和看待本位，又要注意作有效的時空轉換回歸到本民族視角作合理的看待。

第五，外延界定的不充分性導致地緣政治學內涵界定的不完全性。前者是對實踐的範圍的大小的認知問題，而後者是對實踐類型的歸納的完整性的

〔註40〕〔英〕傑弗里・帕克著《地緣政治學：過去、現在和未來》，劉從德譯，北京：新華出版社，2003年，第210頁。

〔註41〕吳傳均先生在介紹傑弗里・帕克的《二十世紀的西方地理政治思想》一書時指出：「許多國家裏地理政治學的思考是與你爭我奪的歐洲殖民列強的民族野心聯繫在一起的。在書中分述英、法、德和北美地理政治學的各章裏，說明了地理政治學理論與各國政治領袖的地理政治抱負之間的緊密關係。突出的例子便是納粹德國的地緣政治學。」〔英〕傑弗里・帕克：《二十世紀的西方地理政治思想》，李亦鳴、徐小傑、張榮忠譯，李亦鳴校，北京：解放軍出版社，1992年，序言第2～3頁。

〔註42〕李義虎：《地緣政治學：二分論及其超越——兼論地緣整合中的中國選擇》，北京：北京大學出版社，2007年，第232頁。

問題，而這種完整性則是抽象的基本邏輯起點。這具體體現爲地緣政治學本身的學科歷史短暫與地緣政治實踐的源遠流長之間的矛盾。地緣政治學自產生伊始很快地就同現有的世界格局相融合，而成爲解釋國際關係、國家戰略的理論依據，因而在理論構建的走向上不可避免地強調其現時性與當代性的理論特質，然而，就地緣政治學本身研究對象上的動態性特點而言，歷史性成爲其不可迴避的一個問題，而過於強調現時性則必然對於歷史上（近現代以前的國際政治格局）的地緣政治實踐乃至地緣理論的忽視，地緣政治學家在研究近現代以前的地緣實踐的時候，只是簡單地同當下國際關係體系中的地緣政治理論作比況，而未能深入研究特定歷史條件下去界定地緣政治實踐的格局範圍與其特定的不同於當今國際關係格局的政治內涵，方鑿圓枘之感明顯。另外，正因爲今天的地緣政治學以民族國家爲主體來看待當今的國際關係，其學科本身越來越深地體現爲一種國際關係分析理論，因而忽視對於地域性地緣政治現象的研究，雖然有的學者聲稱地緣政治學可以分爲國際、國家、地區三個層級〔註43〕。這種現象對於解釋歷史上的地緣政治實踐更是有著明顯地不同於今日的局限性。

第六，關於地緣政治學的善惡說的爭論。前有所論，地緣政治學因爲二戰的特殊歷史一度避之不及，對之口誅筆伐更是長達數十年之久〔註44〕。而又因爲今天的廣泛實用性又使得人們趨之若鶩。爲什麼會出現這麼一種極端的反差現象呢？這不僅因爲它本身的實用性本質，更因爲使用目的的不同而使之帶有某種善惡的色彩。這一點上哈特向曾經說過：「地緣政治學是地理學在政治上的應用，如何估計它的價值和重要性，取決於人們對它爲之服務的

〔註43〕如傑弗里·帕克主張分爲微觀、中觀、宏觀三個層級，見〔英〕傑弗里·帕克著《地緣政治學：過去、現在和未來》，劉從德譯，北京：新華出版社，2003年，第110頁。

〔註44〕對此斯皮克曼指出了德國地緣政治學不同於尋常地緣政治學的特別之處：「以上所講的分析方法完全和地理學的形而上學不同，那是德國地緣政治學的特色。豪斯霍費爾曾企圖賦予某些特殊形式的邊疆以玄妙的、道德的優越性。擴張到這樣的邊疆，不論表現爲出於對那不可思議的概念「空間」的壓迫所起的反應或其他的形式，都成爲與神聖目標相符合的行動。這種形而上學的謬論不值一談。對於一個國家來說，沒有什麼特別的地理形狀在道德上比另一種地理形狀優越的問題。也不能認爲國家是一個活的有機體，一定要擴張強大起來，而爲了它的什麼神秘的利益，就可以無限度地使用武力以達到這種目的。」〔美〕斯皮克曼：《和平地理學》，劉愈之譯，北京：商務印書館，1965年，第16～17頁。

政治目的所定的價值。」〔註45〕此論可謂公允。雷納在二戰後給地緣政治學正名的日子裏大聲疾呼：「將地緣政治學稱爲一種不道德科學猶如一拳打在稻草人身上。科學不存在道德與非道德，它與道德無關。科學最終被運用，才有道德與不道德之分。」〔註46〕傑弗里‧帕克對地緣政治學是否爲一門純科學持有相當的保留性，但是對於一門「純學科」的命運卻態度明確：「正如其他諸多學科一樣，地緣政治學可運用於『超乎知識本身所追求的』許多不同目的，其價值則取決於觀察者的視野，以及他或她運用於任何特殊政治目的的價值。這些是根本的道德問題，而且，在現代地緣政治觀點中，無論他們被標以『好』或『壞』的標籤，都必須取決於其對人類整體而非某個小部分的影響的評估。然而，道德問題儘管十分重要，但他們也得置身於一門『純』學科之外。」〔註47〕這些評價顯示出在學術界對於地緣政治學評價逐步回歸理性，人們能更加冷靜地看待一個學科的性質，而不是妄加道德評估。

第七，地緣政治學中的科學技術性因素評估的困難。李義虎在討論地緣政治學二分論的時候指出：「僅僅依靠地緣政治學二分論認識國家的實際處境和國際政治的現實是遠遠不夠的，因爲它忽視了技術進步和發展帶來的許多變化。地緣政治學二分論的嚴重缺陷在於，它幾乎不能預測和估計技術所帶來的變革速度及其結果，特別是這種變化對地緣政治的影響。」〔註48〕這點在技術革新日新月異的今天顯得尤爲明顯，以至於在導彈和飛機、火箭和原子彈的時代，人們甚至在質疑地緣政治學是否還有存在的意義。地理空間雖然在長時段內相對穩定不會有大的變化，但是技術的革新會大大突破空間對於人類的限制，從而導致時空秩序事實上的變遷。這必然會深刻地影響到地緣政治格局的版圖。而尤其在今天，我們更難預測不同的技術進步會給地緣政治帶來什麼樣的影響。

第八，地緣政治學方法論的粗放型與不確定性。地緣政治學雖然產生了一個多世紀了，但是地緣政治學的研究方法卻依然不那麼清晰，這當然跟前

〔註45〕〔美〕理查德‧哈特向：《地理學的性質——當前地理學思想述評》，葉光庭譯，北京：商務印書館，1996年，第504頁。

〔註46〕〔美〕理查德‧哈特向：《地理學的性質——當前地理學思想述評》，葉光庭譯，北京：商務印書館，1996年，第63頁。

〔註47〕〔英〕傑弗里‧帕克著《地緣政治學：過去、現在和未來》，劉從德譯，北京：新華出版社，2003年，第11頁。

〔註48〕李義虎：《地緣政治學：二分論及其超越——兼論地緣整合中的中國選擇》，北京：北京大學出版社，2007年，第222頁。

面我們所談到的學科不獨立性與學科內涵不斷擴大有關。就目前來看，地緣政治學關注縱橫兩個維度的運動，地緣不僅是不同地緣政治區域〔註49〕之間的關係問題，首先應該是一個特定地緣政治區域的根源和緣由問題，這是發生不同地緣政治關係的基本前提，如果我們以為前者近之外交，那麼後者則近於內政。所不同的是無論這「內政」也好「外交」也罷都少不了一個「地」的看待，對於「內政」而言，這是如何組織國家因地制宜「盡地力」而凝聚國力的問題；對於「外交」而言，則是一個如何利用山川形勝以及自己在一個整體格局中的位置而縱橫捭闔為自己贏得最有利的發展空間的問題。因而，地緣政治對內而言有一個基本的力量根源的問題，對外而言，就是有一個特定地緣區域在總體地緣格局中的位置看待與相關政治取向的問題。前者是探討地緣政治的邏輯起點，後者是地緣政治的基本內容。

地力的問題不僅是特定政治地理單元的內部問題，也密切關聯其所在地緣格局中其它地域的力量形成與力量的互動與轉移等相關問題；山川形勝與位置關係所形成的「地利」問題也不僅只是地緣格局中不同地緣政治區域的相關性問題，雖然特定的地緣政治區域例如國家本身具有相對的歷史穩定性，但是其內部的地理險要與不同政治勢力結合所產生的模式在不同的歷史時期也不盡相同，這不僅影響著國家本身的穩定乃至國家內部的權力嬗替，也必然影響到一個特定地緣格局相互間的地緣態勢的變遷。因而，地力不僅僅只是一個地緣政治區域內部的問題，「地利」也不只是不同地緣政治區域相互間的問題，它們都貫穿於從特定地緣政治區域本身到地緣格局整體的全過程。

有鑒於此，傑弗里‧帕克提出了地緣政治分析方法的三段論：「首先是對基本空間客體自身特徵的考察；其次要探視空間客體的相互作用以及由此而形成的空間模式，這包括對不同地理空間區域中相互作用模式差異性的觀察；最後是將地緣政治空間作為一個整體的分析，從而確立對其全部特徵的判斷。這就是世界政治地圖，其顯現出的內涵構成了地緣政治學作為一門學科的最終研究階段及根本目的。地緣政治觀的『內涵』，包括了對總體上謂之『秩序』所賦予的不斷重複的行為模式的探究。」〔註50〕這種方法雖然把握

〔註49〕斯皮克曼稱之為「地緣政治區域」，他認為：「專門的『地緣政治』區域並不是由恒定不變的地形所規定的地理區域，而是一方面由地理所決定、另一方面由實力中心的動態的轉移所決定的一些區域。」〔美〕斯皮克曼：《和平地理學》，劉愈之譯，北京：商務印書館，1965年，第15頁。

〔註50〕〔英〕傑弗里‧帕克：《地緣政治學：過去、現在和未來》，劉從德譯，北京：

住了地緣政治學的學科特點，把握住了對於政治力量空間運動本性的本質，但是由於地緣政治學所關涉的要素眾多，涉及到不同的具體學科的專門知識，還有待借鑒不同的學科分析方法，從而使得對於地緣政治趨勢的判斷更加準確。同時，由於地緣政治學依然沒有實現學科獨立的現狀，其在範疇的界定和學科的架構上仍然過於簡單，這些都有待於在發展中完善。

　　正是由於以上諸多問題糾結於地緣政治學的學科歷史之中，歷來地緣政治學家對於地緣政治學內涵的界定上可謂：欲說還休，欲罷不能。但是透過對這些複雜問題的討論，我們大抵可以感知地緣政治學最核心的特質與其複雜性背後的原因，這為我們加深對於該學科的認識起到某種有價值的補益。

1.1.3 地緣政治學內涵試擬

　　對於地緣政治學研究而言，政治地理學所關注的政治現象相關的空間要素特徵的研究成為地緣政治學的重要基礎，但是地緣政治學的意義並不在於止步於這些政治相關的空間要素的分析本身，而是基於這些相對靜態的政治空間元素的研究而進一步揭示政治權力的空間運動態勢，其國家戰略的指向才是地緣政治學關注的學科意義出口。因而，在地緣政治學的學科歷史中，地理學、政治學、戰略學對於地緣政治學的爭奪成為必然，前者是地緣政治學的空間基礎，而政治學乃是地緣政治學的主體內容，戰略學則是地緣政治學的意義出口，而事實上這三個學科任何一個過於強調自己的作用並宣稱自己即是地緣政治學都是有失偏頗的，因為地緣政治學不只是它們中間的任何一個，而是它們全部的有機結合。有鑒於地緣政治學與地理學、政治學、戰略學三個學科的內在關聯，我傾向於認同陸俊元對於地緣政治的定義：「地緣政治是政治行為體通過對地理環境的控制和利用，來實現以權力、利益、安全為核心的特定權利，並借助地理環境展開相互競爭與協調的過程及其形成的空間關係。」〔註51〕如前所論，這個定義不僅強調了政治行為體同地理環境之間的關係，同時也指出了不同的地緣政治區域之間的「競爭與協調」的關係，這是兩個不同維度之間的互動；同時，這種互動的關係在概念中以「過程」二字來呈現，從而體現了地緣政治學的動態性分析特徵，而這種種政治運動現象最終以「空間關係」表現，這正是地緣政治學中的「地」的特徵。

新華出版社，2003 年，第 9 頁。
　〔註51〕陸俊元：《地緣政治的本質與規律》，北京：時事出版社，2005 年，第 9 頁。

但是陸氏定義的不足之處就是其中時間性和地緣政治的格局感模糊，而時間性內在地包含著「控制和利用」地理環境的技術手段，前有所論，技術手段的變化會相應地改變空間格局的現實；另一方面，陸氏著述中有專門章節討論地緣政治分析中地緣政治格局的重要性，但在其概念中卻沒有得到相應的體現。所以筆者認為如果在陸氏的定義上加上「在特定的時空格局下」作為前提就比較完整了。

與之對應，我在這個基礎上就地緣戰略和地緣政治學也作一個初步的定義。所謂的地緣戰略學乃是研究在特定的時空格局下，特定的政治行為體（通常為國家）如何假借技術手段而利用地理條件實現其凝聚政治力量、保障自身安全、實現政治利益最大化的應用性學科。地緣政治學是研究在特定的時空格局之下，政治行為體與地理環境之間、地緣政治區域之間互動關係的綜合性學科。而地緣政治學的學科也相應地具有動態性、整體性、歷史性、空間性、政治性、交叉性、人為性等相關特性。這些特性將具體地體現在我們具體考量不同地緣政治格局下的地緣政治運動的相關研究之中。

1.2 天下與地上之間：變遷中的天下秩序

以我們今天的學科視角去觀察特定文明形態下的研究對象的時候，我們往往會發現它們是那麼的不規則、甚至顯得支離破碎。但是，當我們回歸到這個具體的文明形態之中的時候，我們卻驚訝於它們其實是一種既生動又完整的存在，雖然相較於我們今天完整的學科理論而言，它們隱晦而玄遠，似乎太不具有一般性的意義。這中間有一個很大的觀察障礙，這種障礙就是不同的文明形態當其在自己的歷史中生發的時候並不在意後世可能的「專業」審視，而衍生出很多在我們今天看來「不必要的枝蔓」，然而這正是其特質所在。因而通過地緣政治學的視角來考察中國古代的地緣政治活動的時候，我們必須去面對這樣的問題：今天的學科抽象是否充分考慮到不同的文明形態的差異性？這是內涵界定所必須具備的外延的完整性。第二，在審視特定的地緣政治活動的時候我們同時必須充分考慮到學科的歷史性與地緣政治活動的歷史性二者之間的關係，而不是簡單的彼此相互附會。完整的地緣政治學學科歷史和最大化的地緣政治學內涵當是我們審視中國古代地緣政治活動必要的學科背景，但是僅僅靠這是不夠的，我們尤其需要尊重中國古代特定時空下的地緣認識與地緣實踐真實，去歷

史地理解它內在的合理性與不完善性，而不是簡單地站在我們今人的理論和技術條件下作指斥和批評。

地緣政治乃是在特定的系統之中發生的人──地互動與地──地互動的總和，系統本身成爲考察地緣政治的一個必要的前提。國際政治學者在研究前國際關係體系形成的時候注意到了中國古代的天下體系。郝思悌談到周代的地緣政治系統時說：「通常研究東方的學者，雖然把九個世紀的中國歷史標明爲周代，不過在這一段時期，至少有兩個，也可能是三個根本不同的結構，就在這些不同的結構內產生了國際政治的過程。」〔註52〕郝思悌所謂的三個不同的結構即是西周的封建體系、春秋時期在西周的封建體系之內生發出更加獨立的國家體系（通常是分爲兩大對立的國家集團）以及戰國時期的列強競雄的多級體系時期。這一歷史過程放在中國具體的歷史環境來解釋，即是從天下秩序到到天下失序的一個歷史變遷。天下系統不同於今天的全球地緣政治系統，它不是基於今天地理學科的認識與現代政治規則而建立起來的有著清晰權利界定與國土範圍的複雜系統，它基於中國古代先民對於天地自然的感性認知與歷史演進中的血緣紐帶而建立起來，本身沒有清晰的疆域界限，系統本身也呈現出盈縮不定的特徵。西周的天下秩序淵源於原始社會晚期以來的天──地──王──民關係的複雜演變，是以西周的天下秩序的建立既是對這一歷史過程的繼承與總結，也是對其的創新與發展。

1.2.1 西周的天下秩序

武王伐紂前後即開始從政治哲學上爲其合法性進行正名，其在理路上大抵延續夏商以來的「天──王──民」三者的關係展開，所不同的是其對於德的成分更加強調、人文成分更重，其爲政哲學也更加繁複細密。與這套哲學相對應，周人建立了宏大縝密的天下秩序。一直以來，對於天下秩序的探討成爲一個熱點，中外學者在這個問題上作了很多有積極意義的探索，取得了不少成果。渡邊信一郎在其《中國古代的王權與天下秩序：從日中比較史的視角出發》一書中詳細回顧了日本學界山田統、安部健夫、田崎仁義、平岡武夫、西嶋定生等學者的研究成果〔註53〕，其本人對於天下秩序之領域結

〔註52〕〔美〕郝思悌：《國際政治分析架構》，李偉成、譚溯澄合譯，臺北：幼獅文化事業公司1988年，第37頁。

〔註53〕〔日〕渡邊信一郎：《中國古代的王權與天下秩序：從日中比較史的視角出發》，徐沖譯，北京：中華書局，2008年，第9～16頁。

構、天下秩序在古代建築中的體現等方面亦頗有灼見。臺灣學者邢義田強調了天下秩序從商到周代的繼承性與變遷，突出了周代天下秩序中的華夷之分；而另一個臺灣學者高明士則總結出天下秩序中結合原理、統治原理、德化原理和親疏原理〔註54〕在其中的作用，頗有見地。概括學界對於天下秩序的研究成果，放之於西周時代之天下秩序，其主要包含著三種相互關聯的子系統：地緣秩序、人倫秩序和華夷秩序。

以宗法制和嫡長子繼承制爲基礎的封建製成爲西周最爲重要的制度，而在封建制度中人倫紐帶的血緣關係與地緣關係緊密地糾纏在一起，不可分別。在人倫秩序中，西周改造了夏商以來的繼承制度，瞿同祖先生指出：「夏、商的承繼制度與周以後最大的不同點，是沒有長幼嫡庶的分別，也沒有一系相承的習慣。」〔註55〕王國維亦謂之：「周人制度之大異於商者，一曰立子立嫡之制，由是而生宗法及喪服之制，並由是而有封建子弟之制，君天子臣諸侯之制；二曰廟數之制；三曰同姓不婚之制。此數者，皆周之所以紀綱天下。其旨則在納上下於道德，而合天子、諸侯、卿、大夫、士、庶民以成一道德之團體，周公制作之本意，實在於此。」〔註56〕談到西周分封盛況，《荀子·儒效》篇謂之：「兼制天下，立七十一國，姬姓獨居五十三人焉，周之子孫苟不狂惑者，莫不爲天下之顯諸侯，孰爲周公之儉哉！」〔註57〕關於西周的封建，除了同姓諸侯以外，瞿同祖先生將異姓諸侯分爲三類：前代帝王之後、功臣、本來存在的部落，這大抵就是高明士所謂的親疏原理。這一親疏原理漸次擴展到夷狄，從而形成華夷秩序。邢義田先生指出：「周人的祖先曾竄入戎狄達數百年之久，周人興起之初當還不至於看輕了戎狄。」〔註58〕但是一則是周人在政治上上承夏緒代商而立的天命所需，二則是由於周公在文化上的制作相關，夷狄在天下秩序中的層級日漸下沉。在這個嚴密的層級之中，首先強調的還是對於諸夏的義務，「皇天

〔註54〕 高明士：《天下秩序與文化圈的探索：以東亞古代的政治與教育爲中心》，上海：上海古籍出版社，2008年，第3～18頁。

〔註55〕 瞿同祖：《中國封建社會》，北京：上海人民出版社，2003年，第11頁。

〔註56〕 王國維：《觀堂集林·殷周制度論》，石家莊：河北教育出版社，2002年，第288～289頁。

〔註57〕 〔清〕王先謙：《荀子集解·仲尼篇第七》，沈嘯寰、王星賢點校，北京：中華書局，2008年，第134頁。

〔註58〕 邢義田：《秦漢史論稿·天下一家——傳統中國天下觀的形成》，臺北：東大圖書公司，1987年，第22頁。

既付中國民越厥疆土於先王」〔註59〕「惠此中國，以綏四方。」〔註60〕「惠此京師，以綏四國。」〔註61〕可見天命首在諸夏中國，雖則亦可漸次擴展而及於「四方」、「四國」而令天之下成爲一個統一的整體，這就是所謂的「溥天之下，莫非王土；率土之濱，莫非王臣。」〔註62〕但是天子之國的範式作用是毫無疑問最重要的，天子自當是「萬邦之方，下民之王。」〔註63〕這就是所謂的「內其國而外諸夏，內諸夏而外夷狄」〔註64〕的同心圓政治建構模式。在這個龐大的中國爲核心的體系之中，天子高居頂端，同姓較之異姓諸侯爲親，異姓較之夷狄爲親，且不同姓之間通過政治聯姻日漸滙成一個血緣無處不在的系統。這個系統憑藉著「親親」精神而構建的禮樂制度加以維繫，等級成爲禮樂中一個極爲重要的內容，不同層級在禮制上都有明確的規定而不得僭越。談到西周封建制度的基本精神時，徐復觀先生指出：「此一封建制度，先簡單說一句，即是根據宗法制度，把文王、武王、成王、康王等未繼承王位的別子，有計劃地分封到舊有的政治勢力中去，作爲自己勢力擴張的據點，以聯絡、監督、同化舊有的政治勢力，由此而逐漸達到『溥天之下，莫非王土；率土之濱，莫非王臣』的目的」〔註65〕這在前期，周天子憑藉強大的軍事力量以及眾多諸侯國的聯合體給予特定地域的諸侯的擴張以必要的保護和支持，但是在這同時周天子也強調了諸侯對於天子的拱衛義務，這就是「價人維藩，大師維垣，大邦維屏，大宗維翰，懷德維寧，宗子維城」〔註66〕的精神。

　　周振鶴先生指出了周人的封建制的地緣血緣混合意味：「封建制是地緣

〔註59〕李學勤主編：《十三經注疏・尚書正義・酒誥第十二》，北京：北京大學出版社，1999年，第387頁。

〔註60〕程俊英：《詩經譯注・大雅・民勞》，上海：上海古籍出版社，2009年，第457頁。

〔註61〕程俊英：《詩經譯注・大雅・民勞》，上海：上海古籍出版社，2009年，第458頁。

〔註62〕程俊英：《詩經譯注・小雅・北山》，上海：上海古籍出版社，2009年，第349頁。

〔註63〕程俊英：《詩經譯注・大雅・皇矣》，上海：上海古籍出版社，2009年，第426頁。

〔註64〕李學勤主編：《十三經注疏・春秋公羊傳注疏・成公十五年》，北京：北京大學出版社，1999年，第400頁。

〔註65〕徐復觀：《兩漢思想史》，上海：華東師範大學出版社，2001年，第一卷，第12頁。

〔註66〕程俊英：《詩經譯注・大雅・板》，上海：上海出版社，2009年，第462頁。

關係，宗法制是血緣關係，封建制與宗法制二而一，一而二。這是以地緣關係來維護血緣關係。」但是除卻了地緣維護血緣以外，血緣未嘗不是地緣擴張的憑藉，正所謂糾結不清。《周禮·職方氏》將這種政治建構的同心圓推衍爲地域上的同心圓而成爲所謂的九服制：「乃辨九服之邦國，方千里曰王畿，其外方五百里曰侯服，又其外方五百里曰甸服，又其外方五百里曰男服，又其外方五百里曰採服，又其外方五百里曰衛服，又其外方五百里曰蠻服，又其外方五百里曰夷服，又其外方五百里曰鎮服，又其外方五百里曰藩服。」〔註67〕對於這一點，周振鶴先生的意見是：「如果說《禹貢》五服制是理想化的格局，那麼《職方》的九服制接近於紙面上的遊戲了。」〔註68〕究其實際的地緣關係來看，大抵分爲兩個時期，一者是周初以二次封建爲基本內容地緣擴張，一者是周代中後期向南方江漢流域的地緣發展。對於周人平定管、蔡之亂的二次分封所形成的地緣政治格局，錢穆先生曾以橢圓爲喻而形象地謂周人此舉即是：「從東北、東南張其兩長臂，抱股宋於肘腋間。」當西周立國伊始，王畿具有渭河平原，向東以伊洛平原作爲東向伸展，齊、魯遙相呼應以遙控大平原之形勢，王畿之周以晉、鄭等姬姓諸侯國爲枝輔，立國氣勢可謂宏遠。在這個格局中東都洛邑的修建成爲關鍵，李峰說：「西周的權力中樞全在於一條橫貫東西的交通運輸線上。這條運輸線從豫西的重巒疊嶂中穿行而過，將豐鎬二京和東都洛邑各自所在的渭河平原和洛河谷地連接起來。」〔註69〕然而，這是放在西周王畿本位來說的，因而只是問題的一個方面；另一個方面即是洛邑對於東部大平原的意義，對於洛邑的修建，唐曉峰先生指出：「洛邑的修建，在人文地理總格局上，強化了華夏文明地理軸心的地位。這條軸心線，西起關中地區，以宗周豐鎬爲標誌，東到豫魯平原一帶，以殷墟、曲阜爲標誌。」〔註70〕早在商代的時候，已經在南土經營，盤龍城遺址的發現證實了這一地緣擴張。據陳珈貝研究，周人在南陽盆地、淮水上中游、淮北汝潁地區進行了

〔註67〕〔清〕孫詒讓：《周禮正義·職方氏》，北京：中華書局，2008 年，第 2684頁。

〔註68〕周振鶴：「中國歷史上兩種基本政治地理格局分析」，《歷史地理》第二十輯，上海：上海人民出版社，2004 年，第 5 頁。

〔註69〕李峰：《西周的滅亡：中國早期國家的地理和政治危機》，徐峰譯，湯惠生校，上海：上海古籍出版社，2007 年，第 36 頁。

〔註70〕唐曉峰：《從混沌到秩序：中國上古地理思想史述論》，北京：中華書局，2010年，第 226 頁。

擴張，建立了大量的諸侯國〔註71〕。

　　總體上說，在周人天下秩序的三個子系統裏，地緣秩序是基礎，但是在三個子系統裏也最爲隱秘，不爲強調，這與周人大力強化德的精神與高揚「親親」、「尊王」的禮樂精神緊密相關，通過這種以血緣爲紐帶的人倫秩序，周人成功地完成了向著大平原的地緣擴展，並將觸角伸展到江漢、江淮流域。雖然在理論上，周人宣稱華夏文明對於夷狄的文明引力，但是在事實上，在這場地緣挺進的歷史進程中，由於對華夷秩序的判然兩分，站穩跟腳的諸侯國大力向著夷狄的地域進行擴張，這也大大加劇了華夷秩序的緊張程度。

1.2.2 從天下變體到天下失序

　　西周所建立的天下秩序隨著時間的流逝漸漸生發出一些結構性的問題來。李峰從地緣政治的視角指出了問題的實質所在：「隨著時間的流逝，中央授予諸侯的行政管理自治權逐漸滋生出一種離心力，這種離心力不但打消了諸侯支持中央政權的積極性，甚至激使他們同中央公然對抗。另一方面，周王領導的西周國家核心的管理不善，是這個問題的又一肇因。中央政府實施的是一種「恩惠換忠誠」原則，政府官員並沒有定期的俸祿，他們薪俸的發放並非由其服務的時間長短，或者工作的性質等量化標準來決定。相反，周王只是不定期地給予其官員各種形式的賞賜，其中最重要的就是地產。由於這種地產只能從渭河谷地一帶有限的王室土地資源中分割，所以周王向他的臣子賞賜的越多，他以後繼續賞賜的可能性就越小。政府的這種「自殺式」管理方法不可避免地削弱了西周國家的經濟基礎，導致了周王室的貧困化。」〔註72〕而更爲嚴重的是伴隨著周王室的衰退，渭河谷地的地緣環境日漸惡劣，就在這風雨飄搖的前夜，周幽王又公然破壞周人立國基石的嫡長子繼承制，終於導致犬戎攻破鎬京。

　　平王東遷後，王室地位一落千丈。周王與鄭伯兵戎相見而被射中肩部，威風掃地。至周襄王以狄人伐鄭，則西周封建的基本精神盡失。徐復觀先生論曰：「王室權威的失墜，可以說主要是因爲女寵或一時之忿，用戎狄以伐同姓，自己破壞了作爲政治團結的基本要素──『親親』的關係，因而失掉了

〔註71〕 陳珈貝：《商周南土政治地理結構研究》，臺北：花木蘭出版社，2009年，第51～90頁。

〔註72〕 李峰：《西周的滅亡：中國早期國家的地理和政治危機》，徐峰譯，湯惠生校，上海：上海古籍出版社，2007年，第107頁。

自己的屏藩，瓦解了由宗法而來的向心力。」〔註73〕不僅如此，華夷之間的界限也被突破。春秋時期是天下秩序深度變遷的一個過渡時期，在這個過程之中，由於周天子權威的沈降，華夏諸國在面對夷狄侵襲的過程中失去了有效的協調。各自都面臨夷狄的威脅，這樣「攘夷」就成為在諸夏中有著廣泛土壤的一個政治口號；另一方面，春秋畢竟去西周未遠，姬姓封建體系猶存，雖則禮樂精神與血緣紐帶不如從前，但是時代尚不至於允許一個諸侯國能代周天子而立，是以「尊王」成為號召諸侯贏得政治合法性最好的武器，這樣「敬天」而獲得的權力神聖性被「尊王」而獲得的政治合法性所取代。在「尊王攘夷」的旗號之下，齊桓公率先稱霸，雖則齊桓公的稱霸與管仲整頓軍事、發展經濟的實力緊密相關，但是齊國位於周人封建的橫向軸線之上，毗鄰魯、燕、宋、衛等眾多的諸侯國，在「攘夷」的旗號之下，是無法鬩兄弟於牆內的，所以齊桓公的稱霸更多只能看作是外交和政治層面的勝利。但是繼之而起的晉文公則有所不同，晉國毗鄰周王室，其相鄰的地區多為戎狄所在地，晉人大量蠶食夷狄土地，整合其民眾，勢力大增；二則其地理位置特殊，一則可以封鎖秦人東進的路向，二其地處諸夏樞紐可以隨時左右中原形勢；三則其為周王室近支，在政治上頗有優勢，是以在文公之後的春秋歷史中，晉人長期獨霸中原。在春秋大多數時間裏，晉、楚爭霸構成了主體，楚國處身江漢，加之與華夏體系關聯不深，本身自成體系，是以楚國的擴張無須太多的道義顧慮。

天下概念產生由來已久，在空間上具體體現為人所居住繁衍的現實地上世界，是一個與天相聯繫卻又相對獨立於天的存在。周代時候基於以周天子為核心而關聯諸侯國與向慕華夏文明的四夷而建立起一個鬆散而模糊的天下秩序，這一秩序在春秋時代事實上由「以天子為核心」沈降到「以尊重周天子的理念和注重現實政治運作」而崛起的霸國為中心的秩序變體，這是五霸的政治邏輯；春秋時代，晉文請燧、楚莊問鼎，雖是躍躍欲試，然則周天子仍可勉強維持名義上的天下共主地位，到了戰國時期，地域的競爭空前激烈，包裹在地利、地緣之外的「尊王」的道義名號與「親親」的人文外衣已不復存在，周室患齊秦之交惡而危及己身，但以周鼎為餌而依違於兩強之間以求自保，天子顏面已是掃地以盡。當此之世，地緣的看待和地緣的實踐空前繁

〔註73〕徐復觀：《兩漢思想史》，上海：華東師範大學出版社，2001 年，第一卷，第 17 頁。

榮，而實用主義至上的秦帝國儼然成了一個不需要天爲參照的至尊；繼之而生漢帝國在反思秦亡的基礎上最重要的就是繼承並改造了天下秩序，不僅重續了天人關係，而且在天下秩序中將曾經的朝貢關係向著四夷作擴充，作爲郡縣帝國秩序的擴充。天下是無限而可盈縮的，因其現實政治利害程度的不同而在地緣看待上意味也不盡相同。而天下秩序的變遷歷程乃是先秦、秦漢時期地緣政治思想產生與變化的直接背景。

1.3 先秦地緣政治思想概觀

如前所述，由於西周天下秩序的特徵所在，地緣體系最爲隱秘而不爲強調，地緣政治活動也隱藏於血緣紐帶爲基礎的人倫體系深處，《周易》裏雖強調了地險的意義〔註 74〕，但系統的地緣政治思想並不見於西周時期。伴隨著地緣政治活動的逐漸展開，春秋到戰國時期地緣政治思想大量出現。在經歷了天下秩序經歷變體到失序的歷史過程中，「道」、「術」也經歷著爲「天下」裂的歷史過程。觀乎春秋戰國時期各家乃至力主王道的儒家在內，無不程度不同地打上了地緣政治的烙印。縱觀先秦文獻，春秋戰國時期諸子的地緣政治思想集中體現在法家與縱橫家之中，兵家所強調的地理因素多是軍事地理學意味上的內容，絕大部分不具有地緣政治的宏觀意味。此外，一向不被學者所重視的儒家、道家也在不同程度上有自己的地緣政治主張。

1.3.1 法家的地緣政治思想

按照蕭公權先生的說法，在由封建天下轉到專制天下的過渡時期，政治思想不外乎三種：同情宗法，力圖恢復舊制；承認現狀，迎合新趨勢而爲之張目；厭棄一切新舊制度〔註 75〕。按照蕭公權先生的三分法，法家毫無疑問是順應春秋戰國時代變遷大勢而爲之張目的派別，法家的地緣政治思想在先秦諸子中佔有重要的地位。然則法家所處時期不同，派別不同其要義也自不盡相同，其對於地緣政治方面的強調也不一樣。

〔註 74〕黃壽祺、張善文：《周易譯注・坎卦第二十九》，上海：上海古籍出版社，2001年，第 241～242 頁。

〔註 75〕蕭公權著《中國政治思想史》，第 15 頁，新星出版社，2005 年。

1.3.1.1《管子》一書中的地緣政治思想〔註76〕

《管子》一書中的地緣政治思想最早為國際關係學者葉自成教授所重視，葉先生將管子稱為「地緣政治大家」〔註77〕，葉先生將管子之地緣政治思想歸結為：富國強兵乃地緣政治立足之本、精闢論述大小國的地緣關係、提出多種地緣戰略思想、提出對地緣接近的國家關係的幾個原則、論述天文地理對人的性格及國內政治的影響、提出了經濟地緣思想等六個方面，涉及的內容較為全面；其後尹朝暉亦有《論管子的地緣政治思想》〔註78〕一文，基本觀點大抵未出葉著之外；茲後論及管子國際關係思想的還有王日華的《〈管子〉的霸權思想及其現代化──兼與西方霸權理論比較》〔註79〕一文，該文如其題目所言主要側重於霸權思想的研究，重心不在地緣思想，基本可忽略不計。要言之，對於《管子》一書的地緣政治思想研究主要成果集中在葉著。本節力圖在葉先生研究成果的基礎上作出力所能及的補充，亦對其因學科之別而出現的微疵作出些許修正，以圖使得這一中國古代的地緣政治大家的思想能更翔實地呈現出來。

《管子》一書之成書年代及是否成於一人之手歷來為學者所疑，先秦典籍多非出自一人之手成書於一時已為多數學者所接受，因此而疑古或是古已不再是主流意見。《管子》一書中論及管仲之死，評述墨家「兼愛」之說，論及「書同名，車同軌」足可證其成書時間跨度極長，至少非管仲一人所書已是定論。然則，章學誠考證「春秋之時，管子嘗有書矣。」〔註80〕是以管子後學撰述之中亦必有所因，參之《史記》管仲傳、太公世家諸篇，頗多互相印證之處。蕭公權先生指出：「按《管子》出於纂集，固已成為定論。然吾人不可據此而即謂其內容與夷吾絲毫無涉。蓋細繹全書所含之政治思想頗多針對春秋之歷史背景，與商韓諸子之以戰國為背景者，有重要之區別，故其執筆

〔註76〕《漢書·藝文志》將《管子》列入道家，《隋書·經籍志》則列名法家之屬，此事由來紛紜，蓋劉向必是因《管子》一書中多所稱引道德，多有以道為體之意味；而經籍志則以《管子》一書之基本內容皆為富國強兵之術，皆為法家之要義。而此後漢代法家人物桑弘羊亦多以《管子》為據發論，是以本書此處從後者。

〔註77〕葉自成主編：《地緣政治學與中國外交》，北京：北京出版社，1998年，第153頁。

〔註78〕《管子學刊》，2005年第2期，第11頁。

〔註79〕《世界經濟與政治》，2007年第3期，第35頁。

〔註80〕〔清〕章學誠：《文史通義校注》，葉瑛校注，北京：中華書局，1985年，第62頁。

者或有六國時人，其立論或參入專制天下前夕之觀念，而其思想之大體或非三家分晉，田氏代齊以後所能有。」〔註81〕是以簡單地將《管子》一書的思想視爲管子本人的思想是有失審慎的。但是《管子》一書的思想與商、韓等法家人物的思想有著極大的不同，雖則以稱霸爲政治之目標，然則多所稱引禮義，盛言「四維不張，國乃滅亡。」〔註82〕而其後管子後學論述之色彩也相去未遠，究其原因，我想可能有兩點：第一，《管子》一書中成書較早的部分大抵反映了齊桓公稱霸前後的政治氣氛，斯時去西周未遠，雖則王室沈降，然則政治意識形態依然在王道政治的氛圍之中，公然別樹一幟是很危險的；其二，管仲身處齊地，齊、魯在文化上關聯甚密，禮樂氣氛濃厚，是以雖爲法家，但較之於三晉之法家要溫和，其主張中兼容儒家思想亦是自然之事。

在前節我們分析了地緣政治活動包括兩個基本維度的互動關係：首先就是特定地理空間中以凝聚國力爲中心的人地互動關係，另外即是不同地緣政治單位之間以競爭與協調爲主要內容的互動關係。那麼我們沿著這兩個視角去觀察《管子》一書，從其對齊國的地緣整合與地緣力量的蓄積來看，其主要思想有以下幾點：

1、將國內的地緣力量整合放在地緣政治的首要位置，注重以富國強兵爲基本內容的地緣力量蓄積，尤其重視糧食安全的地緣意義。管子將「富國強兵」視爲地緣政治的基本內容，他指出：「主之所以爲功者，富強也。故國富兵強，則諸侯服其政，鄰敵畏其威，雖不用寶幣事諸侯，諸侯不敢犯也。主之所以爲罪者，貧弱也。故國貧兵弱，戰則不勝，守則不固，雖出名器重寶以事鄰敵，不免於死亡之患。」〔註83〕所以管子強調：「夫不定內，不可以持天下。」〔註84〕而所謂的「定內」首要在於能很好地組織人民開發國土，實現以糧食安全爲基礎的力量凝聚，管子將之視爲地緣力量的根本。「倉廩空虛財用不足，則國毋以固守。」〔註85〕在國家安全的

〔註81〕蕭公權：《中國政治思想史》，北京：新星出版社，2005年，第126～127頁。

〔註82〕黎翔鳳：《管子校注‧牧民第一》，梁運華整理，北京：中華書局，2006年，第3頁。

〔註83〕黎翔鳳：《管子校注‧形勢解第六十四》，梁運華整理，北京：中華書局，2006年，第1173頁。

〔註84〕黎翔鳳：《管子校注‧事語第七十一》，梁運華整理，北京：中華書局，2006年，第1243頁。

〔註85〕黎翔鳳：《管子校注‧重令第十五》，梁運華整理，北京：中華書局，2006年，第286頁。

因果鏈條上，管子深刻指出：「地之守在城，城之守在兵，兵之守在人，人之守在粟。」〔註86〕因而，農業安全即是國家軍事安全的基礎，是以管子謂之：「繕農具當器械，耕農當攻戰，推引銚耨以當劍戟，被蓑以當鎧鑐，菹笠以當盾櫓。故耕器具則戰器備，農事習則功戰巧矣。」〔註87〕農業的基本生產載體在於土地，管子將土地視爲政治的根本，管子說：「地者政之本也，是故地可以正政也。地不平均和調，則政不可正也；政不正，則事不可理也。」〔註88〕內政就是圍繞著土地的開發如何組織人民的系統，國家的危亡的原因必然與之緊密關聯：「國無以小與不幸而削亡者，必主與大臣之德行失於身也，官職、法制、政教失於國也，諸侯之謀慮失於外也，故地削而國危矣。國無以大與幸而有功名者，必主與大臣之德行得於身也。官職、法制、政教得於國也，諸侯之謀慮得於外也。然後功立而名成。」〔註89〕既然土地如此重要，自然成爲控馭國家的根本，所以管子主張：「『毋予人以壤，毋授人以財。』財終則有始，與四時廢起。聖人理之以徐疾，守之以決塞，奪之以輕重，行之以仁義，故與天壤同數，此王者之大轡也。」〔註90〕

2、注重人民在地緣力量凝聚中的主體作用，強調愛民、惠民，適度使用民力。人地的結合狀態才是地緣力量凝聚的關鍵，管子很早就高度重視人民在地緣力量凝聚過程中的主體作用，管子說「欲爲天下者，必重用其國；欲爲其國者，必重用其民；欲爲其民者，必重盡其民力。無以畜之，則往而不可止也；無以牧之，則處而不可使也。」〔註91〕。正因爲如此，管子將「愛民」放到「干時於天下」的邏輯起點：「桓公又問曰：『寡人欲修政以干時於天下，其可乎？』管子對曰：『可。』公曰：『安始而可？』管子對曰：『始於

〔註86〕黎翔鳳：《管子校注・權修第三》，梁運華整理，北京：中華書局，2006 年，第 52 頁。

〔註87〕黎翔鳳：《管子校注・禁藏第五十三》，梁運華整理，北京：中華書局，2006 年，第 1016 頁。

〔註88〕黎翔鳳：《管子校注・乘馬第五》，梁運華整理，北京：中華書局，2006 年，第 84 頁。

〔註89〕黎翔鳳：《管子校注・法法第十六》，梁運華整理，北京：中華書局，2006 年，第 304 頁。

〔註90〕黎翔鳳：《管子校注・山至數第七十六》，梁運華整理，北京：中華書局，2006 年，第 1340 頁。

〔註91〕黎翔鳳：《管子校注・權修第三》，梁運華整理，北京：中華書局，2006 年，第 49 頁。

愛民。』」〔註 92〕而「愛民」則有一系列的政治措施相體現：「公修公族，家修家族，使相連以事，相及以祿，則民相親矣。放舊罪，修舊宗，立無後，則民殖矣。省刑罰，薄賦斂，則民富矣。鄉建賢士，使教於國，則民有禮矣。出令不改，則民正矣。此愛民之道也。」〔註 93〕愛民則必富民，所以管子說：「凡治國之道，必先富民。民富則易治也，民貧則難治也。奚以知其然也？民富則安鄉重家，安鄉重家則敬上畏罪，敬上畏罪則易治也。民貧則危鄉輕家，危鄉輕家則敢淩上犯禁，淩上犯禁則難治也。故治國常富，而亂國常貧。是以善為國者，必先富民，然後治之。」〔註 94〕管子反對涸澤而漁的政治短視，主張對民力的利用保持在一個可以相對承受的度裏。「養桑麻、育六畜則民富，令順民心則威令行，使民各為其所長則用備，嚴刑罰則民遠邪，信慶賞則民輕難。量民力則事無不成，不彊民以其所惡則詐偽不生，不偷取一世則民無怨心，不欺其民則下親其上。」〔註 95〕「故取於民有度，用之有止，國雖小必安。取於民無度，用之不止，國雖大必危。地之不辟者，非吾地也。民之不牧者，非吾民也。」〔註 96〕人民不僅是國土開發的主體，也是軍隊的主體，管子強調「與其厚於兵，不如厚於人。」〔註 97〕

3、注重道德因素等軟力量對於國家整合的作用。僅僅具備國富兵強的硬實力還不足以在地緣競爭中獲取優勢，他指出：「城郭溝渠不足以固守，兵甲彊力不足以應敵，博地多財不足以有眾，唯有道者能備患於未形也，故禍不萌。」〔註 98〕管子尤其重視道德因素在國家地緣整合中的重要作用。管子將

〔註 92〕黎翔鳳：《管子校注·小匡第二十》，梁運華整理，北京：中華書局，2006 年，第 411 頁。

〔註 93〕黎翔鳳：《管子校注·小匡第二十》，梁運華整理，北京：中華書局，2006 年，第 411 頁。

〔註 94〕黎翔鳳：《管子校注·治國第四十八》，梁運華整理，北京：中華書局，2006 年，第 924 頁。

〔註 95〕黎翔鳳：《管子校注·牧民第一》，梁運華整理，北京：中華書局，2006 年，第 14 頁。

〔註 96〕黎翔鳳：《管子校注·權修第三》，梁運華整理，北京：中華書局，2006 年，第 51 頁。

〔註 97〕黎翔鳳：《管子校注·大匡第十八》，梁運華整理，北京：中華書局，2006 年，第 350 頁。

〔註 98〕黎翔鳳：《管子校注·牧民第一》，梁運華整理，北京：中華書局，2006 年，第 17 頁。

禮義廉恥稱之為國之四維，他指出「國有四維，一維絕則傾，二維絕則危，三維絕則覆，四維絕則滅。傾可正也，危可安也，覆可起也，滅不可復錯也。何謂四維？一曰禮，二曰義，三曰廉，四曰恥。」〔註99〕

4、「作內政而寓軍令」，基於人民之習俗而改革軍政制度，以親情與鄉情而加強軍隊的凝聚力與戰鬥力。「管子對曰：『作內政而寓軍令焉。為高子之里，為國子之里，為公里，三分齊國，以為三軍。擇其賢民，使為里君。鄉有行伍卒長，則其制令，且以田獵，因以賞罰，則百姓通於軍事矣。』桓公曰：『善。』於是乎管子乃制五家以為軌，軌為之長；十軌為里，里有司；四里為連，連為之長；十連為鄉，鄉有良人，以為軍令。是故五家為軌，五人為伍，軌長率之。十軌為里，故五十人為小戎，里有司率之。四里為連，故二百人為卒，連長率之。十連為鄉，故二千人為旅，鄉良人率之。五鄉一師，故萬人一軍，五鄉之師率之。三軍：故有中軍之鼓，有高子之鼓，有國子之鼓。春以田曰蒐，振旅。秋以田，曰獮，治兵。是故卒伍政定於里，軍旅政定於郊。內教既成，令不得遷徙。」〔註100〕

5、注重城市聚落的空間佈局與城市內部的佈局，注重國都的選址。管子曾指出「地之守在城」，那麼城市的空間佈局必然成為一個很重要地緣安全問題，在管子的藍圖中，「上地方八十里，萬室之國一，千室之都四。中地方百里，萬室之國一，千室之都四。下地方百二十里，萬室之國一，千室之都四。以上地方八十里，與下地方百二十里，通於中地方百里。」〔註101〕管子不僅注重城市的空間佈局，更注重城市內部的佈局，並將這種佈局體現在地緣防護與人民管理的諸多功能之中。「大城不可以不完，郭周不可以外通，里域不可以橫通，閭閈不可以毋闔，宮垣關閉不可以不脩。故大城不完，則亂賊之人謀。郭周外通，則姦遁踰越者作；里域橫通，則攘奪竊盜者不止；閭閈無闔，外內交通，則男女無別；宮垣不備，關閉不固，雖有良貨，不能守也。」〔註102〕管子宣稱：「城郭、險阻、蓄藏，寶也。」

〔註99〕 黎翔鳳：《管子校注·牧民第一》，梁運華整理，北京：中華書局，2006年，第 11 頁。

〔註100〕 黎翔鳳：《管子校注·小匡第二十》，梁運華整理，北京：中華書局，2006年，第 413 頁。

〔註101〕 黎翔鳳：《管子校注·七法第六》，梁運華整理，北京：中華書局，2006年，第 104 頁。

〔註102〕 黎翔鳳：《管子校注·八觀第十三》，梁運華整理，北京：中華書局，2006年，第 256 頁。

〔註103〕而國都則在現代地緣政治學中是「核心區」之核心，國都的選址至關重要，管子曰：「凡立國都，非於大山之下，必於廣川之上。高毋近旱而水用足，下毋近水而溝防省。因天材，就地利，故城郭不必中規矩，道路不必中準繩。」〔註104〕在管子的選擇標準中，山川的防衛作用與經濟條件成為首要，他反對那種以追求城市規整、道路筆直的外在形式為目標的國都佈局。

6、主張集權、重農抑商、務於蓄積。管子曰：「利出於一孔者，其國無敵；出二孔者，其兵不詘；出三孔者，不可以舉兵；出四孔者，其國必亡。先王知其然，故塞民之養，隘其利途。故予之在君，奪之在君，貧之在君，富之在君。故民之戴上如日月，親君若父母。」〔註105〕管子尤其注重經濟上的集權，將之視為國家控制的核心手段。在一個以農業為務的國家，商人自然就成為這種地緣力量蓄積的挑戰者，也自然成為地緣國家打擊的對象。管子將商人與國君爭利的現象稱之為「二君二王」，「桓公曰：『何謂一國而二君二王？』」管子對曰：「今君之籍取以正，萬物之賈輕去其分，皆入於商賈，此中一國而二君二王也。故賈人乘其弊，以守民之時。貧者失其財，是重貧也。農夫失其五穀，是重竭也。」〔註106〕管子將「禁末作」提升到關乎國家地緣安全的戰略高度而大加重視：「凡為國之急者，必先禁末作文巧，末作文巧禁，則民無所游食，民無所游食，則必農。民事農則田墾，田墾則粟多，粟多則國富。國富者兵彊，兵彊者戰勝，戰勝者地廣。是以先王知眾民、彊兵、廣地、富國之必生於粟也，故禁末作，止奇巧，而利農事。」〔註107〕

7、國土開發中的因地制宜。管子強調了因地利的重要性，順應則能獲其利，反之則必受其咎：「故緣地之利，承從天之指，辱舉其死，開國閒辱，知

〔註103〕黎翔鳳：《管子校注·樞言第十二》，梁運華整理，北京：中華書局，2006年，第242頁。
〔註104〕黎翔鳳：《管子校注·乘馬第五》，梁運華整理，北京：中華書局，2006年，第83頁。
〔註105〕黎翔鳳：《管子校注·國蓄第七十三》，梁運華整理，北京：中華書局，2006年，第1262～1263頁。
〔註106〕黎翔鳳：《管子校注·輕重甲第八十》，梁運華整理，北京：中華書局，2006年，第1425～1426頁。
〔註107〕黎翔鳳：《管子校注·治國第四十八》，梁運華整理，北京：中華書局，2006年，第924頁。

其緣地之利者，所以參天地之吉綱也。承從天之指者，動必明。」〔註108〕而對於爲國者而言，分別不同的土地資源性質而因地制宜顯得尤爲重要：「桓公曰：『何謂別群軌，相壤宜？』管子對曰：『有莞蒲之壤，有竹前檀柘之壤，有氾下漸澤之壤，有水潦魚鼈之壤。今四壤之數，君皆善官而守之，則籍於財物，不籍於人。畝十鼓之壤，君不以軌守，則民且守之。民有過移長力，不以本爲得，此君失也。』」〔註109〕關於「相壤宜」的問題，馬非百的理解是：「『相壤宜』與左氏成二年傳『先王疆理天下，物土之宜而布其利』及《周禮》『辨土宜之法』意義相同，指下文『四壤之數』而言。謂土壤對於民居及種植之物各有所宜，故爲國必先以調查統計之方法辨別而利用之。」〔註110〕

　　8、在地緣整合中注重因俗爲治。風俗往往是一個國家行政效率、國民精神的風向標，管子說：「入州里，觀習俗，聽民之所以化其上，而治亂之國可知也。」〔註111〕制度設計如能結合民眾的習俗則能收到意想不到的效果，管子曰：「教訓習俗者眾，則君民化變而不自知也。」〔註112〕黎翔鳳先生解讀爲：「習俗通於上下，君不能除外。」那麼這種理想化的「國之經俗」有什麼特徵呢？管子說：「何謂國之經俗？所好惡不違於上，所貴賤不逆於令；毋上拂之事，毋下比之說，毋侈泰之養，毋踰等之服；謹於鄉里之行，而不逆於本朝之事者，國之經俗也。」〔註113〕因而賢明的君主設計制度必須「隨時而變，因俗而動。」〔註114〕國家爲法正而不作奇怪，則民俗同循一禮而不至駁雜：「國毋怪嚴，毋雜俗，毋異禮，士毋私議。」〔註115〕管子將這種「法而守常，尊禮而變俗，上信而賤文，好緣而好駔」之法稱之爲「成國之法」。這種爲法的

〔註108〕黎翔鳳：《管子校注・侈靡第三十五》，梁運華整理，北京：中華書局，2006年，第661～662頁。

〔註109〕黎翔鳳：《管子校注・山國軌第七十四》，梁運華整理，北京：中華書局，2006年，第1282頁。

〔註110〕馬非百：《管子輕重篇新詮・山國軌》，北京：中華書局，2006年，第266頁。

〔註111〕黎翔鳳：《管子校注・八觀第十三》，梁運華整理，北京：中華書局，2006年，第266頁。

〔註112〕黎翔鳳：《管子校注・八觀第十三》，梁運華整理，北京：中華書局，2006年，第256頁。

〔註113〕黎翔鳳：《管子校注・重令第十五》，梁運華整理，北京：中華書局，2006年，第286頁。

〔註114〕黎翔鳳：《管子校注・正世第四十七》，梁運華整理，北京：中華書局，2006年，第920頁。

〔註115〕黎翔鳳：《管子校注・法法第十六》，梁運華整理，北京：中華書局，2006年，第295頁。

意旨在於「爲國者，反民性然後可以與民戚。民欲佚而教以勞，民欲生而教以死。勞教定而國富，死教定而威行。」〔註116〕國家禮俗還有一重功能即是可以發揮安定百姓而不至於流徙的作用，管子謂之：「鄉殊俗，國異禮，則民不流矣」〔註117〕

國家的地緣整合是地緣政治活動的基本內容，也是地緣政治競爭的基本前提，但是不同地緣政治單位之間的互動關係才是地緣政治活動的關鍵，從這個視角審視，《管子》一書中的地緣政治思想也是非常豐富的，概括起來主要有如下幾點：

1、不結盟的原則。這一點最先爲葉自成先生所指出，管子指出：「先王不約束，不結紐。約束則解，結紐則絕，故親不在約束結紐。」〔註118〕但是，同時管子指出：「先王貴誠信，誠信者，天下之結也。」〔註119〕也就是說在地緣政治活動中管子主張國與國之間首先應當是道義的共同體而不是純粹的利益共同體，所以管子反對純然爲地緣利益而結盟。

2、睦鄰友鄰，營造有利的地緣政治環境。此點也爲葉先生所注意。在管子的地緣政治思維中鄰國的關係是展開地緣政治活動的起點：「公曰：『外內定矣，可乎？』管子對曰：『未可。鄰國未吾親也。』公曰：『親之奈何？』管子對曰：『審吾疆場，反其侵地，正其封界，毋受其貨財，而美爲皮幣，以極聘頫於諸侯，以安四鄰，則鄰國親我矣。』桓公曰：『甲兵大足矣，吾欲南伐，何主？』管子對曰：『以魯爲主。反其侵地常、潛，使海於有弊，渠彌於有陼，綱山於有牢。』桓公曰：『吾欲西伐，何主？』管子對曰：『以衛爲主。反其侵地吉臺、原姑與柒里，使海於有弊，渠彌於有陼，綱山於有牢。』桓公曰：『吾欲北伐，何主？』管子對曰：『以燕爲主，反其侵地柴夫、吠狗。使海於有弊，渠彌於有陼，綱山於有牢。』四鄰大親。」〔註120〕在管子的地

〔註116〕黎翔鳳：《管子校注・侈靡第三十五》，梁運華整理，北京：中華書局，2006年，第661頁。

〔註117〕黎翔鳳：《管子校注・侈靡第三十五》，梁運華整理，北京：中華書局，2006年，第688～689頁。

〔註118〕黎翔鳳：《管子校注・樞言第十二》，梁運華整理，北京：中華書局，2006年，第245頁。

〔註119〕黎翔鳳：《管子校注・樞言第十二》，梁運華整理，北京：中華書局，2006年，第246頁。

〔註120〕黎翔鳳：《管子校注・小匡第二十》，梁運華整理，北京：中華書局，2006年，第424頁。

緣政治方案中，分別就改善四境的地緣環境提出了明確的目標和具體的措施。管子還假先王之政指出了睦鄰政策對於造就良好的地緣政治環境的重要意義，其曰：「先王不以勇猛爲邊竟，則邊竟安。邊竟安，則鄰國親。鄰國親，則舉當矣。」〔註121〕

3、注重地緣經濟戰。在《管子》一書中多處談及地緣經濟的作用，並利用地緣經濟的手段而實現國家的擴張。其中成功利用魯梁「以綈謀利」而放棄糧食生產而實現「三年，魯梁之君請服」〔註122〕的地緣擴張效果。這種地緣經濟戰還運用在大國之間，「管子曰：『陰王之國有三，而齊與在焉。』桓公曰：『此若言可得聞乎？』管子對曰：『楚有汝、漢之黃金，而齊有渠展之鹽，燕有遼東之煮，此陰王之國也。且楚之有黃金，中齊有蓄石也。苟有操之不工，用之不善，天下倪而是耳。使夷吾得居楚之黃金，吾能令農毋耕而食，女毋織而衣。今齊有渠展之鹽，請君伐菹薪，煮沸火爲鹽，正而積之。』桓公曰：『諾。』」〔註123〕管子利用齊國的資源鹽從中置換而取得經濟優勢。不僅如此，在管仲最看重的糧食方面，他也依法炮製：「彼諸侯之穀十，使吾國穀二十，則諸侯穀歸吾國矣；諸侯穀二十，吾國穀十，則吾國穀歸於諸侯矣。故善爲天下者，謹守重流，而天下不吾洩矣。彼重之相歸，如水之就下。吾國歲非凶也，以幣藏之，故國穀倍重，故諸侯之穀至也。是藏一分以致諸侯之一分。」〔註124〕管仲還注重降低關稅以吸引商人爲齊國帶來財富，管子說：「關者，諸侯之阨隘也，而外財之門戶也，萬人之道行也。明道以重告之：征於關者，勿征於市；征於市者，勿征於關。虛車勿索，徒負勿入，以來遠人，十六道同。」〔註125〕

4、在外交使節的任命中注重根據不同國家的地緣文化特點而選擇合適人選。「隰朋聰明捷給，可令爲東國。賓胥無堅強以良，可以爲西士。衛國之教，

〔註121〕黎翔鳳：《管子校注・樞言第十二》，梁運華整理，北京：中華書局，2006年，第245頁。
〔註122〕黎翔鳳：《管子校注・輕重戊第八十四》，梁運華整理，北京：中華書局，2006年，第1514～1515頁。
〔註123〕黎翔鳳：《管子校注・輕重甲第八十》，梁運華整理，北京：中華書局，2006年，第1422～1423頁。
〔註124〕黎翔鳳：《管子校注・山至數第七十六》，梁運華整理，北京：中華書局，2006年，第1331頁。
〔註125〕黎翔鳳：《管子校注・問第第二十四》，梁運華整理，北京：中華書局，2006年，第499頁。

危傅以利。公子開方之爲人也，慧以給，不能久而樂始，可游於衛。魯邑之教，好邇而訓於禮。季友之爲人也，恭以精，博於糧，多小信，可游於魯。楚國之教，巧文以利，不好立大義，而好立小信。蒙孫博於教，而文巧於辭，不好立大義，而好結小信，可游於楚。」〔註126〕選擇的要點有二，一是對於出使國的地緣文化特點的判定，而是對於充任使節人選特點的判定，二者如相適應則對於推行國家外交戰略起到重要的作用。

5、掌握道義的制高點，注重政治道義在地緣競爭中的運用。欲爭霸於天下，必先布德於諸侯，所以管子說：「夫欲用天下之權者，必先布德諸侯。是故先王有所取，有所與，有所詘，有所信，然後能用天下之權。……夫爭天下者，必先爭人。明大數者得人，審小計者失人。得天下之眾者王，得其半者霸。」〔註127〕管子告誡國君不可自恃國力而妄爲，他指出「地大國富，人眾兵彊，此霸王之本也，然而與危亡爲鄰矣。」〔註128〕霸王的行動邏輯首要在於不恃力而妄爲，而遵循「天下政理」，他指出：「若夫地雖大而不并兼，不攘奪；人雖眾，不緩怠，不傲下；國雖富，不侈泰，不縱欲；兵雖彊，不輕侮諸侯，動眾用兵，必爲天下政理，此正天下之本，而霸王之主也。」〔註129〕在修明內政的基礎上，注意尋找鄰國「無道」所帶來的地緣擴張機會。管子指出：「君人者有道，霸王者有時。國修而鄰國無道，霸王之資也。夫國之存也，鄰國有焉；國之亡也，鄰國有焉。鄰國有事，鄰國得焉；鄰國有事，鄰國亡焉。天下有事，則聖王利也。國危則聖人知矣。夫先王所以王者，資鄰國之舉不當也。舉而不當，此鄰敵之所以得意也。」〔註130〕

6、在地緣競爭中強調政治控制而非以奪取土地爲目標的地緣戰爭。管子指出：「非以并兼攘奪也，以爲天下政治也，此正天下之道也。」〔註131〕一味

〔註126〕黎翔鳳：《管子校注・大匡第十八》，梁運華整理，北京：中華書局，2006年，第360頁。

〔註127〕黎翔鳳：《管子校注・霸言第二十三》，梁運華整理，北京：中華書局，2006年，第465頁。

〔註128〕黎翔鳳：《管子校注・重令第十五》，梁運華整理，北京：中華書局，2006年，第289頁。

〔註129〕黎翔鳳：《管子校注・重令第十五》，梁運華整理，北京：中華書局，2006年，第289頁。

〔註130〕黎翔鳳：《管子校注・霸言第二十三》，梁運華整理，北京：中華書局，2006年，第463～464頁。

〔註131〕黎翔鳳：《管子校注・重令第十五》，梁運華整理，北京：中華書局，2006年，第291頁。

貪於地與寶則必然帶來國內外的雙重危機而導致國家的滅亡：「計得地與寶而不計失諸侯，計得財委而不計失百姓，計見親而不計見棄。三者之屬，一足以削，遍而有者亡矣。」〔註132〕

7、注重地緣競爭中多種地緣手段交相爲用。管子宣稱「夫欲臣伐君，正四海者，不可以兵獨攻而取也。必先定謀慮，便地形，利權稱，親與國，視時而動，王者之術也。」〔註133〕他進而提出了「鈞之以愛，致之以利，結之以信，示之以武」〔註134〕綜合爲用的地緣爭霸手段，友愛的態度、實際的利益、國際信譽與軍事實力四者不可偏廢。管子還根據情勢之不同而採取不同的地緣手段，管子指出：「四封之內，以正使之；諸侯之會，以權致之。近而不服者，以地患之；遠而不聽者，以刑危之。一而伐之，武也；服而舍之，文也；文武具滿，德也。」〔註135〕

8、注重對地緣格局的分析，並能根據不同時勢制定合理的地緣戰略。管子指出：「夫善用國者，因其大國之重，以其勢小之。因彊國之權，以其勢弱之。因重國之形，以其勢輕之。彊國眾，合彊以攻弱，以圖霸。彊國少，合小以攻大，以圖王。彊國眾而言王勢者，愚人之智也。彊國少而施霸道者，敗事之謀也。夫神聖視天下之形，知動靜之時，視先後之稱，知禍福之門。彊國眾，先舉者危，後舉者利。彊國少，先舉者王，後舉者亡。戰國眾，後舉可以霸。戰國少，先舉可以王。」〔註136〕管子還將國家分爲「抵國」、「距國」、「衢國」，而相應採取不同的地緣戰略：「前有萬乘之國，而後有千乘之國，謂之抵國。前有千乘之國，而後有萬乘之國，謂之距國。壤正方，四面受敵，謂之衢國。以百乘衢處，謂之託食之君。千乘衢處，壤削少半。萬乘衢處，壤削太半。何謂百乘衢處託食之君也？夫以百乘衢處，危懼圍阻千乘萬乘之間，夫國之君不相中，舉兵而相攻，必以爲扞挌蔽圉之用。有功利不

〔註132〕黎翔鳳：《管子校注·牧民第一》，梁運華整理，北京：中華書局，2006年，第379頁。

〔註133〕黎翔鳳：《管子校注·霸言第二十三》，梁運華整理，北京：中華書局，2006年，第479頁。

〔註134〕黎翔鳳：《管子校注·小匡第二十》，梁運華整理，北京：中華書局，2006年，第439頁。

〔註135〕黎翔鳳：《管子校注·霸言第二十三》，梁運華整理，北京：中華書局，2006年，第473頁。

〔註136〕黎翔鳳：《管子校注·霸言第二十三》，梁運華整理，北京：中華書局，2006年，第472頁。

得鄉。大臣死於外，分壤而功；列陳係累獲虜，分賞而祿。是壤地盡於功賞，而稅臧殫於繼孤也。是特名羅於為君耳，無壤之有；號有百乘之守，而實無尺壤之用，故謂託食之君。然則大國內款，小國用盡，何以及此？曰：百乘之國，官賦軌符，乘四時之朝夕，御之以輕重之准，然後百乘可及也。千乘之國，封天財之所殖，械器之所出，財物之所生，視歲之滿虛而輕重其祿，然後千乘可足也。萬乘之國，守歲之滿虛，乘民之緩急，正其號令而御其大准，然後萬乘可貲也。」〔註137〕管子警告國君須明晰自己在地緣格局中的位置，並根據自己所處位置採取對應的策略，而不可以隨意「違時易形」。管子說：「服近而彊遠，王國之形也；合小以攻大，敵國之形也；以負海攻負海，中國之形也。折節事彊以避罪，小國之形也。自古以至今，未嘗有能先作難，違時易形，以立功名者，無有。常先作難，違時易形，無不敗者也。」〔註138〕

　　9、戰略最精微之處即在於對於時勢的深刻洞察能力及在此基礎上而作出的謀劃能，地緣戰略亦不例外，管子提出「相形而知可，量力而知攻，攻得而知時」〔註139〕，在地緣競爭中要注重審時度勢、量力而行。

　　10、深刻論述了地緣政治中「地、人、兵、武」四者的辯證關係，倡導和諧的生態地緣關係。管子說：「地大而不為，命曰土滿；人眾而不理，命曰人滿；兵威而不止，命曰武滿。三滿而不止，國非其國也。地大而不耕，非其地也；卿貴而不臣，非其卿也。人眾而不親，非其人也。」〔註140〕人地搭配要合理，人地關係失衡將帶來嚴重的後果：「若是而民寡，則不足以守其地；若是而民眾，則國貧民飢；以此遇水旱，則眾散而不收。彼民不足以守者，其城不固；民飢者，不可以使戰；眾散而不收，則國為丘墟。」〔註141〕對人民的管理必須常態化有體制保障，管子說：「土地博大，野不可以無吏。百姓

〔註137〕黎翔鳳：《管子校注‧國蓄第七十三》，梁運華整理，北京：中華書局，2006年，第1275頁。

〔註138〕黎翔鳳：《管子校注‧霸言第二十三》，梁運華整理，北京：中華書局，2006年，第479頁。

〔註139〕黎翔鳳：《管子校注‧霸言第二十三》，梁運華整理，北京：中華書局，2006年，第479頁。

〔註140〕黎翔鳳：《管子校注‧霸言第二十三》，梁運華整理，北京：中華書局，2006年，第471頁。

〔註141〕黎翔鳳：《管子校注‧八觀第十三》，梁運華整理，北京：中華書局，2006年，第258頁。

殷眾，官不可以無長。操民之命，朝不可以無政。」〔註142〕儘管管子反對一味的窮兵黷武而指出軍事行動要適度，但是處身於那樣一個爭霸的年代，霸權必然成為政治的目標，因而軍事實力必須強大，這不僅關乎爭霸目標更關乎本身的地緣安全，管子深刻指出「內守不能完，外攻不能服，野戰不能制敵，侵伐不能威四鄰，而求國之重，不可得也。」〔註143〕

11、注重地緣威懾，謹慎使用戰爭手段，但是反對放棄武備的「寢兵」之說，《管子》一書中指出：「寢兵之說勝，則險阻不守；兼愛之說勝，則士卒不戰。」〔註144〕此處主要是針對墨家的「兼愛」、「非攻」說而言，當是戰國時期管子後學的思想，雖則時代有所不同，但是依然可以看出其中與管子既有主張一脈相承之處。

總體來說，《管子》一書中的地緣思想極為豐富，不僅涉及到以國力整合為核心的人地互動關係，也涉及到不同地緣政治單位之間的互動關係。管子雖強調以「耕戰」為基本內容的實力在地緣競爭中的基礎作用，但是管子更注重政治道義在地緣政治中的運用，注重包括地緣經濟在內的多種地緣手段的綜合運用。相較於後世三晉的法家人物而言，管子的地緣政治思維更多的強調在於地緣控制而非赤裸裸的地緣掠奪，因而帶有很濃重的「溫情」色彩在其中，如前所論，這種特點可能跟齊國的地緣文化及管子所處的時代有關。

1.3.1.2 《商君書》中的地緣政治思想

《商君書》較之管子而言要純粹許多，沒有那麼多的溫情的道德色彩，其主張大抵都是圍繞著如何建立有效的地緣國家而展開，其思想性程度也不是很高，多是「實在」的舉措與利害的分析。見之於《商君書》裏的地緣政治思想大抵如下：

1、正視現實，主張以耕戰為基本手段而加強國力，以統一戰爭而重建天下秩序。在殘酷的地緣競爭社會現實面前，商鞅反對不切實際的幻想，主張以理性的態度正視現實而大力加強以「耕戰」為核心內容的國家實力。「今世強國事兼并，弱國務力守。上不及虞、夏之時，而下不修湯、武。湯、武塞，

〔註142〕黎翔鳳：《管子校注·權修第三》，梁運華整理，北京：中華書局，2006 年，第 48 頁。

〔註143〕黎翔鳳：《管子校注·重令第十五》，梁運華整理，北京：中華書局，2006 年，第 288 頁。

〔註144〕黎翔鳳：《管子校注·立政第四》，梁運華整理，北京：中華書局，2006 年，第 79 頁。

故萬乘莫不戰，千乘莫不守。」〔註145〕既然戰爭是不可避免的，那麼先通過變法實現國家的強盛，並通過戰爭的手段讓天下重新恢復統一，即是以刑殺的手段而達到德義的目的：「一國行之，境內獨治。二國行之，兵則少寢。天下行之，至德復立。此吾以殺刑之反於德而義合於暴也。」〔註146〕這個目標最基本的前提在於國家經濟和軍事實力的加強，商鞅把地緣國家內在的實力放在實現地緣擴張的首要位置，他指出：「凡戰法必本於政，……兵起而程敵，政不若者則勿與戰。」〔註147〕而內政的首要任務則是加強以農業為中心的經濟開發，所以商鞅說：「國不農，則與諸侯爭權，不能自持也，則眾力不足也。故諸侯撓其弱，乘其衰，土地侵削而不振，則無及已。」〔註148〕人民不僅是經濟發展的主體，更是戰爭的承擔者，令人民歸心於農，好處是多方面的：「歸心於農，則民樸而可正也，紛紛則易使也，信可以守戰也。壹則少詐而重居，壹則可以賞罰進也，壹則可以外用也。」〔註149〕

2、保持土地與人民的匹配度，並因之而制定政策。土地與人民必須保持均衡的匹配度，反之就會因失衡而出現種種問題：「地過民則山澤財物不為用。夫棄天物遂民淫者，世主之務過也；而上下事之，故民眾而兵弱，地大而力小。」〔註150〕商鞅進而指出：「夫地大而不墾者，與無地同；民眾而不用者，與無民同。」〔註151〕他因此推導出「故為國之數，務在墾草。」〔註152〕根據土地與人民的不同匹配程度，他提出了相關的政策原則：「民勝其地，務開；地勝其民者，事徠。」〔註153〕

3、厲行法治，強化社會控制，以刑賞為基本手段，打造擴張性社會結構。商鞅認為戰勝敵國的基礎首要在於有效控制人民，而控制人民的根本則在於實行法治：「昔之能制天下者，必先制其民者也；能勝彊敵者，必先勝其民者也。故勝民之本在制民，若冶於金、陶於土也。本不堅，則如飛鳥禽獸，其孰能制之？民本，法也。故善治民者，塞民以法而名地作矣。」

〔註145〕蔣禮洪：《商君書錐指‧開塞第七》，北京：中華書局，2001年，第54頁。
〔註146〕蔣禮洪：《商君書錐指‧開塞第七》，北京：中華書局，2001年，第57頁。
〔註147〕蔣禮洪：《商君書錐指‧戰法第十》，北京：中華書局，2001年，第68頁。
〔註148〕蔣禮洪：《商君書錐指‧農戰第三》，北京：中華書局，2001年，第24頁。
〔註149〕蔣禮洪：《商君書錐指‧農戰第三》，北京：中華書局，2001年，第25頁。
〔註150〕蔣禮洪：《商君書錐指‧算地第六》，北京：中華書局，2001年，第43頁。
〔註151〕蔣禮洪：《商君書錐指‧算地第六》，北京：中華書局，2001年，第44頁。
〔註152〕蔣禮洪：《商君書錐指‧算地第六》，北京：中華書局，2001年，第44頁。
〔註153〕蔣禮洪：《商君書錐指‧算地第六》，北京：中華書局，2001年，第42頁。

〔註154〕他認爲刑罰可以使軍隊勇敢，而賞賜則能使人民爲之而不懼死，這將有效加強國家的戰鬥力。「怯民使以刑，必勇；勇民使以賞，則死。怯民勇，勇以死，國無敵者彊。彊必王。」〔註155〕商鞅進而將之歸結爲：「刑生力，力生彊，彊生威，威生惠，惠生於力。」〔註156〕這樣人民之利符合地緣國家擴張之需要，人民之所懼亦符合地緣國家控制社會之需要，整個國家就呈現出一種外向型擴張結構。在這個單一的社會結構中，商鞅將儒生禮官鄙稱爲「虱」，認爲他們只會給國家帶來內在的消耗。所以商鞅認爲國家實力的加強必須向外釋放，否則適得其反：「國彊而不戰，毒輸於內，禮樂虱官生必削；國遂戰，毒輸於敵，國無禮樂虱官，必彊。」〔註157〕對於一個國家而言，力量的培養與力量的釋放必須均衡，這樣才是所謂的「彊國」：「故能生力、能殺力，曰攻敵之國，必彊。塞私道以窮其志，啓一門以致其欲，使民必先行其所要，然後致其所欲，故力多。力多而不用則志窮，志窮則有私，有私則有弱。故能生力不能殺力，曰自攻之國，必削。」〔註158〕二者必須保持在一個平衡的度上，商鞅說：「故能摶力而不能用者必亂，能殺力而不能摶者必亡。」〔註159〕在商鞅的理路下，以奪取土地和人民爲中心的地緣戰爭成爲必然的選擇。

4、主張對關乎國家安全的地緣要素做有效的統計和管理控制。資源和人民的狀況是國家開展地緣政治活動的基礎，必須做到心中有數。「彊國知十三數：竟內倉口之數，壯男壯女之數，老弱之數，官士之數，以言說取食者之數，利民之數，馬牛芻藁之數。欲彊國，不知國十三數，地雖利，民雖眾，國愈弱至削。」〔註160〕要做到這一點自然取決於有效的管理控制體系。

5、抑制「末作」，強化專制以加強國力。商鞅此處也提出了「利出一空」的問題，主張國家的力量必須集中，他指出：「利出一空者，其國無敵；利出二空者，國半利；利出十空者，其國不守。」〔註161〕要「摶國力」「禁末作」

〔註154〕蔣禮洪：《商君書錐指·畫策第十八》，北京：中華書局，2001 年，第 107 頁。

〔註155〕蔣禮洪：《商君書錐指·去強第四》，北京：中華書局，2001 年，第 31 頁。

〔註156〕蔣禮洪：《商君書錐指·去強第四》，北京：中華書局，2001 年，第 32 頁。

〔註157〕蔣禮洪：《商君書錐指·去強第四》，北京：中華書局，2001 年，第 29 頁。

〔註158〕蔣禮洪：《商君書錐指·說民第五》，北京：中華書局，2001 年，第 39 頁。

〔註159〕蔣禮洪：《商君書錐指·壹言第八》，北京：中華書局，2001 年，第 61 頁。

〔註160〕蔣禮洪：《商君書錐指·去強第四》，北京：中華書局，2001 年，第 34 頁。

〔註161〕蔣禮洪：《商君書錐指·靳令第十三》，北京：中華書局，2001 年，第 81 頁。

就成爲必然：「治國能搏民力壹民務者彊，能事本而禁末則富。」〔註162〕不僅如此，商鞅對於儒生亦是深戒之：「學者成俗，則民舍農從事於談說，高言僞議，舍農游食而以言相高也。……故惟明君知好言之不可以彊兵闢土也，惟聖人之治國，作壹搏之於農而已矣。」〔註163〕

6、提出強化行政效率。在激烈的地緣競爭中，以決策高效與執行高效爲中心的行政效率至關重要，所以商鞅宣稱：「以五里斷者王，以十里斷者彊。宿治者削。」〔註164〕

7、提出擴張狀態下的社會整合問題。在戰國時期激烈的地緣競爭中，土地人民之得失在不斷的變動之中，而對於取得擴張優勢的國家，如何處置新民與舊民的關係而實現有效的地緣整合成爲一個重要的問題。商鞅創造性地提出讓新舊之民分別承擔「耕」與「戰」的地緣功能，做到兩不相誤：「夫秦之所患者，興兵而伐則國家貧；安居而農則敵得休息。此王所不能兩成也，故三世戰勝而天下不服。今以故秦事敵，而使新民事本，兵雖百宿於外，竟內不失須臾之時，此富彊兩成之效也。臣之所謂兵者，非謂悉興盡起也，論竟內所能給軍卒車騎，令故秦兵，新民給芻食。天下有不服之國，則王以此春圍其農，夏食其食，秋取其刈，冬陳其寶；以大武搖其本，以廣文安其嗣。王行此，十年之內，諸侯將無異民，而王何爲愛爵而重復乎？」〔註165〕

8、在地緣競爭中主張應當以自我實力爲根本，外援是不可依恃的。商鞅指出：「恃天下者，天下去之；自恃者，得天下。得天下者，先自得者也；能勝彊敵者，先自勝者也。」〔註166〕自我的壯大是第一位的，在爾虞我詐的戰國時代，列強各有自己的算計，以外援爲憑藉自然是不可靠的。

9、主張「觀俗立法」。商鞅認爲法必須利用習俗而設計，「因世而爲之治，度俗而爲之法。故法不察民之情而立之，則不成；治宜於時而行之，則不干。」〔註167〕這樣往往能收到事半功倍的效果，反之則往往「事劇而功寡」：「故聖人之爲國也，觀俗立法則治，察國事本則宜。不觀時俗，不察國本，則其法

〔註162〕蔣禮洪：《商君書錐指‧壹言第八》，北京：中華書局，2001年，第60頁。
〔註163〕蔣禮洪：《商君書錐指‧農戰第三》，北京：中華書局，2001年，第26頁。
〔註164〕蔣禮洪：《商君書錐指‧靳令第十三》，北京：中華書局，2001年，第77頁。
〔註165〕蔣禮洪：《商君書錐指‧徠民第十五》，北京：中華書局，2001年，第92～93頁。
〔註166〕蔣禮洪：《商君書錐指‧畫策第十八》，北京：中華書局，2001年，第112頁。
〔註167〕蔣禮洪：《商君書錐指‧錯法第九》，北京：中華書局，2001年，第63頁。

立而民亂，事劇而功寡。」〔註168〕

10、根據國家不同的地緣形勢而制定不同的地緣戰略。「四戰之國貴守戰，負海之國貴攻戰。四戰之國好舉興兵以距四鄰者國危。四鄰之國一興事而己四興軍，故曰國危。四戰之國不能以萬室之邑舍鉅萬之軍者，其國危。故曰：四戰之國務在守戰。」〔註169〕

《商君書》所反映的大抵是戰國中期地緣激烈競爭的歷史情況，耽於幻想則死，勇於革新則生成為當時殘酷的現實。是以其所倡導的以耕戰為核心而加強國力，打造擴張性的地緣國家的一系列主張毫無道德因素的遮掩，而呈現出法家本來的「嚴酷」本色。

1.3.1.3 慎到的地緣政治思想

在韓非之前法家三子之思想各有側重，慎到則強調勢之於人君的重要性。《漢書‧藝文志》載：「《慎子》四十二篇」，今僅存七篇及慎子逸文輯篇，透過《慎子》殘篇從地緣政治思想視角觀察，其思想主要側重在地緣國家的整合的內政方面，對於不同地緣國家之間的競爭幾無論及。概括起來，大抵有二：

1、強調權勢之於人君的重要性。慎到論曰：「故騰蛇游霧，飛龍乘雲，雲罷霧霽，與蚯蚓同，則失其所乘也。故賢而屈於不肖者，權輕也；不肖而服於賢者，位尊也。」〔註170〕君主之所以地位崇高皆是因權勢所致，權勢是人君實行法治的前提。地緣力量的強化往往造就君主權力的強化，但同時權勢也是貫徹法治實現地緣力量整合的保證。

2、主張依法治國，強調法治的嚴肅性。慎子認為法治是地緣國家的根本，「民一於君，事斷於法，是國之大道也。」〔註171〕慎子強調了法律的權威性，主張法律面前沒有特殊：「法者，所以齊天下之動，至公大定之制也。故智者不得越法而肆謀，辯者不得越法而肆議；士不得背法而有名，臣不得背法而有功。我喜可抑，我忿可窒，我法不可離也。骨肉可刑，親戚可滅，至法不

〔註168〕蔣禮洪：《商君書錐指‧算地第六》，北京：中華書局，2001年，第48頁。

〔註169〕蔣禮洪：《商君書錐指‧兵守第十二》，北京：中華書局，2001年，第72～73頁。

〔註170〕高流水、林恒森：《慎子、尹文子、公孫龍子全譯》，貴州人民出版社，1996年，第21頁。

〔註171〕高流水、林恒森：《慎子、尹文子、公孫龍子全譯》，貴州人民出版社，1996年，第49頁。

可闕也。」〔註172〕法律既然是公眾的準繩，慎到反對隱私非公，反對主觀臆斷。他說「法制禮籍，所以立公義也。凡立公，所以棄私也」〔註173〕，因而「愛不得犯法」〔註174〕。法治雖未見得就是最好的方法，但是其對於整齊國家之人心意義極為重要，所以慎子說：「法雖不善，猶愈於無法，所以一人心也。」在慎子的眼中一個理想國家秩序必須做到：「寄治亂於法術，託是非於賞罰，屬輕重於權衡；不逆天理，不傷情性；不吹毛而求小疵，不洗垢而察難知；不引繩之外，不推繩之內：不急法之外，不緩法之內；守成理，因自然。」〔註175〕這樣才能實現「官不私親，法不遺愛，上下無事，唯法所在」〔註176〕的治國效果。既然法治如此之重要，立法的精神則必須順應民意，慎子強調「法非從天下，非從地出，發於人間，合乎人心而已。」〔註177〕

1.3.1.4 《韓非子》的地緣政治思想

韓非子處身於天下行將一統的戰國晚期，各國為殘酷的地緣競爭計不同程度實行了與法家相關的改革措施，當此之世地緣國家已然形成，一個更大的地緣帝國行將誕生，因而韓非子雖為法家，但與商鞅的思想有很大的不同，其理論的側重亦有不同。概括起來其地緣政治思想大抵如下：

1、強調了地緣政治活動中以國力凝聚為根本，反對不切實際地依賴他國援助來贏得國家的安全，並因此而批判了合縱連橫的地緣戰略思想。韓非子指出：「恃交援而簡近鄰，怙強大之救而侮所迫之國者，可亡也。」〔註178〕強國並非自己的安全保障，鄰國也不見得就是能救患於一時的依靠，假國家安全於他人是沒有保障的。韓非還進一步分析了風行於戰國時期的合縱連橫

〔註172〕高流水、林恒森：《慎子、尹文子、公孫龍子全譯》，貴州人民出版社，1996年，第78頁。

〔註173〕高流水、林恒森：《慎子、尹文子、公孫龍子全譯》，貴州人民出版社，1996年，第26頁。

〔註174〕高流水、林恒森：《慎子、尹文子、公孫龍子全譯》，貴州人民出版社，1996年，第26頁。

〔註175〕高流水、林恒森：《慎子、尹文子、公孫龍子全譯》，貴州人民出版社，1996年，第74頁。

〔註176〕高流水、林恒森：《慎子、尹文子、公孫龍子全譯》，貴州人民出版社，1996年，第44頁。

〔註177〕高流水、林恒森：《慎子、尹文子、公孫龍子全譯》，貴州人民出版社，1996年，第73頁。

〔註178〕〔清〕王先慎：《韓非子集解·亡徵第十五》，鍾哲點校，北京：中華書局，2007年，第110頁。

的地緣戰略思想，指出了其對於國家安全帶來的危害，他指出「從者，合眾弱以攻一強也；而衡者，事一強以攻眾弱也；皆非所以持國也。今人臣之言衡者，皆曰：『不事大則遇敵受禍矣。』事大未必有實，則舉圖而委，效璽而請兵矣。獻圖則地削，效璽則名卑，地削則國削，名卑則政亂矣。事大爲衡未見其利也，而亡地亂政矣。人臣之言從者，皆曰：『不救小而伐大則失天下，失天下則國危，國危而主卑。』救小未必有實，則起兵而敵大矣。救小未必能存，而交大未必不有疏，有疏則爲強國制矣。出兵則軍敗，退守則城拔，救小爲從未見其利，而亡地敗軍矣。」〔註179〕小國依靠大國必然付出失地的代價而愈發弱小，大國爲小國而戰則可能與強國爲敵，從而給自己帶來風險，合縱連橫都不是國家安全的上策。

2、帝王控馭臣下之術。韓非素有東方馬基雅維利之稱，其控馭臣下的帝王之術歷來論者眾多，蕭公權先生論及此點更是析之入縷，誠然非小子所能置喙之地。然則我在蕭先生及前輩所論的基礎上簡單闡述其何以成爲地緣政治理論之道理。法家經由管子、李悝、商鞅、慎到諸子發揮，在地緣思想方面對於地力凝聚之強調，其後經由縱橫家對於不同地緣政治單位之間的互動戰略及格局之分析，可謂從地緣國家實力之凝聚到地緣國家互動關係之形成論述極爲豐富。而當韓非之世，人地互動與列國互動已然深刻，一個地緣帝國行將誕生，而地緣力量之集中未見得即等於君權之加強與統治之穩定，國力集中於國未見得就是集中於君主，伴隨著地緣國家一起膨脹的還有龐大的官僚系統，而禮樂天下的血緣紐帶不再，如何保證君王對地緣國家的有效控制而不至於大權旁落，成爲一個時代的課題。雖則蕭先生謂之「先秦尊君任法術思想至李、尸、慎諸子殆已約略具體」〔註180〕，但是打通從人地關係、官民關係到君臣關係中最後一個環節尚不充分，這正是嬴政讀之而拍案呼之「寡人得見此人與之游，死不恨矣」〔註181〕的道理。韓非總結了商、慎法術思想之要義而指出：「今申不害言術，而公孫鞅爲法。術者，因任而授官，循名而責實，操殺生之柄，課群臣之能者也，此人主之所執也。法者，憲令著於官府，刑罰必於民心，賞存乎慎法，而罰加乎姦令者也，此臣之所師也。君無術則弊於上，臣無法則亂於下，

〔註179〕〔清〕王先慎：《韓非子集解・五蠹第四十九》，鍾哲點校，北京：中華書局，2007 年，第 452～453 頁。

〔註180〕蕭公權：《中國政治思想史》，北京：新星出版社，2005 年，第 147 頁。

〔註181〕《史記・老子韓非列傳》，北京：中華書局，1959 年，第 2155 頁。

此不可一無,皆帝王之具也。」〔註182〕但是他也同時指出了二者之不足,韓非說「二子於法術皆未盡善」,他說商鞅之法雖則早就了富強之國家,然則「然而無術以知姦,則以其富強也資人臣而已矣。」〔註183〕申不害則「徒術而無法」,終究導致術雖行而「奸臣猶有所謫其辭矣。」〔註184〕而慎到所謂之勢單獨使用也難有實效,是以韓非「綜合三家,以君勢為體,以法術為用,復參以黃老之無為,遂創成法家思想最完備之系統。」〔註185〕

　　3、重農抑商,反對儒生、游俠等社會「游民」,主張建立以農民為主體的單一社會結構。韓非在重農抑商、反對儒生、游俠等社會「游民」階層方面秉循了法家一貫的立場,甚至將這些社會階層斥之為「五蠹」,他指出:「群臣為學,門子好辯,商賈外積,小民內困者,可亡也。」〔註186〕在韓非的眼裏,國家就應當像一臺抽水機一樣以刑賞為動力抽取人民的勞動力和戰力,從而達到強化地緣國家的目的。他說:「故明主用其力,不聽其言;賞其功,必禁無用;故民盡死力以從其上。夫耕之用力也勞,而民為之者,曰:可得以富也。戰之為事也危,而民為之者,曰:可得以貴也。」〔註187〕而如果「修文學、習言談」者「無耕之勞而有富之實,無戰之危而有貴之尊」〔註188〕的話,就必然形成示範效應,從而導致「百人事智而一人用力,事智者眾則法敗,用力者寡則國貧」〔註189〕的危險局面。

　　4、反對仁義政治,倡導嚴刑峻法。與商鞅相同,韓非也是堅決反對儒家的仁義政治,而主張以嚴刑峻法實現國家的對內整合與力量的凝聚。韓非公然放言:「故明主之國,無書簡之文,以法為教;無先王之語,以吏為師;無

〔註182〕〔清〕王先慎:《韓非子集解‧說林下第二十三》,鍾哲點校,北京:中華書局,2007年,第397頁。
〔註183〕〔清〕王先慎:《韓非子集解‧說林下第二十三》,鍾哲點校,北京:中華書局,2007年,第398頁。
〔註184〕〔清〕王先慎:《韓非子集解‧說林下第二十三》,鍾哲點校,北京:中華書局,2007年,第398頁。
〔註185〕蕭公權:《中國政治思想史》,北京:新星出版社,2005年,第151頁。
〔註186〕〔清〕王先慎:《韓非子集解‧亡徵第十五》,鍾哲點校,北京:中華書局,2007年,第109頁。
〔註187〕〔清〕王先慎:《韓非子集解‧五蠹第四十九》,鍾哲點校,北京:中華書局,2007年,第452頁。
〔註188〕〔清〕王先慎:《韓非子集解‧五蠹第四十九》,鍾哲點校,北京:中華書局,2007年,第452頁。
〔註189〕〔清〕王先慎:《韓非子集解‧五蠹第四十九》,鍾哲點校,北京:中華書局,2007年,第452頁。

私劍之捍，以斬首爲勇。是境內之民，其言談者必軌於法，動作者歸之於功，爲勇者盡之於軍。是故無事則國富，有事則兵強，此之謂王資。既畜王資而承敵國之釁，超五帝侔三王者，必此法也。」〔註190〕雖則韓非的言論放在嚴酷的地緣戰爭環境下，其強調實行非常的國家控制政策對於凝聚國力有其合理性在其中。但是，他骨子裏的反文化傾向、蔑視人民的情緒招致歷代學者的強烈批評。

另外，韓非的思想中也流露出反對無休止地進行地緣擴張戰爭的意味。他說：「有道之君，外無怨讎於鄰敵，而內有德澤於人民。夫外無怨仇於鄰敵者，其遇諸侯也外有禮義。內有德澤於人民者，其治人事也務本。遇諸侯有禮義則役希起；治民事務本則淫奢止。凡馬之所以大用者，外供甲兵而內給淫奢也。今有道之君，外希用甲兵，而內禁淫奢。上不事馬於戰鬥逐北，而民不以馬遠通淫物，所積力唯田疇。積力於田疇，必且糞灌。」〔註191〕在這點上貌似秉循了老子的思想，但是從法家的理路尤其是韓非本人的思想來看似乎顯得有些突兀，我想韓非之所以有這樣的思想流露，可能與其本人出自弱小的韓國，有規勸秦王適可而止而達到存韓的潛在目的在其中。韓非貫通法術勢三者而「綜集大成，爲法家學術之總匯。」〔註192〕但是究其地緣政治思想而言其主要貢獻還是在於他打通了地緣國家實現控制的最後關節，從而保持了國家政治的穩定性，當然這種穩定性如若在專制達成的狀況下不體恤民力而肆意妄爲必然走向毀滅，這是韓非所始料不及的。

法家之著名人物有傳世之作大抵即是《管子》、《商君書》、《慎子》、《韓非子》，透過這些作品的觀察，約略可見其地緣政治思想各有不同，因時代不同也呈現出一個變遷的軌迹。《管子》一書的地緣政治思想最爲豐富，兼及地緣國家的整合與地緣國家的互動，也因其立論所指的背景大抵是春秋之事，故而也最爲駁雜，是以其中仍不乏禮樂精神與道義之強調，法家嚴酷的面目尚不明晰；商鞅是在秦國危殆之際入秦的，商君的治國方案自然沒有那麼多的溫情可言，富國強兵以自立成爲《商君書》之要義，其大力強調「耕戰」

〔註190〕〔清〕王先慎：《韓非子集解·五蠹第四十九》，鍾哲點校，北京：中華書局，2007年，第452頁。

〔註191〕〔清〕王先慎：《韓非子集解·解老第二十》，鍾哲點校，中華書局，2007年，第143～144頁。

〔註192〕蕭公權：《中國政治思想史》，北京：新星出版社，2005年，第147頁。

的重要性自然有其歷史的合理性，斯時之商鞅對於地緣國家的互動也有相當之論及，這也是戰國之世的時代特點；《慎子》僅存殘篇，無法窺其全貌，約略看來大意在於法與勢兩個方面，大抵在地緣國家之內政層面；而韓非則處於戰國晚期，斯時天下一統亦是指日可待之事，韓非兼綜諸家之長，尤其在君主的控馭之術上大做文章，從而打通了從人地到官民到君臣的地緣國家權力鏈條的最後一個環節，爲即將誕生的地緣帝國作了理論上最後的鋪墊，法家之理論體系由此而完成。

1.3.2 縱橫家的地緣政治思想

　　《漢書・藝文志》謂：「從橫家者流，蓋出於行人之官。孔子曰：『誦《詩》三百，使於四方，不能顓對，雖多亦奚以爲？』又曰：『使乎，使乎！』言其當權事制宜，受命而不受辭。此其所長也。及邪人爲之，則上詐諼而棄其信。」〔註193〕從《藝文志》的記載大體可以獲知縱橫家源起於周官之「行人」。西周行人有大行人和小行人之分，「大行人掌大賓之禮及大客之儀，以親諸侯。」〔註194〕「小行人掌邦國賓客之禮籍，以待四方之使者。」〔註195〕苗潤蓮認爲：「當時周是天下大宗，行人的職責只是和周屬下的邦國及少數民族進行交往，從事的只是外交官的一部分工作，從嚴格意義上說，還不是眞正的外交家……到春秋時期，各諸侯國都設立了從事外交活動的官員——行人……隨著諸侯間外交活動的頻繁，行人變得日益重要，他們往來於列國之間，通兩國之情，釋仇化怨，聯盟結約，直接影響著各國的競爭成效。從而各諸侯國都不拘一格招納這方面的人才，以強化外交。許多人紛紛參加到外交中來，成爲一批善於外交的行人。」〔註196〕傅劍平也從縱橫家與養士之風、先秦學風三者的關係詳盡地闡述了縱橫家的源起與演變。傅氏認爲縱橫家的發展與戰國時期列國間的縱橫形勢密切相關，縱橫家的稱謂當與蘇秦、張儀所進行的合縱連橫相關。〔註197〕當「邦無定交，士無定主」〔註198〕的亂世之秋，縱

〔註193〕《漢書・藝文志》，北京：中華書局，1996 年，第 1739 頁。
〔註194〕〔清〕孫詒讓：《周禮正義・秋官》，王文錦、陳玉霞點校，北京：中華書局，1987 年，第 2945 頁。
〔註195〕〔清〕孫詒讓：《周禮正義・秋官》，王文錦、陳玉霞點校，北京：中華書局，1987 年，第 2994 頁。
〔註196〕苗潤蓮：「談「縱橫家」的演化」，《山西教育學院學報》，1999 年第 3 期。
〔註197〕傅劍平：「縱橫家源起論」，《華南師範大學學報》，1997 年第 5 期。

橫家以其敏銳的觀察力、犀利機變的辯風穿梭於列國之間，翻手爲雲覆手爲雨，「一怒而天下懼，安居而天下熄。」〔註199〕在兇險的戰國外交舞臺上他們常常是「一人之辯，重於九鼎之寶；三寸之舌，強於百萬之師。」〔註200〕「子貢一出，存魯，亂齊，破吳，彊晉而霸越。子貢一使，使勢相破，十年之中，五國各有變。」〔註201〕爲後人樂道的蘇秦、張儀更是弄天下於股掌之間。王充亦概歎：「六國之時，賢才之臣，入楚楚重，出齊齊輕，爲趙趙完，畔魏魏傷。」〔註202〕

縱橫家的傳世作品僅爲《鬼谷子》一篇，而記載戰國時期縱橫家活動的《戰國策》僅可見其事而無太多思想之可言。是以學者論及地緣政治思想必談及蘇秦、張儀，然而談到其思想也僅爲關乎其得名之「合縱」與「連橫」。

1.3.2.1《鬼谷子》中的地緣政治思想

《鬼谷子》乃傳世僅存的縱橫家子書，可謂縱橫家之教科書。雖則此書著力於縱橫家游說人君技巧，然則透過該書亦可見其地緣政治思想於一斑。

1、強調在地緣政治活動中對於結構性矛盾的判斷，並審時度勢而採取不同的策略以把握機會而贏得優勢。鬼谷子將彌補事物的縫隙的方法稱之爲「抵巇」，鬼谷子先分析了「抵巇」的原理，他說：「巇者，罅也；罅者，㵎也；㵎者，成大隙也。巇始有朕，可抵而塞，可抵而卻，可抵而息，可抵而匿，可抵而得，此謂抵巇之理也。」〔註203〕留意事情朕兆於未萌而採取適當措施，他說「聖人見萌芽巇罅，則抵之以法。世可以治則抵而塞之，不可治則抵而得之。」〔註204〕他進而分析了歷史上與當時抵巇之不同情狀：「五帝之政，抵而塞之，三王之事，抵而得之。諸侯相抵，不可勝數，當此之時，能抵爲右。」

〔註198〕〔清〕顧炎武：《日知錄·周末風俗》，黃汝成集釋，欒保群、呂宗力點校，石家莊：花山文藝出版社，1990年，第585頁。

〔註199〕焦循：《孟子正義·滕文公下》，沈文倬點校，北京：中華書局，1987年，卷十二，第415頁。

〔註200〕劉勰：《增訂文心雕龍校注·論說》，黃叔琳注，李詳補注，楊明照校注拾遺，北京：中華書局，2000年，第247頁。

〔註201〕《史記·仲尼弟子列傳》，北京：中華書局，1992年，第2200頁。

〔註202〕〔漢〕王充：《論衡校釋·效力》，黃暉校，北京：中華書局，1990年，第586頁。

〔註203〕許富宏：《鬼谷子集校集注·抵巇第四》，北京：中華書局，2009年，第64頁。

〔註204〕許富宏：《鬼谷子集校集注·抵巇第四》，北京：中華書局，2009年，第69～70頁。

〔註205〕對於戰國之世的「諸侯相抵」的理解，尹桐陽曰：「此即上文所謂抵卻、抵息、抵如此、抵如彼者，戰國時之合縱、連橫是也。」〔註206〕但是「抵巇」之事不可妄爲，得等待時機而因勢利導，所以鬼谷子說：「世無可抵，則深隱而待時，時有可抵，則爲之謀。」〔註207〕

　　2、主張在地緣政治活動中對於地緣形勢的分析和判斷的重要性。審時度勢、謀定而後動是地緣政治活動非常重要的前提，因而對於時勢的判斷格外爲鬼谷子所強調。他說：「將欲用之於天下，必度權量能，見天時之盛衰，制地形之廣狹，岨嶮之難易，人民貨財之多少，諸侯之交孰親孰疏、孰愛孰憎。」〔註208〕這種考量的範圍極爲寬泛，既有天時，也有地利，還有國家經濟實力，諸侯之間的外交關係等等。鬼谷子還將這種考量分爲「量權」和「揣情」兩個層面，他說：「古之善用天下者，必量天下之權而揣諸侯之情。量權不審，不知強弱輕重之稱。揣情不審，不知隱匿變化之動靜。」〔註209〕而對於「量權」和「揣情」，他有著詳盡的闡述：「何謂量權，曰：『度於大小，謀於眾寡，稱貨財有無之數；料人民多少，饒乏有餘不足幾何；辨地形之險易，孰利孰害；謀慮孰長孰短；揆君臣之親疏，孰賢孰不肖；與賓客之智慧，孰少孰多；觀天時之禍福，孰吉孰凶；諸侯之交，孰用孰不用；百姓之心，去就變化，孰安孰危，孰好孰憎，反側孰辯。能知此者，是謂量權。揣情者，必以其甚喜之時，往而極其欲也，其有欲也，不能隱其情；必以其甚懼之時，往而極其惡也，其有惡也，不能隱其情，情欲必失其變。感動而不知其變者，乃且錯其人，勿與語而更問所親，知其所安。夫情變子內者，形見於外。故常必以其見者，而知其隱者。此所以謂測深揣情。」〔註210〕權爲總體宏觀形勢，而情則爲人君之主觀意志，「量權」和「揣情」二者交相爲用方能準確判定形

〔註205〕許富宏：《鬼谷子集校集注‧抵巇第四》，北京：中華書局，2009年，第70頁。

〔註206〕許富宏：《鬼谷子集校集注‧抵巇第四》，北京：中華書局，2009年，第71頁。

〔註207〕許富宏：《鬼谷子集校集注‧抵巇第四》，北京：中華書局，2009年，第72頁。

〔註208〕許富宏：《鬼谷子集校集注‧飛箝第五》，北京：中華書局，2009年，第83頁。

〔註209〕許富宏：《鬼谷子集校集注‧揣篇第七》，北京：中華書局，2009年，第102頁。

〔註210〕許富宏：《鬼谷子集校集注‧揣篇第七》，北京：中華書局，2009年，第102頁。

勢而最終決定行動的方向和方法。

3、注意對不同層級地緣系統的審視。鬼谷子談到忤合之術運用的時候強調了對於不同施用對象系統的審視。雖則他強調的是游說技巧，但是其中自然是有一個對不同地緣系統觀察的前提在其中的。所以鬼谷子說：「用之於天下，必量天下而與之；用之於國，必量國而與之。用之於家，必量家而與之。用之於身，必量身材能氣勢而與之，大小進退，其用一也。」〔註211〕能準確判斷不同系統的特點因時勢而決定背向之策者往往能獲得理想的效果：「古之善背向者。乃協四海，包諸侯，忤合之地而化轉之，然後求合。」〔註212〕陶弘景解讀爲：「言古之深識背向之理者，乃合同四海，兼併諸侯，驅置忤合之地，然後設法變化而轉移之。眾心既從，乃求其眞王而與洽也。」〔註213〕

簡言之，《鬼谷子》雖爲傳世唯一的縱橫家著作，然則其側重於策士游說技巧的論述，直接涉及的地緣政治思想相對有限。但是透過這些闡述亦可發現其與日後縱橫家翻雲覆雨手法之間的內在關聯。

1.3.2.2《戰國策》中地緣政治思想

《戰國策》是記錄戰國時期縱橫家游說人君相關策論的文字，雖則多有誇辭，然透過期間也可窺見縱橫家的地緣政治思維。《戰國策》一書中含有縱橫家基於不同國家所作的地緣格局和地緣形勢分析，而其中最可觀的即是蘇秦合縱說與張儀的連橫說，以及范雎的遠交近攻說。合縱連橫的地緣政治思想素爲學者所注意，故不重複論述。但就其中所包含的對於系統的認知與地緣因素的關注範圍作一個簡單的分析，以求教於方家。

縱橫之說有兩種理解，一種是從空間位置上看，齊秦兩大強國位於橫向位置上，而三晉、燕、楚則位於縱向位置上，合縱向諸國抗禦橫向兩極的齊秦尤其是秦是爲合縱；第二種理解即是合眾弱攻一強。連橫則是橫向的齊秦聯合縱向國家而實現地緣擴張，而主要是秦國聯合他國的戰略形態。合縱和連橫分別代表著系統中強國和弱國的地緣戰略。

從蘇秦、張儀的論辯中可以窺見其對於地緣要素的關注範圍。從靜態的

〔註211〕許富宏：《鬼谷子集校集注·忤闔第六》，北京：中華書局，2009 年，第 94 頁。

〔註212〕許富宏：《鬼谷子集校集注·忤闔第六》，北京：中華書局，2009 年，第 95 頁。

〔註213〕許富宏：《鬼谷子集校集注·忤闔第六》，北京：中華書局，2009 年，第 95 ～96 頁。

地緣元素來看，首先，其論述的要素關乎天然險阻對於國家的地緣拱衛作用。蘇秦游說秦惠王則極言「南有巫山、黔中之限，東有殽、函之固。」〔註214〕游說齊宣王則曰：「齊南有太山，東有琅邪，西有清河，北有渤海，此所謂四塞之國也。」〔註215〕說楚則有「楚地西有黔中、巫郡，東有夏州、海陽，南有洞庭、蒼梧，北有汾陘之塞、郇陽。」〔註216〕說趙則謂之：「西有常山，南有河、漳，東有清河，北有燕國。」〔註217〕說魏則曰：「大王之地，南有鴻溝、陳、汝南、有許、鄢、昆陽、邵陵，舞陽、新郪；東有淮、潁、沂、黃、煮棗、海鹽、無疏；西有長城之界；北有河外、卷、衍、燕、酸棗。」〔註218〕說韓王則曰：「韓北有鞏、洛、成皋之固，西有宜陽之常阪之塞，東有宛、穰、洧水，南有陘山。」〔註219〕北說燕文侯則曰：「燕東有朝鮮、遼東，北有林胡、樓煩，西有云中、九原，南有呼沱、易水。」〔註220〕張儀以連橫說各國亦是無一例外地論及形勢，所不同的是其強調了秦有利的地緣形勢而突出了列國不利的地緣形勢，茲不詳列。其二，其論述的重點還有各國的國土面積、土地的肥沃程度、物產豐饒狀況。蘇秦說秦惠王則謂之「沃野千里，蓄積饒多」、「西有巴、蜀、漢中之利，北有胡、貉、代馬之用。」〔註221〕說齊國則曰「齊地方二千里」、「粟如丘山。」〔註222〕楚則「地方五千里……粟支十年。」〔註223〕說

〔註214〕諸祖耿：《戰國策集注彙考・秦一》，南京：鳳凰出版社，2008年，卷三，第118頁。

〔註215〕諸祖耿：《戰國策集注彙考・齊一》，南京：鳳凰出版社，2008年，卷八，第520頁。

〔註216〕諸祖耿：《戰國策集注彙考・楚一》，南京：鳳凰出版社，2008年，卷十四，第743頁。

〔註217〕諸祖耿：《戰國策集注彙考・趙一》，南京：鳳凰出版社，2008年，卷十九，第940頁。

〔註218〕諸祖耿：《戰國策集注彙考・魏一》，南京：鳳凰出版社，2008年，卷二十二，第1154頁。

〔註219〕諸祖耿：《戰國策集注彙考・韓一》，南京：鳳凰出版社，2008年，卷二十六，第1354頁。

〔註220〕諸祖耿：《戰國策集注彙考・燕一》，南京：鳳凰出版社，2008年，卷二十九，第1502頁。

〔註221〕諸祖耿：《戰國策集注彙考・秦一》，南京：鳳凰出版社，2008年，卷三，第118頁。

〔註222〕諸祖耿：《戰國策集注彙考・齊一》，南京：鳳凰出版社，2008年，卷八，第520頁。

〔註223〕諸祖耿：《戰國策集注彙考・楚一》，南京：鳳凰出版社，2008年，卷十四，第743頁。

趙亦曰「粟支十年。」〔註224〕謂魏王曰：「廬田廡舍，曾無所芻牧牛馬之地。」〔註225〕對於土地貧瘠的韓國蘇秦則加以迴避，而張儀則大加渲染其糧食方面的劣勢：「韓地險惡，山居，五穀所生，非麥而豆；民之所食，大抵豆飯藿羹；一歲不收，民不饜糟糠；地方不滿九百里，無二歲之所食。」〔註226〕對於地廣人稀的燕國蘇秦亦謂之「粟支十年。」並進而強調其自然物產的豐富：「南有碣石、雁門之饒，北有棗粟之利，民雖不由田作，棗粟之實足食與民矣。」〔註227〕其三，其論述的還有軍隊數量、軍事裝備、軍用物資生產能力、軍隊士氣等方面。如：秦則謂之「戰車萬乘，奮擊百萬」〔註228〕、齊則「帶甲數十萬……齊車之良，五家之兵，疾如錐矢，戰如雷電，解如風雨。」〔註229〕楚則「帶甲百萬，車千乘，騎萬匹。」〔註230〕趙則「帶甲數十萬，車千乘，騎萬匹。」〔註231〕魏國則關聯人民數量而一同謂之「人民之眾，車馬之多，日夜行不休已，無以異於三軍之眾。」〔註232〕對於農業資源相對貧乏的韓國則大力渲染其軍事裝備生產能力及士兵的勇猛：「帶甲數十萬。天下之強弓勁弩皆自韓出。奚子、少府時力、距來，皆射六百步之外。韓卒超足而射，百發不暇止，遠者達胸，近者掩心。韓卒之劍戟皆出於冥山、棠谿、墨陽、合伯膊。鄧師、宛馮、龍淵、大阿，皆陸斷馬牛，水擊鵠雁，當敵即斬。……以韓卒之勇，被堅甲，蹠勁弩，帶利劍，一人當百，

〔註224〕諸祖耿：《戰國策集注彙考·趙一》，南京：鳳凰出版社，2008年，卷十九，第940頁。

〔註225〕諸祖耿：《戰國策集注彙考·魏一》，南京：鳳凰出版社，2008年，卷二十二，第1154頁。

〔註226〕諸祖耿：《戰國策集注彙考·韓一》，南京：鳳凰出版社，2008年，卷二十六，第1364頁。

〔註227〕諸祖耿：《戰國策集注彙考·燕一》，南京：鳳凰出版社，2008年，卷二十九，第1502頁。

〔註228〕諸祖耿：《戰國策集注彙考·秦一》，南京：鳳凰出版社，2008年，卷三，第118頁。

〔註229〕諸祖耿：《戰國策集注彙考·齊一》，南京：鳳凰出版社，2008年，卷八，第520頁。

〔註230〕諸祖耿：《戰國策集注彙考·楚一》，南京：鳳凰出版社，2008年，卷十四，第743頁。

〔註231〕諸祖耿：《戰國策集注彙考·趙一》，南京：鳳凰出版社，2008年，卷十九，第940頁。

〔註232〕諸祖耿：《戰國策集注彙考·魏一》，南京：鳳凰出版社，2008年，卷二十二，第1154頁。

不足言也。」〔註233〕說燕國則曰：「帶甲數十萬，車七百乘，騎六千匹。」
〔註234〕其四，在游說齊國的時候還專門論述了軍事集結能力：「臨淄之中七
萬戶，臣竊度之，下戶三男子，三七二十一萬，不待發於遠縣，而臨淄之卒，
固以二十一萬矣。」〔註235〕其五，論述了民情風俗狀態。謂齊人之精神面
貌則曰「志高而揚。」〔註236〕前之所言韓國士卒勇猛大抵亦關聯民風。其
六，都城是地緣政治學關注的重要內容，蘇秦在游說齊國時專門討論了都城
的狀況：「臨淄之中七萬戶……臨淄甚富而實，其民無不吹竽、鼓瑟、擊築、
彈琴，鬥雞、走犬、六博、蹹踘者；臨淄之途，車轂擊，人肩摩，連衽成帷、
舉袂成幕，揮汗成雨；家敦而富，志高而揚。」〔註237〕其七，論述了國家
的地緣擴展空間。蘇秦說秦惠王之時，巴蜀並未入秦版圖，更不用說楚國之
黔中，斯時義渠戎勢力尚強，而蘇秦謂惠王曰：「大王之國西有巴、蜀、漢
中之利，北有胡、貉、代馬之用，南有巫山、黔中之限。」〔註238〕或暗含
有秦國地緣展拓空間的意味。

　　從動態方面觀察，其不但論述了相鄰國家的可能攻擊方向以形成威懾，
更立足於整個大的地緣格局的互動關係論述了不同國家在總體格局互動中的
地緣優劣狀態。蘇秦在談到韓、魏的地緣心態時說：「且夫韓、魏之所以畏秦
者，以與秦接界也。兵出而相當，不至十日，而戰勝存亡之機決矣。韓、魏
戰而勝秦，則兵半折，四境不守；戰而不勝，以亡隨其後。是故韓、魏之所
以重與秦戰而輕為之臣也。」〔註239〕進而論及秦攻齊則曰：「秦雖欲深入，則
狼顧，恐韓、魏之議其後也。是故恫疑虛猲，高躍而不敢進，則秦不能害齊，

〔註233〕諸祖耿：《戰國策集注彙考‧韓一》，南京：鳳凰出版社，2008年，卷二十六，
　　　　第1355頁。

〔註234〕諸祖耿：《戰國策集注彙考‧燕一》，南京：鳳凰出版社，2008年，卷二十九，
　　　　第1502頁。

〔註235〕諸祖耿：《戰國策集注彙考‧齊一》，南京：鳳凰出版社，2008年，卷八，第
　　　　520頁。

〔註236〕諸祖耿：《戰國策集注彙考‧齊一》，南京：鳳凰出版社，2008年，卷八，第
　　　　520頁。

〔註237〕諸祖耿：《戰國策集注彙考‧齊一》，南京：鳳凰出版社，2008年，卷八，第
　　　　520頁。

〔註238〕諸祖耿：《戰國策集注彙考‧秦一》，南京：鳳凰出版社，2008年，卷三，第
　　　　118頁。

〔註239〕諸祖耿：《戰國策集注彙考‧齊一》，南京：鳳凰出版社，2008年，卷八，第
　　　　520頁。

亦已明矣。」〔註240〕因爲張儀的連橫之策因一秦而對多國，各國同秦國之間的地緣關聯各不相同，因而從整個地緣大格局而進行動態分析在張儀游說各國的過程中尤其得以充分體現。對於直接相鄰的國家直接從地緣利害方面加以恫嚇，其謂楚王曰：「秦西有巴、蜀，方船積粟起於汶山，循江而下，至郢三千餘里。舫船載卒，一舫載五十人，與三月之糧，下水而浮，一日行三百餘里，里數雖多，不費馬汗之勞，不至十日而距扞關；扞關驚，則從竟陵已東盡城守矣，黔中、巫郡非王之有已。秦舉甲出之武關，南面而攻，則北地絕。秦兵之攻楚也，危難在三月之內，而楚恃諸侯之救，在半歲之外，此其勢不相及也。」〔註241〕對於趙國則從整體地緣態勢與秦趙之間的地緣利害形態綜合運用而加以威懾：「今楚與秦爲昆弟之國，而韓、魏稱爲東蕃之臣，齊獻魚鹽之地，此斷趙之右臂也。夫斷右臂而求與人鬥，失其黨而孤居，求欲無危，豈可得哉？今秦發三將軍，一軍塞午道，告齊使興師度清河，軍於邯鄲之東；一軍軍於成皋，驅韓、魏而軍於河外；一軍軍於澠池。約曰，四國爲一，以攻趙，破趙而四分其地。」〔註242〕對於魏國，則先指陳其地緣形勢之惡劣而曰：「魏之地勢，故戰場也。魏南與楚而不與齊，則齊攻其東；東與齊而不與趙，則趙攻其北；不合於韓，則韓攻其西；不親於楚，則楚攻其南。此所謂四分五裂之道也。」〔註243〕進而以秦與趙、韓之地緣互動爲威懾：「大王不事秦，秦下兵攻河外，拔卷、衍、燕、酸棗，劫衛取晉陽，則趙不南。趙不南則魏不北，魏不北則從道絕，從道絕則大王之國欲求無危不可得也。秦挾韓而攻魏，韓劫於秦，不敢不聽。秦、韓爲一國，魏之亡可立須也，此臣之所以爲大王患也。」〔註244〕對於不毗鄰的燕國，張儀則曰：「大王不事秦，秦下甲雲中、九原，驅趙而攻燕，則易水、長城非王之有也。且今時趙之於秦猶郡縣也。不敢妄興師以征伐。今大王事秦，秦王必喜，而趙不敢妄動矣。

〔註240〕諸祖耿：《戰國策集注彙考‧齊一》，南京：鳳凰出版社，2008年，卷八，第521頁。

〔註241〕諸祖耿：《戰國策集注彙考‧楚一》，南京：鳳凰出版社，2008年，卷十四，第753頁。

〔註242〕諸祖耿：《戰國策集注彙考‧趙一》，南京：鳳凰出版社，2008年，卷十九，第962頁。

〔註243〕諸祖耿：《戰國策集注彙考‧魏一》，南京：鳳凰出版社，2008年，卷二十二，第1167頁。

〔註244〕諸祖耿：《戰國策集注彙考‧魏一》，南京：鳳凰出版社，2008年，卷二十二，第1168頁。

是西有強秦之援，而南無齊、趙之患，是故願大王之熟計之也。」〔註245〕於齊國則依法炮製。

關於合縱的離合問題，時人亦有討論。魏國謀臣昭忌謂秦王曰：「『山東之從時合時離，何也哉？』秦王曰：『不識也。』曰：『天下之合也，以王之不必也；其離也，以王之必也。今攻韓之管，國危矣，未卒而移兵於梁，合天下之從，無精於此者矣。以爲秦之求索，必不可支也。故爲王計者，不如齊趙。秦已制趙，則燕不敢不事秦，荊、齊不能獨從。天下爭敵於秦則弱矣。』」〔註246〕其中雖有游說的目的在其中，但是亦可反映出合縱諸國的功利心態。在多級的地緣系統中，影響到國家地緣安全的互動是多方面的，純然以一國爲目標勢必導致「螳螂捕蟬黃雀在後」的局面，因而各國在合縱對秦的問題上很難有個長遠的打算。

除了合縱連橫之外，范睢的遠交近攻說也是戰國時期地緣政治思想的精華。范睢首先檢討了秦國地緣戰略的失策的原因：「大王越韓、魏而攻強齊，非計也。少出師則不足以傷齊，多之則害於秦。臣意王之計，欲少出師，而悉韓、魏之兵則不義矣。今見與國之不可親，越人之國而攻，可乎？疏於計矣。昔者齊人伐楚，戰勝，破軍殺將，再辟地千里，膚寸之地無得者，豈齊不欲地哉？形弗能有也。諸侯見齊之罷露，君臣之不親，舉兵而伐之，主辱軍破，爲天下笑。所以然者，以其伐楚而肥韓、魏也。此所謂『藉賊兵而齎盜食』也。」〔註247〕進而提出了遠交近攻的地緣戰略方針。「王不如遠交而近攻，得寸則王之寸，得尺亦王之尺也。今捨此而遠攻，不亦繆乎？且昔者，中山之地方五百里，趙獨擅之，功成、名立、利附，則天下莫能害。今韓、魏中國之處，而天下之樞也。王若欲霸，必親中國而以爲天下樞，以威楚、趙。趙強則楚附，楚強則趙附，楚、趙附則齊必懼，懼，必卑辭重弊以事秦，齊附，而韓、魏可虛也。」〔註248〕

總體看來，縱橫家雖則爲了自己取利、存身之故而在游說人君之時多有

〔註245〕諸祖耿：《戰國策集注彙考・燕一》，南京：鳳凰出版社，2008 年，卷二十九，第 1526 頁。

〔註246〕諸祖耿：《戰國策集注彙考・魏四》，南京：鳳凰出版社，2008 年，卷二十五，第 1311 頁。

〔註247〕諸祖耿：《戰國策集注彙考・秦三》，南京：鳳凰出版社，2008 年，卷五，第 287～288 頁。

〔註248〕諸祖耿：《戰國策集注彙考・秦三》，南京：鳳凰出版社，2008 年，卷五，第 288 頁。

誇誕之詞，或爲爭雄於眾多對手而故意標新立異，如張儀之力主攻韓而非司馬錯之說顯然沒有道理。但是分析地緣形勢利害畢竟是其立足於列國的基本點，而且其中諸如合縱連橫、遠交近攻的地緣戰略思想在現實的實踐中確實發揮了巨大的威力，其思想價值還是相當可觀的。

1.3.3 兵家的地緣政治思想

論及中國古代的地緣政治思想，多數學者首先聯想到的即是縱橫家與兵家，所以對於兵家地緣思想的研究相對較多。但是仔細觀察，卻發現其實很多學者將純粹運用於戰爭的軍事地形學同地緣政治學中不同地緣單位的互動關係混同。先秦兵家論及地理因素眞正關乎戰略層面不同地緣政治單位互動關係的卻極少。

1.3.3.1《孫子》中的地緣政治思想

關於孫子的地緣政治思想，葉自成〔註249〕、劉從德〔註250〕、張文奎〔註251〕、陸俊元〔註252〕、陳力〔註253〕、董良慶〔註254〕、王恩湧〔註255〕等著名學者都有論及，概括而言上述學者大抵都注意到了孫子對地理之於戰爭重要性的強調，談及孫子對於不同地形的分析，但是這些論述大都是一筆帶過，葉自成先生的論述較爲詳細，但是其中沒有細緻分別微觀層面的軍事地形學與宏觀層面的地緣政治學之間的區別，而將孫子關於地理方面的論述一概視爲地緣政治思想，這就有欠妥當。本書在各家學者研究的基礎上，認眞甄別孫子不同的地理論述，概括起來孫子的地緣政治思想大抵有以下幾點：

其一，重視地緣戰爭與地緣實力、地緣格局互動之間的深刻關係，主張愼戰、速戰，適可而止。「孫子曰：凡用兵之法，馳車千駟，革車千乘，帶甲

〔註249〕葉自成主編：《地緣政治學與中國外交》，北京：北京出版社，1998 年，第 166 頁。

〔註250〕劉從德主編：《地緣政治學導論》，北京：中國人民大學出版社，2010 年，第 25 頁。

〔註251〕張文奎、劉繼生、閆越：《政治地理學》，南京：江蘇教育出版社，1991 年，第 25 頁。

〔註252〕陸俊元：《地緣政治的本質與規律》，北京：時事出版社，2005 年，序第 1 頁。

〔註253〕陳力：《戰略地理論》，北京：解放軍出版社，1990 年，第 59 頁。

〔註254〕董良慶：《戰略地理學》，北京：國防大學出版社，2000 年，第 19 頁。

〔註255〕王恩湧、王正毅、樓耀亮、沈偉烈、李亦鳴、李貴才：《政治地理學：時空中的政治格局》，北京：高等教育出版社，2003 年，第 17 頁。

十萬，千里饋糧，則內外之費，賓客之用，膠漆之材，車甲之奉，日費千金，然後十萬之師舉矣。其用戰也勝，久則鈍兵挫銳，攻城則力屈，久暴師則國用不足。夫鈍兵挫銳，屈力殫貨，則諸侯乘其弊而起，雖有智者，不能善其後矣。」〔註256〕正因為戰爭有著巨大的耗費，戰爭手段的選擇必須慎重，一旦出戰則力求速戰速決，曠日持久的消耗戰對於國力的影響將是巨大的，而伴隨著實力的消耗，勢必引起地緣格局中新的互動而容易為他人做嫁衣，導致「諸侯乘其弊而起，雖有智者，不能善其後」的嚴重後果。

其二，孫子注重在地緣競爭中多種手段的交相為用，尤其注重判斷和利用敵方戰略謀劃的意圖與離散對方地緣外交所形成的機會而展開攻擊。孫子將直接的攻城而進行的硬性作戰視為最下的境界，他說：「故上兵伐謀，其次伐交，其次伐兵，其下攻城。」〔註257〕對於「伐謀」的理解各家意見不太統一，相形之下，曹操、李筌、杜牧的意見比較一致，大抵主張「伐其始謀也」，也就是強調了對於敵人戰略意圖的洞悉，從而能伐敵於未成勢之前。對於敵方的地緣外交的聯盟趨向也要密切關注，離散其同盟而贏得有利於己方的地緣態勢。在軍事上則控馭好關乎地緣大局的有利地形，示敵以兵形，從而起到威懾而遏制戰爭的效果。而在這四級的關係中，孫子尤其重視洞悉敵方之謀的重要性，他說：「故不知諸侯之謀者，不能豫交。」〔註258〕

其三，孫子根據土地的不同地緣性質而將其劃分為「散地」、「輕地」、「爭地」、「交地」「衢地」、「重地」、「圯地」、「圍地」、「死地」，並根據不同的特點而採取不同的戰略戰術。這一點多為學者所注意，但是這其中既有地緣政治層面的考量，也有純粹的軍事地形和戰術層面的考量，須加以留意。孫子曰：「用兵之法，有散地，有輕地，有爭地，有交地，有衢地，有重地，有圯地，有圍地，有死地。諸侯自戰其地，為散地；入人之地而不深者，為輕地；我得則利，彼得亦利者，為爭地；我可以往，彼可以來者，為交地；諸侯之地三屬，先至而得天下之眾者，為衢地；入人之地深，背城邑多者，為重地；行山林、險阻、沮澤，凡難行之道者，為圯地；所由入者隘，所從歸者迂，

〔註256〕〔春秋〕孫武：《十一家注孫子校理・作戰篇》，〔三國〕曹操等注，楊丙安校理，北京：中華書局，2008年，第29～31頁。

〔註257〕〔春秋〕孫武：《十一家注孫子校理・謀攻篇》，〔三國〕曹操等注，楊丙安校理，北京：中華書局，2008年，第46～47頁。

〔註258〕〔春秋〕孫武：《十一家注孫子校理・軍爭篇》，〔三國〕曹操等注，楊丙安校理，北京：中華書局，2008年，第140頁。

彼寡可以擊吾之眾者，為圍地；疾戰則存，不疾戰則亡者，為死地。是故散地則無戰，輕地則無止，爭地則無攻，交地則無絕，衢地則合交，重地則掠，圮地則行，圍地則謀，死地則戰。」〔註259〕在這段文字裏，孫子先對不同性質的地作了界定，繼而提出了不同的戰略戰術方案。透過這些方案，具有地緣政治意義的大抵只有衢地與爭地。衢地因為關乎到不同國家之間的互動關係，故而需要謹慎處置，孫子謂之「衢地，吾將固其結」〔註260〕，而以「合交」為上；而爭地即是關乎地緣安全的險要之地，不可以力奪，必須先行佔有而示人以地利。

其四，孫子提出了軍事威懾在地緣政治中意義。孫子曰：「夫霸王之兵，伐大國，則其眾不得聚；威加於敵，則其交不得合。是故不爭天下之交，不養天下之權，信己之私，威加於敵，故其城可拔，其國可隳。」〔註261〕對於力量強大的國家則可以通過對敵國發動強大的軍事打擊而形成戰略威懾，從而達到「其交不得合」的效果；而且對於被打擊國則可直接予以消滅。

孫子的地緣政治思想雖然不多，但是意義卻很重要，尤其是其對於不同土地性質分類而相機採取不同戰略戰術的做法亦然頗有現代地緣政治的意味，雖則其中很多並不具有地緣政治意義而僅為軍事地形學層面，但是具體而微我們仍可窺見其中的地緣政治因子。

1.3.3.2 《孫臏兵法》中的地緣政治思想

《孫臏兵法》闕文較多，透過殘存的文字，約略可觀的地緣政治思想大抵有這麼幾點：

其一，孫臏將國家經濟實力視為國家軍事實力的基礎。「孫子曰：『（上缺）皆非強兵之急者也。』威（下缺）孫子曰：『富國。』」〔註262〕

其二，孫臏將「地利」與「地理」視為開展地緣軍事活動的重要前提。孫臏認為：「天時、地利、人和，三者不得，雖勝有殃。」〔註263〕他還將「知

〔註259〕〔春秋〕孫武：《十一家注孫子校理‧九地篇》，〔三國〕曹操等注，楊丙安校理，北京：中華書局，2008年，第234～243頁。

〔註260〕〔春秋〕孫武：《十一家注孫子校理‧九地篇》，〔三國〕曹操等注，楊丙安校理，北京：中華書局，2008年，第257頁。

〔註261〕〔春秋〕孫武：《十一家注孫子校理‧九地篇》，〔三國〕曹操等注，楊丙安校理，北京：中華書局，2008年，第259～260頁。

〔註262〕張震澤：《孫臏兵法校理‧強兵》，北京：中華書局，2007年，第121頁。

〔註263〕張震澤：《孫臏兵法校理‧月戰》，北京：中華書局，2007年，第59頁。

地之理」〔註264〕看作「王者之將」的重要素質之一，在地緣戰爭中，孫臏認為地理因素往往成為制勝的關鍵要素，他說：「患兵者地也，困敵者險也。」〔註265〕

其三，孫臏注重將地緣形勢的分析用於戰爭的謀劃之中。「田忌曰：『若不救衛，將何為？』孫子曰：『請南攻平陵。平陵，其城小而縣大，人眾甲兵盛，東陽戰邑，難攻也。吾將示之疑。吾攻平陵，南有宋，北有衛，當途有市丘，是吾糧途絕也。吾將示之不知事。』於是徙舍而走平陵。」〔註266〕在與田忌討論戰爭方案的時候，孫臏視野開闊，他充分利用了周邊的宋、衛形勢而有意識誤導龐涓，從而達到調動魏軍的作用。

一言蔽之，孫臏傳世的兵法中地緣思想並不太明顯，很多只是相對模糊的一些地緣意識，在地緣政治思想的意味上反不及孫武。

1.3.3.3 《吳子》中的地緣政治思想

吳起在先秦兵家中地緣政治意味較為濃厚，因其所論大抵是魏文侯、武侯時期之事，而魏國乃四戰之地，故而其地緣考量較之其它兵家較多。其主要地緣政治思想大抵有以下幾點：

其一，吳起將國家的地緣整合看作地緣安全的前提，而在對內的地緣整合中注重文德的作用。吳起將「內修文德，外治武備」〔註267〕看作國家實現地緣實力強大不可或缺的因素。吳起將「教百姓而親萬民」的地緣國家整合看作「圖國家」的地緣擴張的前提，他認為「昔之圖國家者，必先教百姓而親萬民。有四不和：不和於國，不可以出軍；不和於軍，不可以出陳；不和於陳，不可以進戰；不和於戰，不可以決勝。是以有道之主，將用其民，先和而造大事。不敢信其私謀，必告於祖廟，啟於元龜，參之天時，吉乃後舉。民知君之愛其命，惜其死，若此之至，而與之臨難，則士以（盡）〔進〕死為榮，退生為辱矣。」〔註268〕在這點上，吳起的思想隱然有管子的味道。

〔註264〕張震澤：《孫臏兵法校理‧八陣》，北京：中華書局，2007年，第65頁。
〔註265〕張震澤：《孫臏兵法校理‧威王問》，北京：中華書局，2007年，第27頁。
〔註266〕張震澤：《孫臏兵法校理‧擒龐涓》，北京：中華書局，2007年，第1～2頁。
〔註267〕中國兵書集成編委會：《吳子‧圖國》，《中國兵書集成‧武經七書彙解（一）》，北京：解放軍出版社，1992年，第403頁。
〔註268〕中國兵書集成編委會：《吳子‧圖國》，《中國兵書集成‧武經七書彙解（一）》，北京：解放軍出版社，1992年，第409頁。

　　其二，在進行地緣戰爭決策中，注重對敵方地緣實力與地緣聯盟內外兩個層面的分析。「有不占而避之者六。一曰：土地廣大，人民富眾。二曰：上愛其下。惠施流佈。三曰：賞信刑察，發必得時。四曰：陳功居列，任賢使能。五曰：師徒之眾，兵甲之精。六曰：四鄰之助，大國之援。凡此不如敵人，避之勿疑。所謂見可而進，知難而退也。」〔註 269〕在二者之中，吳起尤其注重對於敵方國家力量的評估，在六要素中舉凡土地與人民數量、君民親和度、賞罰體系、人才運用、軍隊數量與裝備質量就佔了五個方面。

　　其三，在地緣戰爭中主張慎戰，講究戰而必勝的戰爭傚果。吳起曰：「天下戰國，五勝者禍，四勝者弊，三勝者霸，二勝者王，一勝者帝。是以數勝得天下者稀，以亡者眾。」〔註 270〕窮兵黷武勢必消耗國家實力，審慎而戰注重戰爭效率和效果則往往能實現國家的地緣戰略目的。

　　其四，注重將地緣戰略的制定建立在對周邊國家的地緣形勢分析的基礎上，在具體國家的分析中，注重從不同地緣習俗、民風、國家特點中尋找破敵方案。「武侯謂吳起曰：『今秦脅吾西，楚帶吾南，趙沖吾北，齊臨吾東，燕絕吾後，韓居吾前，六國兵四守，勢甚不便，憂此奈何？』起對曰：『夫安國家之道，先戒為寶。今君已戒，禍其遠矣。臣請論六國之俗：夫齊陳重而不堅，秦陳散而自鬥，楚陳整而不久，燕陳守而不走，三晉陳治而不用。』『夫齊性剛，其國富，君臣驕奢而簡於細民，其政寬而祿不均，一陳兩心，前重後輕，故重而不堅。擊此之道，必三分之，獵其左右，脅而從之，其陳可壞。秦性強，其地險，其政嚴，其賞罰信，其人不讓，皆有鬥心，故散而自戰。擊此之道，必先示之以利而引去之，士貪於得而離其將，乘乖獵散，設伏投機，其將可取。楚性弱，其地廣，其政騷，其民疲，故整而不久。擊此之道，襲亂其屯，先奪其氣，輕進速退，弊而勞之，勿與戰爭，其軍可敗。燕性慤，其民慎，好勇義，寡詐謀，故守而不走。擊此之道，觸而迫之，陵而遠之，馳而後之，則上疑而下懼，謹我車騎必避之路，其將可虜。三晉者，中國也，其性和，其政平，其民疲於戰，習於兵，輕其將，薄其祿，士無死志，故治而不用。擊此之道，阻陳而壓之，眾來則拒之，去則追之，以倦其師。此其

〔註 269〕中國兵書集成編委會：《吳子·料敵》，《中國兵書集成·武經七書彙解（一）》，北京：解放軍出版社，1992 年，第 452 頁。

〔註 270〕中國兵書集成編委會：《吳子·圖國》，《中國兵書集成·武經七書彙解（一）》，北京：解放軍出版社，1992 年，第 418 頁。

勢也。』」〔註271〕在吳起與魏武侯的探討中，他對魏國周邊不同國家的形勢及其不同的國家風俗、政治特點作了細緻的分析，並以此爲基礎制定魏國的地緣戰略。

另外，吳起也非常注重在地緣戰爭中對地理險要的利用，他認爲「路狹道險，名山大塞，十夫所守，千夫不過，是謂地機」〔註272〕吳起將知「地機」視爲爲將的四個基本素質之一；他還將天險分爲不同的層級，並根據不同的層級而實行不同的制敵方略，他說：「以一擊十，莫善於阨；以十擊百，莫善於險；以千擊萬，莫善於阻。」〔註273〕而這其中的「以千擊萬，莫善於阻」則往往具有地緣戰略安全的意味。

總體來說，吳起由於處身於魏國這個典型的四戰之國，而在其兵法中對於地緣政治的強調較爲明顯，雖然這些方面多與軍事鬥爭緊密關聯而需要我們加以甄別，但是其意義還是明顯值得重視的。

1.3.3.4《司馬法》中的地緣政治思想

司馬穰苴與地緣政治相涉的思想大抵有兩點。其一，以仁義作爲進行戰爭與否的判斷標準，他說：「攻其國，愛其民，攻之可也；以戰止戰，雖戰可也。」〔註274〕其二，既反對窮兵黷武的好戰傾向，也反對放棄武備的忘戰思想。他提出了著名的警語：「故國雖大，好戰必亡；天下雖安，忘戰必危。」〔註275〕

1.3.3.5《尉繚子》中的地緣政治思想

《尉繚子》一書中的地緣政治思想既與管子有所淵源，也反映了戰國時期耕戰爲本的時代特徵。

首先，《尉繚子》一書中將《管子》中「地、人、兵、戰」的思想向前推進了一步，它將地緣政治活動中的人地互動、不同地緣政治單位之間的互

〔註271〕中國兵書集成編委會：《吳子·料敵》，《中國兵書集成·武經七書彙解（一）》，北京：解放軍出版社，1992年，第439～444頁。

〔註272〕中國兵書集成編委會：《吳子·論將》，《中國兵書集成·武經七書彙解（一）》，北京：解放軍出版社，1992年，第490頁。

〔註273〕中國兵書集成編委會：《吳子·應變》，《中國兵書集成·武經七書彙解（一）》，北京：解放軍出版社，1992年，第504頁。

〔註274〕中國兵書集成編委會：《司馬法·仁本》，《中國兵書集成·武經七書彙解（一）》，北京：解放軍出版社，1992年，第542頁。

〔註275〕中國兵書集成編委會：《司馬法·仁本》，《中國兵書集成·武經七書彙解（一）》，北京：解放軍出版社，1992年，第547頁。

動這兩個互動環節作了更爲緊密的結合。尉繚子指出：「量土地肥磽而立邑，建城稱地，以城稱人，以人稱粟。三相稱，則內可以固守，外可以戰勝。戰勝於外，備主於內，勝備相用，猶合符節，無異故也。」〔註 276〕尉繚子將土地的大小肥脊與城市的設置相配合，將城市與人口的規模相配合、將人口規模與糧食的數量相配合，而將之名爲「三相稱」，他認爲這是內固守、外戰勝的前提，守備的基礎在於內，戰勝敵人在外，而守備穩固則在內。而對於其中的民與地的關係中則繼承了商鞅的「民勝其地，務開；地勝其民，務徠」〔註 277〕的思想，而主張「民流者親之。地不任者任之。」〔註 278〕尉繚子還對地、城、戰三者的地緣政治功能作了清晰的界定，他認爲：「地所以養民也，城所以守地也，戰所以守城也，故務耕者民不饑，務守者地不危，務戰者城不圍。」〔註 279〕

其次，他尚行以耕戰爲中心的地緣國家力量的蓄積。尉繚子說：「使天下非農無所得食，非戰無所得爵，使民揚臂爭出農、戰，而天下無敵矣。」〔註 280〕在尉繚子的眼裏最有利於國家蓄積的場景莫過於「夫在芸耨，妻在機杼。」〔註 281〕

第三，尉繚子強調了在地緣戰爭中人民的重要性。他說：「夫將之所以戰者民也，民之所以戰者氣也。」〔註 282〕在他看來，人民正是將帥得以戰勝敵人的力量基礎，而百姓之所以作戰的基礎則在於士氣。所以雖則耕戰是國家力量凝聚的中心，但是他反對過分掠奪人民，尉繚子說：「王國富民，霸國富士，僅存之國富大夫，亡國富倉庫。」〔註 283〕

〔註 276〕中國兵書集成編委會：《尉繚子·兵談》，《中國兵書集成·武經七書彙解（二）》，北京：解放軍出版社，1992 年，第 926～928 頁。

〔註 277〕蔣禮洪：《商君書錐指·算地第六》，北京：中華書局，2001 年，第 42 頁。

〔註 278〕中國兵書集成編委會：《尉繚子·兵談》，《中國兵書集成·武經七書彙解（二）》，北京：解放軍出版社，1992 年，第 928 頁。

〔註 279〕中國兵書集成編委會：《尉繚子·戰威》，《中國兵書集成·武經七書彙解（二）》，北京：解放軍出版社，1992 年，第 965 頁。

〔註 280〕中國兵書集成編委會：《尉繚子·制談》，《中國兵書集成·武經七書彙解（二）》，北京：解放軍出版社，1992 年，第 948 頁。

〔註 281〕中國兵書集成編委會：《尉繚子·治本》，《中國兵書集成·武經七書彙解（二）》，北京：解放軍出版社，1992 年，第 1044 頁。

〔註 282〕中國兵書集成編委會：《尉繚子·戰威》，《中國兵書集成·武經七書彙解（二）》，北京：解放軍出版社，1992 年，第 957 頁。

〔註 283〕中國兵書集成編委會：《尉繚子·戰威》，《中國兵書集成·武經七書彙解（二）》，北京：解放軍出版社，1992 年，第 968 頁。

第四，尉繚子強調根據不同國家的地緣特點而採取不同的制敵策略。他指出「地大而城小者，必先收其地。城大而窄者，必先攻其城。地廣而人寡者，則絕其阨。地狹而人眾者，則築大堙以臨之。」〔註284〕與此同時他還強調對於佔領區採取寬厚的政策以鞏固其統治：「無喪其利，無奪其時，寬其政，夷其業；救其弊，則足施天下。」〔註285〕

總體觀之，尉繚子的地緣政治思想在兵家也算是比較豐富的，這可能與其所處的戰國時期的殘酷地緣戰爭環境有關係。

1.3.3.6《六韜》裏的地緣政治思想

1、注重仁德對於爭奪天下的意義。太公在回答文王時說：「天下非一人之天下，乃天下之天下也。同天下之利者則得天下，擅天下之利者則失天下。天有時，地有財，能與人共之者，仁也。仁之所在，天下歸之。免人之死，解人之難，救人之患，濟人之急者，德也。德之所在，天下歸之。與人同憂同樂，同好同惡，義也。義之所在，天下赴之。凡人惡死而樂生，好德而歸利，能生利者，道也。道之所在，天下歸之。」〔註286〕在具備「能為天下政」的六要素中「仁」、「恩」、「信」三者佔據了半壁河山，太公曰：「大蓋天下，然後能容天下。信蓋天下，然後能約天下。仁蓋天下，然後能懷天下。恩蓋天下然後能保天下。權蓋天下，然後能不失天下。事而不疑，則天運不能移，事變不能遷。」〔註287〕太公認為：「利天下者，天下啟之；害天下者，天下閉之。」〔註288〕天下不是一人之私產，得天下者唯有道者方可為之：「天下者非一人之天下，惟有道者處之。」〔註289〕

〔註284〕中國兵書集成編委會：《尉繚子・兵教下》，《中國兵書集成・武經七書彙解（二）》，北京：解放軍出版社，1992年，第1115頁。

〔註285〕中國兵書集成編委會：《尉繚子・兵教下》，《中國兵書集成・武經七書彙解（二）》，北京：解放軍出版社，1992年，第1115頁。

〔註286〕中國兵書集成編委會：《六韜・文韜・文師第一》，《中國兵書集成・武經七書彙解（二）》，北京：解放軍出版社，1992年，第1326頁。

〔註287〕中國兵書集成編委會：《六韜・武韜・順啟第十六》，《中國兵書集成・武經七書彙解（二）》，北京：解放軍出版社，1992年，第1436頁。

〔註288〕中國兵書集成編委會：《六韜・武韜・發啟第十三》，《中國兵書集成・武經七書彙解（二）》，北京：解放軍出版社，1992年，第1402頁。

〔註289〕中國兵書集成編委會：《六韜・武韜・順啟第十六》，《中國兵書集成・武經七書彙解（二）》，北京：解放軍出版社，1992年，第1437頁。

2、在地緣力量蓄積中主張以農爲本，同時提出了工商的重要性。太公在回答文王「守土」的問題時明確提出了「無舍本而治末」〔註290〕的思想，但是在戰國時期「重農抑商」、「獎勵耕戰」思想大行其道的時代，《六韜》裏將工商提升到「三寶」的地位實屬難得。太公進而指出了三寶對於國家的不同意義：「大農、大工、大商，謂之三寶。農一其鄉，則穀足。工一其鄉，則器足。商一其鄉，則貨足。三寶各安其處，民乃不慮。無亂其鄉，無亂其族。臣無富於君，都無大於國。六守長則君昌，三寶完則國安。」〔註291〕這種對於工商業相對重視的思想可能與齊國相對濃厚的工商業氛圍有關。

3、提出寓兵於農、農戰一體的思想。「武王問太公曰：『天下安定，國家無爭。戰攻之具，可無修乎？守禦之備，可無設乎？』太公曰：『戰攻守禦之具，盡在於人事。耒耜者，其行馬蒺藜也。馬牛車輿者，其營壘蔽櫓也。鋤耰之具，其矛戟也。簑薜簦笠，其甲冑也。钁鍤斧鋸杵臼，其攻城器也。牛馬，所以轉輸糧也。雞犬，其伺候也。婦人織紝，其旌旗也。丈夫平壤，其攻城也。春鏺草棘，其戰車騎也。夏耨田疇，其戰步兵也。秋刈禾薪，其糧食儲備也。冬實倉廩，其堅守也。田里相伍，其約束符信也。里有吏，官有長，其將帥也。里有周垣，不得相過，其隊分也。輸粟取芻，其廩庫也。春秋治城郭，修溝渠，其塹壘也。故用兵之具，盡於人事也。善爲國者，取於人事。故必使遂其六畜，闢其田野，究其處所。丈夫治田有畝數，婦人織紝有尺度，其富國強兵之道也。』武王曰：『善哉！』」〔註292〕太公認爲「戰攻守禦之具，盡在於人事。」地緣國家對於農業生產的組織管理直接關聯著國家的軍事能力，這其中的農業生產不僅關係到軍用物資的積累，其生產過程也關聯著軍事技術、其馬牛的生產關係到運輸系統、甚至生產的組織方式也與軍事組織密切關聯。

4、注重人心的爭奪，尤其注重愛民之於地緣國家整合的重要意義。太公在回答文王「爲國之大務」時一句概括爲「愛民而已」，足見其對於人民之於國家重要性的認識。對於愛民太公有其具體的理解，他說愛民的原則是：「利

〔註290〕中國兵書集成編委會：《六韜·文韜·守土第七》，《中國兵書集成·武經七書彙解（二）》，北京：解放軍出版社，1992年，第1361頁。

〔註291〕中國兵書集成編委會：《六韜·文韜·六守第六》，《中國兵書集成·武經七書彙解（二）》，北京：解放軍出版社，1992年，第1355頁。

〔註292〕中國兵書集成編委會：《六韜·虎韜·軍用第三十一》，《中國兵書集成·武經七書彙解（二）》，北京：解放軍出版社，1992年，第1544～1545頁。

而勿害，成而勿敗，生而勿殺，與而勿奪，樂而勿苦，喜而勿怒」〔註293〕等六個方面，這六個方面又有一系列具體的措施作保障，這就是：「民不失務則利之，農不失時則成之，省刑罰則生之，薄賦斂則與之，儉宮室臺榭則樂之，吏清不苛〔擾〕則喜之。」〔註294〕在太公的眼裏，「故善爲國者，馭民如父母之愛子，如兄之愛弟，見其飢寒則爲之憂，見其勞苦則爲之悲，賞罰如加於身，賦斂如取於己，此愛民之道也。」〔註295〕

另外，在地緣競爭中，《六韜》一書中還注重以多種地緣手段的綜合利用而達到使敵國地緣國家系統紊亂、地緣實力削弱的目的。〔註296〕

兵家對於地理的因素素來重視，是以各家皆有強調，但是其重視多在微觀層面的軍事地形學意義上體現。但是由於戰爭關聯到國家內外的互動關係，從宏觀上審視不同地緣政治單位之間的地緣關聯，重視國家的地緣實力與軍事力量之間的關聯成爲兵家的必然關注，正是在這種視角下，先秦兵家思想裏蘊含著一定的地緣政治思維，這些地緣政治的思想雖不及法家著力於國家地緣力量的蓄積與縱橫家務於不同地緣政治單位之間的宏觀擘畫，但是由於正所謂「兵者，死生之地，存亡之道」的緣故，兵家論及地緣政治則多了一份感同身受的生死審視在其中，因而顯得格外的務實和審慎，這正是兵家地緣政治思想可貴之處。

1.3.4 先秦儒家三子思想中所折射的地緣因子

按照蕭公權先生的說法，在由封建天下轉到專制天下的過渡時期，政治思想不外乎三種：同情宗法，力圖恢復舊制；承認現狀，迎合新趨勢而爲之張目；厭棄一切新舊制度。而儒家毫無疑問屬於第一類，所以蕭先生稱孔子爲「宗法社會之聖人」〔註297〕。而在傳統的宗法天下體系中，如前

〔註293〕中國兵書集成編委會：《六韜・文韜・國務第三》，《中國兵書集成・武經七書彙解（二）》，北京：解放軍出版社，1992 年，第 1339 頁。

〔註294〕中國兵書集成編委會：《六韜・文韜・國務第三》，《中國兵書集成・武經七書彙解（二）》，北京：解放軍出版社，1992 年，第 1340 頁。

〔註295〕中國兵書集成編委會：《六韜・文韜・國務第三》，《中國兵書集成・武經七書彙解（二）》，北京：解放軍出版社，1992 年，第 1340 頁。

〔註296〕葉自成先生在其主編的《地緣政治學與中國外交》第 152 頁談到：「《六韜》中提出文伐的思想，即在地緣接近的鄰國進行交往中，要用各種方法削弱敵人，使其處於混亂和內亂的狀態，以利於我。」此處不詳論，見前揭。

〔註297〕蕭公權：《中國政治思想史》，北京：新星出版社，2005 年，第 15 頁。

所論，其注重的首要在於禮樂精神，因而在骨子裏是反對地緣思維的。但是在儒家從孔子到荀子期間跨越春秋戰國數百年的時間，儒家自身的思想自有其時代之變遷。從孔到孟到荀其反射乃至於反映的地緣色彩日益強烈。

1.3.4.1 孔子對地緣政治現實的評價

孔子（公元前 551 年～前 479 年）活動的時代正值春秋晚期，雖則現實的政治經濟發生著深刻地變遷，然則天下系統仍在舊有的秩序中發生變體，以血緣爲紐帶之政治名義猶存。在這個新舊激蕩的年代，孔子之儒學本源周王室之官學正統，其倡言禮樂精神，撻伐以下僭上的篡逆行爲。雖則如此，然則舊秩序已然頹廢不堪，孔子思想中已不得不對現實政治中的地緣政治現在作了保守的評價。孔子對新的地緣國家運行模式與舊有的禮樂制度作了鮮明的對比而鄙棄以刑罰威權實現地緣力量的整齊，「子曰：『道之以政，齊之以刑，民免而無恥。道之以德，齊之以禮，有恥且格。』」〔註298〕「季康子問政於孔子曰：『如殺無道，以就有道，何如？』孔子對曰：『子爲政，焉用殺？子欲善而民善矣。君子之德風，小人之德草，草上之風，必偃。』」〔註299〕對於爲諸侯所重的地緣力量要素「食」與「兵」孔子卻並不特別看重，而更加強調禮樂秩序中「信」的重要性。「子貢問政。子曰：『足食，足兵，民信之矣。』子貢曰：『必不得已而去，於斯三者何先？』曰：『去兵。』子貢曰：『必不得已而去，於斯二者何先？』曰：『去食。自古皆有死，民無信不立。』」〔註300〕

孔子感慨西周天下秩序的失序而大聲痛斥：「天下有道，則禮樂征伐自天子出；天下無道，則禮樂征伐自諸侯出。」〔註301〕而對於地緣爭奪的現狀，孔子也加以蔑棄。「子路率爾而對曰：『千乘之國，攝乎大國之間，加之以師旅，因之以飢饉。由也爲之，比及三年，可使有勇，且知方也。』夫子哂之。」三子者出，曾晢後。曾晢曰：『夫三子者之言何如？』子曰：『亦各言其志也已矣。』曰：『夫子何哂由也？』曰：『爲國以禮，其言不

〔註298〕程樹德：《論語集釋·爲政上》，程俊英、蔣見元點校，北京：中華書局，2008年，第 68 頁。

〔註299〕程樹德：《論語集釋·顏淵下》，程俊英、蔣見元點校，北京：中華書局，2008年，第 864～866 頁。

〔註300〕程樹德：《論語集釋·顏淵上》，程俊英、蔣見元點校，北京：中華書局，2008年，第 836～837 頁。

〔註301〕程樹德：《論語集釋·季氏》，程俊英、蔣見元點校，北京：中華書局，2008年，第 1141 頁。

讓，是故哂之。」〔註302〕但是對於春秋時期的爭霸現象孔子卻在華夷之別的前提下給予了有限的肯定，他肯定了管仲在華夷競爭中的積極貢獻，指出：「管仲相桓公，霸諸侯，一匡天下，民到於今受其賜。微管仲，吾其被髮左衽矣。」〔註303〕齊桓公斯時霸政始行，「親親」的意味尚濃，而到晉文公時期，地緣的意味卻在加強，是以孔子論曰：「晉文公譎而不正，齊桓公正而不譎。」〔註304〕雖則同是打著「尊王攘夷」的旗號，然則齊桓公多了許多的真意，而晉文公則多了許多的權謀在其中。雖則霸主們在捍衛諸夏利益中起到的歷史作用為孔子所肯定，但是這並非其理想中的王道政治，是以孔子對於孜孜於行霸政的管仲不無遺憾地指出：「管仲之器小哉！」〔註305〕

　　對於華夷秩序而言，孔子雖然處身於春秋時期華夷競爭的殘酷現實環境中強調華夷之別，但是他卻反對以地緣整合的思維去解決華夷之爭，而主張「遠人不服，則修文德以來之；既來之，則安之。」〔註306〕雖則孔子有著明顯的文化優越感而謂之「夷狄之有君，不如諸夏之亡也」〔註307〕然則相較於華夷文化之別，更看重禮樂精神的根本而不是族裔的差異，所以孔子說「言忠信，行篤敬，雖蠻貊之邦行矣。」〔註308〕貫徹仁義的精神是沒有族裔之限與地域之別的，「居處恭，執事敬，與人忠。雖之夷狄，不可棄也。」〔註309〕

　　概言之，孔子處身於一個新舊激蕩的時代，一方面大力倡導禮樂精神，一方面又不得不正視時代的變遷而對春秋時期的地緣政治實踐作出較為矛盾的評價，但依然可以折射出地緣政治的時代印記。

〔註302〕程樹德：《論語集釋・先進下》，程俊英、蔣見元點校，北京：中華書局，2008年，第799～814頁。

〔註303〕程樹德：《論語集釋・憲問中》，程俊英、蔣見元點校，北京：中華書局，2008年，第992頁。

〔註304〕程樹德：《論語集釋・憲問中》，程俊英、蔣見元點校，北京：中華書局，2008年，第979頁。

〔註305〕程樹德：《論語集釋・八佾下》，程俊英、蔣見元點校，北京：中華書局，2008年，第206頁。

〔註306〕程樹德：《論語集釋・季氏》，程俊英、蔣見元點校，北京：中華書局，2008年，第1137頁。

〔註307〕程樹德：《論語集釋・八佾上》，程俊英、蔣見元點校，北京：中華書局，2008年，第147頁。

〔註308〕程樹德：《論語集釋・衛靈公上》，程俊英、蔣見元點校，北京：中華書局，2008年，第1065頁。

〔註309〕程樹德：《論語集釋・子路下》，程俊英、蔣見元點校，北京：中華書局，2008年，第926頁。

1.3.4.2《孟子》一書中所折射出的地緣因子述論

孔子論爲政處頗多，然則鮮有以王天下而鈞人君之志者。然則孟子所處戰國中期〔註310〕，列國競強，天下洶洶然，春秋時期「尊王攘夷」的政治外衣早已棄之不顧，孟子欲使諸侯力行仁政，必須爲其樹立王天下的政治願景。所以孟子以諸侯之寶三論仁政而未嘗不是時代競強背景下的地緣要素的折射。

總體上看，《孟子》一書實則與地緣政治思想無直接關涉，然則時代使然，其中猶可折射出某種地緣的因子。從本質上看，孟子談仁政王道，本身是反對地緣控制和地緣爭雄的，所以孟子說：「爭地以戰，殺人盈野；爭城以戰，殺人盈城；此所謂率土地而食人肉，罪不容於死。故善戰者，服上刑。連諸侯者，次之。闢草萊、任土地者，次之。」〔註311〕在孟子看來，進行以獲取土地爲目標的地緣爭奪戰爭是「率土地而食人肉」，而對之深惡痛絕。所以他對於直接指揮地緣爭奪戰爭者斥之以當服上刑；對於從事合縱連橫的地緣政治活動者亦當刑之；對於不以修德爲準的而以盡地力蓄積地緣力量爲務者亦當刑之。從地緣政治思想的視角看，這些雖是反向的材料，但是也多少折射出當時地緣爭奪的的激烈現狀和諸侯國務於凝聚地緣力量的實際情況。在孟子的指斥中從多個維度反映了那個時代的地緣競爭現狀，「孟子曰：「今之事君者皆曰：『我能爲君闢土地，充府庫。』今之所謂良臣，古之所謂民賊也。」〔註312〕此處的立論指向依然是仁政，但是這條材料明確地反映出當時務於「闢土地，充府庫」地緣要素爭奪的現實，「能爲君闢土地，充府庫」成爲當時良臣的標準。對於地緣爭奪爲務的軍事能力孟子也是大加反對，孟子曰：「有人曰『我善爲陣，我善爲戰』，大罪也。國君好仁，天下無敵焉。」〔註313〕關隘是地緣交爭的前沿和焦點，對於關隘等軍事設施的功能轉換孟子亦有深刻論述：「古之爲關也，將以禦暴，今之爲關也，將以爲暴。」〔註314〕孟子此論明

〔註310〕參見錢穆：《先秦諸子繫年》之孟子考證諸篇及諸子生卒年世先後一覽表，北京：中華書局，2005年。

〔註311〕焦循：《孟子正義·離婁上》，沈文倬點校，北京：中華書局，1996年，卷十五，第516頁。

〔註312〕焦循：《孟子正義·告子上》，沈文倬點校，北京：中華書局，1996年，卷二十五，第854頁。

〔註313〕焦循：《孟子正義·盡心下》，沈文倬點校，北京：中華書局，1996年，卷二十八，第962頁。

〔註314〕焦循：《孟子正義·盡心下》，沈文倬點校，北京：中華書局，1996年，卷二十八，第969頁。

確地反映出在地緣力量得以充分釋放的戰國爭雄之世，關隘的功能從「禦暴」到「爲暴」的時代變遷。地緣爭奪的基礎在於經濟實力的加強，孟子對於當時的賦役制度也極爲反感。孟子指出了諸侯務於地緣搜刮而呈現的民生慘狀：「有布縷之征，粟米之征，力役之征。君子用其一，緩其二，用其二而民有殍，用其三而父子離。」〔註315〕此處也反映出當時的賦役狀況，這種賦役狀況明顯有別於井田制下的勞役制度，這正是諸侯國爲了充分挖掘地緣力量、掌握國力以應對諸侯爭雄的現實而採取的制度現狀。景春所謂：「公孫衍、張儀，豈不誠大丈夫哉？一怒而諸侯懼，安居而天下熄。」〔註316〕表達出時人對於那些行地緣政治而翻手爲雲覆手爲雨的縱橫家的向慕之情，雖則孟子對此予以蔑棄而明確地指出了著名的「大丈夫」論，但是這也不能掩飾當時地緣實踐的深度及其時人的心理影響。

對於天下大勢的走向，孟子清楚地指出天下終歸一統的趨勢。「卒然問曰：『天下惡乎定？』吾對曰：『定於一。』」〔註317〕雖則其理路指向是「不嗜殺人者能一之。」但是這天下一統的趨勢豈不可以看作是對於地緣爭雄趨勢的一種判斷？但是對於當時之形勢與諸侯強國「闢土地，朝秦楚，蒞中國而撫四夷也」〔註318〕的政治目標，孟子自然是了然於胸。

雖則在天時、地利、人和三要素中，孟子的理論歸結落到了「地利不如人和」上，但是從中亦可看出地利在斯時之重要性來。既然孟子苦苦論辯的目的在於仁者無敵的王道政治，其所非者未嘗不可以看作是其時的一種現實的思維。在這種意味上看，孟子所謂的「域民不以封疆之界，固國不以山谿之險，威天下不以兵革之利」〔註319〕之反向「域民以封疆之界，固國以山谿之險，威天下以兵革之利」則當是其「土地、人民、政事」〔註320〕的現實版

〔註315〕焦循：《孟子正義·盡心下》，沈文倬點校，北京：中華書局，1996年，卷二十八，第999頁。

〔註316〕焦循：《孟子正義·滕文公下》，沈文倬點校，北京：中華書局，1996年，卷十五，第415頁。

〔註317〕焦循：《孟子正義·梁惠王上》，沈文倬點校，北京：中華書局，1996年，卷三，第71頁。

〔註318〕焦循：《孟子正義·梁惠王上》，沈文倬點校，北京：中華書局，1996年，卷三，第90頁。

〔註319〕焦循：《孟子正義·公孫丑下》，沈文倬點校，北京：中華書局，1996年，卷八，第254頁。

〔註320〕焦循：《孟子正義·盡心下》，沈文倬點校，北京：中華書局，1996年，卷二十八，第999～1000頁。

政治思維了。「土地、人民、政事」誠然為諸侯之三寶，但是現實中的開發方向卻並非孟子所期望的那樣。高尚的理想無益於殘酷的現實。但是孟子提出的「土地、人民、政事」正是地緣政治的基本三要素，土地是力量的基礎，人民是力量的主體，政事則是人地結合的組織形式，論及政事之於財力之關聯，孟子本人亦謂之「無政事則財用不足」〔註 321〕，雖則其理路並非指向地緣競爭，但是這三要素誠然是地緣擴張的基本前提。

孟子的仁政主張主要涉及到齊、魏、宋、滕四國，四國形勢殊異。齊、魏為大國，宋乃中等之國，滕是小國。總體言之，梁、齊關心的是何以圖霸的問題，宋、滕關心的是何以圖存的問題。王政於其時顯得迂遠而不可以及於當下之時政。江河而下的昔日霸主梁惠王在描述自己的現實地緣處境時對孟子說：「晉國，天下莫強焉，叟之所知也。及寡人之身，東敗於齊，長子死焉；西喪地於秦七百里，南辱於楚，寡人恥之，如之何則可？」孟子開出的藥方是：「地方百里而可以王。王如施仁政於民，省刑罰，薄稅斂，深耕易耨。壯者以暇日修其孝悌忠信，入以事其父兄，出以事其長上，可使制梃以撻秦楚之堅甲利兵矣。彼奪其民時，使不得耕耨以養其父母，父母凍餓，兄弟妻子離散。彼陷溺其民，王往而征之，夫誰與王敵敘故曰：『仁者無敵。』王請勿疑！」〔註 322〕斯時之魏西向已失去河西之險，而當四戰之地，周圍列強環伺，虎視鷹眈，如行孟子之計，誠可謂國亡無日矣。齊國的地緣形勢不同於魏國，在平坦的大平原上其有河山之險，而自成一體。沒有如同魏國那樣緊張的地緣壓力，所以孟子之仁政在齊國尚得到某種限度的實踐，如齊王曾接受孟子的建議發棠之倉以救濟饑民。但是這種有限度的接受也須得其時而為之，齊王之所以能接受這種建議也大抵跟穩定其統治有關聯，當時勢有甚於賑饑之事時，再作此議自有馮婦犯虎之險。〔註 323〕「滕文公問曰：『滕，小國也。間於齊楚，事齊乎？事楚乎？』孟子對曰：『是謀，非吾所能及也。無已，則有一焉，鑿斯池也，築斯城也，與民守之，效死而民弗去，則是可為也。』」〔註 324〕對於滕文公這種在齊楚兩大勢力的夾縫裏求生存而朝不保夕的小

〔註 321〕焦循：《孟子正義・盡心下》，沈文倬點校，北京：中華書局，1996 年，卷二十八，第 972 頁。

〔註 322〕焦循：《孟子正義・梁惠王上》，沈文倬點校，北京：中華書局，1996 年，卷二，第 64 頁。

〔註 323〕焦循：《孟子正義・盡心下》，沈文倬點校，北京：中華書局，1996 年，卷二十八，第 987 頁。

〔註 324〕焦循：《孟子正義・梁惠王下》，沈文倬點校，北京：中華書局，1996 年，卷

國，孟子斷然斥之以圖存之思爲「謀」，至於其對策也不過鑿池築城效死守之而已，實在看不出有何前景可言。如果說對於滕國尚是一種直接的應對，那麼對於宋國的回答更是不知所謂了。「萬章問曰：『宋，小國也。今將行王政，齊楚惡而伐之，則如之何？』」對於萬章的詢問，孟子則不予直接回答，先大談商湯何以行仁政而王，最後一句「苟行王政，四海之內皆舉首而望之，欲以爲君，齊楚雖大何足畏」〔註325〕敷衍之。觀是論油然想起莊子所謂轍中之鮒魚，西江之遠水何益於將枯之近魚？〔註326〕

　　孟子處身戰國時代，透過時代的風雲反觀歷史，因而對於春秋時期的五霸的本質有著更深入的認識。「孟子曰：以力假仁者霸，霸必有大國。以德行仁者王，王不待大。」〔註327〕霸政的基礎在於實力，霸政行仁政不過是作爲政治道義上的外衣罷了，霸政的結果最終是服務於特定霸主的地緣擴張，終究形成大國而改變既有的封建秩序。對於這種「以力假仁」的霸者，孟子說：「久假而不歸，惡知其非有也？」〔註328〕這種變化在戰國之世不斷演變、不斷沈降，封建的要義已是蕩然無存，所以孟子說：「五霸者，三王之罪人也。今之諸侯，五霸之罪人也。今之大夫，今之諸侯之罪人也。」〔註329〕

　　總體言之，孟子依然高揚著儒家禮樂的基本精神，雖則身處戰國時期，仍然致力於追尋王道政治的理想。其實行仁政的方案對於激烈競爭中的地緣國家而言無異過於迂闊，但透過其撻伐時弊的言辭依然可以更濃烈地折射出當時地緣政治的現實來。

1.3.4.3《荀子》一書中的地緣思維透視

　　荀子是戰國晚期儒家最重要的人物，荀子時期地緣國家不僅完全形成，而且天下一統的趨勢已然明晰，當此天下大變之際，傳統儒家的路徑決然不

五，第 159 頁。

〔註325〕焦循：《孟子正義‧滕文公下》，沈文倬點校，北京：中華書局，1996 年，卷十五，第 430 頁。

〔註326〕〔清〕郭慶藩：《莊子集釋‧外物》，王孝魚點校，北京：中華書局，2004 年，第 925 頁。

〔註327〕焦循：《孟子正義‧公孫丑上》，沈文倬點校，北京：中華書局，1996 年，卷七，第 221 頁。

〔註328〕焦循：《孟子正義‧盡心上》，沈文倬點校，北京：中華書局，1996 年，卷二十七，第 924 頁。

〔註329〕焦循：《孟子正義‧告子下》，沈文倬點校，北京：中華書局，1996 年，卷二十五，第 839 頁。

可能在一個即將誕生的地緣帝國裏有其用武之地。是以荀子較之於傳統儒家理論有著重大的變化。這種變化不能不說與其深刻地觀察時代演變的大勢而在正視現實的基礎上思考著儒家出路的一種反映。是以孟子指斥現實而沒有針對現實的處方，荀子則是正視現實的不可逆的變遷而開出應對的方子。孟子是鄒魯之士，篤信儒家傳統教義，而荀子則是趙人，三晉文化素來重實效，法家風氣盛行，是以荀子的思想中較之於孟子自然多出一份務實的成分在其中。

　　雖則荀子主張禮法並重，而荀門弟子李斯、韓非皆是法家著名人物，但我們不可以此而謂之非儒家。荀子依然堅持對地緣競爭的撻伐，荀子對於五霸亦有深刻的論述，一則鄙夷地指出「仲尼之門人，五尺之豎子言羞稱乎五伯。」〔註330〕進而指出霸政背後的虛偽的政治實質：「彼非本政教也，非致隆高也，非綦文理也，非服人之心也。鄉方略，審勞佚，畜積修鬥而能顛倒其敵者也。詐心以勝矣。彼以讓飾爭，依乎仁而蹈利者也。」〔註331〕對於戰國時期翻手爲雲覆手爲雨的縱橫之士，荀子也大加申斥：「故齊之蘇秦，楚之州侯，秦之張儀，可謂態臣者也。」〔註332〕但是在荀子的身上我們看到更多是時代烙印所帶來的變化。如果說孟子論述儒家思想的基本邏輯仍然是傳統的理路，那麼到了荀子之時一個重大的變化就是其論述儒家思想之時開始接受了地緣政治的思維方式。臺灣地緣政治學者陳民耿指出：「春秋戰國時代，譚形閱勢者更爲普遍。」〔註333〕荀子當戰國之季世，地緣思維已經成爲司空見慣的思維方式，地緣政治的話語體系當成爲通行的政治語言。是以《荀子》一書以地緣思維販賣儒家思想甚至有限度接受地緣政治的例子可謂比比皆是。「王奪之人，霸奪之與，彊奪之地。奪之人者臣諸侯，奪之與者友諸侯，奪之地者敵諸侯。臣諸侯者王，友諸侯者霸，敵諸侯者危。用彊者，人之城守，人之出戰，而我以力勝之也，則傷人之民必甚矣。傷人之民甚，則人之民惡我必甚矣；人之民惡我甚，則日欲與我鬥。人之城守，人之出戰，而我以力勝之，則傷吾民必甚矣。傷吾民甚，則吾民惡我必甚矣；吾民之惡我甚，

〔註330〕〔清〕王先謙：《荀子集解‧仲尼篇第七》，沈嘯寰、王星賢點校，北京：中華書局，2008年，第105頁。
〔註331〕〔清〕王先謙：《荀子集解‧仲尼篇第七》，沈嘯寰、王星賢點校，北京：中華書局，2008年，第107頁。
〔註332〕〔清〕王先謙：《荀子集解‧臣道篇第十三》，沈嘯寰、王星賢點校，北京：中華書局，2008年，第248頁。
〔註333〕陳民耿：《地緣政治學》，臺北：華岡出版有限公司，1977年，第1頁。

則曰不欲為我鬥。人之民日欲與我鬥，吾民日不欲為我鬥，是彊者所以反弱也。地來而民去，累多而功少，雖守者益，所以守者損，是以大者所以反削也。諸侯莫不懷交接怨而不忘其敵，伺彊大之間，承彊大之弊，此彊大之殆時也。」〔註334〕在這段材料中荀子並不迴避當時地緣政治的現實，但是其通過比較王政、霸政、強政的區別而最終指出強政可能導致的「地來而民去，累多而功少」的後果，其說服立場並未偏離強者的興趣點。在論述「傷國」之弊時，荀子曰：「君臣上下之俗莫不若是，則地雖廣，權必輕；人雖眾，兵必弱；刑罰雖繁，令不下通。」〔註335〕而若能隆禮義則情況剛好相反：「風俗美，以守則固，以征則彊，居則有名，動則有功。」〔註336〕其懼辭與願景如出一轍，皆是人君所關注的地緣政治核心內容。孔子言去兵，孟子申斥「殺人盈野」的不義戰爭，荀子非但不迴避戰爭的話題，反倒公然開「議兵篇」，並聲稱「械用兵革完便利者強，械用兵革窳楛不便利者弱；重用兵者強，輕用兵者弱」，圍繞著強兵他還提出了一系列的規誡：「上不隆禮則兵弱，上不愛民則兵弱，己諾不信則兵弱，慶賞不漸則兵弱，將率不能則兵弱。」〔註337〕薩孟武先生的解釋是：「荀子知道在群雄割據之時，要統一全國，軍事不能避免，蓋列國之能割據，完全依靠兵力，打倒兵力須用兵力。仁義只能收羅敵國之民心，要推翻敵國之政府，非用兵力不可。」〔註338〕

在《荀子》一書的論述中多處談及地緣形勢，在談到齊湣王驕狂之敗時論曰：「故用強齊，非以修禮義也，非以本政教也，非以一天下也，綿綿常以結引馳外為務。故強，南足以破楚，西足以詘秦，北足以敗燕，中足以舉宋。及以燕、趙起而攻之，若振槁然，而身死國亡，為天下大戮，後世言惡則必稽焉。是無它故焉，唯其不由禮義而由權謀也。」〔註339〕在論述禮乃「強國之本」、「威行之道」時，舉以楚國之例：「汝、潁以為險，江、漢以為池，限

〔註334〕〔清〕王先謙：《荀子集解‧王制篇第九》，沈嘯寰、王星賢點校，北京：中華書局，2008年，第154頁。
〔註335〕〔清〕王先謙：《荀子集解‧王霸篇第十一》，沈嘯寰、王星賢點校，北京：中華書局，2008年，第227頁。
〔註336〕〔清〕王先謙：《荀子集解‧王霸篇第十一》，沈嘯寰、王星賢點校，北京：中華書局，2008年，第229頁。
〔註337〕〔清〕王先謙：《荀子集解‧富國篇第十》，沈嘯寰、王星賢點校，北京：中華書局，2008年，第194頁。
〔註338〕薩孟武：《中國政治思想史》，北京：東方出版社，2008年，第32頁。
〔註339〕〔清〕王先謙：《荀子集解‧王霸篇第十一》，沈嘯寰、王星賢點校，北京：中華書局，2008年，第206頁。

之以鄧林，緣之以方城，然而秦師至而鄢、郢舉，若振槁然。是豈無固塞隘阻也哉？其所以統之者非其道故也。」〔註340〕在倡導義術論述「力術止，義術行」的道理時，舉出秦國的例子：「今秦南乃有沙羨與俱，是乃江南也。北與胡、貉為鄰，西有巴、戎，東在楚者乃界於齊，在韓者逾常山乃有臨慮，在魏者乃據圉津即去大梁百有二十里耳，其在趙者剡然有苓而據松柏之塞，負西海而固常山，是地遍天下也。威動海內，強殆中國，然而憂患不可勝校也，諰諰然常恐天下之一合而軋己也，此所謂廣大乎舜、禹也。」〔註341〕應侯問及荀卿入秦觀感時，荀子首及形勢而曰：「其固塞險，形埶便，山林川谷美，天材之利多，是形勝也。……」〔註342〕雖則荀子也強調民的重要性，但是在荀子的思維中地的價值比孟子的看待要大得多：「地邪？曰：得地則生，失地則死，是又禹桀之所同也，禹以治，桀以亂，治亂非地也。《詩》曰：『天作高山，大王荒之，彼作矣，文王康之。』此之謂也。」〔註343〕

　　荀子思想中還有一個重要的地緣政治思想，這就是地緣整合的問題。荀子洞察戰國之際列國彼此爭奪殺伐而土地數易其手的現實深刻指出：「兼并易能也，唯堅凝之難焉。齊能并宋而不能凝也，故魏奪之；燕能并齊而不能凝也，故田單奪之；韓之上地，方數百里，完全富足而趨趙，趙不能凝也，故秦奪之。故能并之而不能凝，則必奪；不能并之又不能凝其有，則必亡。能凝之，則必能并之矣。得之則凝，兼并無強。」〔註344〕雖則其論述的邏輯指向是「故凝士以禮，凝民以政；禮修而士服，政平而民安；士服民安，夫是之謂大凝。以守則固，以征則強，令行禁止」〔註345〕的王道政治，但是，地緣整合的思想早在戰國之際就明確提出誠屬難得，而這似乎又是帝國誕生前夜鎔鑄國家的命題在思想上的反映。

〔註340〕〔清〕王先謙：《荀子集解·議兵篇第十五》，沈嘯寰、王星賢點校，北京：中華書局，2008年，第281～283頁。

〔註341〕〔清〕王先謙：《荀子集解·強國篇第十六》，沈嘯寰、王星賢點校，北京：中華書局，2008年，第301～302頁。

〔註342〕〔清〕王先謙：《荀子集解·強國篇第十六》，沈嘯寰、王星賢點校，北京：中華書局，2008年，第302頁。

〔註343〕〔清〕王先謙：《荀子集解·天論篇第十七》，沈嘯寰、王星賢點校，北京：中華書局，2008年，第311頁。

〔註344〕〔清〕王先謙：《荀子集解·議兵篇第十五》，沈嘯寰、王星賢點校，北京：中華書局，2008年，第290頁。

〔註345〕〔清〕王先謙：《荀子集解·議兵篇第十五》，沈嘯寰、王星賢點校，北京：中華書局，2008年，第290頁。

　　從總體上看，荀子處在天下將重歸一統的地緣政治時代，雖則其依然堅持儒家精神的基本方向，但是也基於現實對儒家思想作出了新的改造。這種變化之中帶有很明顯的地緣政治思維。

　　綜合來看，先秦儒家三子思想中的地緣色彩有一個漸次加重的變化，孔子大力倡導禮樂精神，力圖恢復禮樂制度，但基於時代的變化對於拱衛天子、捍衛華夏利益的霸政給予了保守的肯定；當孟子之世，地緣競爭的力度加強，孟子對於地緣競爭的殘酷給予了大力撻伐，同時也開出了並不合時宜的王道政治藍圖，但儘管如此，透過其富有激情的論辯依然可以折射出時代濃重的地緣政治的因子；而荀子則完全處於一個地緣國家即將走向統一的戰國晚期，不正視現實地堅持已然變得毫無意義，是以荀子主動改造儒家思想，不但接受了帶有明顯地緣國家意味的法，也擁護君主專制，雖則蟄伏其中仍然是儒家的基本精神，但這種精神也在即將來臨的君權的壓抑下有了許多的新變化。在那個地緣戰爭如火如荼的年代，身為儒宗的荀子也就難以避免地打上了濃重的地緣思維的印記。透過地緣政治競爭這一特殊的視角，我們可以清晰地觀察到儒家三巨子在春秋戰國時期精神變遷歷程的縮影。

1.3.5 道家：另類的地緣政治思想流派

　　班固曰：「道家者流，蓋出於史官，歷記成敗存亡禍福古今之道，然後知秉要執本，清虛以自守，卑弱以自持，此君人南面之術也。合於堯之克攘，《易》之嗛嗛，一謙而四益，此其所長也。及放者為之，則欲絕去禮學，兼棄仁義，曰獨任清虛可以為治。」〔註346〕在班固看來道家乃「君人南面之術」，那麼放在地緣政治的視角下審視，道家的思想則甚為另類。對於地緣國家而言，無論在實現人地關係的互動而積蓄國力方面，還是在不同地緣政治單位之間的互動關係來看，都是務於進取，以國家利益至上為標的。而道家則大異其趣，相較於前者而言，道家在兩個維度上都顯得消極無所作為。

1.3.5.1 《老子》一書中的地緣政治思想

　　年代久遠故，老子之身世及《老子》一書之年代歷來聚訟紛紜，關於老子其人錢穆先生旁徵博引最後也僅以「而其牽而益遠，以老子上躋堯舜，

〔註346〕《漢書·藝文志》，中華書局，1996 年，第 1733 頁。

下及商初，則人知其妄，可勿深論也」〔註347〕作結，陳鼓應先生亦謂之「有關老子的事迹，已不可考。」〔註348〕時間所限，本書暫不糾纏於成書時間與老子何人之考辨之中，但就其中的地緣政治思想作一基本梳理。蕭公權先生認為「老莊則傾向於消極，以遜退寧靜之方為個人自全自得之術。其態度至為悲觀。」〔註349〕但是置於地緣政治的觀察視角看，其可謂別樹一幟。

其一，老子深刻反思了天下大亂的根源，認為其原因在於心智的開發與禮樂仁義的尚行。因而老子主張絕聖棄智，放棄仁義號召，反對文明，通過降低人類的認知系統而實現同自然的和諧與和平。老子說：「故失道而后德，失德而後仁，失仁而後義，失義而後禮。夫禮者，忠信之薄，而亂之首。」〔註350〕「大道廢，有仁義。智慧出，有大偽。六親不和，有孝慈。國家昏亂，有忠臣。」〔註351〕在《老子》一書中「道」具有萬事萬物發生律意味的最高範疇，但是「道」本身卻又具有「任自然」的秉性，任自然的要求即是放棄對世界的「人化」追求而做到「無為」順應。是以老子反對一切以力量凝聚為中心的地緣政治活動，他說：「不上賢，使民不爭；不貴難得之貨，使民不盜；不見可欲，使心不亂。是以聖人之治，虛其心，實其腹，弱其志，強其骨。常使民無知無欲，使知者不敢為，則無不治。」〔註352〕聖人之治不過是滿足人民最基本的生理需要，而不在於開發民智、不在於追逐「難得之貨」，從而給天下樹立爭奪的目標。老子本著令天下回歸和諧和平的出發點而反對文明傾向，他說：「絕聖棄智，民利百倍；絕仁棄義，民復孝慈；絕巧棄利，盜賊無有。」〔註353〕在老子看來，事若反向為之，則會出現：「天下多忌諱，而民彌貧；人多利器，國家滋昏；人多伎巧，奇物滋起；法物滋彰，盜賊多有」〔註354〕的嚴重局面，老子因此得出他的治國理念：「以正治國，以奇用兵，以無事取天下。」〔註355〕治國在於清靜無為，用兵在於善於權變，取

〔註347〕錢穆：《先秦諸子繫年‧老子雜辨》，北京：中華書局，2005年，第256頁。
〔註348〕陳鼓應：《老子注譯及評介》，北京：中華書局，2003年，第9頁。
〔註349〕蕭公權：《中國政治思想史》，北京：新星出版社，2005年，第109頁。
〔註350〕陳鼓應：《老子注譯及評介》，北京：中華書局，2003年，第212頁。
〔註351〕陳鼓應：《老子注譯及評介》，北京：中華書局，2003年，第134頁。
〔註352〕陳鼓應：《老子注譯及評介》，北京：中華書局，2003年，第71頁。
〔註353〕陳鼓應：《老子注譯及評介》，北京：中華書局，2003年，第136頁。
〔註354〕陳鼓應：《老子注譯及評介》，北京：中華書局，2003年，第284頁。
〔註355〕陳鼓應：《老子注譯及評介》，北京：中華書局，2003年，第284頁。

天下在於以不擾民為本。但是老子眼裏的「取天下」是不同於地緣控制意味上的「取天下」，所以老子說：「天下神器，不可為也。為者敗之，執者失之。是以聖人無為，故無敗；無執，故無失。」〔註356〕這樣所謂的「取天下」不過是回歸到無事無為相安和諧的自然狀態而已。正因為如此，老子尤其反對不正義的地緣戰爭，他對戰爭行為大加申斥：「夫兵者，不祥之器，物或惡之，故有道不處。君子居則貴左，用兵則貴右。兵者不祥之器，非君子之器，不得已而用之，恬惔而上。勝而不美，而美之者，是樂殺人。夫樂殺人者，不可得志於天下矣。」〔註357〕老子親眼目睹時代的紛亂和人民飽受戰爭淩辱的痛苦，他說：「師之所處，荊棘生焉。大軍之後，必有凶年。」〔註358〕他所推崇的是「以道佐人主者，不以兵強天下」的政治局面，有道無道成為戰爭有無的分水嶺：「天下有道，卻走馬以糞；天下無道，戎馬生於郊。」而無道則起始於統治者的貪欲，他說：「禍莫大於不知足，咎莫大於欲得。故知足之足，常足矣。」〔註359〕老子也反對統治者為了地緣力量的蓄積而對人民進行無窮盡的掠奪，他說：「民之饑，以其上食稅之多，是以饑。民之難治，以其上有為，是以難治。人之輕死，以其上求生之厚，是以輕死。夫唯無以生為者，是賢於貴生。」〔註360〕人民的飢餓和「輕死」都是統治者的貪欲造成的，他指斥了「損不足，奉有餘」的不公正現象：「天之道，損有餘而補不足；人之道則不然，損不足，奉有餘。孰能有餘以奉天下？其唯有道者。」〔註361〕

其二，老子對於地緣國家不可或缺的嚴酷刑法亦是深惡痛絕。老子說：「民不畏死，奈何以死懼之？若使民常畏死，而為奇者，吾得執而殺之，熟敢？常有司殺者殺，夫代司殺者，是謂代大匠斲。夫代大匠斲，希有不傷其手。」〔註362〕不僅對統治者予以申斥，還嚴厲地警告了為政者「夫代大匠斲，希有不傷其手」。

其三，老子主張在處理國家關係中以謙下為貴，國際間和平共處。「大邦者下流，天下之牝，天下之交也。牝常以靜勝牡，以靜為下。故大邦以下小

〔註356〕陳鼓應：《老子注譯及評介》，北京：中華書局，2003年，第183頁。
〔註357〕陳鼓應：《老子注譯及評介》，北京：中華書局，2003年，第191頁。
〔註358〕陳鼓應：《老子注譯及評介》，北京：中華書局，2003年，第188頁。
〔註359〕陳鼓應：《老子注譯及評介》，北京：中華書局，2003年，第188頁。
〔註360〕陳鼓應：《老子注譯及評介》，北京：中華書局，2003年，第339頁。
〔註361〕陳鼓應：《老子注譯及評介》，北京：中華書局，2003年，第346頁。
〔註362〕陳鼓應：《老子注譯及評介》，北京：中華書局，2003年，第337頁。

邦，則取小邦；小邦以下大邦，則取大邦。故或下以取，或下而取。大邦不過欲兼畜人，小邦不過欲入事人。此兩者各得其所欲，大者宜爲下。」〔註363〕大國通過謙下可以獲得小國的擁護，小國通過謙下可以爲大國所容納而無亡國之虞。此點，葉自成先生亦有論及〔註364〕。

其四，老子給我們描述了一個祥和寧靜的地緣政治理想圖景。「小國寡民。使有什佰之器而不用；使人重死而不遠徙。雖有舟輿，無所乘之；雖有甲兵，無所陳之。使民復結繩而用之。甘其食，美其服，安其居，樂其俗，鄰國相望，雞狗之聲相聞，民至老死，不相往來。」〔註365〕在老子的圖畫中，國家行爲降低到最低的狀態，各國不以擴張爲願景，而與自然和諧渾然一體。

1.3.5.2《莊子》一書中的地緣政治思想

據錢穆先生考證：「周蓋歷齊威宣，梁惠襄，晚年及齊愍魏昭耳。」〔註366〕但是《莊子》一書則並非成於一家之手，大抵是莊子及莊子後學的思想。老莊意旨並不相同，論者茲多，非本書關注要點，考察其地緣政治思想，則要義如下：

其一，放在地緣政治的意味上，老莊有很多相似之處。莊子放在自然和諧的意味上，反對文明傾向，反對以政治意圖改造社會，將仁義與聖人之治看作天下大亂的根本原因，主張無爲而諧同自然。莊子感慨天下大亂之情勢而曰：「自三代以下者，天下何其囂囂也？」〔註367〕在莊子看來，造就天下大亂的不是別的，正是所謂的尙行仁義的聖人之治。莊子說：「天下脊脊大亂，罪在攖人心。」〔註368〕何以「攖人心」呢？莊子認爲是聖人破壞了道德的本眞，而樹立起禮義的標的，這是產生爭端的根本原因。他說：「及至聖人，屈折禮樂以匡正天下之形，縣跂仁義以慰天下之心，而民乃始踶跂好知，爭歸於利，不可止也。」〔註369〕「毀道德以行仁義，聖人之過也。」〔註370〕聖人

〔註363〕陳鼓應：《老子注譯及評介》，北京：中華書局，2003年，第301頁。

〔註364〕葉自成主編：《地緣政治學與中國外交》，北京：北京出版社，1998年，第176頁。

〔註365〕陳鼓應：《老子注譯及評介》，北京：中華書局，2003年，第357頁。

〔註366〕錢穆：《先秦諸子繫年·莊周生卒考》，北京：中華書局，2005年，第313頁。

〔註367〕〔清〕郭慶藩：《莊子集釋·駢拇第八》，王孝魚點校，北京：中華書局2004年，第319頁。

〔註368〕〔清〕郭慶藩：《莊子集釋·在宥第十一》，王孝魚點校，北京：中華書局2004年，第373頁。

〔註369〕〔清〕郭慶藩：《莊子集釋·馬蹄第九》，王孝魚點校，北京：中華書局2004年，第341頁。

確立的法則不但阻止不了大盜的產生，大盜反而連同其聖智之法一統竊取，莊子曰：「然而田成子一旦殺齊君而盜其國。所盜者豈獨其國邪？並與其聖知之法而盜之。故田成子有乎盜賊之名，而身處堯舜之安；小國不敢非，大國不敢誅，十二世有齊國。則是不乃竊齊國，並與其聖智之法以守其盜賊之身乎？」〔註371〕正因爲如此，莊子曰：「大亂之本，必生於堯、舜之間，其末存乎千世之後。千世之後，其必有人與人相食者也！」〔註372〕聖人的所謂治道成爲貽害後世的根源，莊子尖銳地指出：「聖人不死，大盜不止。雖重聖人而治天下，則是重利盜跖也。」〔註373〕莊子將老子的「魚不可脫於淵，國之利器不可以示人」作了更清晰的發揮，他說：「彼聖人者，天下之利器也，非所以明天下也。故絕聖棄知，大盜乃止；擿玉毀珠，小盜不起；焚符破璽，而民樸鄙；掊斗折衡，而民不爭；殫殘天下之聖法，而民始可與論議。擢亂六律，鑠絕竽瑟，塞瞽曠之耳，而天下始人含其聰矣；滅文章，散五采，膠離朱之目，而天下始人含其明矣；毀絕鉤繩而棄規矩，攦工倕之指，而天下始人有其巧矣。故曰：『大巧若拙。』削曾、史之行，鉗楊、墨之口，攘棄仁義，而天下之德始玄同矣。」〔註374〕其反文明的傾向溢於言表。

其二，莊子較之老子的無爲而治走得更遠，他將個體生命追尋同天地自然的合同推衍到國家政治層面，而反對任何刻意的政治行爲。在莊子看來，三代以下天下之人皆爲了名利而喪失了生命的本眞，他說：「自三代以下者，天下莫不以物易其性矣。小人則以身殉利，士則以身殉名，大夫則以身殉家，聖人則以身殉天下。」〔註375〕他心目中理想的天下狀態是人民僅滿足於基本需求而與自然和諧共生的狀態，這就是所謂的「天放」：「吾意善治天下者不然。彼民有常性，織而衣，耕而食，是謂同德；一而不黨，命曰天放。」

〔註370〕〔清〕郭慶藩：《莊子集釋‧胠篋第十》，王孝魚點校，北京：中華書局 2004 年，第 346 頁。

〔註371〕〔清〕郭慶藩：《莊子集釋‧胠篋第十》，王孝魚點校，北京：中華書局 2004 年，第 343 頁。

〔註372〕〔清〕郭慶藩：《莊子集釋‧庚桑楚第二十三》，王孝魚點校，北京：中華書局 2004 年，第 774 頁。

〔註373〕〔清〕郭慶藩：《莊子集釋‧胠篋第十》，王孝魚點校，北京：中華書局 2004 年，第 357 頁。

〔註374〕〔清〕郭慶藩：《莊子集釋‧胠篋第十》，王孝魚點校，北京：中華書局 2004 年，第 353 頁。

〔註375〕〔清〕郭慶藩：《莊子集釋‧駢拇第八》，王孝魚點校，北京：中華書局 2004 年，第 323 頁。

〔註376〕在莊子的眼裏天下是不需要治理的，只需要令其保持自在寬厚的自為狀態即可，他說：「聞在宥天下，不聞治天下也。在之也者，恐天下之淫其性也；宥之也者，恐天下之遷其德也。天下不淫其性，不遷其德，有治天下者哉！昔堯之治天下，使天下欣欣焉人樂其性，是不恬也；桀之治天下也，使天下瘁瘁焉人苦其性，是不愉也。夫不恬不愉，非德也。非德也而可長久者，天下無之。」〔註377〕莊子認為有土者當不為物累，率然天性無為，則天下自為治，他說「夫有土者，有大物也。有大物者，不可以物；物而不物，故能物物。明乎物物者之非物也，豈獨治天下百姓而已哉！」〔註378〕對於天下系統而言，無須刻意治理，但求剔除有損其和諧運行的不利因素即可，他假小童之口而曰：「夫為天下者，亦奚以異乎牧馬者哉！亦去其害馬者而已矣！」〔註379〕正因為莊子反對刻意的政治治理，所以他對於關乎地緣國家的兵刑禮樂皆加下貶低：「三軍五兵之運，德之末也；賞罰利害，五刑之辟，教之末也；禮法度數，形名比詳，治之末也；鐘鼓之音，羽旄之容，樂之末也；哭泣衰絰，隆殺之服，哀之末也。」〔註380〕在天道自然的面前是沒有社會層級的，人皆為天之徒。他說：「內直者，與天為徒。與天為徒者，知天子之與己皆天之所子，而獨以己言蘄乎而人善之，蘄乎而人不善之邪？若然者，人謂之童子，是之謂與天為徒。」〔註381〕莊子認為不但天下不需要刻意為之，而且天下更是不可為的：「天根游於殷陽，至蓼水之上，適遭無名人而問焉，曰：「請問為天下。」無名人曰：「去！汝鄙人也，何問之不豫也！予方將與造物者為人，厭，則又乘夫莽眇之鳥，以出六極之外，而遊無何有之鄉，以處壙埌之野。汝又何帠以治天下感予之心為？」又復問。無名人曰：「汝游心於淡，合氣於漠，順物自然而無容私焉，而天

〔註376〕〔清〕郭慶藩：《莊子集釋‧馬蹄第九》，王孝魚點校，北京：中華書局2004年，第334頁。

〔註377〕〔清〕郭慶藩：《莊子集釋‧在宥第十一》，王孝魚點校，北京：中華書局2004年，第364頁。

〔註378〕〔清〕郭慶藩：《莊子集釋‧在宥第十一》，王孝魚點校，北京：中華書局2004年，第394頁。

〔註379〕〔清〕郭慶藩：《莊子集釋‧徐无鬼第二十四》，王孝魚點校，北京：中華書局2004年，第833頁。

〔註380〕〔清〕郭慶藩：《莊子集釋‧天道第十三》，王孝魚點校，北京：中華書局2004年，第468頁。

〔註381〕〔清〕郭慶藩：《莊子集釋‧逍遙遊第一》，王孝魚點校，北京：中華書局2004年，第14頁。

下治矣。」〔註382〕莊子認爲任何私天下之舉都是枉然的，最好的辦法就是「藏天下於天下，」〔註383〕讓天下回歸到自在自爲的狀態。

其三，《莊子》一書中還反映出對即將誕生天下地緣系統的結構。《說劍》屬於雜篇，其中思想較爲駁雜，可能雜有其它學派的思想。「王曰：『天子之劍何如？』曰：『天子之劍，以燕谿石城爲鋒，齊岱爲鍔，晉魏爲脊，周宋爲鐔，韓魏爲夾；包以四夷，裹以四時；繞以渤海，帶以常山；制以五行，論以刑德；開以陰陽，持以春夏，行以秋冬。此劍，直之無前，舉之無上，案之無下，運之無旁，上決浮雲，下絕地紀。此劍一用，匡諸侯，天下服矣。此天子之劍也。』」〔註384〕根據莊子的描述，天子之劍的劍鋒在燕谿石城，劍刃爲齊地之泰山，以晉國和衛國〔註385〕爲劍脊，以周王畿與宋國爲劍環，以韓魏二國爲劍柄，用中原以外的四夷來包絮，用四季來圍裹，用渤海來纏繞，用恒山來做劍帶，以五行來制馭，用刑律和德教來統領；遵循陰陽的變化而進退，遵循春秋的時令而持延，遵循秋冬的到來而運行。在這幅圖畫中，唯一不見的則是秦國，其中隱含著秦將一統天下之意。而在行將一統的天下系統中，不僅有著以西馭東，關聯四夷的地緣政治結構，而且還有以刑德爲準繩的治國精神。不僅如此，莊子口中的「諸侯之劍」亦是頗有地緣國家之意味，其曰：「諸侯之劍，以知勇士爲鋒，以清廉士爲鍔，以賢良士爲脊，以忠聖士爲鐔，以豪桀士爲夾。此劍，直之亦無前，舉之亦無上，案之亦無下，運之亦無旁；上法圓天以順三光，下法方地以順四時，中和民意以安四鄉。此劍一用，如雷霆之震也，四封之內，無不賓服而聽從君命者矣。此諸侯之劍也。」〔註386〕

總體上看，老莊的地緣政治思想與法家、兵家、縱橫家以地緣蓄積和地緣擴張爲務的主張背道而馳，當天下洶洶之世，老莊看到所謂的聖人之治正

〔註382〕〔清〕郭慶藩：《莊子集釋·人間世第四》，王孝魚點校，北京：中華書局2004年，第143頁。

〔註383〕〔清〕郭慶藩：《莊子集釋·大宗師第六》，王孝魚點校，北京：中華書局2004年，第243頁。

〔註384〕〔清〕郭慶藩：《莊子集釋·說劍第三十》，王孝魚點校，北京：中華書局2004年，第1020頁。

〔註385〕校注曰：「高山寺本魏作衛」，如此文意可通，是以從之。〔清〕郭慶藩：《莊子集釋·說劍第三十》，王孝魚點校，北京：中華書局2004年，第1021～1022頁。

〔註386〕〔清〕郭慶藩：《莊子集釋·說劍第三十》，王孝魚點校，北京：中華書局2004年，第1021～1022頁。

是樹立紛爭的根源，更不用說後來這些以地緣擴張爲標的的法家、縱橫家等流派。但是老、莊尤其是莊子筆下「天下」出現的頻率之高幾乎不亞於其它任何諸子作品，老子本著對時代之弊的深刻反思，將包括天在內的萬物都納入到「道」的涵蓋之下，主張清靜無爲而實現整個宇宙大系統的和諧與和平，而莊子更是強調人與自然和諧共生而反對人爲的政治改造乃至反對一切可能的文明化傾向。所不同的是他們所追逐這種天人和諧的局面是通過降低人類的心智和文明程度而實現，表現爲一種向後退的傾向，是以歷代論及老莊者多稱其消極避世，以屈己自存爲務，但是放在地緣政治思想視角下觀察，可謂另類。

1.3.6 墨家的地緣政治思想

墨子主張「兼愛」、「非攻」，反對不義的地緣爭奪戰爭，但是其立足於平民階級之立場，對於防止戰爭、抵制戰爭、注重防守等方面的一系列思考卻不乏地緣政治的思維。要略觀之，墨子的地緣政治思想大抵如下：

其一，墨子向慕天下一統而各安其分的政治秩序，他認爲天下秩序的崩潰是兼併戰爭發生的根源，而小國滅亡則是大國的「攻戰」所造成的。在墨子的思維裏，天下秩序是一個由天生發開來的層級秩序，這個秩序秉循「義」的原則，墨子說：「天下有義則治，無義則亂，我以此知義之爲正也。然而正者，無自下正上者，必自上正下。是故庶人不得次己而爲正，有士正之。士不得次己而爲正，有大夫正之。大夫不得次己而爲正，有諸侯正之。諸侯不得次己而爲正，有三公正之。三公不得次己而爲正，有天子正之。天子不得次己而爲政，有天正之。」〔註 387〕而這個所謂的理想國的崩潰則導致了諸侯國的利己主義思想，「是故昔者聖王既沒，天下失義，諸侯力征，南有楚、越之王，而北有齊、晉之君，此皆砥礪其卒伍，以攻伐併兼爲政於天下。」〔註 388〕在這種思維的主導下，「諸侯各愛其國，不愛異國，故攻異國以利其國。」〔註 389〕這正是莒、陳、蔡那樣的小國滅亡的原因，墨子說：「計莒之所

〔註 387〕吳毓江：《墨子校注·天志第二十八》，孫啓治點校，北京：中華書局，2006年，第 312～313 頁。

〔註 388〕吳毓江：《墨子校注·節葬下第二十五》，孫啓治點校，北京：中華書局，2006年，第 260 頁。

〔註 389〕吳毓江：《墨子校注·兼愛第十四》，孫啓治點校，北京：中華書局，2006 年，第 152 頁。

以亡於齊、越之間者，以是攻戰也。雖南者陳、蔡，其所以亡於吳、越之間者，亦以攻戰。雖北者且不一著何，其所以亡於燕代、胡貊之間者，亦以攻戰也。」〔註390〕而對於大國的地緣擴張而言，墨子認為它不過是在加劇人地關係的不平衡狀態，所以墨子說：「今盡王民之死，嚴下上之患，以爭虛城，則是棄所不足而重所有餘也。」〔註391〕反復的地緣爭奪戰最終導致了「虧不足而重有餘也」〔註392〕的局面。墨子對這種務於貪婪掠奪的國君而痛斥為「上不利於天，中不利於鬼，下不利於人」〔註393〕的「暴王」。

其二，提出了「兵」、「食」、「城」地緣三要素為「國之具」的思想，尤其強調了居安思危的防備思想的重要性。墨子指出：「故倉無備粟，不可以待凶饑；庫無備兵，雖有義不能征無義。城郭不備全，不可以自守。心無備慮，不可以應卒。」〔註394〕墨子進而指出：「故備者國之重也。食者國之寶也，兵者國之爪也，城者所以自守也，此三者國之具也。」〔註395〕在墨子看來防備的思想至關重要，而要實現國家的地緣防衛，「食」、「兵」、「城」三者則為關鍵，這三者的地緣功能也各不相同，「食」乃基礎，「兵」是爪牙，「城」是自守的立足點。所以墨子說：「府庫實滿，足以待不然。兵革不頓，士民不勞，足以征不服。」〔註396〕

其三，在地緣安全方面，提出了合眾小之力以抵禦大國擴張的思想。「今若有能信效先利天下諸侯者，大國之不義也，則同憂之；大國之攻小國也，則同救之；小國城郭之不全也，必使修之；布粟之絕則委之；幣帛不足則共之。以此效大國，則小國之君說。人勞我逸，則我甲兵強，寬以惠，緩易急，

〔註390〕吳毓江：《墨子校注・非攻中第十八》，孫啓治點校，北京：中華書局，2006年，第200頁。

〔註391〕吳毓江：《墨子校注・非攻中第十八》，孫啓治點校，北京：中華書局，2006年，第200頁。

〔註392〕吳毓江：《墨子校注・非攻下第十九》，孫啓治點校，北京：中華書局，2006年，第216頁。

〔註393〕吳毓江：《墨子校注・天志上第二十六》，孫啓治點校，北京：中華書局，2006年，第290頁。

〔註394〕吳毓江：《墨子校注・七患第五》，孫啓治點校，北京：中華書局，2006年，第36頁。

〔註395〕吳毓江：《墨子校注・七患第五》，孫啓治點校，北京：中華書局，2006年，第36頁。

〔註396〕吳毓江：《墨子校注・辭過第六》，孫啓治點校，北京：中華書局，2006年，第45頁。

民必移。易攻伐以治我國，攻必倍。量我師舉之費，以爭諸侯之斃，則必可得而序利焉。督以正，義其名，必務寬吾眾，信吾師，以此授諸侯之師，則天下無敵矣，其爲下不可勝數也。」〔註397〕墨子雖宣稱「非攻」，但是非攻不是放棄武備、坐以待斃，而是主張積極防禦，聯合小國共同抵禦大國的侵略。這一思想距離「合縱」之說已不遠了。

其四，墨子還提出了重視土地在地緣力量蓄積中的基礎性作用。他說：「安國之道，道任地始，地得其任則功成，地不得其任則勞而無功。」〔註398〕

其五，注重鄰國的地緣動向，搞好鄰國關係。在墨子歸納的國之「七患」中，關乎四鄰關係的就佔有其二。不建立良好的鄰國關係，就會出現「邊國至境，四鄰莫救」〔註399〕的危險局面；而鄰國的地緣動向也必須保持警惕，「四鄰謀之不知戒」〔註400〕則往往成爲亡國而不自知的險象。

總體說來，墨子主張「兼愛」、「非攻」，反對不義戰爭，但是其反戰思想並非消極被動的，而從主動積極的防守出發，因而其地緣思想並非地緣擴張的思想，而是以地緣防守爲主的地緣思想。

1.3.7 其它地緣政治思想

1.3.7.1《逸周書》中所見之地緣政治思想

據李學勤先生考證，《逸周書》之名稱最早見於許愼之《說文解字》，關於該書的成書年代歷來爭議頗多，李學勤先生在回顧各家意見的同時指出：「《逸周書》各篇不出一手，年代不同。朱右曾以爲『《克殷解》篇所敍，非親見者不能；《商誓》、《度邑》、《皇門》、《芮良夫》諸篇，大似今文《尚書》，非僞古文所能彷彿。』郭沫若先生《中國古代社會研究》主張『《逸周書》中可信爲周初文字的僅有三二篇，《世俘解》即其一，最爲可信。《克殷解》及《商誓解》次之。』現在看來，《世俘》、《商誓》、《皇門》、《嘗麥》、《祭公》、

〔註397〕吳毓江：《墨子校注·非攻下第十九》，孫啓治點校，北京：中華書局，2006年，第218頁。

〔註398〕吳毓江：《墨子校注·號令第七十》，孫啓治點校，北京：中華書局，2006年，第895～896頁。

〔註399〕吳毓江：《墨子校注·七患第五》，孫啓治點校，北京：中華書局，2006年，第34頁。

〔註400〕吳毓江：《墨子校注·七患第五》，孫啓治點校，北京：中華書局，2006年，第35頁。

《芮良夫》等篇，均可信爲西周作品。……《度訓》、《命訓》等多篇文例相似，可視爲一組，而《左轉》、《戰國策》所載春秋時荀息、狼瞫、魏絳等所稱引《武稱》、《大匡》、《程典》等篇，皆屬於這一組。由此足見在書中占較大比例的這一組，時代也不是很遲。」〔註401〕囿於時間之限，本書暫且擱置成書年代之爭，將《逸周書》單列一類，但就其中所涉及的地緣政治思想做一個梳理，權當拋磚引玉。《逸周書》所反映的情況雖說歷時較長，但是其中的地緣政治思想卻極爲豐富。概括起來有如下幾個主要方面：

第一，維持人地數量均衡的匹配度，根據人地狀況而制定相應的國家對內政策，並根據敵方的人地狀態制定不同的對敵戰略。《逸周書》謂之：「土多民少，非其土也；土少人多，非其人也。是故土多，發政以漕四方，四方流之；土少，安務而外其務，方輸。《夏箴》曰：『中不容利，民乃外次。』《開望》曰：『土廣無守，可襲伐；土狹無食，可圍竭。二禍之來，不稱之災。』」〔註402〕首先，土地與人民的均衡度直接關乎到國家力量的蓄積，土地多於人民而得不到有效開發則無益於國家力量的加強，而反之人民太多以至於超過土地的承載能力則人民必流徙而非國家之民，管子的「土滿」說與商鞅的「開徠」說或本於此處。而在涉及到地緣國家之間的互動關係時，敵方如若是土地遼闊而無法實現有效防守則可用奇襲的對敵戰略；敵方如果是人眾地狹則勢必糧食難以爲繼，則可以通過包圍敵人而達到制勝之目的。

第二，注重地緣險阻和交通在爭奪和控馭中的運用。在國家的地緣爭奪中，險阻的地緣功能爲《逸周書》所重視：「大國不失其威，小國不失其卑。敵國不失其權。岨險伐夷，並小奪亂，□強攻弱而襲不正，武之經也。」〔註403〕在談到了對於不同地緣國家的對策之中，「岨險伐夷，并小奪亂」作爲一種地緣策略被凸顯出來；而當天下平定之時，險阻的地緣功能再次得以強調：「百姓咸服，偃兵興德，夷厥險阻，以毀其服，四方畏服，奄有天下，武之定也。」〔註404〕夷平分裂勢力可資利用的險阻是維持統一的有

〔註401〕黃懷信、張懋鎔、田旭東：《逸周書彙校集注》，黃懷信修訂，李學勤審定，上海：上海古籍出版社，2008 年，序言第 2～3 頁。

〔註402〕黃懷信、張懋鎔、田旭東：《逸周書彙校集注·文傳解第二十五》，黃懷信修訂，李學勤審定，上海：上海古籍出版社，2008 年，第 241～245 頁。

〔註403〕黃懷信、張懋鎔、田旭東：《逸周書彙校集注·武稱解第六》，黃懷信修訂，李學勤審定，上海：上海古籍出版社，2008 年，第 85～86 頁。

〔註404〕黃懷信、張懋鎔、田旭東：《逸周書彙校集注·武稱解第六》，黃懷信修訂，李學勤審定，上海：上海古籍出版社，2008 年，第 95 頁。

效手段，這可能是秦統一天下之後實行決通川防、夷平險阻等政策的思想淵源。險阻與交通狀態在軍事鬥爭中攻、防兩個維度都被重視，論及防守則曰：「故選官以明訓，頑民乃順，慎守其教，小大有度，以備災寇。習其武誠，依其山川，通其舟車，利其守務。」〔註405〕山川與舟車的阻擋和貫通兩重意義對於防務而言至關重要；而對於攻方而言，險阻更是實現有效攻擊戰勝敵方的必然關注點：「凡攻之道，必得地勢，以順天時，觀之以今，稽之以古，攻其逆政，毀其地阻，立之五教，以惠其下。」〔註406〕

第三，注重建立和諧的生態地緣關係，保持地力、民力、國力三者之間適度的索取比例，注重國力的積蓄對於國家安全的意義。首先，人對自然的索取要合時而動，要適可而止。周公稱引禹之禁令而曰：「且聞禹之禁，春三月，山林不登斧，以成草木之長；三月澗不入網罟，以成魚鼈之長。且以並農力執，成男女之功。夫然則有生而不失其宜，萬物不失其性，人不失七事，天不失其時，以成萬財。既成，放此為人。此謂正德。」〔註407〕其二，國家對於民力的索取也必須適度：「關市平，商賈歸之；分地薄斂，農民歸之。水性歸下，農民歸利。王若欲求天下民，社設其利，而民自至，譬之若多日之陽，夏日之陰，不召而民自來。此謂歸德。」〔註408〕其三，在維繫人與自然和諧平衡的基礎上，實行有效的積累則是關係到國家的興亡的大事。《逸周書》曰：「無殺夭胎，無伐不成材，無墮四時。如此者十年，有十年之積者王；有五年之積者霸，無一年之積者亡。生十殺一者，物十重，生一殺十者，物頓空。十重者王，頓空者亡。」〔註409〕其四，《逸周書》沒有後世那樣強烈傾向性的「重農」思想，而是重視工商業對於國家的必要作用：「若其凶土陋民，賤食貴貨，是不知政。山林藪澤，以因其□工匠，役工以攻其材；商賈趣市，以合其用。外商資貴而來，貴物益賤，五出貴物，以通其器。夫然則關夷市

〔註405〕黃懷信、張懋鎔、田旭東：《逸周書彙校集注・程典解第十二》，黃懷信修訂，李學勤審定，上海：上海古籍出版社，2008年，第172頁。

〔註406〕黃懷信、張懋鎔、田旭東：《逸周書彙校集注・小明武解第十》，黃懷信修訂，李學勤審定，上海：上海古籍出版社，2008年，第136～137頁。

〔註407〕黃懷信、張懋鎔、田旭東：《逸周書彙校集注・大聚解第三十九》，黃懷信修訂，李學勤審定，上海：上海古籍出版社，2008年，第399～408頁。

〔註408〕黃懷信、張懋鎔、田旭東：《逸周書彙校集注・大聚解第三十九》，黃懷信修訂，李學勤審定，上海：上海古籍出版社，2008年，第399～408頁。

〔註409〕黃懷信、張懋鎔、田旭東：《逸周書彙校集注・文傳解第二十五》，黃懷信修訂，李學勤審定，上海：上海古籍出版社，2008年，第240～250頁。

平，財無郁廢，商不乏資，百工不失其時，無愚不教，則無窮乏，此謂和德。」
〔註410〕

　　第四，提出了一個貫通地緣政治內外兩大互動體系的完整系統，指出了不同要素不同的地緣政治功能，強調了土地和人民在地緣國家中的核心作用。《逸周書》謂之：「國有本、有干、有權、有倫質、有樞體。土地，本也；人民，干也；敵國侔交，權也；政教順成，倫質也；君臣和，□樞體也。」
〔註411〕在地緣政治系統中，土地、人民、外交、內政、君臣關係成為最重要的五要素。土地是根本，人民是主體，外交是權變，內政是常理，君臣關係猶如心之於體的關聯，在地緣政治活動中是關鍵。這五者之間的離合狀態則影響到國家安全的不同結果：「土地未削，人民未散，國權未傾，倫質未移，雖有昏亂之君，國未亡也。國有幾失，居之不可阻體之小也。不果鄰家，難復飾也；封疆侵淩，難復振也；服國從失，難復扶也。大國之無養，小國之畏事。不可以本權失□家之交，不可以枉繩失鄰家之交。不據直以約，不虧體以陰。不可虞而奪也，不可策而服也，不可親而侵也，不可摩而測也，不可求而循。」〔註412〕

　　第五，指出了三種不同類型的國家所採取地緣戰略，注重對於「三守」之國要謹慎與之作戰。「國有三守，卑辭重幣以服之，弱國之守也；修備以待戰，敵國之守也；循山川之險而國之，僻國之守也。伐服不詳，伐戰危，伐險難，故善伐者不伐三守。」〔註413〕在服國、敵國、險國三種不同國家之中，如果輕啟戰端則相應地有道義的風險、以勞擊逸的風險、地利不在的風險。

　　第六，尚行仁義服天下，提出了不同層級的地緣戰略效果。「太上敬而服，其次欲而得，其次奪而得，其次爭而克，其下動而上資其力。」〔註414〕潘振云：「最上神武，敬己之德以服天下。其次聖武，順人之欲而得天下。其次雄

〔註410〕黃懷信、張懋鎔、田旭東：《逸周書彙校集注‧文傳解第二十五》，黃懷信修訂，李學勤審定，上海：上海古籍出版社，2008年，第246～250頁。

〔註411〕黃懷信、張懋鎔、田旭東：《逸周書彙校集注‧武紀解第六十八》，黃懷信修訂，李學勤審定，上海：上海古籍出版社，2008年，第1082頁。

〔註412〕黃懷信、張懋鎔、田旭東：《逸周書彙校集注‧武紀解第六十八》，黃懷信修訂，李學勤審定，上海：上海古籍出版社，2008年，第1082～1084頁。

〔註413〕黃懷信、張懋鎔、田旭東：《逸周書彙校集注‧武紀解第六十八》，黃懷信修訂，李學勤審定，上海：上海古籍出版社，2008年，第1075頁。

〔註414〕黃懷信、張懋鎔、田旭東：《逸周書彙校集注‧武紀解第六十八》，黃懷信修訂，李學勤審定，上海：上海古籍出版社，2008年，第1095頁。

武，以兵奪其國而得之。其次勁武，以兵奪其地而克之。最下者，動兵而上資大國之力，借人以昭武也。」〔註415〕

　　第七，在人地關係的基礎上確定了地緣國家組織原則，提出了「五權」思想。「五權：一曰地，地以權民；二曰物，物以權官；三曰鄙，鄙以權庶；四曰刑，刑以權常；五曰食，食以權爵。不承括食不宜，不宜授臣。極賞則涸，涸得不食。極刑則仇，仇至乃別，鄙庶則奴，奴乃不滅。國大則驕，驕乃不給，官庶則荷，荷至乃辛。物庶則爵，乃不和。地庶則荒，荒則矗。人庶則匱，匱乃匿。嗚呼，敬之哉！汝慎和，稱五權，維中是以，以長小子於位，實維永寧。」〔註416〕「地以權民」朱右曾、丁宗洛的理解都是「計夫授地」；「物以權官」潘振、朱右曾都主張為依據事之繁簡決定官員之多少，陳逢衡則認為是「量能授官」，無論是數量還是能力為標準都反映著國家管理的組織形式；「鄙以權庶」陳逢衡認為是「計口授田」之意，而朱右曾則認為是「量遠近，度多寡，以建城市」，此處可能從朱之意比較妥當；「刑以權常」的理解分為兩派，朱右曾、潘振意見詳盡，大抵認為是刑以輔德的意思，而丁宗洛則認為「常」乃「賞」之訛，而認為是「賞溢於刑則人多玩法」之謂，這個彼此歧義也不算大，大抵是刑法起著國家運行驅動力的作用；「食以權爵」則三家意思接近一致，認為是班祿視爵的意思。土地因人民而造就了財物，財物之多寡成為決定政治秩序狀態的基本前提。「五權」的思想基本上涵蓋了地緣國家組織形式的主要方面。

　　第八，注重都城對於天下秩序的核心作用。武王對天下之形勢了然於胸，其東伐後遂決定營造東都洛邑以加強對大平原的控馭。「自洛汭延於伊汭，居陽無固，其有夏之居。我南望過於三途，北望過於有嶽，鄙顧瞻過於河宛，瞻於伊洛。無遠天室，其曰茲曰度邑。」〔註417〕武王分析了夏都「居陽無固」的歷史教訓之後，最終決定定都於山河環抱而「無遠天室」的洛邑，其不但有天子居天下之中的神聖化意味，亦有均等貢賦距離的意味，更有及時預於山東之形勢的地緣意味。這一建都思想對於後世亦產生了深遠的影響。

〔註415〕黃懷信、張懋鎔、田旭東：《逸周書彙校集注・武紀解第六十八》，黃懷信修訂，李學勤審定，上海：上海古籍出版社，2008年，第1095頁。
〔註416〕黃懷信、張懋鎔、田旭東：《逸周書彙校集注・五權解第四十六》，黃懷信修訂，李學勤審定，上海：上海古籍出版社，2008年，第491～497頁。
〔註417〕黃懷信、張懋鎔、田旭東：《逸周書彙校集注・度邑解第四十四》，黃懷信修訂，李學勤審定，上海：上海古籍出版社，2008年，第480～483頁。

　　第九，將國家內政放在地緣競爭的前提位置，通過修明內政而實現不戰而屈人之兵的效果，是謂「柔武」。「維王元祀一月，既生魄，王召周公旦曰：『嗚呼，維在王考之緒功，維周禁五戎，五戎不禁，厥民乃淫。一曰土觀幸時，政匱不疑；二曰獄讎刑蔽，奸吏濟貸；三曰聲樂□□，飾女滅德；四曰維勢是輔，維禱是怙；五曰盤游安居，枝葉維落。五者不距，自生戎旅。「故必以德為本，以義為術，以信為動，以成為新，以決為計，以節為勝。務在審時，紀綱為序，和均□里以匡辛苦。見寇□戚，靡適無□。勝國若化，不動金鼓，善戰不鬥。故曰柔武，四方無拂，奄有天下。』」〔註418〕武王在追述文王功德之時強調要杜絕造成兵戎之事的五個方面的失政狀態，而做到「以德為本，以義為術，以信為動，以成為新，以決為計，以節為勝。」從而達到內政修明、不戰而屈人之兵的效果。

　　第十，以禮制維護地緣秩序，將地緣秩序用禮制的秩序沉澱下來而加以強調。「周公攝政君天下，弭亂六年，而天下大治，乃會方國諸侯於宗周，大朝諸侯明堂之位。天子之位，負斧依，南面立。率公卿士，侍於左右。三公之位，中階之前。北面東上，諸侯之位。西階之西，東面北上，諸子之位。門內之東，北面東上，諸男之位。門內之西，北面東上。九夷之國，東門之外，西面北上。八蠻之國，南門之外，北面東上。六戎之國，西門之外，難免南上。五狄之國，北門之外，難免東上。四塞九採之國，世告至者，應門之外，北而東上，宗周明堂之位也。明堂，明諸侯之尊卑也，故周公建焉，而朝諸侯於明堂之位。制禮作樂，頒度量，而天下大服，萬國各致其方賄。」〔註419〕在西周的明堂制度中，天子、諸侯、九夷八蠻六戎五狄根據不同的尊卑秩序排列，既強調了天下公主的無上地位，又申明了各自的層級地位。

　　總體看來，《逸周書》的地緣政治思想極為豐富，這些思想對於後世的地緣政治思考乃至實踐都產生了重要的影響。

1.3.7.2 重建天下系統的努力：《呂氏春秋》中的地緣政治思想

　　在《漢書・藝文志》中雜家共列二十四家，從年代來講上及黃帝、夏禹

〔註418〕黃懷信、張懋鎔、田旭東：《逸周書彙校集注・柔武解第二十六》，黃懷信修訂，李學勤審定，上海：上海古籍出版社，2008年，第251～256頁。

〔註419〕黃懷信、張懋鎔、田旭東：《逸周書彙校集注・明堂解第五十五》，黃懷信修訂，李學勤審定，上海：上海古籍出版社，2008年，第710～716頁。

之世而下至於漢代，其分類的標準卻相當模糊，後世公認的兵家人物諸如吳
起、尉繚子皆列爲其中，大抵學有不純即爲雜家的意味。但是觀其所列諸家
大抵有個明顯區別，一則是時代沈降，禮崩樂壞之際出現的新的應世之說，
二則是天下行將歸於一統之時而力圖合諸家歸於一體之說。道術一度爲天下
裂，諸子各自站在自我學派的本位思考天下的出路，而這裂變出的道術再圖
回歸合一則毫無疑問是一件極爲困難的事情，從後世觀之，時值西漢中期宣
帝尚曰：「漢家自有制度，本以霸王道雜之。」〔註420〕班固站在其時代的本位
論及雜家之長短優劣而曰：「雜家者流，蓋出於議官。兼儒、墨，合名、法，
知國體之有此，見王治之無不貫，此其所長也。及蕩者爲之，則漫羨而無所
歸心。」〔註421〕在雜家諸多人物之中，傳世的作品並不多，而《呂氏春秋》
則毫無疑問屬於新雜家之列，呂不韋未雨綢繆爲新的秦帝國擘畫統治哲學的
意味顯而易見。但是呂不韋可觀的天下秩序僅爲周室的禮樂天下，再無更清
晰的參照，是以其中不無周制的影子。

　　《呂氏春秋》以十二紀冠首，將時令與王政貫通，重續了天人關係，一
方面起到了神聖王權的作用，但是同時也將尊重生命的意念灌注其中。徐復
觀先生對於《呂氏春秋》有著深刻的研究，他指出：「由人爲天所生，更發
展出兩個重要觀念，一爲對生命的尊重，一爲由養生而可以與天地相通。」
〔註422〕這就意味著《呂氏春秋》在總結先秦以來「天、地、王、民」政治哲
學思想的同時，也深刻地反思了春秋以降地緣競爭的殘酷弊端而試圖重續天
人關係，重建一個「德惟善政，政在養民」〔註423〕的新的天下系統。相較於
後世漢儒的天人思想，《呂氏春秋》更多的是強調了對生命的尊重與對人民的
必要體恤而非王權的神聖至上。所以呂不韋的門客們將天的無私德性作了發
揮而曰：「昔先聖王之治天下也，必先公。公則天下平矣。平得於公。嘗試觀
於上志，有得天下者眾矣，其得之以公，其失之必以偏。凡主之立也，生於
公。故《鴻範》曰：『無偏無黨，王道蕩蕩。無偏無頗，遵王之義。無或作好，
遵王之道。無或作惡，遵王之路。』天下非一人之天下也，天下之天下也。

〔註420〕《漢書‧元帝本紀》，北京：中華書局，1962年，第277頁。

〔註421〕《漢書‧藝文志》，北京：中華書局，1962年，第1742頁。

〔註422〕徐復觀：《兩漢思想史》，上海：華東師範大學出版社，2001年，第二卷，第
　　　　26頁。

〔註423〕李學勤主編：《十三經注疏‧尚書正義‧大禹謨》，北京：北京大學出版社，
　　　　1999年，第88～89頁。

陰陽之和，不長一類；甘露時雨，不私一物；萬民之主，不阿一人。」〔註424〕
其正告統治者曰：「天下，重物也，而不以害其生，又況於他物乎？惟不以天
下害其生者也，可以託天下。」〔註425〕《呂氏春秋》強調了統治者自身的修
為，將老莊的天下不可取的思想作了發揮，其曰：「湯問於伊尹曰：「欲取天
下，若何？」伊尹對曰：「欲取天下，天下不可取；可取，身將先取。」凡事
之本，必先治身，嗇其大寶。用其新，棄其陳，腠理遂通。精氣日新，邪氣
盡去，及其天年。此之謂真人。」〔註426〕

其二，強調了道義之於戰爭的前提性意義。其曰：「故取攻伐者不可，
非攻伐不可；取救守不可，非救守不可；取惟義兵為可。兵苟義，攻伐亦
可，救守亦可；兵不義，攻伐不可，救守不可。」〔註427〕攻守皆當唯義是
視。

其三，強調了天子之於天下秩序的重要性、統一之於穩定的意義。《呂氏
春秋》認為「無天子」是天下混亂、兵連禍結的根源，其曰：「今周室既滅，
而天子已絕。亂莫大於無天子。無天子，則強者勝弱，眾者暴寡，以兵相殘，
不得休息。今之世當之矣。」〔註428〕有鑒於此，其曰：「王者執一，而為萬物
正。軍必有將，所以一之也；國必有君，所以一之也；天下必有天子，所以
一之也；天子必執一，所以摶之也。一則治，兩則亂。」王權必須統一，治
國方針必須一致才是天下安定走向治世的根本。

其四，深刻論述了「主、賢、民、城、地」五者之間的地緣關聯。其曰：
「地從於城，城從於民，民從於賢。故賢主得賢者而民得，民得而城得，城
得而地得。」〔註429〕呂氏門客繼承了先秦以來的用賢思想，將賢能治國看
作得民心的前提，民為城之前提，城為地之前提，透過其論述可見其將人的

〔註424〕許維遹：《呂氏春秋集釋‧貴公》，梁運華整理，北京：中華書局，2009年，
　　　　第25頁。
〔註425〕許維遹：《呂氏春秋集釋‧仲春紀》，梁運華整理，北京：中華書局，2009年，
　　　　第38頁。
〔註426〕許維遹：《呂氏春秋集釋‧盡數》，梁運華整理，北京：中華書局，2009年，
　　　　第69頁。
〔註427〕許維遹：《呂氏春秋集釋‧禁塞》，梁運華整理，北京：中華書局，2009年，
　　　　第168頁。
〔註428〕許維遹：《呂氏春秋集釋‧謹聽》，梁運華整理，北京：中華書局，2009年，
　　　　第296頁。
〔註429〕許維遹：《呂氏春秋集釋‧先識覽》，梁運華整理，北京：中華書局，2009年，
　　　　第395頁。

因素放在地緣政治要素的首要位置，這與法家的地緣政治思想有著根本的不同。

其五，以西周國都制度與封建制度為藍本，而力主以天下之中建國，尚行封建制度。其曰：「古之王者，擇天下之中而立國，擇國之中而立宮，擇宮之中而立廟。」〔註430〕封建的目的和好處是顯而易見的：「眾封建，非以私賢也，所以便勢全威，所以博義。義博利則無敵，無敵者安。故觀於上世，其封建眾者，其福長，其名彰。」〔註431〕對於封建的方案和原則他們也提出了設想：「天下之地，方千里以為國，所以極治任也。非不能大也，其大不若小，其多不若少。……王者之封建也，彌近彌大，彌遠彌小。海上有十里之諸侯。以大使小，以重使輕，以眾使寡，此王者之所以家以完也。」〔註432〕他提出了「以大使小，以重使輕」、「彌近彌大，彌遠彌小」兩大封建原則，以起到拱衛王權的作用。此所謂：「權輕重，審大小，多建封，所以便其勢也。」〔註433〕此種思想或是賈誼的「以親制疏」與「以近制遠」地緣戰略的遠緒。

其六，提出了超越戰國格局的天下山川系統。「何謂九州？河、漢之間為豫州，周也；兩河之間為冀州，晉也；河、濟之間為兗州，衛也；東方為青州，齊也；泗上為徐州，魯也；東南為揚州，越也；南方為荊州，楚也；西方為雍州，秦也；北方為幽州，燕也。何謂九山？會稽、太山、王屋、首山、太華、岐山、太行、羊腸、孟門。何謂九塞？大汾、冥阨、荊阮、方城、殽、井陘、令疵、句注、居庸。何謂九藪？吳之具區，楚之雲夢，秦之陽華，晉之大陸，梁之圃田，宋之孟諸，齊之海隅，趙之鉅鹿，燕之大昭。何謂八風？東北曰炎風，東方曰滔風，東南曰熏風，南方曰巨風，西南曰淒風，西方曰飂風，西北曰厲風，北方曰寒風。何謂六川？河水、赤水、遼水、黑水、江水、淮水。凡四海之內，東西二萬八千里，南北二萬六千里。水道八千里，受水者亦八千里。通谷六，名川六百，陸注三千，小水萬數。凡四極之內，東西五億有九萬七千里，南北亦五億有九萬七千里。極星與天俱游，而天樞

〔註430〕許維遹：《呂氏春秋集釋·慎勢》，梁運華整理，北京：中華書局，2009年，第460頁。

〔註431〕許維遹：《呂氏春秋集釋·慎勢》，梁運華整理，北京：中華書局，2009年，第461頁。

〔註432〕許維遹：《呂氏春秋集釋·慎勢》，梁運華整理，北京：中華書局，2009年，第461頁。

〔註433〕許維遹：《呂氏春秋集釋·慎勢》，梁運華整理，北京：中華書局，2009年，第464頁。

不移。」〔註434〕在這個系統中，舉凡行政單位之州、山脈、河流、要塞、甚至不同風侯都納入其中，儼然一副君臨天下的姿態。透過這種梳理，可以窺見行將一統的天下格局。

其七，《呂氏春秋》依然強調了「以農爲本」的重要性，但是其理論要點較之法家有了很大的變化，而更多地放在國家穩定的層面言及。「古先聖王之所以導其民者，先務於農。民農非徒爲地利也，貴其志也。民農則樸，樸則易用，易用則邊境安，主位尊。民農則重，重則少私義，少私義則公法立，力專一。民農則其產復，其產復則重徙，重徙則死處而無二慮。舍本而事末則不令，不令則不可以守，不可以戰。民舍本而事末則其產約，其產約則輕遷徙，輕遷徙則國家有患皆有遠志，無有居心。民舍本而事末則好智，好智則多詐，多詐則巧法令，以是爲非，以非爲是。」〔註435〕在這番討論中，我們可以看見其「重農」的要義大抵有這麼幾點：民樸易用、邊境安定、主上位尊、減少流徙、公法得立。這些都是穩定的國家統治要素，而非擴張性的純然以地緣力量萃取爲中心的「耕戰」思維。

總體來說，《呂氏春秋》在天下一統之際，有著反思時代總結先秦政治哲學思想，而力圖合道術於天下，是以其思想包羅甚豐，其於地緣政治的思想也不少，但是這些思想較之於先秦的地緣政治思想有一個明顯的不同，這就是如何務於統一帝國的統治，這是呂氏門客們面對的時代課題。

縱觀先秦各家地緣政治思想，其主體在法家與縱橫家爲主，二者一則以人地互動的地緣力量積蓄爲務，一者則重點在不同地緣國家間之進取與保守，從時間上看，法家較之於縱橫家更早地登上歷史舞臺，這大抵反映了力量的積累與力量的碰撞釋放之間的內在邏輯。兵家乃諸子之支流，從屬於法家之耕戰大戰略，但其從戰爭的殘酷本質與國家的密切關涉出發，亦從務實的角度提出了一定的地緣政治思想；墨家本著「兼愛非攻」的目的，爲防止戰爭故而不得涉及到地緣戰略之思考，其思想帶有主動防守的色彩；儒家思想與地緣政治本相左，然則時代轍痕故，即使孔孟亦不可避免地反映出一定的地緣政治因子，而荀子更是鑒於天下大勢故而對傳統之儒家思想作了改造以求見容於行將出世的新帝國；道家反其道而爲之，力主降低文明程度，絕

〔註434〕許維遹：《呂氏春秋集釋·有始覽》，梁運華整理，北京：中華書局，2009年，第278～282頁。

〔註435〕許維遹：《呂氏春秋集釋·上農》，梁運華整理，北京：中華書局，2009年，第682～684頁。

聖棄智而實現人與自然的和諧，不啻爲地緣政治思想之另類；雜家之《呂氏春秋》則在反思時代與總結先秦政治哲學的基礎上力圖合道術於天下，其中的地緣政治思想更多地反映了統一帝國實現穩定統治的需要。此之謂先秦地緣政治思想之大要。

1.4 漢代地緣政治思想概要

漢代地緣政治思想較之先秦則遠爲貧乏，這大抵與天下一統的政治現實環境有關，但是漢初匈奴犯邊，王國洶洶，茲後武帝大舉開拓，爲時勢計，亦有不少論及地緣政治的思想出現，這主要集中在賈誼的相關策論與《鹽鐵論》所反映的論議之中，其它各家或有點滴涉及，囿於篇幅之限暫不列舉。

1.4.1 賈誼的地緣政治思想

賈誼當文帝之世，斯時一則過秦氛圍尤濃，二則匈奴對漢廷保持高度的戰略壓力，三則王國問題日益凸顯。而前者與後二者之間還存在相當的矛盾，不改弦更張則勢必有重蹈覆轍之虞，一味奉行既有的黃老之術則大不利於匈奴與王國問題之解決。這些問題的思考在《新書》中佔有相當大的篇幅。賈誼的地緣政治思想也大抵圍繞著這三個層面而展開。

其一，賈誼對於地緣帝國秦的滅亡有著深刻的分析。他認爲既往的秦國汲汲於地力之萃取而忽視人民的承受力，當帝國一統之時沒有審時度勢地改變治國策略，好大喜功，務於享樂，蔑視人民是導致秦亡國的根本原因。賈誼對於秦國的地緣形勢的優越性有著充分的認識，他說：「秦地被山帶河以爲固，四塞之國也。自繆公以來，至於秦王，二十餘君，常爲諸侯雄。此豈世賢哉，其勢居然也。且天下嘗同心並力攻秦矣，然困於嶮岨而不能進者，豈勇力智慧不足哉，形不利，勢不便。」〔註436〕但是地緣形勢並非地緣政治中唯一的因素，人民不僅是土地開發的主體也是地緣戰爭的主體，過分使用民力而不體恤人民則往往會令形勢異變。在賈誼看來陳勝之所以能烏合大眾而推翻強大的秦王朝，正是因爲「仁心不施，而攻守之勢異也。」〔註437〕經由

〔註436〕〔漢〕賈誼：《新書校注·過秦下》，閻振益、鍾夏校注，北京：中華書局，2000年，第15頁。

〔註437〕〔漢〕賈誼：《新書校注·過秦上》，閻振益、鍾夏校注，北京：中華書局，2000年，第3頁。

春秋戰國數百年的諸侯征戰，人民疲敝，秦王朝若能順應民意，休養生息則是穩定帝國根本的大好時機。賈誼說：「近古之無王者久矣，周室卑微，五霸既滅，令不行於天下，是以諸侯力政。強凌弱，眾暴寡，兵革不休，士民罷弊。今秦南面而王天下，是上有天子也。即元元之民，冀得安其性命，莫不虛心而仰上。當此之時，專威定功，安危之本，在於此矣。」〔註438〕但是秦王朝剛愎自用，蔑視民力，錯失穩定帝國的良機。賈誼分析了秦取天下的地緣戰略與治天下的失策而曰：「夫併兼者高詐力，安危者貴順權。推此言之，取與攻守不同術也。秦雖離戰國而王天下，其道不易，其政不改，是其所以取之也，孤獨而有之，故其亡可立而待也。」〔註439〕賈誼有限肯定了秦國地緣戰略成功的時代性因素，但同時指出正是因為秦沒有適時調整地緣戰略而以攻術治天下，終究導致了帝國的覆滅。這就提出了地緣戰略因時勢而轉換的命題。

在反思秦亡的歷史教訓的同時，賈誼重申了人民對於國家的重要性。他說：「聞之於政也，民無不為本也。國以為本，君以為本，吏以為本。故國以民為安危，君以民為威侮，吏以民為貴賤，此之謂民無不為本也。聞之於政也，民無不為命也。國以為命，君以為命，吏以為命。故國以民為存亡，君以民為盲明，吏以民為賢不肖，此之謂民無不為命也。聞之於政也，民無不為功也。故國以為功，君以為功，吏以為功。國以民為興壞，君以民為強弱，吏以民為能不能，此之謂民無不為功也。聞之於政也，民無不為力也，故國以為力，君以為力，吏以為力。故夫戰之勝也，民欲勝也；攻之得也，民欲得也；守之存也，民欲存也。故率民而守，而民不欲存，則莫能以存矣。故率民而攻，民不欲得，則莫能以得矣。故率民而戰，民不欲勝，則莫能以勝矣。故其民之為其上也，接敵而喜，進而不能止，敵人必駭，戰由此勝也。夫民之於其上也，接而懼，必走去，戰由此敗也。故夫菑與福也，非粹在天也，必在士民也。嗚呼，戒之戒之！夫士民之志，不可不要也。嗚呼，戒之戒之！」〔註440〕在賈誼看來人民是國家的根本，人民的狀態直接關乎國家的強弱、君王的安危、貴賤，關乎戰爭的勝敗，關乎攻守的效果，沒有人民這

〔註438〕〔漢〕賈誼：《新書校注・過秦下》，閻振益、鍾夏校注，北京：中華書局，2000年，第13～14頁。

〔註439〕〔漢〕賈誼：《新書校注・過秦下》，閻振益、鍾夏校注，北京：中華書局，2000年，第14頁。

〔註440〕〔漢〕賈誼：《新書校注・大政上》，閻振益、鍾夏校注，北京：中華書局，2000年，第338～339頁。

個主體一切與地緣政治相關涉的行爲終將一事無成。賈誼斯時去秦亡未遠，人民起義的巨大震撼效應猶如歷歷在目，是以賈誼眞切地慨歎：「夫民者，萬世之本也，不可欺。凡居於上位者，簡士苦民者是謂愚，敬士愛民者是謂智。夫愚智者，士民命之也。故夫民者，大族也，民不可不畏也。故夫民者，多力而不可適也。嗚呼，戒之哉，戒之哉！與民爲敵者，民必勝之。」〔註441〕這裡對人民力量的重視與先前大有不同，西周時期強調人民的重要性尚且放在天命的意味上加以闡釋，而歷經春秋戰國數百年的歷史變遷尤其是秦末農民起義之後，賈誼對於人民力量的感受更爲眞切實在。

　　其二，主張天子集權而削弱諸侯國勢力成爲賈誼地緣政治思想的核心內容。賈誼本身並不反對以封建制度拱衛中央的制度，但是一則漢廷創始君臣皆起自草莽，殆無周公之遠大擘畫，自無一套縝密宏大的禮制作保障；二則歷經數百年的地緣爭奪，地緣國家早已建立，時代已無昔日封建之土壤，雖則漢初封王不少，但是各王國之下皆行郡縣之制，從官制禮制而言其與漢廷幾無二致，是以尊卑無別，數世之後形同敵國。賈誼審於天下之形勢而大聲疾呼：「天下之勢，方病大瘇，一脛之大幾如要，一指之大幾如股，惡病也，平居不可屈信，一二指搐，身固無聊也。失今弗治，必爲錮疾，後雖有扁鵲，弗能爲已。」〔註442〕賈誼認爲王國之所以造反是因爲其地緣力量過大之故，他說：「竊迹前事，大抵強者先反。淮陰王楚最強，則最先反；韓王信倚胡，則又反；貫高因趙資，則又反；陳豨兵精強，則又反；彭越用梁，則又反；黥布用淮南，則又反；盧綰國比最弱，則最後反。長沙乃纔二萬五千戶耳，力不足以行逆，則功少而最完，執疏而最忠，全骨肉。時長沙無故者，非獨性異人也，其形勢然矣。」〔註443〕對於建立王國必須注意使其規模適當而不至於產生邪心，「夫樹國必審相疑之勢，下數被其殃，上數爽其憂，凶譏數動，彼必將有怪者生焉。禍之所罹，豈可豫知？故甚非所以安主上，非所以活大臣者也，甚非所以全愛子者也。既已令之爲藩臣矣，爲人臣下矣，而厚其力，重其權，使有驕心而難服從也，何異於善砥鎩敘而予射子，自禍必矣。愛之，

〔註441〕〔漢〕賈誼：《新書校注・大政上》，閻振益、鍾夏校注，北京：中華書局，2000年，第341頁。

〔註442〕〔漢〕賈誼：《新書校注・大都》，閻振益、鍾夏校注，北京：中華書局，2000年，第43頁。

〔註443〕〔漢〕賈誼：《新書校注・藩強》，閻振益、鍾夏校注，北京：中華書局，2000年，第39～40頁。

故使飽粱肉之味，玩金石之聲，臣民之眾，土地之博，足以奉養宿衛其身。然而權力不足以徼倖，勢不足以行逆，故無驕心，無邪行，奉法畏令，聽從必順，長生安樂，而無上下相疑之禍。活大臣，全愛子，孰精於此？」〔註444〕不僅如此，還必須從制度上封建其子孫，而實現以封建弱王國之效。「制令：其有子，以國其子；未有子者，建分以須之。子生而立，其身以子，夫將何失？於實無喪，而葆國無患，子孫世世，與漢相須，皆如長沙，可以久矣。」〔註445〕這就是對漢代後世影響深遠的「眾建諸侯而少其力」的思想，賈誼說：「欲天下之治安，天子之無憂，莫如眾建諸侯而少其力。力少則易使以義，國小則無邪心。」〔註446〕賈誼心目中理想的中央與地方之間的地緣政治形勢即是：「海內之勢，如身之使臂，臂之使指，莫不從制。」〔註447〕要做到這一點，僅僅靠上述的策略還不夠。鑒於漢制之草創、諸侯王飛揚跋扈的現實，賈誼主張重塑禮制的嚴肅，以禮制來定君臣之分，從而實現將地緣秩序同君臣的禮制秩序銜接起來，從而起到維護天子崇高地位的作用。賈誼不但強調了禮制對於安定國家的重要意義，還進一步明確了禮對於不同層級的不同內涵，各安其分不得僭越，他說：「禮者，所以固國家，定社稷，使君無失其民者也。主主臣臣，禮之正也；威德在君，禮之分也；尊卑大小強弱有位，禮之數也。禮，天子愛天下，諸侯愛境內，大夫愛官屬，士庶各愛其家。失愛不仁，過愛不義，故禮者所以守尊卑之經，強弱之稱者也。」〔註448〕賈誼主張將禮制貫徹到具體的生活場景中去，他說：「所持以別貴賤明尊卑者，等級、勢力、衣服、號令也。」〔註449〕他還對禮服制度作了細密的設想：「制服之道，取至適至和以予民，至美至神進之帝。奇服文章，以等上下而差貴賤。是以高下異，則名號異，則權力異，則事勢異，則旗章異，則符瑞異，則禮寵異，

〔註444〕 〔漢〕賈誼：《新書校注·藩傷》，閻振益、鍾夏校注，北京：中華書局，2000年，第36～37頁。

〔註445〕 〔漢〕賈誼：《新書校注·藩傷》，閻振益、鍾夏校注，北京：中華書局，2000年，第37頁。

〔註446〕 〔漢〕賈誼：《新書校注·藩強》，閻振益、鍾夏校注，北京：中華書局，2000年，第40頁。

〔註447〕 〔漢〕賈誼：《新書校注·五美》，閻振益、鍾夏校注，北京：中華書局，2000年，第67頁。

〔註448〕 〔漢〕賈誼：《新書校注·禮》，閻振益、鍾夏校注，北京：中華書局，2000年，第214頁。

〔註449〕 〔漢〕賈誼：《新書校注·等齊》，閻振益、鍾夏校注，北京：中華書局，2000年，第48頁。

則秩祿異，則冠履異，則衣帶異，則環佩異，則車馬異，則妻妾異，則澤厚異，則宮室異，則床席異，則器皿異，則飲食異，則祭祀異，則死喪異。故高則此品周高，下則此品周下。加人者品此臨之，埤人者品此承之。遷則品此者進，紬則品此者損。貴周豐，賤周謙，貴賤有級，服位有等，等級既設，各處其檢，人循其度，擅退則讓，上僭則誅。建法以習之，設官以牧之，是以天下見其服而知貴賤，望其章而知其勢。使人定其心，各著其目，故眾多而天下不眩，傳遠而天下識只。卑尊已著，上下已分，則人倫法矣。於是主之與臣，若日之與星。臣不幾可以疑主，賤不幾可以冒貴。下不凌等，則上位尊；臣不踰級，則主位安；謹守倫紀，則亂無由生。」〔註450〕賈誼認為將鮮明的禮制等級體現而內在地將地緣關係植於其中，通過維持禮制關係而達到「亂無由生」的政治目的。

賈誼還提出通過調整地緣政治地圖而實現對於漢廷的拱衛，在政治地圖的調整中堅持「以親制疏、以近制遠」的原則，後章有詳論，不具。他還注重金融手段在地緣政治中的作用，賈誼主張將鑄幣權收歸中央，反對「銅布於下，為天下菑」的局面，他首先指出了放任鑄錢的弊端：「銅布於下，為天下菑，何以言之？銅布於下，則民鑄錢者，大抵必雜石鉛鐵焉，黥罪日繁，此一禍也。銅布於下，偽錢無止，錢用不信，民愈相疑，此二禍也。銅布於下，採銅者棄其田疇，家鑄者損其農事，穀不為則鄰於饑，此三禍也。故不禁鑄錢，則錢常亂，黥罪日積，是陷阱也。且農事不為，有疑為菑，故民鑄錢，不可不禁。上禁鑄錢，必以死罪。鑄錢者禁則錢必還重，錢重則盜鑄錢者起，則死罪又復積矣，銅使之然也。故銅布於下，其禍博矣。」〔註451〕進而指出了取消自由鑄錢，將鑄錢權力收歸中央的七個好處，他說：「今博禍可除，七福可致。何謂七福？上收銅，勿令布下，則民不鑄錢，黥罪不積，一、銅不布下，則偽錢不繁，民不相疑，二、銅不布下，不得採銅，不得鑄錢，則民反耕田矣，三、銅不布下，畢歸於上，上挾銅積以御輕重，錢輕則以術斂之，錢重則以術散之，則錢必治，貨物必平矣，四、挾銅之積，以鑄兵器，以假貴臣，小大多少，各有制度，以別貴賤，以差上下，則等級明矣，五、挾銅之積，以臨萬貨，以調盈虛，以收倍羨，則官必富，而末民困矣，

〔註450〕〔漢〕賈誼：《新書校注·服疑》，閻振益、鍾夏校注，北京：中華書局，2000年，第53頁。

〔註451〕〔漢〕賈誼：《新書校注·銅布》，閻振益、鍾夏校注，北京：中華書局，2000年，第110頁。

六、挾銅之積，制吾棄財，以與匈奴逐爭其民，則敵必壞矣。此謂之七福。」〔註452〕在賈誼看來，中央收回鑄幣權之後將出現司法緩和、人民回歸生產、社會安定、物價平抑、打擊不法商賈、與匈奴爭奪人民等多方面的好處，這其中不乏地緣政治意味。

　　其三，在邊患危機四伏的年代，賈誼對於漢匈問題的思考也成爲其地緣政治思想的重要內容。賈誼痛陳華夷秩序顛倒的嚴重局面而曰：「天下之勢，方倒縣，竊願陛下省之也。凡天子者，天下之首也，何也？上也。蠻夷者，天下之足也，何也？下也。蠻夷徵令，是主上之操也，天子共貢，是臣下之禮也。足反居上，首顧居下，是倒縣之勢也。天下倒縣，莫之能解，猶爲國有人乎？非特倒縣而已也，又類躄且病痱。夫躄者一面病，痱者一方痛。今西郡北郡，雖有長爵，不輕得復，五尺已上，不輕得息，苦甚矣。中地左戍，延行數千里，糧食饋饟，至難也。斥候者望烽燧而不敢臥，將吏戍者，或介冑而睡，而匈奴欺侮侵掠，未知息時，於爲望信威廣德，難。臣故曰：「一方病矣，醫能治之。」而上弗肯使也。天下倒縣甚苦矣，竊爲陛下惜之。」〔註453〕進而提出了所謂的「三表、五餌」〔註454〕之策，然則相較於其對王國問題的謀劃而言，「三表、五餌」之策大率以利誘爲手段，反映了賈誼對於匈奴情況的無知，是以多爲一廂情願的書生之論，並無什麼實際價值，也不爲文帝所採納。但是，綜合看待其對於王國與匈奴問題的處置而言，其重在於王國，是以頗多進取之姿態，而對於匈奴則持守態，這也大抵反映了文景時期內攻外守的「攘外必先安內」的地緣戰略思維。

　　總體觀之，賈誼當漢初之世，斯時王國問題與匈奴問題成爲時代函待解決的迫切課題，而其時過秦的政治氛圍猶濃，是以這三者在賈誼的地緣政治思想中均佔有相當之比重，不過總體觀之，王國問題的討論尤其爲其所關注。正因爲時代使然，賈誼乃是漢代不多見的地緣政治思想代表人物。其「眾建諸侯而少其力」、「以親制疏、以近制遠」的地緣政治思維對於漢廷的現實政策影響極爲深遠。

〔註452〕〔漢〕賈誼：《新書校注・銅布》，閻振益、鍾夏校注，北京：中華書局，2000年，第111頁。

〔註453〕〔漢〕賈誼：《新書校注・解縣》，閻振益、鍾夏校注，北京：中華書局，2000年，第127～128頁。

〔註454〕〔漢〕賈誼：《新書校注・匈奴》，閻振益、鍾夏校注，北京：中華書局，2000年，第135～137頁。

1.4.2 《鹽鐵論》中的地緣政治思想

《鹽鐵論》本是記錄關於鹽鐵專賣政策廷議的記錄，究其性質而言其討論的內容基本是西漢武帝時期的基本行政舉措，思想性有限。但是一如陳直先生所言：「西漢流傳之古籍，無一語爲後人所加者，首推此書。」〔註 455〕其討論中牽涉的關於武帝時期的地緣政治舉措中也多少反射出斯時基本的地緣政治觀念。

其一、超越了傳統的以耕戰爲核心的人地互動關係模式，注重對以鹽鐵爲主要內容關乎國計民生的戰略物資的控制，並將國家對工商業的管制經濟模式打造爲對外戰爭的經濟基礎與實現對內的地緣控馭的重要手段。桑弘羊超越了傳統的以農養戰的模式而公然提出了「富國何必用本農，足民何必井田」〔註 456〕的主張，以鹽鐵控制爲中心的國家管制經濟對於對外戰爭發揮著至關重要的經濟基礎的作用，關於這一點桑弘羊說得極爲清楚：「邊用度不足，故興鹽、鐵，設酒榷，置均輸，蓄貨長財，以佐助邊費。今議者欲罷之，內空府庫之藏，外乏執備之用，使備塞乘城之士飢寒於邊，將何以贍之？」〔註 457〕在對外戰略中，國家管制經濟所帶來的強大財力對於發揮招誘異族也具有重要的意義：「汝、漢之金，纖微之貢，所以誘外國而釣胡、羌之寶也。夫中國一端之縵，得匈奴累金之物，而損敵國之用。是以騾驢駝駝，銜尾入塞，驒騱騄馬，盡爲我畜，鼲貂狐貉，采旃文罽，充於內府，而璧玉珊瑚琉璃，咸爲國之寶。是則外國之物內流，而利不外泄也。異物內流則國用饒，利不外泄則民用給矣。」〔註 458〕而對於實現對內的地緣控制，打擊潛在的分裂勢力，國家管制經濟也具有重要的意義：「令意總一鹽、鐵，非獨爲利入也，將以建本抑末，離朋黨，禁淫侈，絕併兼之路也。」〔註 459〕「以末易其本，以虛蕩其實。今山澤之財，均輸之藏，所以御輕重而役諸侯也。」〔註 460〕正因爲如此，桑弘羊提出了「王者塞天財，禁關市，執準守時，以輕重御民」的主張。

其二、提出了邊疆之於內地的「肢體──腹心」說，指出了邊疆防守的

〔註455〕陳直：《摹廬叢著七種·鹽鐵論解要》，濟南：齊魯書社，1981 年，第 121 頁。
〔註456〕王利器：《鹽鐵論校注·力耕第二》，北京：中華書局，1992 年，第 29 頁。
〔註457〕王利器：《鹽鐵論校注·本議第一》，北京：中華書局，1992 年，第 2 頁。
〔註458〕王利器：《鹽鐵論校注·力耕第一》，北京：中華書局，1992 年，第 28 頁。
〔註459〕王利器：《鹽鐵論校注·復古第六》，北京：中華書局，1992 年，第 78 頁。
〔註460〕王利器：《鹽鐵論校注·力耕第一》，北京：中華書局，1992 年，第 28 頁。

加強對於腹地安全的重要性,而腹地對於邊疆地區的輸血功能則關乎到邊疆防守的關鍵。「中國與邊境,猶支體與腹心也。夫肌膚寒於外,腹心疾於內,內外之相勞,非相爲賜也!脣亡則齒寒,支體傷而心憯怛。故無手足則支體廢,無邊境則內國害。」〔註461〕腹地的意義在於其乃人力與財力的源泉:「夫中國天下腹心,賢士之所總,禮義之所集,財用之所殖也。」〔註462〕在邊境與腹地一體的前提下,邊境具有拱衛腹地安全的軍事意義,而腹地強大的經濟基礎則具有爲邊疆地區輸血的經濟意義,二者相得益彰共同維護國家的安全。「緣邊之民,處寒苦之地,距強胡之難,烽燧一動,有沒身之累。故邊民百戰,而中國恬臥者,以邊郡爲蔽扞也。……是以聖王懷四方獨苦,興師推卻胡、越,遠寇安災,散中國肥饒之餘,以調邊境,邊境強,則中國安,中國安則晏然無事。何求而不默也?」〔註463〕邊境猶如四肢以捍衛腹心之安全,而心臟的造血功能則是邊境地區得以抗禦外地的基本物質基礎,所以桑弘羊進而指出:「故四支強而躬體固,華葉茂而本根據。故飾四境所以安中國也。」〔註464〕

其三、作爲武帝一系列地緣戰略制定的重要參與者,桑弘羊高度重視山川形勢等地利因素對於國家興亡的意義,明確提出了「關梁者,邦國之固,而山川者,社稷之寶」〔註465〕的主張,山川關梁的地緣政治意義得以前所未有的強調。

1.5 小結

所謂地緣政治學是研究在特定的時空格局之下,政治行爲體與地理環境之間、地緣政治區域之間互動關係的綜合性學科。而地緣政治學的學科也相應地具有動態性、整體性、歷史性、空間性、政治性、交叉性、人爲性等相關特性。

總體觀之,先秦地緣政治思想主要集中於地緣政治活動充分展開的春秋

〔註461〕王利器:《鹽鐵論校注・誅秦第四十四》,北京:中華書局,1992 年,第 488 頁。
〔註462〕王利器:《鹽鐵論校注・險固第五十》,北京:中華書局,1992 年,第 524 頁。
〔註463〕王利器:《鹽鐵論校注・地廣第十六》,北京:中華書局,1992 年,第 207 頁。
〔註464〕王利器:《鹽鐵論校注・徭役第四十九》,北京:中華書局,1992 年,第 520 頁。
〔註465〕王利器:《鹽鐵論校注・險固第五十》,北京:中華書局,1992 年,第 525 頁。

戰國時期，先秦時期諸子各家均不同程度地透射出時代變遷的地緣烙印，但主要的地緣政治思想主要集中於法家、縱橫家與兵家，其地緣政治思想涵蓋了地緣政治內涵中人地互動與地地互動兩個維度，思想內涵極為豐富。但由於時代所限，在一個天下分裂的地理環境之中，其主張大抵屬於競雄式的地緣政治思維。而進入帝國時代，由於天下一統的新格局，地緣政治思想的活躍程度遠不及先秦時期，漢代的地緣政治思想主要集中於賈誼與《鹽鐵論》中桑弘羊的論議之中，漢初的賈誼主要是思考如何通過地緣政治的方式以解決王國問題與匈奴問題，其成就主要體現於解決王國問題上；而身為武帝開拓四境的重臣桑弘羊親身參與了武帝時期一系列地緣戰略的決策與執行，其凸顯出國家管制經濟對於外捍匈奴、內馭諸侯的重要意義，並在武帝時期全新的地緣政治格局下提出了邊疆內地「肢體──腹心」說。透過賈誼與桑弘羊地緣政治思維可以發現控馭型已成為帝國時代地緣政治的主要內容，這是帝國時代地緣政治思想的主要特點。

　　縱觀先秦、秦漢時期的地緣政治思想，其大抵上呈現出以下特點：其一，由於我國乃是一個農業國家，除卻在特定地域與特定時期內對於工商業的重要性有所強調之外，體現在地緣政治思想上的主流乃是強調發展農業對於國家力量積累的重要性，在地緣力量凝聚的思路上基本上是耕戰模式占主導地位；其二，由於農耕文明對於穩定的社會環境的客觀要求，我國古代的地緣政治思想表現出內涵式的特點，其更注重以國力的凝聚來捍衛國家的安全。在戰爭問題上更多強調的是威儡與防守，因而主張慎戰、速戰，擴張型的地緣政治思維只是在戰國時期等極端的歷史時期方才有所體現；其三，由於西周所建立的寓地緣於血緣之中的天下秩序的深刻影響，我國先秦、秦漢時期的主流地緣政治思想皆重視在人地互動與地地互動流轉的過程中維護系統穩定的重要性，而這中間自然就涉及到對於地緣政治主體的必要尊重，這體現在對統治者與人民兩個維度的要求上。對於人民而言既必須保障其基本的生活狀況而避免涸澤而漁，又必須保證其服務於國家力量凝聚這個基本的前提，人地之間的匹配度等關係在先秦諸子中被反覆論及足可說明這一特點；對於統治者而言以愛民、恤民為要義的德成為對為政者的基本規範，因而，即便是到了戰國之世，吳起仍然強調「在德不在險」的重要性。其四，一如李澤厚先生所謂，中國古代先民在哲學上呈現出具象性思維的特徵，因而在覃形閱勢作地緣形勢分析的過程中，象形、擬人、比況成為極其明顯的特點，

「折天下之脊」、「斷匈奴右臂」、「垂頭則鷹擊中國」，論韓則曰「咽喉」，論魏則謂之「腹心」，桑弘羊之所謂「肢體──腹心說」等等皆是此類，可謂不勝枚舉。而這正與地緣政治學產生早期所受到社會達爾文主義影響而呈現出來的特點如出一轍，拉采爾與契倫皆持國家有機體論，而茲後的麥金德所謂「心臟地帶說」、豪斯霍夫的「邊疆發展論」亦大體類之。

第二章 地緣軸線的萌芽與春秋、戰國時期地緣格局的變遷

秦漢帝國的地緣骨架發軔於春秋戰國之地緣競爭，而春秋戰國時期的地緣政治格局則脫胎於西周的立國擘畫。周人乃西陲小邦，牧野一戰而欲控馭商朝數百年經略的遼闊疆域，故而尤其注重居險而守，其對山川險要的利用方面尤其注意，《易・坎卦》曰：「天險，不可升也。地險，山川丘陵也。王公設險以守其國。險之時用大矣哉！」〔註1〕或可代表周人對於山河險要的重視程度。本章簡略梳理西周至春秋、戰國時期地緣格局之變遷，旨在正本清源，以明晰西漢帝國地緣骨架之源起由來。

2.1 西周的立國格局與地緣軸線的遠緒

2.1.1 西周滅商與橫向地軸的萌芽

周人的立國格局與其東進的歷史路徑有著緊密的關聯，大致說來，周人的擴張分爲三個階段，首先是遷徙周原之後積蓄實力而漸次東進完成對關中內部的擴張；第二個階段即是拔除橫互東出路徑的崇國，進而北渡黃河直搗商王畿；第三個階段則是自武庚叛亂之後，大舉東進而至於齊、魯。自太王徙居周原以來，周人的實力有了很大的發展，詩謂：「周原膴膴，菫荼如飴。」〔註2〕周原肥美的土地給周人的發展奠定了良好的自然基礎，正是在這裡周人

〔註1〕黃壽祺、張善文：《周易譯注・坎卦第二十九》，上海：上海古籍出版社，2004年，第241～242頁。

〔註2〕程俊英：《詩經譯注・大雅・綿》，上海：上海古籍出版社，2009年，第414頁。

加速了國家化的進程，史載：「於是古公乃貶戎狄之俗，而營築城郭室屋，而邑別居之。作五官有司。民皆歌樂之，頌其德。」〔註3〕古公亶父死後，季歷繼位，季歷時期周人的勢力有了一個快速的擴張，雖則《史記》謂之「公季修古公遺道，篤於行義，諸侯順之。」〔註4〕但是事實上卻沒有這麼溫情，《竹書紀年》曰：「武乙三十五年，周王季伐西落鬼戎，俘二十翟王。」〔註5〕與之相關的史料還有四條：「太丁二年周人伐燕京之戎，周師大敗。」〔註6〕「太丁四年，周人伐餘無之戎，克之。周王季命爲殷牧師。」〔註7〕「太丁七年，周人伐始呼之戎，克之。」〔註8〕「（太丁）十一年，周人伐翳徒之戎，捷其三大夫。」〔註9〕從《竹書紀年》的記載來看，鬼方爲殷商西部勁敵，而周人在對戎的鬥爭中多有斬獲，被殷商引爲西疆柱石以屏蔽西土安全，周王季歷也因戰功卓著而被任命爲殷牧師，擁有征伐西部諸侯的權力，但是透過周人伐燕京戎之役可見其雖遙在岐下卻兵鋒達於汾河谷地，其迅猛的發展態勢引起了商王的不安，《竹書紀年》載：「文丁殺季歷。」季歷死後，文王繼位。文王之世在關中實行懷柔與武力交相爲用的手法，《周本紀》載：「西伯陰行善，諸侯皆來決平。」〔註10〕周人儼然成爲西部霸主，與廣泛籠絡西部部族並行的則是在西部大肆征伐異己勢力，「明年，伐犬戎。明年，伐密須。明年，

〔註3〕《史記・周本紀》，北京：中華書局，1959年，第114頁。

〔註4〕《史記・周本紀》，北京：中華書局，1959年，第116頁。

〔註5〕方詩銘、王修齡：《古本竹書紀年輯證》，上海：上海古籍出版社，2008年，第34頁。鬼戎即鬼方，《易・既濟》爻辭曰：「高宗伐鬼方，三年克之。」武丁乃殷商盛世而克之尚需三年之久，足見其爲大國，實力非同尋常。王國維考證鬼方之地謂之：「鬼方地在汧、隴之間，或更在其西，蓋無疑義。雖游牧之族，非有定居，然殷周間之鬼方，其一部落必在此地無疑也。然其全境，猶當環周之西北二垂而控其東北。」見王國維：《觀堂集林・鬼方昆夷獫狁考》，石家莊：河北教育出版社2000年，第371頁。

〔註6〕方詩銘、王修齡：《古本竹書紀年輯證》，第35頁，上海：上海古籍出版社，2008年，。作者引《淮南子・墜形訓》高誘注曰：「燕京，山名也，在太原汾陽，水所出。」並據此推斷：「燕京之山當殷末政衰爲戎所據。」見同書第36頁。

〔註7〕方詩銘、王修齡：《古本竹書紀年輯證》，上海：上海古籍出版社，2008年，第36頁。

〔註8〕方詩銘、王修齡：《古本竹書紀年輯證》，上海：上海古籍出版社，2008年，第37頁。

〔註9〕方詩銘、王修齡：《古本竹書紀年輯證》，上海：上海古籍出版社，2008年，第37頁。

〔註10〕《史記・周本紀》，北京：中華書局，1959年，第117頁。

敗耆國。殷之祖伊聞之，懼，以告帝紂。紂曰：『不有天命乎？是何能為！』明年，伐邘。明年，伐崇侯虎。而作豐邑，自岐下而徙都豐。」〔註 11〕文王在翦除商王朝西疆重要的屏障崇國之後而作豐邑，並自岐下遷都於豐，東進態勢明顯。而自滅崇國之後東出之路洞開，至武王觀兵孟津似乎未見有其它抵抗力量存在。

　　孟津觀兵之後，武王密切注視殷商政治動靜，待其東伐而元氣大傷、商政大壞而民怨鼎沸之時則北渡黃河，直搗商王畿。前 1027 年，武王率領眾多盟國以兵車四千乘陳師牧野，商紂王雖則以七十萬大軍接戰，然則「紂師雖眾，皆無戰之心，心欲武王亟入。紂師皆倒兵以戰，以開武王。武王馳之，紂兵皆崩畔紂。」〔註 12〕伐商之戰成功之後，鑒於殷商畢竟為中原大國，實力仍在，武王並未大作更張，一則安撫殷商遺民，廢除商紂之政，賑濟百姓，旋即西歸。史載：「封商紂子祿父殷之餘民。武王為殷初定未集，乃使其弟管叔鮮、蔡叔度相祿父治殷。已而，命召公釋箕子之囚。命畢公釋百姓之囚，表商容之閭。命南宮括散鹿臺之財，發巨橋之粟，以振貧弱萌隸。命南宮括、史佚展九鼎保玉。命閎夭封比干之墓。命宗祝享祠於軍。乃罷兵西歸。」〔註 13〕其二，則是褒封先聖之後，大抵亦是未有更張，唯求鎮定地方穩定人心而已。管蔡之封自有監視殷商遺民的意味，所不同的只是封姜尚和周公：「封諸侯，班賜宗彝，作《分殷之器物》。武王追思先聖王，乃褒封神農之後於焦，黃帝之後於祝，帝堯之後於薊，大禹之後於杞。於是封功臣謀士，而師尚父為首封。封尚父於營丘，曰齊。封弟周公旦於曲阜，曰魯。封召公奭於燕。封弟叔所於管，弟叔度於蔡。餘各以次受封。」屬於這次分封的還有召公封燕，《史記‧燕世家》載：「周武王之滅紂，封召公於北燕。」〔註 14〕但是對於這次分封學者則有不同的意見，傅斯年先生很質疑這次分封，他說：「武王伐紂，『致天之屆，於牧之野』。其結果誅紂而已，猶不能盡平其國。紂子祿父仍為商君焉。東土之未大定可知也。武王克殷後二年即卒，周公攝政，武庚以奄商淮夷畔，管蔡流言，周室事業之不墜若線。周公東征，三年然後滅奄。多士多方諸辭，其於殷人之撫柔蓋致全力焉。營成周以制東國，其於守防蓋甚慎焉。猶不能不封

〔註 11〕　《史記‧周本紀》，北京：中華書局，1959 年，第 118 頁。
〔註 12〕　《史記‧周本紀》，北京：中華書局，1959 年，第 124 頁。
〔註 13〕　《史記‧周本紀》，北京：中華書局，1959 年，第 126 頁。
〔註 14〕　《史記‧燕世家》，北京：中華書局，1959 年，第 126～127 頁。

微子以奉殷社，而緩和殷之遺民，其成功蓋如此之難且遲也。乃成王初立，魯、燕、齊諸國即可越殷商故域而建都於海表之營丘，近淮之曲阜，越在北狄之薊丘，此理之不可能也。今以比較可信之事實訂之，則知三國者，初皆封於成周東南，魯之至曲阜，燕之至薊丘，齊之至營丘，皆後來事也。」〔註 15〕錢穆先生的意見與傅斯年先生一致，其曰：「武王滅紂以後，並不能將殷人勢力徹底剷除，因此仍封紂子祿父於殷，同時則設立三監，以監督武庚之近旁。其他如魯、燕、齊諸國，始封皆在成周之南。」〔註 16〕杜正勝先生認爲「西周立國的封建有三大要素不宜忽略：第一，征服、殖民和封建三環相扣，缺一不可；其次是周族對被征服者的懷柔安撫政策；最後是因人因地制宜的經濟剝削方式。」〔註 17〕在這個認識之下，杜先生認爲「封建既然與征服相輔而行，所有的封國便不可能在一次舉行。太史公作周本紀，列國封建都出自武王一人，不可採信。近人傅斯年、錢穆爲彌縫舊說，特從地名遷徙論述二度分封，如魯先封於魯山，後遷曲阜，齊先封於豫西的呂，後遷臨淄，燕先在郾城，後遷北平。雖費苦心，不一定符合當時的實情。」〔註 18〕

但是三位學者對於西周分封誠非一蹴而就則是共識，這第一次分封如傅斯年先生所言大抵只是「誅紂而已」，殷商並未動搖根本而實力猶存，武王死後旋即在故殷王畿發動了一次大的叛亂，這次叛亂波動甚遠，東土之勢洶洶然。《尙書·大誥》序言謂：「武王崩，三監及淮夷叛。」〔註 19〕對於這次嚴重的叛亂，周公迅速作出反應，展開了爲時三年的大東征，在東征的同時也進行了影響深遠的第二次大分封。《周本紀》載：「周公奉成王命，伐誅武庚、管叔，放蔡叔。以微子開代殷後，國於宋。頗收殷餘民，以封武王少弟封爲衛康叔。晉唐叔得嘉穀，獻之成王，成王以歸周公於兵所。周公受禾東土，魯天子之命。初，管、蔡畔周，周公討之，三年而畢定，故初作大誥，次作

〔註 15〕 傅斯年：「大東小東說」，《傅斯年全集》，長沙：湖南教育出版社，2000 年，第三卷，第 54～55 頁。
〔註 16〕 錢穆：《國史大綱》，北京：商務印書館，2002 年，第 39 頁。
〔註 17〕 杜正勝：「西周封建的特質──兼論夏政周政與戎索周索」，杜正勝編：《中國上古論文選集》（下），臺北：華世出版社，1979 年，第 653 頁。
〔註 18〕 杜正勝：「西周封建的特質──兼論夏政周政與戎索周索」，杜正勝編：《中國上古論文選集》（下），臺北：華世出版社，1979 年，第 663 頁。
〔註 19〕 李學勤主編：《十三經注疏·尚書正義·大誥第九》，北京：北京大學出版社，1999 年，第 341 頁。

微子之命，次歸禾，次嘉禾，次康誥、酒誥、梓材，其事在周公之篇。周公行政七年，成王長，周公反政成王，北面就群臣之位。」〔註 20〕這次大分封的一個中心任務即是如何妥善安置殷商遺民並予以有效的監控，周人畢竟是蕞爾小邦，牧野之戰能夠取勝主要在於商紂王倒行逆施而喪失人心，西周在軍事方面對於盟軍也當有不少依賴，雖則平定了武庚之亂，卻不可能一舉剷除殷人勢力，更何況四夷洶洶，所以周公在平定武庚之亂後依然保留了殷人的勢力，但是鑒於「殷紂之國，左孟門，右太行，常山在其北，大河經其南」〔註 21〕的險峻形勢，為防患於未然，斷絕殷人負險而再起的可能，周公遷殷商遺民於地勢開闊平坦而無險可資的豫東平原之上，其東向則是齊、魯，旁列姬姓諸國，其西向則是洛邑，一旦宋地有事，不僅周邊諸國皆可及時預於形勢，而周王師之兵鋒亦可迅即達於是處。正是這次大分封奠定了西周立國的地緣政治格局，這次大分封也素來為學者所關注。錢穆曰：「魯、齊諸國皆伸展東移，鎬京與魯曲阜，譬如一橢圓之兩極端，洛邑與宋則是其兩中心。周人從東北、東南張其兩長臂，抱殷宋於肘腋間，這是西周的一個立國形勢，而封建大業即於此完成。」杜正勝亦曰：「周公征服東方的策略，其綱要不外建立四個據點和三道戰線：以天下樞紐的成周為東進的大本營，以大東小東的尾閭衛國為支持東進的補給站，以東人舊地的齊、魯為東進的前哨。輔以梁山和郕城，於是取小東大東如囊中探物，北上達到燕冀南下及於徐淮江漢。第一線是山東的臨淄和曲阜，第二線是河南東部的朝歌，第三線則為豫西的洛邑。這三道戰線進可攻，退可守，總根則在渭水中游的宗周。」〔註 22〕錢、杜二人對於周公東征所擘畫的立國格局皆有一個圖形的描述，在錢穆看來為一橢圓形，在杜正勝看來則為一扇形，這個扇形北向擴展至於燕冀，南向則達於徐淮江漢。但是二者對於自宗周而洛邑而齊、魯這條中軸線則都給予高度的重視，錢穆著眼於對殷宋的控馭而指出了宗周──成周──宋──齊、魯四點一線，而杜正勝則立足於周人之進取態勢而將宋國換成了衛國而已，這乃是二人所描述的不同地緣政治圖形的共同根本所在。

　　在兩人所描述的地緣格局之中，洛邑都是毫無疑問的重心所在，它是周人的力量向著大平原發散的輻射源。營造洛邑本於武王的意圖，武王東出關

〔註 20〕《史記・周世家》，北京：中華書局，1959 年，第 132 頁。

〔註 21〕《史記・吳起列傳》，北京：中華書局，1959 年，第 2166～2167 頁。

〔註 22〕杜正勝：「西周封建的特質──兼論夏政周政與戎索周索」，杜正勝編：《中國上古論文選集》（下），臺北：華世出版社，1979 年，第 655～656 頁。

中而觀兵於孟津，繼之以北伐殷商，是以深諳天下大勢，立國未久即籌謀營造東都洛邑。《周本紀》曰：「武王至於周，自夜不寐。周公旦即王所，曰：『曷爲不寐？』王曰：『告女：維天不饗殷，自發未生於今六十年，麋鹿在牧，蜚鴻滿野。天不享殷，乃今有成。維天建殷，其登名民三百六十夫，不顯亦不賓滅，以至今。我未定天保，何暇寐！』王曰：『定天保，依天室，悉求夫惡，貶從殷王受。日夜勞來定我西土，我維顯服，及德方明。自洛汭延於伊汭，居易毋固，其有夏之居。我南望三塗，北望嶽鄙，顧詹有河，粵詹洛、伊，毋遠天室。』營周居於洛邑而後去。縱馬於華山之陽，放牛於桃林之虛；偃干戈，振兵釋旅：示天下不復用也。」〔註23〕通過武王與周公的對話可以清晰發現，武王對於建都洛邑是有深思熟慮的，其不但有對夏朝建都的歷史反思，也有洞察山河形勢的地緣觀察，而且洛邑「毋遠天室」而居天下之中，不但可以總攬四方，而且可以體現上承天命，起到神聖其統治之效。唐曉峰先生亦指出：「洛邑的修建，在人文地理總格局上，強化了華夏文明地理軸心的地位。這條軸心線，西起關中地區，以宗周豐鎬爲標誌，東到豫魯平原一帶，以殷墟、曲阜爲標誌。在這條軸心線上布列著中國最早的一批都城，是夏商周三代的核心地域。華嶽、嵩嶽、岱嶽三座政教名山也沿著軸線排列。自夏商周以至漢唐，在越3000年的社會文化發展史中，這裡一直是社會空間的樞紐地帶，吸引並帶動著王朝各地的發展。洛邑恰位於這條軸心線的中部重心。」〔註24〕

2.1.2 縱向地軸之肇始與橫向過渡地帶

以宗周——洛邑——齊、魯爲中軸線的地緣結構毫無疑問成爲西周地緣政治格局的關鍵所在，但是這並不能概括西周地緣政治格局的全部內容。杜正勝先生的地緣政治格局圖與錢穆先生最大的不同在於其描述較爲全面，除了這條以控馭東疆爲要義的重要中軸線之外，杜先生還注意到周人在南北二疆的拓展，不過北疆較之於南疆而言其地緣政治地位更爲次要而已，故而用墨不多。但是周人對於南疆的經略則是其地緣政治活動的重要組成部分。孔

〔註23〕《周本紀》這段文字與《逸周書‧度邑解》大體相同，李學勤先生同意朱右曾的意見，認爲《度邑解》可信度較高，應爲不虛。因《逸周書‧度邑解》過於拉雜，此處引《史記‧周本紀》，北京：中華書局，1996年，第128～129頁。
〔註24〕唐曉峰：《從混沌到秩序：中國上古思想史述論》，北京：中華書局，2010年，第226頁。

子論及武樂時曰：「且夫武，始而北出，再成而滅商，三成而南，四成而南國是疆，五成而分陝，周公左，召公右，六成復綴，以崇天子，夾振之而四伐，盛威於中國也。」〔註25〕其中所謂「三成而南，四成而南國是疆」可見周人戡定東土之後下一個地緣目標即是南疆，而臺灣學者蕭璠則提出了更早的說法：「周人對於殷商的鬥爭採取南北兩路的鉗形包圍態勢。南方一路可能在太王、王季的時候由太王的長子太伯、次子仲雍率領遠征軍開拓南土，因爲楚人的抵抗力強，遭受不利而轉折東南，終抵於吳地。同時周人又結好殷人西南方的部族以共同伐殷。」〔註26〕徐中舒先生亦有「大王翦商之事，舊史不載，惟大伯、仲雍逃之荊蠻之說，頗可爲此語作一注解」〔註27〕之論，蕭說或本於此。足見周人經略南土之早。

　　周人對南土的經略是對商代地緣政治的繼承，商人對南土的經略無論文獻還是考古材料都有證據，《詩經·魯頌·殷武》曰：「維女荊楚，居國南鄉。昔有成湯，自彼氐羌，莫敢不來享，莫敢不來王。」〔註28〕《今本竹書紀年》載：「（夏桀）二十一年，商師征有洛，克之，遂征荊，荊降。」〔註29〕可見商部落在滅夏之前即開始在南疆進行展拓。不僅文獻有徵，湖北黃陂地區發現的殷商軍事要塞盤龍城更印證了殷商在南土的擴張。臺灣學者陳珈貝注意到與盤龍城臨近的商代遺址「主要集中於漢水以東的武漢、孝感地區，少數墓葬散佈於黃岡河隨州地區。」〔註30〕陳先生據此推論：「商人勢力南進此地的路線應是由豫省東南進入江漢平原，再經隨州、孝感等地抵達武漢營建盤龍城；其後則又仰賴長江分別對東西兩方拓殖勢力。」〔註31〕早在上世紀五十年代末李學勤先生即據武丁時期卜辭而指出：「商人向南發展也很遠，如武

〔註25〕《史記·樂書》，北京：中華書局，1959 年，第 1229 頁。

〔註26〕蕭璠：《春秋至兩漢時期中國向南方發展》，臺北：精華印書館，1973 年，第 26 頁。

〔註27〕徐中舒：「殷周之際史迹之檢討」，《徐中舒歷史論文選輯》，北京：中華書局，1998 年，第 658 頁。

〔註28〕程俊英：《詩經譯注·魯頌·殷武》，上海：上海古籍出版社，2009 年，第 569 頁。

〔註29〕王國維：《今本竹書紀年疏證》，《王國維遺書》，上海：上海古籍出版社，1983 年，第 14 頁。

〔註30〕陳珈貝：《商周南土政治地理結構研究》，王明蓀主編：《古代歷史文化研究輯刊》（二編）第 4 冊，臺北：花木蘭出版社，2009 年，第 42 頁。

〔註31〕陳珈貝：《商周南土政治地理結構研究》，王明蓀主編：《古代歷史文化研究輯刊》（二編）第 4 冊，臺北：花木蘭出版社，2009 年，第 49 頁。

丁時即已到達漢水流域。」〔註 32〕宋鎮豪先生據考古研究推斷殷商的地緣政治疆界，早在商代早期，其「南土包括江漢平原，並進抵長江中游兩湖及江西部分地區，在外層周邊地區爲商文化所波及。」〔註 33〕但是商代的政治地圖並非一成不變的，宋先生指出：「晚商的南土，對江漢地區的控制有所削弱，然對江南江西地區的政治影響卻擴大不少，後來還可能繞入長沙地區。」〔註 34〕至於晚商時期商人何以放棄盤龍城而對江漢地區的控制減弱呢？陳珈貝先生的解釋是：「商代後期，中原政權重心北移至黃河北岸的安陽，商文化向外發展的幅度也隨之縮減，南下商人似乎順應此趨勢，放棄盤龍城此一南土重鎮，且未再建立同等規模的新據點。」〔註 35〕商人對南疆控制的鬆弛繼之以商周政權更迭之亂給了楚人以發展勢力的機會，加之以茲後淮夷勢大難平，是以終西周之世其對南疆的經略都未能超越商代。

在黃河流域與長江流域這兩大文明搖籃之間隱約橫亙著一條重要的過渡地帶，其西向，漢水從秦嶺與巴山之間穿切而過，逶迤而東則是近乎漢水東向延長線的淮河流域，這條線幾乎等同於地理上重要的分界線秦嶺──淮河線，在這條線的南方降水豐沛、氣候溫暖而河汊縱橫，在這條線之北則相對乾燥，冬季氣候寒冷。這條線在地緣政治上也成爲南北勢力交爭、戰事多發的地帶。而在漢水折向南流的拐角處與淮河流域之間則是南陽盆地，南陽盆地是一個封閉並不完整的盆地，其南向開闊平坦而與江漢平原連爲一體，其西向可循漢水谷地而入漢中，其逾方城丘陵東出則可控馭淮河流域，經淅川谷地可達洛水上源而進入伊洛平原，越伏牛山而過沿外方山、熊耳山與嵩山之間的汝河谷地則亦可與伊洛平原聲息相通，而在盆地的西北向溯漢水支流丹江而上則可北窺關中〔註 36〕。是以南陽勢關宗周、成周二京，地位尤其顯

〔註32〕 李學勤：《殷代地理簡論》，北京：科學出版社 1959 年，第 96 頁。

〔註33〕 宋鎮豪：「論商代的政治地理架構」，《中國社會科學院歷史研究所學刊》，北京：社會科學文獻出版社，2001 年，第一集，第 19 頁。

〔註34〕 宋鎮豪：「論商代的政治地理架構」，《中國社會科學院歷史研究所學刊》，北京：社會科學文獻出版社，2001 年，第一集，第 19 頁。

〔註35〕 陳珈貝：《商周南土政治地理結構研究》，出自王明蓀主編：《古代歷史文化研究輯刊》（二編）第 4 冊，臺北：花木蘭出版社，2009 年，第 50 頁。

〔註36〕 魯西奇認爲：「周人南下漢水中下游地區主要有兩條通道：一是自關中東南行越過秦嶺，沿丹江河谷進入南陽盆地；二是由洛邑東南行經鄭、許轉西南越過方城山進入南陽盆地東北部。這兩條通道的終點都是南陽盆地。」魯西奇：《區域歷史地理研究：對象與方法──漢水流域的個案考察》，南寧：廣西人民出版社，2000 年，第 136～137 頁。

赫〔註37〕。饒勝文談到南陽盆地的地緣政治特點謂之:「由漢水及其支流形成的南陽盆地,成了關中、漢中、中原和湖北四者之間的一個旋轉門,任何一方勢力到達這裡後均可縱橫四出。」〔註38〕以洛邑爲首腦而南關南陽、北聯太行,則又形成一條隱形的軸線,其宛如一隻展翅欲飛的巨鷹,其足踞關中,目眈中原,論其守則太行與南陽可以屏蔽成周之南北二側;論其攻則垂首而鷹擊中國,展翅而翼掃南北。由於周人以橫向地軸爲中心而作了縝密而宏偉的布局,於經略中原計,西周時期太行山的地緣功能還相對沉寂,但是對於銳意經略南土的周人而言,南陽盆地則可謂其南國之臂膀。是以周人自伊洛平原至南陽盆地皆有重要的封國。

論及西周時期南陲封國,《國語·鄭語》曰:「當成周者,南有荊蠻、申、呂、應、鄧、陳、蔡、隨、唐。」〔註39〕這其中除了楚與周長期處於對立狀態之外,處於南陽盆地申、鄧、唐三國,位於盆地外圍之蔡國,皆爲周人經略江漢的重要基地,而處於隨棗走廊的隨則爲周人在漢水以東重要的據點,而應處於連接伊洛平原與南陽盆地的關節點上,《左傳》僖公二十四年富辰曰:「……昔周公弔二叔之不咸,故封建親戚以蕃屏周。管蔡郕霍,魯衛毛聃,郜雍曹滕,畢原酆郇,文之昭也。邘晉應韓,武之穆也。凡蔣刑茅胙祭,周公之胤也。」〔註40〕這二十六個最親近的姬姓諸封國即有應國,周王室於此軸線重視程度可見一斑。此外據徐少華先生考證,南陽盆地的封國主要有鄧、(西)蓼、呂、唐、謝、鄂、申等國〔註41〕,西周前期周王室在經略南土的問題上對鄂侯頗爲藉重,而自鄂侯叛亂而被滅國之後,申國則爲周室所倚重。據徐先生研究鄂國有銘器多件傳世,其前期多反映了與周王室的友好關係。但鄂國後期的禹鼎反映了鄂侯與西周關係破裂的戰爭情形,其文曰:「亦唯鄂侯御方率南淮夷、東夷廣伐南國、東國,至於歷寒。王乃命西六師、殷八師

〔註37〕 唐蘭先生據啓卣銘文指出:「昭王的出獸南山,就是經由武關去伐楚的要道。」可見由於由洛邑達南陽須迂迴熊耳山、嵩山與外方山之間的崎嶇山地,周人南伐楚國亦可由關中直接爲南陽注入力量。見唐蘭:「論周昭王時代的青銅器銘刻」,《唐蘭先生金文論集》,北京:紫禁城出版社,1995年,第278頁。
〔註38〕 饒勝文:《布局天下》,北京:解放軍出版社,2006年,第200頁。
〔註39〕 《國語·鄭語》,上海:上海古籍出版社,1995年,卷十六,第507頁。
〔註40〕 楊伯峻:《春秋左傳注·僖公二十四年》,北京:中華書局,2000年,第420～421頁。
〔註41〕 參見徐少華:《周代南土歷史地理與文化》第二章諸節,武漢:武漢大學出版社,1994年。

曰：『裂伐鄂侯御方，無遺壽幼。』……」〔註42〕這段銘文反映了鄂侯連結淮夷、東夷共同叛亂，聲勢震動巨大，以至於周王室精銳之師盡出方平定叛亂，茲後對鄂人予以「無遺壽幼」的殘酷處置。透過這段材料則可見南陽盆地在南國經營中的樞紐地位，其不僅可以作爲南伐荊楚，進軍江漢平原的前出基地，亦可作爲控馭淮河流域的重要基地，一旦南陽有失則江漢與淮河皆失其據，而此次鄂侯御方東向聯袂淮夷，進而關聯東夷，故而震動甚遠。鄂侯亂後，申侯封於南陽，《詩·大雅·崧高》裏關於記載封申侯的有：「維申及甫，維周之翰。四國於蕃，四方於宣。」「亹亹申伯，王纘之事。於邑於謝，南國是式。」「我圖爾居，莫如南土。錫爾介圭，以作爾寶。往近王舅，南土是保」〔註43〕等句子，其中既有褒獎之意，也對其反覆叮嚀，足見周室對南疆門戶的重視。周人對南疆的經略主要有兩大勁敵：一則爲南方江漢流域的楚，二則爲東南淮河流域的淮夷。周人對於楚地的經略用力不小，成效卻不甚顯著，昭王時期更是遭到重大挫折，《古本竹書紀年》記載昭王南征楚人遭遇重挫的史料有三條：「周昭王十六年，伐楚荊，涉漢，遇大兕。」「周昭王十九年，天大曀，雉兔皆震，喪六師於漢。」「周昭王末年，夜有五色光貫紫微。其年，王南巡不返。」〔註44〕可見這次南征歷時數年而最終導致周人精銳盡失，周王不返。宣王時期南征又起，《詩·小雅·採芑》記載了方叔伐荊楚的情況：「蠢爾蠻荊，大邦爲仇。方叔元老，克壯其猶。方叔率止，執訊獲醜。戎車嘽嘽，嘽嘽焞焞，如霆如雷。顯允方叔，征伐玁狁，蠻荊來威。」〔註45〕《詩·大雅·江漢》裏也記載了召虎伐荊的情況，出土銘器也多有反映周人南征楚的材料，茲不詳舉。

發源於桐柏山、伏牛山的淮河東向流淌，除卻淮南低矮的山地之外，其流經之處皆爲平原，夏季暴雨襲來，其支流與溝渠織成一張巨大的水網橫亙南北之間，可以有效阻擋來自北方勢力的侵襲；而淮河一線又是一月零度等溫線之所在，秋冬季節其後寒冷少雨，河床水淺而易於凍結，其於軍事上則

〔註42〕中國社會科學院考古研究所編：《殷周金文集成釋文》，香港：香港中文大學中國文化研究所，2001 年，卷二之 2833，第 403 頁。

〔註43〕程俊英：《詩經譯注·大雅·崧高》，上海：上海古籍出版社，2009 年，第 486～488 頁。

〔註44〕方詩銘、王修齡：《古本竹書紀年輯證》，上海：上海古籍出版社，2008 年，第 45～46 頁。

〔註45〕程俊英：《詩經譯注·小雅·採芑》，上海：上海古籍出版社，2009 年，第 282 頁。

利於北方而不利於南方。饒勝文謂之：「無論從時機還是地利上，雙方都是利弊半參，因而易於陷入一種拉鋸式的角逐之中。」〔註46〕今安徽壽縣至鳳陽一線沿江多有低矮丘陵綿延，於平原之上而險要尤著，故而依江憑險素爲兵家所重。循古淮河下游支流沂、泗諸水聲勢可達於齊、魯。淮河以南背靠桐柏山、大別山，下游湖汊縱橫，形勢自成一體，北方得之可飲馬長江，南方得之可北望中原。是以顧祖禹謂之：「南得淮則足以拒北，北得淮則南不可復保也。」〔註47〕淮河的意義更多在於南北交爭之中體現，於西周而言，東南尚無大的勢力相威脅，其地緣政治意味相對單純，然則淮流聲連沂、泗，御方之亂，淮夷、東夷皆隨之而動，亦足見其重要性於一斑。淮北之地爲錢穆先生所謂橢圓形地緣格局之南緣，其地緣政治功能有二，一則爲監控殷宋之動靜，二則爲南征淮夷之盾牌，其東部前哨亦有壓服東夷的意味，而自西周中期開始後者的意義凸顯。陳珈貝先生指出：「昭王之後，周人南征的對象主體轉變爲居於淮水流域的淮夷。」〔註48〕據徐少華先生考證，周室在淮北汝、穎地區的封國有房、道、柏、沈、蔡、頓、項、陳、厲、許、應、養、胡〔註49〕諸國，這些國家如前所述或貫通洛邑到南陽之縱向軸線、或屏蔽交通線之側翼，而且其還可直接拱衛伊洛平原之東南境，形勢顯要。而在淮河上中游兩岸的封國則有樊、息、弦、黃、蔣、江、番、（東）蓼〔註50〕諸國，這些國家則處於對淮夷鬥爭的第一線。周與淮夷鬥爭在《詩經》中多有反映，《詩‧大雅‧江漢》有「匪安匪游，淮夷來求」、「匪安匪舒，淮夷來鋪」〔註51〕等句，因詩歌名爲「江漢」，可能是淮河上中游之夷，但是淮河自桐柏山發祥綿延上千公里而達於海，是以淮河下游之夷亦在周之東疆，其與東夷很難分別。故而魯雖爲東方大國，然其亦有對淮夷鬥爭之責，時至春秋淮夷仍烈，《詩‧魯頌‧泮水》載其事曰：「既克淮夷，孔淑不逆。式固爾猶，

〔註46〕饒勝文：《布局天下》，北京：解放軍出版社，2006年，第88頁。

〔註47〕〔清〕顧祖禹：《讀史方輿紀要‧南直一》，賀次君、施和金點校，北京：中華書局，2005年，卷十九，第916頁。

〔註48〕陳珈貝：《商周南土政治地理結構研究》，出自王明蓀主編：《古代歷史文化研究輯刊》（二編）第4冊，臺北：花木蘭出版社，2009年，第84頁。

〔註49〕參見徐少華：《周代南土歷史地理與文化》第四章諸節，武漢：武漢大學出版社，1994年。

〔註50〕參見徐少華：《周代南土歷史地理與文化》第三章諸節，武漢：武漢大學出版社，1994年。

〔註51〕程俊英：《詩經譯注‧大雅‧江漢》，上海：上海古籍出版社，2009年，第498頁。

淮夷卒獲。」〔註 52〕而淮河下游的徐更是淮夷之大者，更是桀驁難馴，周徐之爭互有勝敗，甚至當徐夷勢大周王也不得不相妥協，《後漢書・東夷傳》載：「徐夷僭號，乃率九夷以伐宗周，西至河上。穆王畏其方熾，乃分東方諸侯，命徐偃王主之。」〔註 53〕厲王之世國政混亂、民怨沸騰，自然在對淮夷的鬥爭中處於不利位置，《古本竹書紀年》記載：「（厲王）三年，淮夷侵洛，王命虢公長父征之，不克。」〔註 54〕到了宣王之時在對淮夷的鬥爭中多有振作，宣王本人也親臨征伐淮夷的前線，《竹書紀年》載有三條史料：「六年，召穆公帥師伐淮夷。」「王帥師伐淮夷，皇父、休父從王伐徐戎，次於淮。」「王歸自伐徐。」〔註 55〕《詩・大雅・常武》記載宣王伐徐勝利的盛況曰：「赫赫業業，有嚴天子。王舒保作，匪紹匪游。徐方繹騷，震驚徐方。如雷如霆，徐方震驚。王奮厥武，如震如怒。進厥虎臣，闞如虓虎。鋪敦淮濆，仍執醜虜。截彼淮浦，王師之所……王猶允塞，徐方既來。徐方既同，天子之功。四方既平，徐方來庭。徐方不回，王曰還歸。」〔註 56〕

　　宣王之世窮兵黷武數十年，盛極而衰，宣王四十年，《國語・周語》載：「宣王既喪南國之師，乃料民於太原。」〔註 57〕至此周室元氣大傷，宣王之後幽王繼位，幽王昏庸無能，斯時橫向軸線之根本宗周亦是戎氛甚濃，其自顧不暇，自是無力於經略南土上再有所建樹。西周以西陲小部族而入主中土、經略四疆，其宗法制與分封制相結合的地緣政治構建可謂居功甚偉。如前所述，周振鶴先生指出：「封建制是地緣關係，宗法制是血緣關係，封建制與宗法制二而一，一而二。這是以地緣關係來維護血緣關係。」「大邦維屏，大宗維翰，懷德維寧，宗子維城」成為西周獨特的地緣景觀。但是，隨著歷史的進展，分封制本身的癥結也日漸暴露，對此李峰有深刻細緻的分析，他說：「我

〔註 52〕程俊英：《詩經譯注・魯頌・泮水》，上海：上海古籍出版社，2009 年，第 551頁。

〔註 53〕《後漢書・東夷列傳》，北京：中華書局，1965 年，第 2808 頁。

〔註 54〕方詩銘、王修齡：《古本竹書紀年輯證》，上海：上海古籍出版社，2008 年，第 255 頁。

〔註 55〕方詩銘、王修齡：《古本竹書紀年輯證》，上海：上海古籍出版社，2008 年，第 257 頁。

〔註 56〕程俊英：《詩經譯注・大雅・常武》，上海：上海古籍出版社，2009 年，第 502～503 頁。

〔註 57〕《國語・周語上》，上海：上海古籍出版社，1988 年，卷一，第 24 頁。同條史料見方詩銘、王修齡：《古本竹書紀年輯證》，上海：上海古籍出版社，2008年，第 260 頁。

相信在西周的例子中我們可以清晰地觀察到這樣一種歷史現象，即當一個政治組織由於短時期過度地擴展，而一時難以消化既得勝利果實時，它便不得不將其有限的人力物力過分地疏散到各地，以期維持其龐大的地緣政治統一體。這樣，由於聯繫其各地分支即諸侯國的紐帶過於微弱和條件化，地方資源對中央權力的持續充實便無法得到滿足。相反地，隨著時間的流逝，中央授予諸侯的行政管理自治權逐漸滋生出一種離心力，這種離心力不但打消了諸侯支持中央政權的積極性，甚至激使他們同中央公然對抗。另一方面，周王領導的西周國家核心的管理不善，是這個問題的有一肇因。中央政府實施的是一種『恩惠換忠誠』原則，政府官員並沒有定期的俸祿，他們薪俸的發放並非由其服務的時間長短，或者工作的性質等量化標準來決定。相反，周王只是不定期地給予其官員各種形式的賞賜，其中最重要的就是地產。由於這種地產只能從渭河谷地一帶有限的王室土地資源中分割，所以周王向他的臣子賞賜的越多，他以後繼續賞賜的可能性就越小。政府的這種「自殺式」管理方法不可避免地削弱了西周國家的經濟基礎，導致了周王室的貧困化。這兩個問題可以說是根植於西周國家的基本政治體制中，並且合力從內部對其進行削弱，尤其是在來自外部的威脅也頻繁不斷的時候。」〔註 58〕而這種危險不是來自遙遠的東部，而是禍生肘腋之間，宗周作為經略三疆的大本營不僅在於渭河平原肥沃的土地而積累的充足物力保證，更在於其四塞險固的河山，其南向秦嶺險峻而無南疆之虞，且周人在關中經營多年，或和睦西戎，或討伐其頑者，而建立了良好的微觀地緣政治基礎，但是當西周晚年這種情況發生了深刻的變化。相較於東部、西部和南部邊境之險固，涇水谷地與洛水河谷直透渭河腹地，則為宗周之命脈所在。西周晚年涇水、洛水流域之獫狁的南向發展給了宗周以巨大壓力，不幸的是昏庸的周幽王在繼嗣問題上措置失當，終於導致了申侯與獫狁的聯盟，煊赫數百年的西周至此結束。《小雅・正月》裏周人幽怨地慨歎：「赫赫宗周，褒姒滅之。」〔註59〕用之誘因尚可，論之本原則實屬誣枉之辭。

總體言之，西周以洛邑為中心構建了十字形架構的地緣政治結構，橫向地軸為宗周——成周——齊、魯一線，宗周為根本所在，成周為控馭東部之

〔註 58〕 李峰：《西周的滅亡：中國早期國家的地理和政治危機》，徐峰譯，湯惠生校，上海：上海古籍出版社，2007 年，第 107 頁。

〔註 59〕 程俊英：《詩經譯注・小雅・正月》，上海：上海古籍出版社，2009 年，第 311 頁。

大本營，而齊、魯則爲其前哨，於地軸之兩側諸多封國呈放射型展開，北及幽燕，南達江淮；從縱向觀察亦有一隱形之軸線，其北依太行、南連南陽，前鋒則直指荊楚核心的江漢平原，東出則勢關淮水。從根本上看，西周坐守關中而東向進取，依託眾多的封國而開闢了以西馭東的地緣模式，從這種意味上看北至幽燕，南至淮水都是廣義上的東方，唯獨南陽江漢一帶算是自洛邑而南的一個延長線。這大抵是西周立國的基本地緣構架所在。

2.2 春秋的地緣格局及其變遷趨勢

當春秋之世，王室地位沈降，天子陵夷而諸侯競起，歷數春秋五霸則會驚異地發現：其中齊、秦、楚、晉四國恰好位於西周立國的縱橫地軸之上，是以司馬遷感慨而曰：「齊、晉、秦、楚其在成周微甚，封或百里或五十里。晉阻三河，齊負東海，楚介江淮，秦因雍州之固，四海迭興，更爲伯主，文武所褒大封，皆威而服焉。」在太史公眼裏四國的崛起與西周地緣軸線之地理優勢之間的關聯甚密。而大國之尤者晉、楚二國則處於縱向地軸之上，春秋大部分的歷史即是晉、楚爭霸的歷史，從這種意味上說，春秋的地緣政治很大程度上是圍繞著縱向地軸轉動的歷史。但是，春秋的地緣政治內涵較之西周有很大的擴展，以長江流域一線觀之，其大抵分爲四川盆地，江漢平原與漢水谷地、南陽盆地三者一體，以及下游的吳、越地區。春秋時期不但長江流域之上中游之間已有明顯之地緣政治互動，而中下游則更是地緣活動繁複燦然，這就又浮現出第三條線，從而大大增加了春秋時期地緣政治活動的內涵。而齊、秦二國一則受制於晉人對東出咽喉之地的控扼，一則受制於晉人在大平原之上的擴展，長時期之中其對外經略皆無大的起色。

2.2.1 地緣軸線的中斷與裂變

西周建立的地緣政治體系的核心在於洛邑，而根本則立足於關中，幽王亂後關中滿目瘡痍，根本既失，關中夷氛方熾，平王在秦襄公的護送之下倉惶逃離關中而遷都洛邑，是爲東周。爲報答秦人勤王之功，平王封襄公爲諸侯而予以岐西之地，《史記・秦本紀》記其事曰：「平王封襄公爲諸侯，賜之岐以西之地。曰：『戎無道，侵奪我岐、豐之地，秦能攻逐戎，即有其地。』

與誓，封爵之。」〔註 60〕至此，西周橫向地軸之西軸爲之而斷裂，然則周室賜予秦人的僅爲岐西之地，西虢尙扼桃林之塞，觀乎時變而西返之途猶存。其東向則爲新造之鄭國，當王室不振之際而朝政自任與王室頗多牴牾，中原諸國由於王室沈降，一則在對夷鬥爭中缺乏統一布置頗感壓力，二則因彼此傾軋之故而自顧不暇，東方之大國唯齊、魯爲要，宋國雖實力不俗，但畢竟去西周未遠而傳統的防範殷人意識猶存，無法更多預於東方之形勢，是以東周初期橫向東軸上最重要的大國爲鄭、齊、魯三家，而三家之中尤以齊國地緣形勢最爲完固。自縱向地軸觀之，自洛邑至南陽一線申、呂、應、鄧、陳、蔡、隨、唐諸國猶存，然則如上所論，南陽之地處於漢水——南陽——淮河一線之過渡地帶，南北勢力深度變化之際，其形勢因強弱之變遷而必然有所改觀。其南則爲虎視眈眈之荊楚；縱向地軸之北段晉人亦開始了其區域內的地緣擴展。是以《周本紀》曰：「平王之時，周室衰微，諸侯強并弱，齊、楚、秦、晉始大，政由方伯。」〔註 61〕

論及平王東遷之後的天下形勢史伯說得明白，其曰：「當成周者，南有荊蠻、申、呂、應、鄧、陳、蔡、隨、唐；北有衛、燕、狄、鮮虞、潞、洛、泉、徐、蒲；西有虞、虢、晉、隗、霍、楊、魏、芮；東有齊、魯、曹、宋、滕、薛、鄒、莒；是非王之支子母弟甥舅也，則皆蠻、荊、戎、狄之人也。」〔註 62〕而至於處於原點的周王畿之地緣形勢顧棟高深刻指出：「周自平王東遷，尙有太華、外方之間方六百里之地。其時西有虢，據桃林之險，通西京之道；南有申、呂，扼天下之臂，屏東南之固；而南陽肩背澤潞，富甲天下；軒轅、伊闕披山帶河，地方雖小，亦足王也。故桓王之世猶能興師以號召諸侯，虎牢屬鄭，仍復收之，至惠王始與鄭。以武公之略，張弛自如，皇綱未盡絕於天下也。而孱弱不振，日朘月削，楚滅申而東南之蔽失，晉滅虢而西歸之道斷。至襄王以溫、原界晉，而東都之事去矣。」〔註 63〕地軸斷裂而四維不張，繼之以外藩自專而內險盡失，茲後之周室僅以天子之道義名器而在諸霸之間虛與委蛇，聊以自存而已，晉文請燧、楚莊問鼎，周室之應對皆此類也。而在昔日之縱橫地軸之上相繼孵化出楚、齊、晉、秦四大強國而主導

〔註 60〕《史記·秦本紀》，北京：中華書局，1959 年，第 179 頁。

〔註 61〕《史記·周本紀》，北京：中華書局，1959 年，第 149 頁。

〔註 62〕《國語·鄭語》，上海：上海古籍出版社，1988 年，卷十六，第 507 頁。

〔註 63〕〔清〕顧棟高：《春秋大事表·春秋列國疆域表》，吳樹平、李解民點校，北京：中華書局，1993 年，卷四，第 501～502 頁。

了春秋政治之大局，而由於楚人務於中原之經略加之東南之形勢自成一體，在西周時期沉寂無爲的東南地區也孵化出足以震動天下的吳、越二國，從而使得春秋時期的地緣政治局勢更加複雜。

2.2.2 晉、楚交爭：南北地軸的加強與撞擊

當春秋之世能在多個維度發揮全局地緣影響力且持續時間長久的國家唯有坐落在縱向地緣軸線上的晉、楚二國，晉、楚二國雖因北南二軸而奠定強國之地位，然則皆不拘泥於二軸之內部，皆以此爲根基而多方拓展。於晉國言之，當其實現今山西境內之拓展之同時，南下而滅虢以阻斷秦人東出之路；在西疆其佔有河西之地而將觸角深入秦人心腹之中；在東向，於黃河以北則以南陽爲基地大舉展拓而達於齊境可隨時主導河北之形勢，而於河南則據有虎牢關而拔除鄭國北疆之爪牙，河南諸國多唯晉人馬首是瞻。於楚國而言，其首先銳意經略江北、漢水谷地與南陽而使縱向地軸之南軸形勢完固，繼之以爭汝、潁與淮水諸國，其東向則爭於吳、越，尤其是長期與吳國爭霸。晉、楚這南北二極之爭席卷了諸多中間地帶的國家的參與從而成爲春秋時期地緣政治的主軸，也因之而據有全局性，此後的吳、楚之爭也與之多有關聯。本節但以晉、楚二國在縱向地軸的整合與南北交爭爲中心展開論述，其它關涉問題但在它節展開。

2.2.2.1 晉國的地緣發展及其影響

論及春秋初年晉國的地緣形勢，顧棟高曰：「晉當春秋之初，翼侯中衰，曲沃內亂，不與東諸侯之盟會，疑於荒遠之地。然其地近王畿，是時周新東遷，列侯未甚兼併，沈、姒、蓐、黃處在太原，虞、虢、焦、滑、霍、楊、韓、魏列於四境，晉於其中，特彈丸黑子之地，勢甚微。」〔註 64〕然自曲沃武公滅晉賄周而代之，晉國疆域有了一個較大的發展，據馬保春考證歷晉昭侯、武公、獻公三世晉國據有荀地、董地、驪戎之地〔註 65〕、蒲、曲、霍、魏、耿、虞、虢、屈、翟、河外列城五〔註 66〕等大片的領土，至此晉土北達

〔註64〕〔清〕顧棟高：《春秋大事表・春秋列國疆域表》，吳樹平、李解民點校，北京：中華書局，1993 年，卷四，第 518 頁。

〔註65〕李孟存、常金倉先生認爲：「驪戎當時或是秦的附庸，驪戎的滅亡是秦、晉爭雄的結果。」見氏著：《晉國史略》，西安：陝西人民出版社，1989 年，第 252 頁。

〔註66〕參見馬保春：《晉國歷史地理研究》第六章「晉國的疆域和交通狀況」，北京：文物出版社，2007 年，第 242～246 頁。

於汾河中游之霍，南逾中條山而渡河控扼黃河兩岸，東出咽喉盡在掌握，西跨河西而伸入關中，東南及於垣曲。論及獻公末年晉國疆域，《晉世家》謂之：「當此時，晉強，西有河西，與秦接境，北邊翟，東至河內。」〔註67〕論及惠公、文公時期晉國疆土的發展馬保春說：「此期擴地的特點是通過扶持王室，以德化的方式來取得進展，例如王室賜南陽之地於晉文公，文公又以德取原地。另一個特點是，進文公時期在東南方向上的重要拓展，為下一個階段晉人翻越太行山進入華北大平原與齊、魯、中山、衛等國疆域接觸打下了基礎。」〔註68〕關於在東南疆土的突破性進展，《國語·晉語四》載：「二年春，公以二軍下，次於陽樊。右師取昭叔於溫，殺之於隰城。左師迎王於鄭。王入於成周，遂定之於郟。王饗禮，命公胙侑。公請隧，弗許。曰：『王章也，不可以二王，無若政何。』賜公南陽陽樊、溫、原、州、陘、絺、組、攢茅之田。」〔註69〕此所謂周王室之南陽之地。襄公時期最重要的成就有二，一為在殽之戰中取得為秦所滅的滑，而達於鄭之西疆，二則是滅箕而打通了進入太原盆地的關節點。《國語·晉語》〔註70〕載其事曰：「欒武子曰：『昔韓之役，惠公不復舍；邲之役，三軍不振旅；箕之役，先軫不復命：晉國固有大恥三。……』」從這段材料看晉國名臣先軫即死於滅箕之戰，足見戰鬥的殘酷性。然則箕一旦歸於晉則太原門戶洞開，晉人北疆的發展從而進入一個新時期。景公時期一個重要的進展即是來自與東南狄人鬥爭的勝利。馬保春曰：「晉景公時期，主要展開了對晉東南狄族的進攻，公元前598年，前後派晉卿郤成子、中行林父處理狄族之事，郤成子巧妙利用狄族內部的矛盾分化其族，實施各個擊破的戰略決策，如先與白狄為攢函之盟，而孤立赤狄，中行林父於公元前594年滅赤狄潞氏。公元前593年，士會又滅掉了晉東南的赤狄諸部——甲氏、留籲、鐸辰等。公元前588年，晉卿郤克和衛孫良夫一起滅掉了赤狄餘部廧咎如。赤狄被滅之後，今太行山中南部就盡歸晉國所有了。」〔註71〕據馬保春推測：「在晉平公末年，晉可能已經能自晉中盆地北上，於後來的滹沱河支流出太行山處的井陘關向東進入太行山以東地區。」

〔註67〕 《史記·晉世家》，北京：中華書局，1959年，第1648頁。

〔註68〕 馬保春：《晉國歷史地理研究》第六章「晉國的疆域和交通狀況」第248頁，北京：文物出版社，2007年。

〔註69〕 《國語·晉語四》，上海：上海古籍出版社，1988年，卷十，第374～375頁。

〔註70〕 《國語·晉語六》，上海：上海古籍出版社，1988年，卷十二，第419頁。

〔註71〕 馬保春：《晉國歷史地理研究》第六章「晉國的疆域和交通狀況」，北京：文物出版社，2007年，第252頁。

〔註 72〕關於晉國末年其疆域，馬保春引《晉國史》云：「今山西省的全部，今河南省西、中、南大部，北起蔚縣東北的代王城，向南而有順平、晉縣，再往南直到山東西端的冠縣、山東與河南交界的范縣；河南省黃河以北的絕大部分以及黃河以南的豫西北部，大約東北從周王室居住的洛陽向東南的伊川、汝州、平頂山往西南直到淅川一線；陝西省大約包括陝南的商州東部的武關、秦嶺以北的華縣、大荔、澄城、韓城，向北至龍門一線以東到黃河的一長條地區。另外包括山東省西北端冠縣至范縣一線以西的一小部分。」〔註 73〕

　　晉國能扼秦抑楚而制齊的根本首先在於其佔有了表裏河山的今山西地區，進而以之為據而於東、西、南三向加以展拓。論及山西形勢，顧祖禹慨然而曰：「山西之形勢最為完固。關中而外，吾必首及夫山西。蓋語其東則太行為之屏障，其西則大河為之襟帶，於北則大漠、陰山為之外蔽，而句注、雁門為之內險，於南則首陽、底柱、析城、王屋諸山濱河而錯峙，又南則孟津、潼關皆吾門戶也。汾、澮縈流於右，漳、沁包絡於左，則原隰可以灌注，漕粟可以轉輸矣。且夫越臨晉，泝龍門，則涇、渭之間可折棰而下也；出天井，下壺關，邯鄲、井陘而東不可惟吾所向乎？」〔註 74〕而晉國則不僅據有整個的山西，並且盡攬周邊諸險於一身，是以當春秋之世其卓然北國而獨大。隨著晉國在東方大平原上的拓展，黃河以北中間地帶的衛、曹等國皆因國力單薄無法抗衡晉國，晉人更是視出入如無人之境。如《左傳·僖公》載：「（僖公）二十八年春，晉侯將伐曹，假道於衛，衛人弗許。還，自南河濟。侵曹伐衛。正月戊申，取五鹿。」〔註 75〕黃河以北唯獨不聽命於晉的只有齊國，而黃河以南之鄭、宋、陳、蔡諸國多數時候亦是唯晉國馬首是瞻，所不同的是因晉、楚勢力之消長而依違於晉、楚之間而已。對於西疆而言，晉國不僅地跨河西而望秦人之腹地，且控扼二崤，顧棟高謂之：「幸而崤師一敗，遁逃

〔註 72〕馬保春：《晉國歷史地理研究》第六章「晉國的疆域和交通狀況」，北京：文物出版社，2007 年，第 255 頁。
〔註 73〕李孟存、李尚師：《晉國史》，太原：山西古籍出版社，1999 年，第 491 頁。轉引自馬保春：《晉國歷史地理研究》第六章「晉國的疆域和交通狀況」，北京：文物出版社，2007 年，第 257 頁。
〔註 74〕〔清〕顧祖禹：《讀史方輿紀要·山西方輿紀要序》，賀次君、施和金點校，北京：中華書局，2005 年，卷三十九，第 1774 頁。
〔註 75〕楊伯峻：《春秋左傳注·僖公二十八年》，北京：中華書局，2000 年，第 451～452 頁。

竄伏。其後迭相攻擊歷三四世，終不能越大河一步。」〔註76〕西疆穩固方可放心進取於東而攘奪於南。在與楚爭霸的鬥爭中，晉人也是自負其山河之險固，僖公二十八年城濮戰前，主戰的子犯謂文公曰：「戰也。戰而捷，必得諸侯。若其不捷，表裏山河，必無害也。」〔註77〕是以晉國的根本猶在以今山西為根本的北向地軸之上。

土地與人民的均衡度直接關乎到國家力量的蓄積，土地多於人民而得不到有效開發則無益於國家力量的加強，而反之人民太多以至於超過土地的承載能力則人民必流徙而非國家之民，《逸周書》所謂：「土多民少，非其土也；土少人多，非其人也。是故土多，發政以漕四方，四方流之；土少，安帑而外其務，方輸。」〔註78〕晉國地處西北而人民稀少，其在對外擴張的同時將大量的狄人納入到國家體系之中，使之服務於其爭霸的地緣戰爭。除了武力方式以外，晉國也非常注意用和平安撫的方式使狄人為其驅使。襄公四年，魏絳上和戎之策曰：「和戎有五利焉：戎狄薦居，貴貨易土，土可賈焉，一也。邊鄙不聳，民狎其野，穡人成功，二也。戎狄事晉，四鄰振動，諸侯威懷，三也。以德綏戎，師徒不勤，甲兵不頓，四也。鑒於后羿，而用德度，遠至邇安，五也。」〔註79〕魏絳的建議被晉侯採納而收到了良好的效果。而另一則材料剛好印證了狄人在晉國地緣戰爭中所發揮的作用，《左傳》載：「（襄公十四年）將執戎子駒支。范宣子親數諸朝，曰：『來！姜戎氏！昔秦人迫逐乃祖吾離于瓜州，乃祖吾離被苫蓋、蒙荊棘以來歸我先君，我先君惠公有不腆之田，與女剖分而食之。今諸侯之事我寡君不如昔者，蓋言語漏洩，則職女之由。詰朝之事，爾無與焉！與，將執女！』對曰：『昔秦人負恃其眾，貪於土地，逐我諸戎。惠公蠲其大德，謂我諸戎，是四嶽之裔胄也，毋是翦棄。賜我南鄙之田，狐狸所居，豺狼所嗥。我諸戎除翦其荊棘，驅其狐狸豺狼，以為先君不侵不叛之臣，至于今不貳。昔文公與秦伐鄭，秦人竊與鄭盟，而舍戍焉，於是乎有殽之師。晉禦其上，戎亢其下，秦師不復，我諸戎實然。譬如捕鹿，晉人角之，諸

〔註76〕〔清〕顧棟高：《春秋大事表・春秋秦、晉交兵表》，吳樹平、李解民點校，北京：中華書局，1993年，卷三十一，第2039頁。

〔註77〕楊伯峻：《春秋左傳注・僖公二十八年》，北京：中華書局，2000年，第459頁。

〔註78〕黃懷信、張懋鎔、田旭東：《逸周書彙校集注》，黃懷信修訂，李學勤審定，上海：上海古籍出版社，2008年，第241～245頁。

〔註79〕楊伯峻：《春秋左傳注・襄公四年》，北京：中華書局，2000年，第939頁。

戎掎之，與晉踣之，戎何以不免？自是以來，晉之百役，與我諸戎相繼于時，以從執政，猶殽志也。豈敢離遏？今官之師旅無乃實有所闕，以攜諸侯，而罪我諸戎！我諸戎飲食衣服不與華同，贄幣不通，言語不達，何惡之能為？不與於會，亦無瞢焉！』〔註80〕透過駒支的控訴可以清晰地看見在晉人的地緣戰爭中戎狄的身影幾乎無處不在。

《逸周書》謂之：「國有本、有幹、有權、有倫質、有樞體。土地，本也；人民，幹也；敵國侔交，權也；政教順成，倫質也；君臣和，□樞體也。」〔註81〕在地緣政治系統中，土地、人民、外交、內政、君臣關係成為最重要的五要素。土地是根本，人民是主體，外交是權變，內政是常理，君臣關係猶如心之於體的關聯，在地緣政治活動中是關鍵。這五者之間的離合狀態則影響到國家安全的不同結果。晉國在長期的對外擴張的過程中攻佔了大量的土地，滙入了不同的人民，同時其征戰達於四境，因而在晉國發展的過程之中勢必深刻影響到其國家內部管理制度的變化，而這種變化不僅本身即是地緣政治的有機組成部分，它也必然又反饋到其對外的地緣擴張之中。首先在軍事制度上，晉國有了很大的變化，許倬雲先生指出：「晉國更是由一軍、二軍，一變為三軍（公元前622年），加上『三行』〔註82〕（公元前621年），再變為五軍（公元前618年），以至增為六軍（公元前587年），簡直就僭了天子的軍數。」〔註83〕」據楊寬先生考察，春秋晚期晉國即開始實行土地私有的制度，並據地納稅〔註84〕。此外，由於晉國大規模地開疆拓土，春秋時期的晉國也開始萌芽縣制。周振鶴先生在詳析顧頡剛、楊寬、增淵龍夫諸家關於春秋時期縣制的論述指出：「晉、楚的滅國為縣以及在新領土上所設的縣雖然還不是後世的郡縣，但已開始具有地方行政組織的萌芽，即作為國君的直屬地，並且縣的長官不實行世襲制。這兩個特徵本質上是統一的，是地方

〔註80〕楊伯峻：《春秋左傳注·襄公十四年》，北京：中華書局，2000年，第1005～1006頁。

〔註81〕黃懷信、張懋鎔、田旭東：《逸周書彙校集注》，黃懷信修訂，李學勤審定，上海：上海古籍出版社，2008年，第1082～1084頁。

〔註82〕李孟存先生指出：「在晉戎戰爭中且改造了晉國的兵種和戰法。戎狄的『徒兵』作戰，晉國為了對付戎狄，適應山地作戰，從晉獻公時就設徒兵左右行，晉文公又作『三行』禦狄；公元前541年，中行吳與魏舒同北戎戰於大鹵，捨車崇卒。這些都是諸夏最初採用步戰的實例。」見李孟存、常金倉：《晉國史略》，西安：陝西人民出版社，1989年，第258～259頁。

〔註83〕許倬雲：《求古編·春秋政治略述》，北京：新星出版社，2006年，第274頁。

〔註84〕楊寬：《戰國史》，上海：上海人民出版社，2008年，第205頁。

行政制度的表徵。」〔註 85〕李曉傑在詳細考察晉縣的基礎上亦指出「到了春秋後期，晉縣的性質已開始發生變化，以往的縣邑之縣開始了向郡縣之縣轉化的現象。」〔註 86〕與行政制度變化相對應的則是晉國力圖加強中央集權而自獻公開始翦除公族，不幸的是當時晉國列卿雖則處於向官僚制度過渡的歷史過程之中，然則封建之制猶存，他們各有封邑，其在對外擴張的同時亦各自加強自我的勢力，終於導致列卿坐大而晉祚不繼，這是其始料不及的。魯昭公二十九年，范宣子鑄刑鼎、為刑書，這個標誌性的事件引起了孔子激烈的反應，其大加抨擊而曰：「晉其亡乎！失其度矣。夫晉國將守唐叔之所受法度，以經緯其民，卿大夫以序守之。民是以能尊其貴，貴是以能守其業。貴賤不愆，所謂度也。文公是以作執秩之官，為被廬之法，以為盟主。今棄是度也，而為刑鼎，民在鼎矣，何以尊貴？貴何業之守？貴賤無序，何以為國？且夫宣子之刑，夷之搜也，晉國之亂制也，若之何以為法？」〔註 87〕按照後世法家的觀點刑賞成為轉動人民的驅動力，而郡縣制與土地私有、稅制則是向國家汲取地緣力量的重要工具，軍隊的發展自然是地緣戰爭不可或缺的爪牙，概言之，晉國在對外擴張的過程中發生著向著地緣國家的深刻變遷。

2.2.2.2 楚國的地緣擴張及其對地緣格局的影響

關於楚國在春秋時期擴張的研究比較充分，顧棟高的《春秋大事表》專門論及楚之滅國與楚之疆域，陳槃先生之《春秋大事表列國爵姓及存滅表撰異》在顧著基礎上又有了新的推進，陳偉先生之《楚東國地理研究》亦論及春秋時期楚國疆域的發展，徐少華先生《周代南土歷史地理與文化》尾部亦有專章論述楚在春秋的疆域變遷，何光岳的《楚滅國考》與何浩的《楚滅國研究》都是論述楚國疆域史的重要著作，臺灣學者蕭璠先生之《春秋至兩漢時期中國向南方的發展》亦涉及春秋時期楚的疆域情況，陳珈貝先生的《商周南土政治地理架構結構研究》也談到春秋時期楚國的疆域發展，此外，石泉先生的《古代荊楚地理新探》與《古代荊楚地理新探‧續集》涉及楚國疆域拓展的也不少。

〔註 85〕周振鶴：《中國地方行政制度史》，上海：上海人民出版社，2005 年，第 21～22 頁。

〔註 86〕李曉傑：「春秋晉縣考」，《歷史地理》第十六輯，上海：上海人民出版社，2000 年，第 119 頁。

〔註 87〕楊伯峻：《春秋左傳注‧昭公二十九年》，北京：中華書局，2000 年，第 1504 頁。

結合諸位學者既有研究成果概略言之，楚國在春秋時期的疆域拓展大抵有五個時期，首先在春秋初周平王時期，楚國北進的鋒芒已經顯現，《詩·王風·揚之水》即載平王派王人南下戍守南陽之事〔註 88〕。武王、文王時期，楚國迅速崛起，這一時期的擴張重點是漢水中流、南陽盆地、隨棗走廊一帶，至文王晚年已東出方城而達於淮河上游一帶。武王在位時間長達半個世紀之久，汲汲於北疆之經略，次第滅掉了鄖、權、穀、鄀、貳、軫、州、蓼、絞、羅、盧戎〔註 89〕等國，斯時南陽盆地洞開。到武王晚期楚人的北進已對中原國家產生巨大的震懾效應，《左傳》載：「（桓公二年）蔡侯、鄭伯會於鄧，始懼楚也。」〔註 90〕這是一個不安的信號，鄭為春秋初期中原大國，而蔡為南土重要諸侯國，二國皆懼楚，這就意味著南陽的丟失不過是個時間的問題。前 689 年，文王即位伊始即遷都於郢，從而將楚國的根本植於江漢平原的中央，繼續北進。文王時期滅掉申、息、鄧這幾個周室在南陽最重要的大國，從而據有了過渡地帶的樞紐——南陽盆地，茲後城濮戰時晉人所謂「漢陽諸姬，楚實盡之」〔註 91〕之概於這一階段已多半完成，南疆之地軸由此達成。文王末期已東出方城而鄭國始披其兵，斯時楚之鋒芒達於汝、潁上游而北窺伊洛。第三個階段是成王到共王初期，這個階段時間跨度較大，楚國國力鼎盛，其東向、北向、西向均有開拓。成王時期，對於楚人這種咄咄逼人的擴張態勢，周天子也無可奈何，只好與之達成妥協而承認這一既成事實：「鎮爾南方夷越之亂，無侵中國。」〔註 92〕前 656 年，齊桓公率諸侯來伐，陳於召陵，初步遏制了楚人北進的勢頭，但是當齊侯耀兵於楚之時，屈完示之以形勢而曰：「君若以德綏諸侯，誰敢不服？君若以力，楚國方城以爲城，漢水以

〔註 88〕「《揚之水》刺平王也。不撫其民，而遠戍於母家，周人怨思焉。鄭玄注曰：『平王母家在申國，在陳、鄭之南，迫近強楚，王室微弱，而數見侵伐，王是以戍之。』」李學勤主編：《十三經注疏·毛詩正義·王風·揚之水》，北京：北京大學出版社，1999 年，第 258 頁。

〔註 89〕本節相關滅國內容參照陳槃：《春秋大事表列國爵姓及存滅表撰異》，上海：上海古籍出版社，2009 年。〔清〕顧棟高：《春秋大事表》，吳樹平、李解民點校，北京：中華書局，1993 年。何光岳：《楚滅國考》，上海：上海人民出版社，1990 年。何浩：《楚滅國研究》，武漢：武漢出版社，1989 年。蕭璠：《春秋至兩漢時期中國向南方的發展》，臺北：精華印書館，1973 年。

〔註 90〕楊伯峻：《春秋左傳注·桓公二年》，北京：中華書局，2000 年，第 94 頁。

〔註 91〕楊伯峻：《春秋左傳注·僖公二十八年》，北京：中華書局，2000 年，第 459 頁。

〔註 92〕《史記·楚世家》，北京：中華書局，1996 年，第 1697 頁。

為池，雖眾，無所用之。」〔註93〕齊人亦不敢深究，雙方乃盟於召陵。茲後楚人北進並未完全抑止，但主要在淮河上中游經營，成王期間次第滅掉弦、柏、黃、英等國，從而奠定了東向與北進的基礎，而於國境西向則滅掉了今宜昌地區的鄀、夔二國而設立商縣，進一步鞏固西陲安全，以防止秦、晉之滲透。前642年，中原重要國家鄭國屈服於楚，《左傳》僖公二十四年載其事曰：「鄭伯始朝於楚。」〔註94〕唯城濮戰後，楚人一敗塗地，斯時晉國方興，楚人鋒芒暫息。穆王時期繼續在淮河流域經營，其滅國有江、六、蓼、宗、巢等國。繼後之莊王號稱霸王，期間不但飲馬黃河、問鼎周室，在疆域拓展上亦多有建樹，於西疆其沿漢水谷地西進而滅掉了庸和麇二國，而在淮河流域則滅掉了大別山餘脈與巢湖之間的舒蓼，東北向則滅了泗水流域的蕭國，聲勢達於魯之南境。徐少華先生指出：「莊王後期至共王初年的楚國北疆，大致東抵淮河中游的六、巢、州來一帶，西及丹江上游，北邊沿郟（今河南郟縣）、櫟（今禹縣）、鄔（今鄔城東）至譙、夷（今安徽亳縣境）一線，其間除沈、蔡、頓、胡等國作為附屬存在外，汝潁地區大部分土地併入楚境，從而奠定了春秋中晚期乃至戰國中期楚國北部疆域的基本格局。」〔註95〕莊王沒後共王即位，共王初年餘威尚存，但是自晉人聯吳制楚戰略實施開始，楚吳戰爭不斷，既「大大牽制了楚對中原的爭霸行動，也阻遏了楚在淮南迅猛擴張的勢頭。」〔註96〕共王七年（前584年），楚申公屈巫臣奔晉而獻聯吳制楚之策，至此吳、楚爭奪尤烈，楚人的注意力主要在淮河流域，雙方交爭互有勝負，期間吳國一度入楚，楚之危亡不絕如線，是時楚國實力大衰。故而自申公奔晉始自春秋晚期一百多年期間〔註97〕楚國在北疆再無太大的動作，吳、楚皆雙方務於淮河流域之爭奪〔註98〕。茲後楚國諸君滅國有鄀、沈、道、

〔註93〕楊伯峻：《春秋左傳注·僖公四年》，北京：中華書局，2000年，第292～293頁。

〔註94〕楊伯峻：《春秋左傳注·僖公十八年》，北京：中華書局，2000年，第377頁。

〔註95〕徐少華：《周代南土歷史地理與文化》，武漢：武漢大學出版社，1994年，第274頁。

〔註96〕陳偉：《楚東國地理研究》，武漢：武漢大學出版社，1989年，第103頁。

〔註97〕徐少華先生將這一期間分為：楚霸權衰落階段、吳、楚相持階段、楚弱吳盛階段、楚勢復蘇階段四個時期而皆有詳論。參見徐少華：《周代南土歷史地理與文化》，武漢：武漢大學出版社，1994年，第266～273頁。

〔註98〕吳人入郢是一個界限，此前雙方在淮南激烈交爭，而此後情況則有所變化，陳偉先生指出：「在昭王10年（前506年）吳師入郢之後，吳人也積極北上爭霸，楚、吳之間在淮北地區有了較多的衝突，淮南戰事轉入沉寂。」見氏著《楚東國地理研究》，武漢：武漢大學出版社，1989年，第102頁。

房、蔣、唐、頓、胡、蠻氏、陳等國，從而改寫了汝水上游與淮北的政治地圖，徐少華先生認為這得益於楚人遷都之後實行的「聯越制吳」方針〔註99〕。是以共王後期可分為衰落期與恢復期兩個階段，按照徐先生的意見以楚遷都為限。對於楚國在春秋中晚期的疆域形勢，陳偉先生指出：「春秋中晚期，楚在『東國』一帶的拓展，是與齊、晉、吳等國的爭霸交織在一起的。楚同這些對手的較量雖互有勝負，但彼此之間力量的均勢並沒有真正打破。楚作為一方大國，勢力範圍大致穩定在潁水中下游一帶以西地區和大別山脈以北的淮水南岸地帶。」〔註100〕是以自楚人據有南陽盆地之後，北進則多爭奪於淮北，東向則多爭於淮南。而楚人對於淮河流域的經略對於其整體地緣格局的變化意義深遠，陳珈貝指出：「值得注意的是，取得淮地對於楚人的經略活動而言，不僅是單純的掠境取地，更能開闊其整體布局。諸如楚師便可由淮水直接北上至汝、潁流域與魯南等地域，為楚人之經略提供了方城以外的途徑。」〔註101〕

論及楚國之疆域形勢，顧棟高大為感慨：「余讀《春秋》至莊六年楚文王滅申，未嘗不廢書而歎也。曰：『天下之勢盡在楚矣。』申為南陽，郡，為鄀郢之地，定襄陽以為門戶。至滅申，遂北向以抗衡中夏。然其始要，非一朝一夕之故也。平王東遷，即切切焉。戍申與甫、許，豈獨內德申侯為之遣戍，亦防維固圍之計，有不獲已。逮桓王、莊王六七十年之久，楚之侵擾日甚，卒為所滅。自後滅呂、滅息、滅鄧，南陽、汝寧之地悉為楚有。如河決魚爛，不可底止，遂平步以窺周疆矣。故楚出師則申、息為之先驅，守禦則申、呂為之藩蔽。城濮之故，而子玉羞見申、息父老。楚莊初立，而申、息之北門不啟。子重欲取申、呂以為賞田，而巫臣謂晉、鄭必至於漢。申之繫於楚，豈細故哉！故論當日楚之形勢，東拒齊，則召陵之隘為咽喉之塞；西拒晉，則少習、武關通往來之道；南面捍吳，則鍾離、居巢、州來屹為重鎮，迨州來失而入郢之禍始兆。楚之植基固而形勢便，使周曆猶綿延四百年不遂并於楚者，桓、文之力也。」〔註102〕顧氏念念不去的焦點即在南陽，自文王遷都於鄀而植根於江漢平原之沃土，於經略北疆計，江漢為根而南陽為首，南向

〔註99〕徐少華：《周代南土歷史地理與文化》，武漢：武漢大學出版社，1994年，第274～275頁。
〔註100〕陳偉：《楚東國地理研究》，武漢：武漢大學出版社，1989年，第89頁。
〔註101〕陳珈貝：《商周南土政治地理結構研究》，出自王明蓀主編：《古代歷史文化研究輯刊》（二編）第4冊，臺北：花木蘭出版社，2009年，第141頁。
〔註102〕〔清〕顧棟高：《春秋大事表·春秋列國疆域表》，吳樹平、李解民點校，北京：中華書局，1993年，卷四，第525頁。

地軸完固，於東線發展論則南陽亦爲前出之基地，其北進則拓疆於淮河之北，其東向則爭地於淮河以南，可謂進退兩便。論及郢都與南陽之關聯，顧祖禹曰：「從來善用荊州者莫如楚。楚都郢，而其爭中原也，則在方城、漢水之外。」是以江漢發其力而南陽張其勢，於北於東皆利。

　　楚國在對外擴張的歷程中其本國的制度也發生了深刻的變化，在地方行政制度的研究中，顧頡剛、楊寬、陳偉、徐少華、周振鶴等諸多學者都注意到楚國的縣制並作了充分的研究。如學者都注意到楚縣多設邊地，具有明顯的軍事功能，「既是拱衛國土的軍事堡壘，又是對外攻擊的前沿基地。」〔註 103〕雖則早期楚縣分封給貴族，但周振鶴先生指出其並非經制〔註 104〕，而且周先生與徐少華先生都認爲楚縣都直屬國君領有〔註 105〕。這就如同周先生所判斷的那樣楚縣具有向著郡縣制過渡的特點。除了地方行政制度以外，楚國長期務於征戰，且疆域遼闊，各地氣候、地形迥異，是以楚國形成了由多個不同的兵種構成的龐大軍事系統，以服務於其爭霸的地緣戰爭。據顧久幸先生考察，楚國的兵種有車兵、步兵、舟兵、騎兵等軍種〔註 106〕。顧先生還指出春秋晚期楚國開始萌芽食祿制〔註 107〕。這些變化都如同晉國一樣與楚國處身地緣大國的長期大範圍征戰密不可分。

2.2.2.3 晉、楚交爭

　　晉、楚二國一則有表裏山河形勢完固之今山西之地而卓然北疆，其南下必攜裏中原諸國以伐楚；一則西有巴蜀之固、北有南陽之險盡有南疆利害而屹立於南國，其北向爭中原亦必聯絡河南、淮上諸國以助其勢。且二者皆有一強鄰在側，從春秋時期歷史看，彼此多友對方之鄰而苦戰於己之強鄰，晉聯吳以成犄角之勢，而吳入郢則秦救之；從顧棟高著春秋列國交兵表觀之，吳、楚之戰與秦、晉之爭反多於晉、楚之戰，這自然關乎彼此之形勢。從道義上看，晉乃周室近支、諸夏之伯，其對楚之戰多帶有維護諸夏利益、拱衛

〔註 103〕徐少華：《周代南土歷史地理與文化》，武漢：武漢大學出版社，1994 年，第 284 頁。
〔註 104〕周振鶴：《中國地方行政制度史》，上海：上海人民出版社，2005 年，第 22 頁。
〔註 105〕參見徐著第 286 頁，周著第 22 頁。
〔註 106〕顧久幸：《楚制典章：楚國的政治軍事經濟》，武漢：湖北教育出版社，2001 年，第 115～122 頁。
〔註 107〕顧久幸：《楚制典章：楚國的政治軍事經濟》，武漢：湖北教育出版社，2001 年，第 157 頁。

王室的意味，佔有道義制高點；楚則自況蠻夷而橫行無忌，從而處於道義的劣勢，但是這種情況亦不盡然，隨之楚國越來越多地交往華夏，其同化的程度也日益加深。屈完對齊侯而謂之德綏可而力不服，同一個問鼎的莊王卻因捨宋而被孔子讚譽有加。自地形觀之，楚東出方城之後北向大片爲平原地帶，若一味拓展則必然引起巨大震動且無險可守而防守不便，故而楚於淮北常屈服諸國以加入反晉陣營爲目的，而不純以滅國爲務。陳偉先生指出：「當歷史發展到楚昭王十年、即吳師入郢之年，還有陳、蔡、胡、頓、沈等國散佈於汝、潁中下游地區，與楚地形成一種錯綜複雜的局面。當時楚國這部分領土形態如此特別，從根本上講，是楚人有意保留一些舊邦、以維繫從屬國陣容這一傳統政策導致的結果。」〔註108〕

論及晉、楚交爭的大勢，顧棟高可謂一語中的，其曰：「春秋時，晉、楚之大戰三，曰城濮，曰邲，曰鄢陵，其餘偏師凡十餘遇，非晉避楚則楚避晉，未嘗連兵苦戰如秦、晉、吳、楚之相報復無已也。其用兵嘗以爭陳、鄭與國，未嘗攻城入邑，如晉之取少梁、秦取北征之必略其地以相當也。何則？晉、楚勢處遼遠，地非犬牙相錯，其興師必連大眾，乞師於諸侯，動必數月而後集事。故其戰嘗不數，戰則動關天下之向背。城濮勝而天下諸侯翕然從晉，邲勝而天下諸侯翕然從楚。惟鄢陵之勝，鄭猶倔強，至悼公而後服之。」故而，晉、楚二國雖則居於縱向地軸之北南二極，然則晉、楚之爭卻多數是中間地帶國家之爭而並非軸線方向的撞擊，而各自以其軸線之險要爲依託而調動中間地帶的國家分別加入晉、楚兩方而展開爭鬥。

2.2.3 齊秦分立：縱向地軸之東西二極

齊、魯與關中本爲西周控馭天下之橫向地緣軸線的東西兩端，斯時關中爲根本而齊、魯爲前哨對於周人勘定東方之大平原可謂居功甚偉。當春秋之世橫向地軸斷裂，其西爲秦、東則爲齊、魯，原點則爲日腒月削之周王畿，中間地帶之強國爲鄭、宋二國，然則鄭、宋地處中央，尤其當鄭之虎牢失於晉，而南疆楚勢日大，皆無險可資，終於淪爲四極強國之附庸，橫向地軸之強大者唯有齊、秦兩家而已。但是由於晉國先行滅虢而據有秦人東出之路，並將勢力伸展於河洛之間，是以於秦而言，春秋的歷史即是苦苦追尋東出之路的歷史；而於齊而言，除卻天子陵夷、夷氛方熾而中原無主之際齊桓公得

〔註108〕陳偉：《楚東國地理研究》，武漢：武漢大學出版社，1989年，第92頁。

以趁勢而起而首霸之外，待到晉國崛起尤其是負山河之險而東向經營河北之時，齊國即再無更多機會，是以歷春秋之世桓公之後，齊國基本上拘泥於一隅而無太大作爲。

2.2.3.1 齊桓公稱霸與齊國的地緣政治

齊國始封於營丘，早在西周時期即爲周王室經略東方之前哨，地位非同尋常。成王之時，爲加強對東夷的控馭，更是授予齊國以征伐四周諸侯國的權力，《史記・齊太公世家》載：「及周成王少時，管蔡作亂，淮夷畔周，乃使召康公命太公曰：『東至海，西至河，南至穆陵，北至無棣，五侯九伯，實得征之。』齊由此得征伐，爲大國。」〔註109〕然其初封之時疆域並不太大，孟子曰：「太公之封於齊也，亦爲方百里也。」〔註110〕春秋時期齊國的疆域有了很大的發展，顧棟高論及春秋時期齊國的疆域曰：「齊在春秋，兼并十國之地，紀、郕、譚、遂、鄣、陽、萊七國之滅見於經，如莒之故封介根及弁、介二國俱不詳其滅之何年。其疆域全有青州、濟南、武定、登州、萊州五府之地。獨青州府之安丘、諸城二限闌入莒地，後入魯。又東昌府之聊城爲聊耳，堂邑縣爲堂邑，茌平縣爲重丘。泰安府治與魯接境，又兼有東阿、肥城、平陰及東平州。鬥入兗州府之陽谷一縣、沂州府之蒙陰一縣，與魯、衛錯壤。又曹州府之范縣爲齊廩丘及　地，則齊、晉、宋、魯、衛五國交錯處也。直隸天津府之慶雲縣爲齊之無棣地。」〔註111〕齊國疆域的發展大抵經歷了三個重要的時期：一個是桓公之前的莊、僖時期；一個是齊桓公時期；一個則是齊景公時期。進入春秋時期，齊國利用其專征之權的政治優勢及其魚鹽之利的經濟優勢活躍於春秋前期的北方政治舞臺之上，到莊、僖之時已然頗有霸國氣象，《國語・鄭語》謂之：「齊莊、僖於是乎小伯。」〔註112〕

襄公亂後，齊桓公即位，斯時一度被周王室引爲心腹而主導北方政治形勢的鄭國也公然與周王交惡，王室地位一落千丈；而與此同時楚國北進的鋒芒正勁，北方諸國也因戎狄的交侵而自顧不暇。在這種列國洶洶然的混亂之局中，管仲一則對於齊國內政進行了改革以強化竟雄於列國的實力，一則審

〔註109〕《史記・齊太公世家》，北京：中華書局，1996年，第1481頁。

〔註110〕焦循：《孟子正義・告子下》，沈文倬點校，北京：中華書局，1987年，卷二十五，第852頁。

〔註111〕〔清〕顧棟高：《春秋大事表・春秋列國疆域表》，吳樹平、李解民點校，北京：中華書局，1993年，卷四，第511頁。

〔註112〕《國語・鄭語》，上海：上海古籍出版社，卷十六，第524頁。

時度勢提出了「尊王攘夷」的口號，將周王室的「親民而王」的政治哲學改造爲「尊王攘夷」而伯，從而大大的繼承了周王室天下系統中的政治資源，不僅開啓了霸政時代，也創造了一種特殊的地緣政治模式。首先，管仲順應時代大勢而對於齊國內政作了地緣政治特徵的改造，管子強調：「夫不定內，不可以持天下。」〔註113〕而所謂的「定內」首要在於能很好地組織人民開發國土，實現以糧食安全爲基礎的力量凝聚，管子將之視爲地緣力量的根本。「倉廩空虛財用不足，則國毋以固守。」〔註114〕在國家安全的因果鏈條上，管子深刻指出：「地之守在城，城之守在兵，兵之守在人，人之守在粟。」〔註115〕在高度重視汲取地力的基礎之上建立起寓兵於民的新體制，《管子・小匡》記其事曰：「管子對曰：『作內政而寓軍令焉。爲高子之里，爲國子之里，爲公里，三分齊國，以爲三軍。擇其賢民，使爲里君。鄉有行伍，卒長則其制令，且以田獵，因以賞罰，則百姓通於軍事矣。』桓公曰：『善。』於是乎管子乃制五家以爲軌，軌爲之長；十軌爲里，里有司；四里爲連，連爲之長；十連爲鄉，鄉有良人，以爲軍令。是故五家爲軌，五人爲伍，軌長率之。十軌爲里，故五十人爲小戎，里有司率之。四里爲連，故二百人爲卒，連長率之。十連爲鄉，故二千人爲旅，鄉良人率之。五鄉一師，故萬人一軍，五鄉之師率之。三軍故有中軍之鼓，有高子之鼓，有國子之鼓。春以田，曰蒐，振旅。秋以田，曰獮，治兵。是故卒伍政定於里，軍旅政定於郊。內教既成，令不得遷徙。」〔註116〕在完成對齊國的地緣改造的同時，管仲開始爲齊國營造有利的周邊地緣環境，「桓公曰：『吾欲南伐，何主？』管子對曰：「以魯爲主。反其侵地棠、潛，使海於有蔽，渠弭於有渚，環山於有牢。」桓公曰：『吾欲西伐，何主？』管子對曰：『以衛爲主。反其侵地臺、原、姑與漆里，使海於有蔽，渠弭於有渚，環山於有牢。』桓公曰：『吾欲北伐，何主？』管子對曰：『以燕爲主。反其侵地柴夫、吠狗，使海於有蔽，渠弭於有渚，環山於有牢。』四鄰大親。既反侵地，正封疆，地南至於岱岱陰，西至於濟，北至於河，東

〔註113〕黎翔鳳：《管子校注・事語第七十一》，梁運華整理第，北京：中華書局，2006年，第1243頁。

〔註114〕黎翔鳳：《管子校注・重令第十五》梁運華整理，北京：中華書局，2006年，第286頁。

〔註115〕黎翔鳳：《管子校注・權修第三》梁運華整理，北京：中華書局，2006年，第52頁。

〔註116〕黎翔鳳：《管子校注・小匡第二十》梁運華整理，北京：中華書局，2006年，第413頁。

至於紀鄲，有革車八百乘。擇天下之甚淫亂者而先征之。」〔註117〕在管仲的
經營之下，齊桓公存弱燕而復衛、邢，南向而力挫強楚，九合諸侯而成爲春
秋首霸。但是這種地緣政治並非以土地的佔有爲目標，而是以道義爲號召，
以政治和外交控制爲訴求的一種聯盟式的地緣政治。究其原因大抵有二，一
則由於桓公之世去西周未遠，周王室的親親精神猶存，過於造次則徒樹敵於
諸侯而危及己身；二則在於齊地的地緣環境所限，顧棟高論曰：「齊於春秋號
爲大國，然以山東全省計之，兗州強半屬魯，泰安與魯參半，東昌府、衛錯
地處，他如青州、濟南魯地犬牙其間，齊所全有者武定、登、萊三府及曹、
沂所屬數縣而已。其形勢要害不如晉，幅員廣遠不如吳、楚。徒以東至海，
饒魚鹽之利；西至河，憑襟帶之固；南至穆棱，有大峴之險；北至無棣，收
廣莫之地。用管子之計，官山府海，遂成富強，爲五伯首。豈惟地利，抑人
謀之善也。」〔註118〕

　　桓公之後齊國內亂，實力中衰，而同時晉國勢力日張，楚人北進鋒芒正
勁，齊國權衡得失長期依違於晉、楚之間。齊國在春秋時期得以振作多是因
晉、楚二國內亂或勢力消沉之際而得以實現的，但是這種努力也很快隨著列
國形勢的變化而迅速歸於沉寂。然則齊國畢竟是大國，在晉、楚交爭的格局
之下成爲雙方爭取的重點，城濮之戰齊與晉而楚敗，齊國多數時候保持一定
距離地參與晉國陣營。但是於齊而言其地緣政治的重點仍在北方，齊晉之間
的碰撞在所難免，春秋時期齊晉之間發生了有限的幾次碰撞，多以齊國失敗
而告終。齊頃公七年，齊與晉聯軍戰於鞍，齊兵大敗；靈公二十五年，齊因
攻魯而惡化了齊晉關係，再次與晉聯軍戰於臨淄，齊軍再敗於晉；莊公二年，
齊國利用欒盈事件而發兵攻晉，「齊侯遂伐晉，取朝歌，爲二隊，入孟門，
登大行，張武軍於熒庭，戍郫邵，封少水，以報平陰之役，乃還。」〔註119〕
但是，「這次戰役，齊國雖然打了勝仗，卻很害怕晉國報復，派陳無宇到楚
國求援。二年後，齊國發生崔杼之亂，晉會諸侯伐齊，崔慶歸罪莊公，向晉
國求和，終於與伐齊諸侯盟於重丘，重丘之盟，表明齊國同晉國爭霸失敗。」
〔註120〕齊景公時期，北方的晉國一則國內綱紀廢弛實力衰落、二則長期欺

〔註117〕《國語・齊語》，上海：上海古籍出版社，卷六，第241頁。
〔註118〕〔清〕顧棟高：《春秋大事表・春秋列國疆域表》，吳樹平、李解民點校，北
　　　　京：中華書局，1993年，卷四，第511頁。
〔註119〕楊伯峻：《春秋左傳注・襄公二十三年》，北京：中華書局，2000年，第1077頁。
〔註120〕王閻森、唐致卿主編：《齊國史》，濟南：山東人民出版社，1992年，第234頁。

凌小國而不得人心，南方則吳、楚交爭而兩敗俱傷，景公感覺齊國迎來了千載難逢的復霸良機，因而主動改善與鄭、魯、衛等小國的關係而孤立晉國，景公晚年，齊國會同宋、魯、鄭、衛諸國多次伐晉，頗有斬獲，迎來了桓公之後齊國一個難得的輝煌時期。景公去世之後，吳師銳意北進，吳、齊戰於艾陵，齊師大敗，景公時期的輝煌由此終結。齊國當春秋晚期，陳氏大權獨攬，再也無力參與爭雄。

2.2.3.2 秦國對關中的整合與東進的努力

秦國對關中的佔有實則得益於西周的崩潰，但是周王室留給秦人的並非是一個現成的基業，而是一個險象環生的是非之地。秦人要從天水地區到達周王室允諾的岐西之地尚有千里之遙，李峰指出：「周人東遷之後，秦人不但要應付西部的壓力，同時還必須同東面的戎人作鬥爭。這就意味著，要進入陝西中部原屬周人的家園就要用武力打進這個地區。」〔註121〕歷經數十年的艱苦戰鬥，到文公時期秦人終於到達周天子允諾的岐山地區，《秦本紀》載曰：「十六年，文公以兵伐戎，戎敗走。於是文公遂收周餘民有之，地至岐，岐以東獻之周。」〔註122〕

此後秦人一直保持著東向的態勢，到秦穆公時期秦人的發展進入了一個新的時期，穆公時期不但修明內政，重視賢能，更是汲汲於東向之進取。秦、晉之爭主要集中在兩大區域，一則爲河洛之間的河西之地，二則爲秦人東出必經之路的二崤之地。穆公即位伊始即展開了一次東向的戰略試探性攻擊，「繆公任好元年，自將伐茅津，勝之。四年，迎婦於晉，晉太子申生姊也。」〔註123〕有意思的是這次東向出擊之後不久穆公即與晉國聯姻，太史公將這兩條史料歸於一處頗爲耐人尋味，但是晉國並未被穆公所迷惑，穆公五年，晉獻公即斷然滅掉虞、虢二國，從而具有桃林塞而遏斷秦人東出之路。穆公十五年（前 645 年），秦、晉戰於韓原，晉師大敗，晉惠公被秦軍俘獲，《秦本紀》載曰：「十一月，歸晉君夷吾，夷吾獻其河西地，使太子圉爲質於秦。秦妻子圉以宗女。是時秦地東至河。」〔註124〕對於夷吾獻河西之地，《左傳》與《國語》有不同的說法：「賂秦伯以河外列城五，東盡虢略，南及華山，內及

〔註121〕李峰：《西周的滅亡：中國早期國家的地理和政治危機》，徐峰譯，湯惠生校，上海：上海古籍出版社，2007 年，第 311 頁。

〔註122〕《史記・秦本紀》，北京：中華書局，1959 年，第 179 頁。

〔註123〕《史記・秦本紀》，北京：中華書局，1959 年，第 185 頁。

〔註124〕《史記・秦本紀》，北京：中華書局，1959 年，第 189 頁。

解梁城，既而不與。」〔註 125〕「君實有郡縣，且入河外列城五。」〔註 126〕對於這種差異，楊伯峻先生的解釋是：「言五城之地東極於虢略，南至華山而止；不言西北者，西北為秦故地也。……言八城則並河外五城與河內解梁及瑕數之，餘邑已不得知其名矣。」〔註 127〕韓原之戰後，秦人獲得了其夢寐以求的東進咽喉地帶，「於是秦始征晉河東，置官司焉。」〔註 128〕從記載來看，秦人迅速在此地建立起行政管轄機構。但是，好夢未長，晉自韓原之敗後，「秦人限於實力控制崤函地區及解梁城僅僅兩年，就又退守河西，河東及崤函天險又回到晉人手中。」〔註 129〕但是秦人亦趁機滅掉了崤路之上的兩個重要的小國，《秦本紀》記曰：「二十年，秦滅梁、芮。」〔註 130〕從而亦可與晉分二崤之險。

但是秦人對於東進的渴望並未就此停息，穆公三十二年趁晉文公之喪而東出千里襲鄭，力圖再次打通東向通道，晉繞綃之師出而全殲秦軍，這就是著名的崤之戰。是役之後，秦人在戰略上作了重大調整，穆公開始著力於經營西疆，「三十七年，秦用由余謀伐戎王，益國十二，開地千里，遂霸西戎。」〔註 131〕除了一改東進戰略為銳意經略西土之外，秦人還主動修好與楚國的關係，以圖聯楚制晉，《左傳‧文公十四年》載：「初，鬬克囚於秦，秦有殽之敗，而使歸求成，成而不得志。」〔註 132〕然則，晉人不僅控扼秦東出之要害，還鬬入河西之地，茲後，秦國康、桓、景諸君莫不銳意以爭之，然則，如顧祖禹言：「襄公敗秦師於崤，秦人抱怨之師嘗欲甘心於晉，自襄、靈、成、景、厲、悼以及平公之世，秦、晉河上之戰前後以數十計，然秦卒不能得志於晉。」於秦人東南方向觀之，晉文公方興之時，秦人尚與楚爭鄀，兩國交惡。然則東南方向為楚國要地，欲穿越強楚而東出至為不易，顧棟高所謂「滅鄀而鄀為楚有，不能越武關而南出一步。」〔註 133〕是以秦人多數時候奉行聯楚制晉的外交戰略，亦如晉之聯吳制楚。

〔註 125〕楊伯峻：《春秋左傳注‧僖公十五年》，北京：中華書局，2000 年，第 352 頁。

〔註 126〕《國語‧晉語二》，上海：上海古籍出版社，卷八，第 311 頁。

〔註 127〕楊伯峻：《春秋左傳注‧僖公十五年》，北京：中華書局，2000 年，第 352 頁。

〔註 128〕楊伯峻：《春秋左傳注‧僖公十五年》，北京：中華書局，2000 年，第 367 頁。

〔註 129〕郭淑珍、王觀成：《秦軍事史》，西安：陝西人民教育出版社，2000 年，第 37 頁。

〔註 130〕《史記‧秦本紀》，北京：中華書局，1959 年，第 189 頁。

〔註 131〕《史記‧秦本紀》，北京：中華書局，1959 年，第 194 頁。

〔註 132〕楊伯峻：《春秋左傳注‧文公十四年》，北京：中華書局，2000 年，第 605 頁。

〔註 133〕〔清〕顧棟高：《春秋大事表‧春秋列國疆域表》，吳樹平、李解民點校，北京：中華書局，1993 年，卷四，第 540 頁。

儘管秦國終春秋之世東向發展並無進展，然則秦國諸君尤其是穆公時期在關中的開拓則奠定了戰國竟雄於列強的國力基礎。

2.2.3.3 魯國的地緣窘局

齊、魯二國並為西周經略東疆的柱石，一個擁有專征之權，一個則是宗周模式在東方的翻版。然則進入春秋之後，情勢發生了重大的變化，天子權力下沉之後，就存在一個誰主導誰的問題。是以春秋伊始，兩國即暗鬥不止，桓公十三年（前699年），兩國的矛盾終於表面化了，齊、魯二國各自援引宋、衛、燕和鄭、紀展開大戰，魯國一方雖取得勝利，但齊、魯矛盾並未終結，桓公偕夫人赴齊國修好而未返，《詩・齊風・南山》即刺其事。茲後，齊國悍然滅紀而魯無奈何於齊，二國之實力差異已然明顯。待到桓公稱霸，魯國更是別無選擇地匍匐於齊威之下。「於是，魯國完全放棄與齊爭衡的幻想，徹底向齊屈服。是後，莊公改變策略，極力討好於齊，成為追隨齊桓公爭奪霸權的忠實與國。魯弱齊強的形勢成為定局。」〔註134〕

桓公沒後，魯國急於擺脫齊國的控制，南聯楚國以抗禦齊國，《左傳・僖公二十六年》載曰：「東門襄仲、臧文仲如楚乞師，臧孫見子玉而道之伐齊、宋，以其不臣也。」〔註135〕楚國出師伐齊，從而暫時抑制住了齊國對魯國的威脅，但是一則楚人北進勢頭強烈，且多橫行無忌，勢必引狼入室。且城濮之戰後，晉國崛起，於是魯國迅速調整了外交策略，加入晉國集團，踐土之盟魯國積極與盟。晉魯二國在克制齊國上有著共同的利益，是以此後長時間魯國都是晉國維繫東部地緣而牽制齊國的重要棋子，而魯國也因晉威而得以維繫疆土之無虞。然則從地緣關係上看，魯國南向敞開無險可資，楚人北進和稍後的吳國北進勢必鋒芒直指魯國，魯國在春秋時期一則依違於大國之間而尋求奧援在彼此的平衡中尋找安全，成公元年，透過魯國揣測齊、楚、晉三大國的關係足可窺見其地緣心態：「冬，臧宣叔令修賦、繕完、具守備，曰：『齊、楚結好，我新與晉盟，晉、楚爭盟，齊師必至。雖晉人伐齊，楚必救之，是齊、楚同我也。知難而有備，乃可以逞。』」〔註136〕魯依晉抗齊先後有鞌之戰、平陰之戰，雖則獲得了安全，但是魯國也為依晉而付出了代價，晉

〔註134〕郭克煜等：《魯國史》，北京：人民出版社，1994年，第94頁。

〔註135〕楊伯峻：《春秋左傳注・僖公二十六年》，北京：中華書局，2000年，第440頁。

〔註136〕楊伯峻：《春秋左傳注・成公元年》，北京：中華書局，2000年，第784頁。

人對魯國勒索不厭也令其不堪重負。春秋晚期，晉國權力下沉，霸權衰落，魯國也重新倒向齊國。哀公七年，「夏，公會吳於鄶。吳來征百牢，子服景伯對曰：『先王未之有也。』吳人曰：『宋百牢我，魯不可以後宋。且魯牢晉大夫過十，吳王百牢，不亦可乎？』景伯曰：『晉范鞅貪而棄禮，以大國懼敝邑，故敝邑十一牢之。君若以禮命於諸侯，則有數矣。若亦棄禮，則有淫者矣。周之王也，制禮，上物不過十二，以爲天之大數也。今棄周禮，而曰必百牢，亦唯執事。』吳人弗聽。景伯曰：『吳將亡矣！棄天而背本。不與，必棄疾於我。』乃與之。」在吳人的威脅之下，魯國又倒向吳國。二則通過消滅更小的國家而加強國力以圖存續，顧棟高曰：「魯在春秋，實兼有九國，極、項、鄶、邿、根牟，魯所取也；向、須句、鄶、鄆，則邾、莒滅之而魯從而有之者也。」〔註137〕

　　論及春秋時期魯國的地緣窘局，顧棟高曰：「其地平衍，無高山大川爲之限隔，無魚鹽之利爲之饒沃，故終春秋之世，常畏齊而附晉。又其西南則宋、鄭、衛及邾、莒、杞、鄶諸國地，犬牙相錯，時吞滅弱小以自附益，祊易之鄭，防取之宋，須句取之邾，向、鄆取之莒，而邾則空其國都致邾眾退保嶧山，與莒爭鄆無寧日。逮晉文分曹地，則有東昌府濮州西南；而越既滅吳，與魯泗東方百里地，界稍稍擴矣，然終不能抗衡齊、晉。豈特其君臣之孱弱，亦其地當走集，以守則不足以固，以攻則不足以取勝也。」〔註138〕

2.2.4 吳、越的崛起與地緣軸線的新格局

　　吳、越二國本是地緣軸線以外的國家，其於春秋時期的次第崛起使得沉寂的東南煊赫一時而格外引人矚目，其不僅豐富了長江一線的地緣政治內容，也使得淮河流域成爲地緣爭奪的焦點，從而大大豐富了既往地緣政治活動的內涵，而吳、越二國的興亡則引發了對東南內地緣的關注。總之，吳、越二國在春秋時期的次第崛起大大豐富了春秋時期的地緣格局。

2.2.4.1 吳、楚之爭與江淮地緣格局

　　吳、越乃東南之異數，然則吳畢竟不同於越，吳太伯奔荊蠻而終處身吳

〔註137〕〔清〕顧棟高：《春秋大事表·春秋列國疆域表》，吳樹平、李解民點校，北京：中華書局，1993 年，卷四，第 507 頁。

〔註138〕〔清〕顧棟高：《春秋大事表·春秋列國疆域表》，吳樹平、李解民點校，北京：中華書局，1993 年，卷四，第 507 頁。

地，當武王革命成功，成王封吳太伯之後於其地，終是姬姓諸國之一。《史記·吳太伯世家》載曰：「是時周武王克殷，求太伯、仲雍之後，得周章。周章已君吳，因而封之。乃封周章弟虞仲於周之北故夏虛，是為虞仲，列為諸侯。」〔註139〕周章之後無視周室禮制，不與中國通而蠻夷自處，《史記·吳太伯世家》載：「壽夢立而吳始益大，稱王。」〔註140〕

自壽夢開始，吳、楚的碰撞開始激烈。吳、楚的角逐主要發生在州來、鍾離一帶與距離長江和巢湖不遠處的群舒之地二處。群舒初與楚人的關係並不密切，羈縻而已，當楚人順江而下到達巢湖地區之後，群舒叛服不定，成為楚人經略長江下游一支不安定的力量。莊王時期楚軍滅舒蓼兵鋒達於吳境。吳、楚二國圍繞著群舒之地展開激烈的爭奪，在吳、楚二國的爭奪中群舒多與吳而抗楚〔註141〕。吳、楚二國並有長江之險，然則楚居上流而有建瓴之勢，舟楫之利於吳而言並不佔優勢，自楚臣申公巫臣奔晉之後，形勢開始發生變化。成公七年，申公為晉之犄楚之計出使吳國，「巫臣請使於吳，晉侯許之。吳子壽夢說之。乃通吳於晉。以兩之一卒適吳，舍偏兩之一焉。與其射御，教吳乘車，教之戰陳，教之叛楚。置其子狐庸焉，使為行人於吳。吳始伐楚，伐巢、伐徐。子重奔命。馬陵之會，吳入州來。子重自鄭奔命。子重、子反於是乎一歲七奔命。蠻夷屬於楚者，吳盡取之，是以始大，通吳於上國。」〔註142〕自此之後，吳、楚爭奪的焦點多在州來、鍾離一線，斯時吳人多行侵擾戰術，時而聲江而擊淮，時而攻擊州來與群舒之間的六與巢，令楚人疲於奔命。平王年間，吳國相繼據有州來、鍾離，楚人東向門戶洞開，昭王時年，吳國會同唐、蔡二國興師伐楚而至於郢都，龐然巨楚瀕於滅亡之境。吳太伯世家載其事曰：「九年，吳王闔廬請伍子胥、孫武曰：『始子之言郢未可入，今果如何？』二子對曰：『楚將子常貪，而唐、蔡皆怨之。王必欲大伐，必得唐、蔡乃可。』闔廬從之，悉興師，與唐、蔡西伐楚，至於漢水。楚亦發兵拒吳，夾水陳。吳王闔廬弟夫槩欲戰，闔廬弗許。夫槩曰：『王已屬臣兵，兵以利為上，尚何待焉？』遂以其部五千人襲冒楚，楚兵大敗，走。

〔註139〕《史記·吳太伯世家》，北京：中華書局，1959年，第1449頁。

〔註140〕《史記·吳太伯世家》，北京：中華書局，1959年，第1447頁。

〔註141〕事見《左傳》文公十二年、十四年，宣公八年，成公十七年，襄公二十四年、二十五年，定公二年等條，茲不詳舉。楊伯峻：《春秋左傳注》，北京：中華書局，2000年。

〔註142〕楊伯峻：《春秋左傳注·成公八年》，北京：中華書局，2000年，第835頁。

於是吳王遂縱兵追之。比至郢，五戰，楚五敗。楚昭王亡出郢，奔鄖。鄖公弟欲弒昭王，昭王與鄖公餎隨。而吳兵遂入郢。」〔註143〕據石泉先生考證，吳軍是溯淮水而上在蔡國境內登陸，會合蔡師越過方城南端隘口而會合唐師，沿唐河岸西南進至漢水北岸與楚軍夾峙，然後楚軍渡過漢水與吳國聯軍戰於漢東的柏舉〔註144〕。此後在秦國的幫助之下，昭王才得以歸郢。昭王歸郢後二年，吳開始在長江正面向楚發動進攻，在吳師的聲威之下，楚人甚至遷都以避其鋒芒，楚世家曰：「楚昭王滅唐九月，歸入郢。十二年，吳復伐楚，取番。楚恐，去郢，北徙都鄀。」〔註145〕

楚國經由入郢之役之後元氣大傷，不僅昔日交爭的群舒之地、州來、鍾離皆歸於吳，淮南大部昔日的楚地亦歸於吳。隨著此後吳國北向的發展，吳、楚於淮北的摩擦亦開始增多，前有所論，不贅述。

2.2.4.2 吳國的北進對中原地緣政治的影響

吳國在力挫強楚之後，油然而有經略中原之意，淮河下游本是吳國的園囿，其北出即可達於齊、魯，西北向則入乎中原。吳國在東南的強大無疑增加了又一個直面中原與齊、魯的發力點。吳國北進首及於宋、魯，宋國對於東南崛起的吳國反應頗爲敏感，迅速予以百牢之厚饋以結吳好，哀公七年，吳人依法炮製而征百牢於魯。茲後魯國討伐吳之與國邾，吳師北進伐魯，雖則魯爲「齊、晉之唇」，然則在吳師的聲威之下，齊、晉皆不敢作出反應，而聽任吳師縱橫泗上，魯國被迫爲城下之盟。

吳國在壓服魯國之後，其北進的意圖更加明顯，哀公七年（前486年），「秋，吳城邗，溝通江、淮。」〔註146〕作爲重要的地緣工程的邗溝的開通成爲吳國北進的一個明顯的信號，它將大大有利於吳國利用淮河水道北向輸送力量，於是吳國的下一個目標即是東向軸線上的大國齊了。次年，吳國便迫不及待地會同魯、邾、郯等泗上盟國對齊開戰，因吳海上之師敗於齊而止兵。哀公十一年，因齊伐魯而吳師再次與齊戰於艾陵，齊師大敗，《左傳》載其事曰：「甲戌，戰於艾陵，展如敗高子，國子敗胥門巢。王卒助之，大敗齊師。獲國書、公孫夏、閭丘明、陳書、東郭書，革車八百乘，甲首三千，以獻於

〔註143〕《史記‧吳太伯世家》，北京：中華書局，1959年，第1466頁。

〔註144〕石泉：「從春秋吳師入郢之役看荊楚地理」，《古代荊楚地理新探》，武漢：武漢大學出版社，1988年，第389～391頁。

〔註145〕《史記‧楚世家》，北京：中華書局，1959年，第1716頁。

〔註146〕楊伯峻：《春秋左傳注‧哀公九年》，北京：中華書局，2000年，第1652頁。

公。」〔註147〕吳師重創齊國，於是開始追逐中原霸主的名號，哀公十三年，吳王召集晉、魯及王室代表會盟於黃池，爭長於晉，一時間聲勢煊赫。黃池會後，闔閭亦顯滅宋之意，因越患在即且宋地守之不易而作罷。

吳國在東南的崛起改寫了傳統的北疆齊晉對立的局面，其經略淮域而使得陳、蔡、宋等中原地帶的國家處於吳國的威脅之下，其北向修通邗溝而達於泗上，齊、魯一線亦當其北進之衝要，是以吳國的崛起在長江、淮河、淮泗至於齊、魯三條線上都展開了地緣競爭，大大改寫了既往地緣活動的格局。

2.2.4.3 東南之內地緣：吳、越之爭

越國乃姬姓封建系統之外的國家，《史記·越世家》曰：「越王句踐，其先禹之苗裔，而夏后帝少康之庶子也。封於會稽，以奉守禹之祀。文身斷髮，披草萊而邑焉。後二十餘世，至於允常。」〔註148〕《越絕書》亦云：「昔者，越之先君無餘，乃禹之世，別封於越，以守禹冢。」〔註149〕根據兩處史料的記載可知越大抵乃夏之遠緒，因僻處蠻夷之地，越千年而不與中國通，其國亦自處而不見於史迹，至春秋始知句踐之父允常之事。據顧棟高考證，越地僻狹，允常都諸暨，其南至勾無，北至於御兒，東至於鄞，「其地全有浙之紹興、寧波、金華、衢、溫、臺、處七府之地，其嘉、杭、湖三府則與吳分界，由衢歷江西廣信府之饒之餘干縣與楚分界。」〔註150〕

越王允常之時即與吳生怨，允常死而闔閭趁亂攻越，夫差與之戰於檇李，檇李之戰，吳師大敗，闔閭本人也受傷而死去。三年之後，吳、越再戰於夫椒，越師大敗，但以「餘兵五千人保棲於會稽」〔註151〕而已。當越國危亡繫於一線之時，句踐接受了范蠡的建議，以屈辱的條件向夫差求和。句踐歸國後一方面務於生聚教訓，一方面殷勤事吳以迷惑之，對外則廣結聯盟，同時力促吳師北上爭霸。「句踐自會稽歸七年，拊循其士民，欲用以報吳。大夫逢同諫曰：『國新流亡，今乃復殷給，繕飾備利，吳必懼，懼則難必至。且鷙鳥之擊也，必匿其形。今夫吳兵加齊、晉，怨深於楚、越，名高天下，實害周

〔註147〕楊伯峻：《春秋左傳注·哀公十一年》，北京：中華書局，2000年，第1663頁。
〔註148〕《史記·越王句踐世家》，北京：中華書局，1959年，第1739頁。
〔註149〕張仲清校注：《越絕書校注》第194頁，國家圖書館出版社2009年。
〔註150〕〔清〕顧棟高：《春秋大事表·春秋列國疆域表》吳樹平、李解民點校，北京：中華書局，1993年，卷四，第545～547頁。
〔註151〕《史記·越王句踐世家》，北京：中華書局，1959年，第1740頁。

室，德少而功多，必淫自矜。爲越計，莫若結齊，親楚，附晉，以厚吳。吳之志廣，必輕戰。是我連其權，三國伐之，越承其弊，可克也。』句踐曰：『善。』」〔註152〕勝楚之後，夫差日益驕狂，哀公十一年，「吳將伐齊，越子率其眾以朝焉，王及列士，皆有饋賂。吳人皆喜，惟子胥懼，曰：『是豢吳也夫！』諫曰：『越在我，心腹之疾也。壤地同，而有欲於我。夫其柔服，求濟其欲也，不如早從事焉。得志於齊，猶獲石田也，無所用之。越不爲沼，吳其泯矣，使醫除疾，而曰：『必遺類焉』者，未之有也。《盤庚之誥》曰：『其有顛越不共，則劓殄無遺育，無俾易種於茲邑。』是商所以興也。今君易之，將以求大，不亦難乎？』弗聽，使於齊，屬其子於鮑氏，爲王孫氏。反役，王聞之，使賜之屬鏤以死，將死，曰：『樹吾墓檟，檟可材也。吳其亡乎！三年，其始弱矣。盈必毀，天之道也。』」〔註153〕伍子胥是論可謂道出吳、越之間的地緣根本，吳、越二國壤地同，自然環境相似，誠然可謂「心腹之患」，是以吳鈍兵挫銳於外，而越人坐收漁翁之利。

哀公十三年，當吳人銳意經營北方之時，越人趁虛而入大敗吳軍而殺吳太子，待夫差回師而精銳盡挫於外亦無奈越何。哀公二十二年，越終滅吳，西挫強楚而威服中原的吳國終於亡國。

2.2.5 鄭、宋的努力與中間地帶的腴削

春秋四大國皆有山河之險，故而其進可攻、退可守，易於發展勢力，成就大國，而中間地帶的國家則處於大平原之上，一則列國環伺，彼此疆域犬牙相錯，二則無險可憑而爲四戰之地，很難孵化出左右時局的大國。中原滙通四方，關聯全局，自古莫不爭中原，然則地處中原而圖經略四方則大爲不易。春秋時期，待到楚、齊、晉、秦次第崛起，中間地帶的國家則但依違於列強之間而求夾縫之生存而已。中間地帶的國家眾多，但就其大者，河北主要爲衛、曹等國，而河南則爲鄭、宋、陳、蔡。衛國本爲中原大國，然則受侵於戎狄而國勢沈降，故而不論；南疆之陳蔡二國當楚國北進之門戶，素爲其蹂躪，亦不足論。春秋期間力量不俗而力圖振作者唯有鄭、宋二國。

〔註152〕《史記·越王句踐世家》，北京：中華書局，1959 年，第 1743 頁。
〔註153〕楊伯峻：《春秋左傳注·哀公十一年》，北京：中華書局，2000 年，第 1664
　　　～1665 頁。

2.2.5.1 鄭國的經營與淪落

鄭國本是西土封國，當西周之亂旦夕且至之時，桓公即開始謀劃於東土再營一窟，史伯在詳細地分析了當時天下形勢之後而謀曰：「其濟、洛、河、潁之間乎！是其子男之國，虢、鄶為大，虢叔恃勢，鄶仲恃險，是皆有驕侈怠慢之心，而加之以貪冒。君若以周難役之故，寄孥與賄焉，不敢不許。周亂而弊，是驕而貪，必將背君，君若以成周之眾，奉辭伐罪，無不克矣。若克二邑，鄔、弊、補、舟、依、柔、歷、華，君之土也。若前華後河，右洛左濟，主芣、騩而食溱、洧，修典刑以守之，是可以少固。」〔註154〕對於史伯的謀劃，桓公欣然接納，「公說，乃東寄帑與賄，虢、鄶受之，十邑皆有寄地。」〔註155〕此後未暇桓公死於驪山之難，武公取十邑而為東鄭，論及此事，許倬雲先生指出：「鄭在殷商時，已是東方雄族。……桓公以厲、宣之親，獲封畿內的咸林，當是西鄭。鄭武公在東方再造新邦，其實是鄭人返回故鄉。」〔註156〕

平王東遷之後，正因為鄭為王室近支，所以頗為周室所倚重，所謂「我周之東遷，晉、鄭是依。」〔註157〕鄭武公、莊公皆為平王之卿士，茲後宋人不王，鄭伯皆以王命而伐之，使得周天子一時間頗有顏面，但是鄭伯也因此而日益驕橫，周王為了抑制鄭國而平衡其過盛的氣焰而啟用虢公為卿士，這便進一步加劇了王室與鄭伯的矛盾，以至於到了周桓王十四年（前 706 年）周鄭矛盾一發不可收拾而兵戎相見，王師大敗而周王本人亦肩部中箭，周王顏面掃地以盡，但是鄭國以王命號召諸侯的政治資本也因此而蕩然無存。論及莊公之後鄭國之事，顧棟高說得明白：「其子昭公、厲公俱梟雄絕人。使其兄弟輯睦，三世相繼，鄭之圖伯未可知也。乃三公子爭立，卒歸厲公，與虢弭定王室，庶幾桓、文勤王之義。然自是而楚患興矣，齊、晉迭伯，與楚爭鄭者二百餘年。是時鄭西有虎牢之險，北有延津之固，南據汝、潁之地，恃其險阻，左支右吾。蓋滎陽、成皋自古戰爭地，南北有事，鄭先披兵，地勢然也。至子產之世，而虎牢已先屬晉，犨、櫟、郟已先屬楚，鄭之地險盡失，徒善其區區之辭命，以大義折服晉、楚。」〔註158〕

〔註154〕《國語‧鄭語》，上海：上海古籍出版社，1988 年，卷十六，第 507 頁。

〔註155〕《國語‧鄭語》，上海：上海古籍出版社，1988 年，卷十六，第 523 頁。

〔註156〕許倬雲：《求古編‧周東遷始末》，北京：新星出版社，2006 年，第 79 頁。

〔註157〕《國語‧周語中》，上海：上海古籍出版社，1988 年，卷二，第 45 頁。

〔註158〕〔清〕顧棟高：《春秋大事表‧春秋列國疆域表》，吳樹平、李解民點校，北京：中華書局，1993 年，卷四，第 536 頁。

2.2.5.2 宋襄公爭霸與宋國的地緣宿命

宋在西周即是戰略監控的對象，其旁落姬姓諸國，故而當西周之時宋人未敢有二志。入春秋以來，王室沈降，宋人即開始有不王之心，是以鄭伯多以王命伐之。桓公霸時，宋國緊緊追隨桓公，童書業先生指出宋國在「齊桓聯盟中與齊最親。」〔註159〕以至於桓公安排身後之事還想到宋襄公，《左傳‧僖公十七年》記曰：「公與管仲屬孝公於宋襄公，以爲太子。」〔註160〕待到桓公沒後，齊國內亂，宋國即利用齊桓公首霸餘威而以諸侯兵立襄公而還，初步樹立了宋國的威望。僖公十九年，「宋人圍曹，討不服也。」〔註161〕宋襄公此時汲汲於霸業的開展，但是也不能不顧忌方興之楚國，僖公二十一年，宋公爲鹿上之盟，即不得不徵求楚國的意見。「二十一年春，宋人爲鹿上之盟，以求諸侯於楚。楚人許之。」〔註162〕對於宋襄公這種與己身實力不相稱的爭盟活動，公子目夷清楚地看出了其中蘊含的巨大風險而曰：「小國爭盟，禍也。宋其亡乎，幸而後敗。」〔註163〕果然，勢力正熾的楚國對宋國不屑一顧，「於是楚執宋公以伐宋。」〔註164〕

宋襄公歸後，決定對楚國還以顏色，但其不敢正面與楚人衝突，於是選擇了楚的與國鄭作爲開刀的對象，宋人伐鄭楚國馬上作出反應。「楚人伐宋以救鄭。宋公將戰，大司馬固諫曰：『天之棄商久矣，君將興之，弗可赦也已。』弗聽，冬十一月己巳朔，宋公及楚人戰於泓。」〔註165〕泓之戰宋人坐失戰機而一敗塗地，宋襄公本人也受傷而旋即死去，宋人的霸主夢戛然而止。對於宋襄公爭霸的失敗，苗永立認爲：「宋襄公的爭霸之路，採取的是復商結楚的路線，與齊桓公的『尊王攘夷』路線恰恰相反，宋襄公雖然也攘夷，但做得不夠徹底，尊王則與復商的目標相違。這些都是宋襄公難以立信於諸侯而導致失敗的原因。因爲『尊王攘夷』是當時的潮流，是諸侯的共同需求。」〔註166〕

宋襄公身後晉、楚勢力皆起，宋國從此與爭霸無緣，但以蠶食泗上小國

〔註159〕童書業：《春秋左傳研究》，上海：上海人民出版社，1980年，第53頁。
〔註160〕楊伯峻：《春秋左傳注‧僖公十七年》，北京：中華書局，2000年，第374頁。
〔註161〕楊伯峻：《春秋左傳注‧僖公十九年》，北京：中華書局，2000年，第383頁。
〔註162〕楊伯峻：《春秋左傳注‧僖公二十一年》，北京：中華書局，2000年，第389頁。
〔註163〕楊伯峻：《春秋左傳注‧僖公二十一年》，北京：中華書局，2000年，第389頁。
〔註164〕楊伯峻：《春秋左傳注‧僖公二十一年》，北京：中華書局，2000年，第391頁。
〔註165〕楊伯峻：《春秋左傳注‧僖公二十二年》，北京：中華書局，2000年，第396頁。
〔註166〕苗永立：《周代宋國史研究》，吉林大學博士學位論文，第74頁。

聊以自存而已。顧棟高論曰：「入春秋時，宋乃有彭城。彭城俗勁悍，又當南北之衝，故終春秋之世，宋最喜事。齊興則首附齊，晉興則首附晉。悼公之再伯也，用吳以犄楚，先用宋以通吳，實於彭城取道。楚之拔彭城以封魚石也，非以助亂，實欲塞夷庚，使吳、晉隔不得通也。晉之滅偪陽以畀宋也，非以德宋，欲宋爲地主，通吳、楚往來之道也。蓋彭城爲宋有，而柤爲楚地，偪陽爲楚與國，皆在今沛縣境，如喉嚦之中之有物。宋有偪陽，而吳、晉相援如左右手矣。故當日楚最仇宋，常合鄭以齮宋最力。迨悼公已服鄭，不復恃吳；吳闔閭之世力足以制楚，不復專賴晉，而宋於是晏然無事。是彭城之繫於南北之故者非小。而宋常爲天下輕重者，以其有彭城也。自後吳日強橫，齊、魯俱披其毒害，而宋始終不受兵，亦以前日爲東道主之故。」〔註167〕觀乎顧論可知，宋地由於周室的地緣謀劃而無險可資，當春秋之世大國馳騖之日，其地處中央而四野坦蕩，數爲列國交往之通道，宋人亦因之而選擇不同的勢力相依附以維繫自身的安全；而另一方面，宋地得之易而守之難，吳北伐所不取也，非當天下大勢幾定而難以據守之，故而宋得以綿延以至於戰國時期。

　　縱觀春秋時期地緣政治的大勢，楚、晉兩個縱向地軸上的國家主導了春秋大多數時候地緣政治的格局，秦爲晉所控扼爲出路而苦苦戰鬥，崤之戰後不得不改變地緣戰略而以經略西疆爲主；齊國自桓公之後幾無大的建樹，唯當晉、楚疲憊或內亂之時而力圖振作，待時局變遷而霸業也因之而停息，吳、越乃東南異數，吳、越的崛起大大豐富了軸線之外地區的地緣活動，其不僅因與楚交爭而豐富了長江一線的地緣內涵，也使得過渡地帶的淮河一線戰火頻仍，於其北向則開闢了北達泗上的地緣活動，於東南內地緣計，吳、越二國地緣環境相同，待吳銳意北進之時而越攝其後。從全局的地緣互動來看，晉聯吳以爲犄楚之勢，秦楚大多數時候亦是聯結以抗晉，楚爲吳所挫則又聯越而制吳，對東向地軸晉長期聯魯以制齊，而中間地帶之鄭、宋諸國自圖霸而不得後多唯大國之馬首是瞻，中間地帶也日朘月削。此乃春秋地緣政治格局之大概。

〔註167〕〔清〕顧棟高：《春秋大事表‧春秋列國疆域表》，吳樹平、李解民點校，北京：中華書局，1993年，卷四，第529頁。

2.3 戰國的地緣政治形勢與地緣軸線的新變遷

　　進入戰國時期北疆之巨無霸晉國一分為三，齊國也為陳氏所代，血緣紐帶更加鬆弛，而地緣色彩日益濃重，更為赤裸而殘酷的地緣競爭成為戰國的顯著特點。北向地軸一分為三是戰國時期地緣政治最深刻的變化，這種變遷無形中釋放了春秋以來晉國對於齊秦二國的地緣鉗制，而晉國本身的一變為三本身所造就的變局更加複雜，加上春秋時期沉寂而不為人所重視的燕國亦參與戰國的地緣角逐之中，北方的地緣形勢更見紛紜。秦國在東進受阻之後向巴蜀伸展而另闢地軸，楚國之西疆因之而敞開，楚人受到秦國之戰略壓迫而銳意經略東國，這便進一步加劇了北方地緣的緊張局勢，斯時秦國不僅完全具有了險固的關中形勢，同時贏得了巴蜀作為戰略大後方，是以戰國中期則多驅三晉而攻齊、楚、燕，戰國後期則遠交近攻而務於略地廣土，以從根本上弱化東方諸國的實力。拉鐵摩爾指出：「周朝末年最後的混戰，具有兩種性質；不但北方的領導權需要決定，中國應集權於黃河流域還是長江流域的問題，也須決定。獲得最後勝利的秦國之所以能解決這個問題，原因之一是它從陝西攻入了長江上游極為富足的四川盆地，從而佔據了楚國所掌握的由北部到長江中游通道的側翼。」〔註168〕是以戰國時期地緣政治最深刻的變化就是當東部的縱向地軸持續斷裂的同時，秦人重建了新的縱向軸線而實現了黃河流域與長江流域的聯盟，這一聯盟不僅克服了渭河谷地縱深狹小的弊端而加強了其戰略縱深，而同時也撤去了楚國賴以立國的西疆屏障。

2.3.1 北向地軸的分裂與三晉的地緣政治形勢變遷

　　三家分晉的地緣政治影響不僅表現為血緣更加的淡化，地緣的色彩由此加強，更在於這個控馭北疆數百年的地緣軸線對於橫向地軸上齊秦二國的鬆綁。三晉雖則皆依傍太行而於東方之大平原上皆有經略，然則其國土安全的根本猶在河東，韓趙魏三家於河東分別以上黨、晉陽、安邑為其基地，論及戰國時期三晉於河東之得失，顧祖禹大為感慨，其曰：「蓋魏之強以河西、安邑，而韓之強則以上黨，趙之強則以晉陽及雲中、九原。自魏去安邑都大梁，而魏始弱矣。秦惠文君時，魏以河西之地盡入於秦，而魏益弱。秦昭襄二十一年安邑復入秦，而魏遂不振矣。秦人既得安邑，乃謀韓之上黨；秦拔上黨

〔註168〕〔美〕拉鐵摩爾：《中國的亞洲內陸邊疆》，唐曉峰譯，南京：江蘇人民出版社，2008 年，第 235 頁。

之後凡八年，而韓遂入朝於秦；又六年攻趙拔晉陽，晉陽拔後十九年而三晉竟亡矣。嗚呼！秦之能滅晉者，以晉分爲三而力不足以拒秦也。假使三晉能知天下之勢，其於安邑、於上黨、於晉陽也，如捍頭目而衛心腹也，即不能使秦人之不我攻，必當使我之不可攻，即不能爲其不可攻，必不可遂敵之必我攻。合與國以爭之，上也；舉國以爭之，次也；於安邑、於上黨、於晉陽固尺寸之地，即爲其國延且夕之命也。奈何揖寇入門而不知，割己肥敵而不悟，使秦人得以坐待其斃乎？」〔註169〕三晉的戰和狀態往往關聯到列國的地緣政治態勢，三晉雖則多數時候在對秦東進的問題上能互爲救助，但是其畢竟爲三國而與春秋時期之一體之晉不可同日而語，因而各自有自家的算盤，彼此勢力相對均等而利害衝突不大之時，尚能攜手共進退，待到均勢突破則必然發生衝突，而三晉之衝突則必然給他國尤其是秦國以機會。

2.3.1.1 魏國統一三晉的努力與其地緣淪落

戰國初年，魏國的疆域分爲河西、河東和河內、中原兩大部分，中間隔以韓國，屬於典型的鬆散型國土格局。魏文侯禮賢下士，用人而皆得其當，斯時李悝、段干木、西門豹、吳起等諸多人才薈萃魏國，文侯任用李悝率先變法而國家迅速富強起來，在處置同三晉的關係上文侯聯絡韓趙二國在對外上共同進退，《戰國策・魏策》載：「韓趙相難。韓索兵於魏曰：『願得借師以伐趙。』魏文侯曰：『寡人與趙兄弟，不敢從。』趙又索兵以攻韓，文侯曰：『寡人與韓兄弟，不敢從。』二國不得兵，怒而反。已乃知文侯以講於己也，皆朝魏。」〔註170〕正因爲文侯禮賢下士且能和睦三晉，所以頗爲鄰國所重，秦人論曰：「魏君賢人是禮，國人稱仁，上下和合，未可圖也。」〔註171〕魏國出自晉國，晉國在春秋時期經略中國的記憶必然深刻，欲固其西疆則必須以河西爲屏障，是以文侯時期銳意經略河西，「六年，城少梁。十三年，使子擊圍繁、龐，出其民。十六年，伐秦，築臨晉元里。」〔註172〕「（十七年）西攻秦，至鄭而還，築洛陰、合陽。」〔註173〕從而將疆域拓展到陝北一帶。同年，

〔註169〕〔清〕顧祖禹：《讀史方輿紀要・山西方輿紀要序》，賀次君、施和金點校，北京：中華書局，2005年，卷三十九，第1775頁。

〔註170〕諸祖耿：《戰國策集注彙考・魏一》，南京：鳳凰出版社，2008年，卷二十二，第1136頁。

〔註171〕《史記・魏世家》，北京：中華書局，1959年，第1839頁。

〔註172〕《史記・魏世家》，北京：中華書局，1959年，第1838頁。

〔註173〕《史記・魏世家》，北京：中華書局，1959年，第1838頁。

文侯逾趙而攻滅中山國，在東疆上亦頗有發展。關於文侯時期魏國的疆域，李曉傑有詳細的考證，「文侯三十七年（前 406 年）時，魏國疆域的大致範圍是：1）西部區域：西境在渭水以南有武都、武下、陰晉，渭水北岸洛水及黃河以西有洛陰、臨晉、元里、合陽、少梁、龐、皮氏、雕陰、膚施、漆垣、廣衍等地與秦為界。北境有榆次、陽邑、平周、蒲陽與趙相接。東境有絳、曲沃、垣等地與韓接壤。南境大體以黃河為界，有黃河北岸的陽晉、封陵、焦、陽狐等地。2）東部區域：西境有曲陽、溫、懷、卷、酸棗、衍、密、華陽等地與韓為界。北境有棘蒲、黃城、寧新中、朝歌、汲、山陽等地與趙為鄰。另外，魏北向越過趙界還控制有中山國領土。東境有觀津、觀、平陽、濟陽等地。東南境有襄城等地。」〔註 174〕這樣，文侯時期東西兩境疆土皆頗有規模，但是這些疆土卻分為三塊，彼此聯繫起來頗為困難。關於魏國的東西疆域之間的關聯，史念海先生認為：「這條河東和河內間的道路當是由安邑，經過晉國的舊都絳，再東南行到達河內。由河內東南行，前往大梁，是要渡過黃河的，渡河之處當在卷。」〔註 175〕楊寬則先生認為「（東西疆域之間）以今山西省東南部的上黨為交通孔道。」〔註 176〕李曉傑則認為楊寬之說不可靠，並通過秦人東進的路線推測魏國可能於黃河沿岸溝通其東西疆域〔註 177〕。雖則如此，東西疆域之關聯實則繫於一線之間，其間太行、王屋、中條諸山分割阻擋加之以黃河分割其東疆為二，實則支離破碎，一旦有事各單元勢難相顧。從對外關係角度觀之，魏國之東西疆聯繫之貫通也很大程度上取決於其與韓趙兩國尤其是韓國的關係狀況。

　　文侯卒後，武侯即位，武侯時期在西部一線基本上能保持文侯時期的疆域規模，東部失去了中山國，但東南則增加了不少土地。〔註 178〕這時候雖則失去了飛地的中山國，但是南向拓展幾可補中山之失，其東部疆域連為一體，

〔註 174〕李曉傑：「戰國時期魏國疆域變遷考」，《歷史地理》第十九輯，上海：上海人民出版社，2003 年，第 87 頁。

〔註 175〕史念海：《河山集七集·戰國時期的交通道路》，西安：陝西師範大學出版社，1999 年，第 145 頁。

〔註 176〕楊寬：《戰國史》，上海：上海人民出版社，2008 年，第 280 頁。

〔註 177〕李曉傑：「戰國時期魏國疆域變遷考」，《歷史地理》第十九輯，上海：上海人民出版社，2003 年。

〔註 178〕李曉傑考證武侯二十年（前 376 年）魏國西部疆域僅失武下一地，「東境又贈靈丘、桑丘二地，但東南已有襄陵。南境拓展至魯陽。」見氏撰：「戰國時期魏國疆域變遷考」，《歷史地理》第十九輯，上海：上海人民出版社，2003 年，第 87 頁。

是以東部疆域的分量在增加。時至此時，魏國之疆域依然難以措置，武侯曾與吳起討論魏國之疆域形勢而倍感憂慮，其曰：「今秦脅吾西，楚帶吾南，趙沖吾北，齊臨吾東，燕絕吾後，韓居吾前，六國兵四守，勢甚不便，憂此奈何？」〔註179〕武侯的時候雖則總體疆域規模大抵與文侯時期無異，但是其失去中山之後所獲的土地則得自齊、楚等國，魏國與齊、楚、宋、鄭等國關係的緊張自不待言。其與韓趙兩家的關係也在起著變化，「（敬侯）五年（前390年），齊、魏為衛攻趙，取我剛平。六年，借兵於楚伐魏，取棘蒲。八年，拔魏黃城。」〔註180〕魏國的東向發展於其北勢必爭於趙，於其南則更是對韓國形成了完整的包圍之勢，將韓國僅存的東向戰略拓展空間堵死，這就不能不引起韓趙兩家的高度警惕，武侯卒而惠王立新舊交替之時，韓趙兩家開始聯手對付魏國。《魏世家》載曰：「惠王元年。初，武侯卒也，子罃與公中緩爭為太子。公孫頎自宋入趙，自趙入韓，謂韓懿侯曰：「魏罃與公中緩爭為太子，君亦聞之乎？今魏罃得王錯，挾上黨，固半國也。因而除之，破魏必矣，不可失也。」懿侯說，乃與趙成侯合軍并兵以伐魏，戰於濁澤，魏氏大敗，魏君圍。趙謂韓曰：「除魏君，立公中緩，割地而退，我且利。」韓曰：「不可。殺魏君，人必曰暴；割地而退，人必曰貪。不如兩分之。魏分為兩，不強於宋、衛，則我終無魏之患矣。」趙不聽。韓不說，以其少卒夜去。惠王之所以身不死，國不分者，二家謀不和也。若從一家之謀，則魏必分矣。故曰：「君終無適子，其國可破也」。〔註181〕三晉的關係至此破裂，魏惠王即位之後一個迫在眉睫的任務就是必須在東西疆域之間作出了一個優先發展的抉擇，而斯時魏國在東疆介入已深，其與中原諸國皆有碰撞，可謂欲罷不能。惠王十年之前，其東西疆域皆披戰火，「二年，魏敗韓於馬陵，敗趙於懷。三年，齊敗我觀。五年，與韓會宅陽。城武堵。為秦所敗。六年，伐取宋儀臺。九年，伐敗韓於澮。與秦戰少梁，虜我將公孫痤，取龐。」〔註182〕在秦人西進鋒芒正盛、魏國東疆戰事連綿之時，惠王已然有西守東進之意，據張維華先生考證惠王十年開始築河西長城以阻擋秦人東進的鋒芒〔註183〕。然則亦如鍾鳳年先生所謂：「（魏國）諸部最大者為河東，跨今縣二十三；

〔註179〕中國兵書集成編委會：《吳子·料敵》，《中國兵書集成·武經七書彙解（一）》，北京：解放軍出版社，1992年，第439頁。

〔註180〕《史記·趙世家》，北京：中華書局，1959年，第1798頁。

〔註181〕《史記·魏世家》，北京：中華書局，1996年，第1843頁。

〔註182〕《史記·魏世家》，北京：中華書局，1996年，第1844頁。

〔註183〕張維華：「魏長城」，《中國長城建置考上編》，北京：中華書局，1979年，第47頁。

餘者，或微逾十縣，或五六縣，最小者不及三縣。地勢如此畸零，平時需逐處設備，一部告警，則征調困難，實不易於立國。」〔註184〕鍾先生所論雖則關涉魏國立國之初的形勢，至惠王年間東疆形勢已然不同於前，然則東疆乃形勢平坦而列強環伺，純然四戰之地，絕無河東之表裏山河的便利形勢可言。是以惠王雖則重心東移亦不放棄立國於河東。

　　三晉本爲北疆地緣之主軸，三晉合則無往而不利，而今三晉關係已然破裂，欲重拾北方地緣政治之主導，惠王力圖以武力合三晉爲一體。於是惠王在西向採取守勢的同時開始大舉對韓、趙用兵，惠王十七年以名將龐涓領軍直指趙都邯鄲，論及斯時出軍之規模《孫臏兵法》載曰：「昔者，梁君將攻邯鄲，使將軍龐涓、帶甲八萬至於茌丘。」〔註185〕次年魏軍攻破邯鄲，但是齊軍也在桂陵大破魏軍。從這次戰爭的規模來看興師近十萬，這在戰國早期是不多見的，而且其兵鋒直指國都也顯然不只是簡單的爭地而已，儼然是滅國的架勢。關於此後的馬陵之戰《史記》各傳記載不一，《田敬仲完世家》謂之：「二年，魏伐趙。趙與韓親，共擊魏。趙不利，戰於南梁。宣王召田忌復故位。韓氏請救於齊。」〔註186〕《魏世家》曰：「三十年，魏伐趙，趙告急齊。齊宣王用孫子計，救趙擊魏。」〔註187〕《孫臏傳》則曰：「後十三歲，魏與趙攻韓，韓告急於齊。齊使田忌將而往，直走大梁。」〔註188〕而《趙世家》則不載其事。關於這三處記載唯有在《魏世家》中《正義》認爲是載爲桂陵之戰誤而認同孫臏傳所載〔註189〕。歸納起來看，桂陵戰後魏國開始主動修好趙國，戰後二年，「歸趙邯鄲，與盟漳水上。」〔註190〕此後趙肅侯二年魏惠王二十一年，「與魏惠王遇於陰晉。」〔註191〕可見斯時趙、魏兩家至少表面上關係不錯，此後唯有「（肅侯）七年，公子刻攻魏首垣」〔註192〕一條記錄，而且是趙攻魏，而《魏世家》卻不載其事，估計戰爭規模也不大。所以《孫臏傳》所載的「魏與趙攻韓」應該是可信的。這次作戰估計是魏國羈縻於趙而已，

〔註184〕鍾鳳年：「戰國疆域變遷考」，《禹貢》半月刊第六、七合期，臺北：大通書局，1972年，第201頁。

〔註185〕張震澤：《孫臏兵法校理‧擒龐涓》，北京：中華書局，2007年，第1頁。

〔註186〕《史記‧田敬仲完世家》，北京：中華書局，1959年，第1893頁。

〔註187〕《史記‧魏世家》，北京：中華書局，1959年，第1845頁。

〔註188〕《史記‧孫子吳起列傳》，北京：中華書局，1959年，第2164頁。

〔註189〕《史記‧魏世家》，北京：中華書局，1996年，第1846頁。

〔註190〕《史記‧魏世家》，北京：中華書局，1959年，第1845頁。

〔註191〕《史記‧趙世家》，北京：中華書局，1959年，第1801頁。

〔註192〕《史記‧趙世家》，北京：中華書局，1959年，第1802頁。

借力的成分並不多。孫臏在對齊宣王分析形勢時說：「且魏有破國之志，韓見亡，必東面而愬於齊矣。」〔註193〕所以從魏國這次出兵的規格和魏軍的舉動來看應該是以一舉消滅韓國為目的。魏國的這次滅韓行動給了齊國以機會，齊國先令韓魏二國形成內耗，繼而故伎重演圍大梁而設伏於馬陵，大敗魏軍。魏國經馬陵之戰而元氣大傷，東向地軸上的齊國得以伸張其勢。而在西疆，馬陵之戰的次年秦軍即破公子昂軍而至於河，兵鋒直指魏都安邑，斯時韓魏惡戰初止，東西疆之聯繫隨時有被韓國阻斷的危險，且河東之地日益逼狹，魏國不得不遷都以避秦人之鋒芒。《魏世家》載曰：「三十一年，秦、趙、齊共伐我，秦將商君詐我將軍公子卬而襲奪其軍，破之。秦用商君，東地至河，而齊、趙數破我，安邑近秦，於是徙治大梁。」〔註194〕論及當時魏國的地緣形勢，惠王沉痛地對孟子說：「晉國，天下莫強焉，叟之所知也。及寡人之身，東敗於齊，長子死焉；西喪地於秦七百里，南辱於楚，寡人恥之。」〔註195〕

　　魏都東遷之後西疆的地緣形勢更加惡劣，襄王之世，魏國不僅盡喪河西之地，而且秦人還越過黃河將勢力伸展到了河東，秦人開始了對北向地軸的蠶食，至此魏國淪為二流之國而不再能主宰戰國之形勢。魏國在戰國剩下的歲月不過是苟延殘喘而已，待到魏安釐王時期，「其西部疆域盡為秦所得」〔註196〕，其爪牙盡失而猶如無骨之豕，徒任人宰割而已。

2.3.1.2 趙國的地緣拓展與地緣形勢之變遷

　　趙國的疆域形勢於簡、襄之世即已然奠定，簡子時期已然在太行山東西二側佔有廣闊的封地，《趙世家》載：「晉定公二十一年，簡子拔邯鄲，中行文子奔柏人。簡子又圍柏人，中行文子、范昭子遂奔齊。趙竟有邯鄲、柏人。

〔註193〕《史記‧田敬仲完世家》，北京：中華書局，1959年，第1894頁。
〔註194〕《史記‧魏世家》對於魏國的遷都動機，史念海、宋傑先生有不同的說法，二人皆認為魏國遷都與避秦人鋒芒無關，而是主動經營東疆的考慮。綜合魏國的地緣形勢與史公的明確記載，我想魏國就算是有經略東疆的意圖，亦有不得已的成分，絕非什麼主動經略東疆的考慮。二人之說見史念海：史念海：《河山集四集‧論戰國時期稱雄諸侯各國間的關係及其所受地理環境的影響》第349頁，西安：陝西師範大學出版社，1991年，；宋傑：「魏在戰國前期的地理特徵與作戰方略」，《首都師範大學學報（社會科學版）》，2002年第一期，第18頁。
〔註195〕焦循：《孟子正義‧梁惠王上》，沈文倬點校，北京：中華書局，1987年，卷二，第64頁。
〔註196〕李曉傑：「戰國時期魏國疆域變遷考」，《歷史地理》第十九輯，上海：上海人民出版社，2003年，第87頁。

范、中行餘邑入於晉。趙名晉卿，實專晉權，奉邑侔於諸侯。」〔註197〕除此之外，被簡子視爲根本的晉陽也是趙氏的重要基地。到襄子時期，已然進入戰國，晉之列卿并地更是無所顧忌，襄子元年，簡子之喪尙未除服即開始北向滅代：「襄子姊前爲代王夫人。簡子既葬，未除服，北登夏屋，請代王。使廚人操銅枓以食代王及從者，行斟，陰令宰人各以枓擊殺代王及從官，遂興兵平代地。」〔註198〕「襄子立四年，知伯與趙、韓、魏盡分其范、中行故地。」〔註199〕次年，「韓、魏與合謀，以三月丙戌，三國反滅知氏，共分其地。」〔註200〕據雁俠先生考證，「趙襄子時疆域大致範圍爲平陰——句注（今山西省雁門關）——皋狼——藺——離石——西河——中都——西陽——大陵——茲氏——涅——屯留——泫氏——皮牢——端氏——懷——中牟——平陽——平邑——觀——剛平——列人——肥——鄗——太行——常山——樂徐——濁鹿——無窮之門。」〔註201〕「於是趙北有代，南並知氏，彊於韓、魏。」〔註202〕雁俠先生同時指出：「這與趙國建立初幾代國君時的疆域區別不大，說明簡、襄的領地擴張，爲趙國奠定了基本疆域。」〔註203〕此時之趙國疆域大抵有三個中心，一則爲晉陽，晉陽地處太原盆地，居汾水上游，土壤肥沃，控馭晉中而形勢險要，論及晉陽之形勢，顧祖禹曰：「（太原）府控帶山、河，踞天下之肩背，爲河東之根本，誠古今必爭之地也。」〔註204〕其西南向順汾水河谷而下而及於河水，渡蒲津、龍門皆可伸入關中；其北逾句注嶺即可與代地聲息相通；其東北出井陘即可預與河北之形勢。其二爲代地，論及代地之形勢，顧祖禹曰：「（代）州外壯大同之藩衛，內固太原至鎖鑰，根柢三關（寧武、雁門、偏頭），咽喉全晉。」〔註205〕而河北之邯鄲南帶

〔註197〕《史記‧趙世家》，北京：中華書局，1959 年，第 1792 頁。

〔註198〕《史記‧趙世家》，北京：中華書局，1959 年，第 1793 頁。

〔註199〕《史記‧趙世家》，北京：中華書局，1959 年，第 1794 頁。

〔註200〕《史記‧趙世家》，北京：中華書局，1959 年，第 1795 頁。

〔註201〕雁俠：「先秦趙國疆域變化」，《鄭州大學學報（哲學社會科學版）》，一九九一年第一期，第 79 頁。

〔註202〕《史記‧趙世家》，北京：中華書局，1959 年，第 1795 頁。

〔註203〕雁俠：「先秦趙國疆域變化」，《鄭州大學學報（哲學社會科學版）》，一九九一年第一期，第 79 頁。

〔註204〕〔清〕顧祖禹：《讀史方輿紀要‧山西二》，賀次君、施和金點校，北京：中華書局，2005 年，卷三十九，第 1806 頁。

〔註205〕〔清〕顧祖禹：《讀史方輿紀要‧山西二》，賀次君、施和金點校，北京：中華書局，2005 年，卷三十九，第 1848 頁。

漳河以蔽其南，東向則有河水之巨防，其西側則負太行之險，其地平坦，土壤肥沃，乃經略河北之重要據點。

自魏文侯變法後魏國日益富強，趙國與韓國多追隨文侯而對外共進退而已，其疆域擴展並不明顯。但是趙國的疆域形勢與魏國不同，河東北部的形勝之地盡數為趙所握，斯時魏尚蔽其南，秦禍未萌，其東出以經略河北自是順理成章之事。為此形勢計，趙國開始遷都邯鄲。《趙世家》曰：「敬侯元年，武公子朝作亂，不克，出奔魏。趙始都邯鄲。」〔註206〕然則趙在河北之經略亦勢所必然地與東部平原之國家發生激烈的碰撞。戰國初年，於三晉言之，趙國之疆域形勢本來最為有利，既有河東之險要，亦有河北之膏腴之地，然則由於中山國〔註207〕橫互其間，令趙國東西兩疆域連接不暢，實乃心腹之患。段連勤先生指出：「綿互南北的太行山和在趙國之北立國的中山國，把趙國這兩部分疆土分割開來，趙國僅靠通過壺關和沿漳水的崎嶇山路維持這兩部分領土的聯繫。擺在趙國面前的刻不容緩的任務就是：打通由中山國控制的北進大道和太行山井陘、鴻上等關，使趙國被分割的兩部分領土在地理上緊密聯繫起來。」〔註208〕趙國疆域之中的三個中心則同時保留著向三個方向拓展的可能性，於晉陽言之，其可南向發展，然則戰國初年魏國強大，而為對抗魏國趙國多數時候與韓國關係甚密；此後秦人勢力伸入河東，南進幾無可能。於邯鄲言之，自然在於大平原上之拓展，然則其東疆為強齊，南疆為勁魏，其展拓殊為不易。而唯有代地，其北向、西向皆可伸展。這樣，東向解決中山國而觀乎東疆之時變，北向、西向於胡人之地而伸展勢力便成為趙國的戰略拓展空間〔註209〕。而完成這一使命的人物便是趙武靈王，趙武靈王是戰國

〔註206〕對於《史記·趙世家》趙國遷都邯鄲，史念海先生認為「這次徙都和魏國由安邑徙大梁顯得異曲同工。魏國由安邑徙大梁，是為了向東發展；而趙國這次由晉陽徙都邯鄲，也是完全是遷就地利的緣故。」見氏撰：「論戰國時期稱雄諸侯各國間的關係及其所受地理環境的影響」，《河山集四集》，西安：陝西師範大學出版社，1991年，第353頁。

〔註207〕魏文侯時期與魏武侯前期魏國所控制時期亦然對構成趙國的重大威脅，段連勤先生亦謂之「而且還受到魏屬中山國在『腹心』的牽制。」見氏著：《北狄族與中山國》，桂林：廣西師範大學出版社，2007年，第99頁。

〔註208〕段連勤：《北狄族與中山國》，桂林：廣西師範大學出版社，2007年，第99頁。

〔註209〕論及推行胡服決策時，趙武靈王曾謂肥義曰：「雖驅世以笑我，胡地中山吾必有之。」可為明證。見《史記·趙世家》，北京：中華書局，1959年，第1807頁。

時期趙國最有大略的君主，然則其在位前期趙國的形勢還是相當危殆，肅侯
晚期，趙國在對外戰爭中多處於劣勢，「十八年，齊、魏伐我，我決河水灌之，
兵去。二十二年，張儀相秦。趙疵與秦戰，敗，秦殺疵河西，取我藺、離石。
二十三年，韓舉與齊、魏戰，死於桑丘。」〔註210〕肅侯去世之時，「秦、楚、
燕、齊、魏出銳師各萬人來會葬。」〔註211〕抑或有觀趙國動靜的意味在其中，
武靈王正是在這種危殆的局面中即位的。但是情勢仍在惡化，趙國東西疆土
皆有所失，尤其是斯時秦國攻勢正勁，河東威脅嚴重，三晉合力抗秦而不敵，
以至於損兵失地而形勢危殆：「九年，與韓、魏共擊秦，秦敗我，斬首八萬級。
齊敗我觀澤。十年，秦取我中都及西陽。……十三年，秦拔我藺，虜將軍趙
莊。」〔註212〕在危急的形勢之下，武靈王力圖振作，「十六年，秦惠王卒。王
遊大陵。」〔註213〕雁俠先生認爲「顯然是爲了對付秦國。」〔註214〕而次年的
爲野臺則顯然有備齊與攻中山的意圖，「十七年，王出九門，爲野臺，以望齊、
中山之境。」〔註215〕與此同時，趙國還通過改變疆域形態而實現對中山國的
戰略包圍，據雁俠先生考證，趙國還「換取燕地，使趙在中山東、北部都有
了領土，對中山形成包圍之勢。」〔註216〕

　　在對周邊進行布局的同時，武靈王與樓緩分析了趙國的地緣格局，其曰：
「我先王因世之變，以長南藩之地，屬阻漳、滏之險，立長城，又取藺、郭
狼，敗林人於荏，而功未遂。今中山在我腹心，北有燕，東有胡，西有林胡、
樓煩、秦、韓之邊，而無彊兵之救，是亡社稷，奈何？」〔註217〕面對趙國的
地緣弱點，趙武靈王作出了開疆北土的戰略決定，所謂「今吾欲繼襄主之迹，
開於胡、翟之鄉，而卒世不見也。爲敵弱，用力少而功多，可以毋盡百姓之
勞，而序往古之勳。」〔註218〕與之相對應的一個重大決策即是胡服騎射，以
適應拓地胡疆的軍事需要。拉鐵摩爾認爲發軔於春秋戰國時期的激烈疆土競

〔註210〕《史記‧趙世家》，北京：中華書局，1959年，第1803頁。
〔註211〕《史記‧趙世家》，北京：中華書局，1959年，第1803頁。
〔註212〕《史記‧趙世家》，北京：中華書局，1959年，第1804頁。
〔註213〕《史記‧趙世家》，北京：中華書局，1959年，第1804頁。
〔註214〕雁俠：「先秦趙國疆域變化」，《鄭州大學學報（哲學社會科學版）》，一九九一
　　　　年第一期，第82頁。
〔註215〕《史記‧趙世家》，北京：中華書局，1959年，第1805頁。
〔註216〕雁俠：「先秦趙國疆域變化」，《鄭州大學學報（哲學社會科學版）》，一九九一
　　　　年第一期，第82頁。
〔註217〕《史記‧趙世家》，北京：中華書局，1959年，第1806頁。
〔註218〕《史記‧趙世家》，北京：中華書局，1959年，第1806頁。

爭導致了漢族爲主體的農業文明的專門化與受到漢族擠壓而出現的邊疆游牧文明專門化兩種潮流，代北處於北向地軸的盡頭，在軍事上的意義自不待言，然則從自然地理的角度來看，其處於從精耕農業向游牧過渡的地帶，而要跨越代北而北向略地則必然會導致趙國發生某些改變，對於趙國的這種改變拉鐵摩爾的解釋是：「從漢族的立場說，趙國的漢族停止了他們的變化，開始退回少數民族制度。而事實上，這並不是退到舊日非專門化的混合經濟的少數民族制度，而是轉移到一個新的具有專門化經濟的少數民族制度。但這一點在漢族看來並沒有什麼分別。在另一方面，從草原歷史的觀點看，趙國的部分轉變是很重要的，這表明草原上的專門化，在它自己的土地內，可以抗衡漢族的專門化。而且草原的生活方式，在中國過渡地區的某個範圍內，也可以勝過漢族的生活方式。」〔註219〕這就使得趙國在文化上呈現出二元化特性，這一點爲很多學者所顯見，孫繼民、郝良眞將這種二元性作了三個不同維度的概括〔註220〕。

在完成了對內的改革與對外的布局之後，趙國在東、北、西三個不同的方向展開了持續的攻擊，「二十年，王略中山地，至寧葭；西略胡地，至榆中。林胡王獻馬。……代相趙固主胡，致其兵。」〔註221〕「二十一年，攻中山。趙袑爲右軍，許鈞爲左軍，公子章爲中軍，王並將之。牛翦將車騎，趙希並將胡、代。趙與之陘，合軍曲陽，攻取丹丘、華陽、鴟之塞。王軍取鄗、石邑、封龍、東垣。中山獻四邑和，王許之，罷兵。二十三年，攻中山。二十五年，惠後卒。使周袑胡服傅王子何。二十六年，復攻中山，攘地北至燕、代，西至雲中、九原。」〔註222〕對於趙國在北疆的開拓史念海先生給予了很高的評價，他說：「尤其是雲中、九原的開拓和置郡，在經濟的意義上，幾乎可以媲美秦惠文王的征服巴蜀，至少在馬匹的供給上，趙國獲得很多的利益。」〔註223〕而在東方疆土因爲屢伐中山而得地亦甚

〔註219〕〔美〕拉鐵摩爾：《中國的亞洲內陸邊疆》，唐曉峰譯，南京：江蘇人民出版社，2008年，第283頁。

〔註220〕其曰：「趙文化是平原文化與高原文化、內地文化與邊地文化交融的二重構成。」「趙文化是農耕文化與畜牧文化交融的二重構成。」「趙文化是華夏文化與胡族文化交融的二重構成。」見孫繼民、郝良眞：《先秦兩漢趙文化研究》，北京：方志出版社，2003年，第3~4頁。

〔註221〕《史記·趙世家》，北京：中華書局，1959年，第1811頁。

〔註222〕《史記·趙世家》，北京：中華書局，1959年，第1811頁。

〔註223〕史念海：「論戰國時期稱雄諸侯各國間的關係及其所受地理環境的影響」，《河山集四集》，西安：陝西師範大學出版社，1991年，第356頁。

多，據李曉傑考證，至武靈王二十六年（前 299 年），東境之地「增丹丘、華陽、鴟之塞、石邑、封龍、東垣以及左人、中人、苦陘等地。」〔註 224〕「惠文王二年，主父行新地，遂出代，西遇樓煩王於西河而致其兵。」〔註 225〕楊寬先生指出：「趙武靈王不但推行了胡服騎射，攻得了大片胡地和中山土地，而且收編了林胡和樓煩的軍隊，因而軍事力量大爲加強。」〔註 226〕至此，趙國不但疆域遼闊，實力大增，更重要的是其疆域形勢有了重大的改觀，東西疆土之間聯繫更加緊密，東北向則可以以壓迫燕國，東向則可爭衡於齊，而尤其重要的是趙國拓地至於河套地區，從而在北向對秦國形成了壓迫之勢。於是趙國油然而有襲秦之志。《趙世家》載曰：「主父欲令子主治國，而身胡服將士大夫西北略胡地，而欲從雲中、九原直南襲秦，於是詐自爲使者入秦。秦昭王不知，已而怪其狀甚偉，非人臣之度，使人逐之，而主父馳已脫關矣。審問之，乃主父也。秦人大驚。主父所以入秦者，欲自略地形，因觀秦王之爲人也。」〔註 227〕對於趙武靈王這次大膽的冒險，史念海先生說：「他的伐秦計劃是相當的偉大，這方面正是秦國國防上空虛的，而地理上也沒有什麼阻隔。後來秦始皇所修治的馳道，正是趙武靈王所計劃的路線。不幸趙武靈王因爲內亂而中道殞身，不然說不定中國歷史是要從此改換面目的。」〔註 228〕主父觀秦之時乃武靈王二十七年，即秦昭王八年（前 299 年），斯時趙國已經具有九原、雲中之地，而秦國正與楚國南向爭奪激烈，是難以同時顧及北邊而滅義渠、築長城的。《後漢書·西羌傳》載：「至王赧四十三年，宣太后誘殺義渠王於甘泉宮，因起兵滅之，始置隴西、北地、上郡焉。」〔註 229〕秦昭王滅義渠而北向築長城之事在主父觀秦之後二十八年，亦可能受到趙武靈王觀秦的刺激。因而，秦昭王長城名爲「拒胡」，亦有很強的防趙的意味。

趙武靈王的去世成爲趙國歷史的轉折點，惠文王即位後放棄了由雲中、九原南下攻秦的戰略計劃而轉向東南的發展。論及惠文王時期趙國的疆域形

〔註 224〕李曉傑：「戰國時期趙國疆域變遷考」，《九州》第三輯，北京：商務印書館，2003 年，第 168 頁。

〔註 225〕《史記·趙世家》，北京：中華書局，1959 年，第 1813 頁。

〔註 226〕楊寬：《戰國史》，上海：上海人民出版社，2008 年，第 373 頁。

〔註 227〕《史記·趙世家》，北京：中華書局，1959 年，第 1812～1813 頁。

〔註 228〕史念海：「論戰國時期稱雄諸侯各國間的關係及其所受地理環境的影響」，《河山集四集》，西安：陝西師範大學出版社，1991 年，第 356 頁。

〔註 229〕《後漢書·西羌傳》，北京：中華書局，1965 年，第 2874 頁。

勢，雁俠先生指出：「惠文王是，西北千里胡地喪失〔註230〕，使趙國失去了與秦抗衡的基礎，國勢轉衰。由於武靈王奠定的國力，及東部勁敵魏國在秦的進攻下受到削弱，趙在東南向能得到大片土地，並保持其大國地位。」〔註231〕與此同時，秦國加緊了對河東趙地的進攻，到孝成王時期，「趙南境已無武安及榆次、新城、狼孟等趙太原郡地，從而失去了分水流域。這樣趙西南境便大體以太行山及木馬水一線與秦為界。」〔註232〕論及晉陽之失，雁俠先生謂之：「晉陽喪失，這使趙國如失棟梁，通向太行以東的門戶遂被打開。長平一戰，趙國兵力損失殆盡，一蹶不振。趙雖偶有小勝，總的形勢是每況愈下。」〔註233〕趙國在河東領土的喪失則更加劇了其在東境與列國的疆域衝突，斯時東疆酣鬥猶熾，而不知死之將至。誠如陳軫謂齊王所曰：「天下為秦相割，秦曾不出力；天下為秦相烹，秦曾不出薪。」〔註234〕

2.3.1.3 韓國的地緣政治形勢與其疆域之消沉

關於韓國的疆域，顧頡剛、史念海先生指出：「韓始都陽翟（在今河南禹縣），滅鄭後遷都新鄭，疆域所至，東臨洧水，西接商阪（在陝西商縣附近），南至宛（南陽）穰（鄧縣），北自成皋逾河得上黨（故赤狄地）；兼有今河南中西部，復涉陝西、山西兩省地。」〔註235〕韓國所有之地皆為天下勁地，其西境控扼秦東出之要道，頓弱所謂「韓，天下之咽喉」〔註236〕、顧祖禹所謂「秦、魏之門戶」〔註237〕即是此部分之地緣功能；其南則達於南向地軸之南陽，其北則有河內之南陽與河東之上黨，上黨三陘皆太行東出之要津。但是

〔註230〕雁俠先生此說李曉傑有不同意見，他認為斯時趙國北疆並無變動記載，見李曉傑：「戰國時期趙國疆域變遷考」，《九州》第三輯，北京：商務印書館，2003年，第168頁。

〔註231〕雁俠：「先秦趙國疆域變化」，《鄭州大學學報（哲學社會科學版）》，一九九一年第一期，第84頁。

〔註232〕李曉傑：「戰國時期趙國疆域變遷考」，《九州》第三輯，北京：商務印書館，2003年，第168頁。

〔註233〕雁俠：「先秦趙國疆域變化」，《鄭州大學學報（哲學社會科學版）》，一九九一年第一期，第85頁。

〔註234〕諸祖耿：《戰國策集注彙考‧齊一》，南京：鳳凰出版社，2008年，卷八，第515頁。

〔註235〕顧頡剛、史念海：《中國疆域沿革史》，北京：中華書局，2000年，第47頁。

〔註236〕諸祖耿：《戰國策集注彙考‧秦四》，南京：鳳凰出版社，2008年，卷六，第374頁。

〔註237〕〔清〕顧祖禹：《讀史方輿紀要‧歷代州域形勢一》，賀次君、施和金點校，北京：中華書局，2005年，卷一，第28頁。

韓國的疆域被河水、太行分割爲三個不同的部分，一旦一處有事其勢難以兼顧。韓國的這種國防弊端時常爲秦國所利用而對韓國實行恫嚇敲詐。張儀爲秦連橫說韓王曰：「大王不事秦，秦下甲據宜陽，斷絕韓之上地，東取成皋、宜陽，則鴻臺之宮、桑林之菀非王之有已。夫塞成皋，絕上地，則王之國分矣。」〔註238〕韓國處於秦、楚、趙、魏四強之間，四向皆不得伸展，雖則地勢險要，然則韓之所必守亦爲秦之所必出，范雎所謂「秦、韓之地形，相錯如繡。秦之有韓，若木之有蠹，人之病心腹。天下有變，爲秦害者，莫大於韓。」〔註239〕是以秦人常欲除韓而後快，早在武王的時候即油然而謂之「寡人欲容車通三川，窺周室，死不恨矣。」〔註240〕而韓國關聯河東上黨疆土的宜陽、成皋、榮陽等要地皆處於秦人東出的大道上，是以韓國處於秦國攻擊的第一線上。且韓國多處山地，土地貧瘠、資源匱乏，在戰國諸國中最爲弱小，張儀爲連橫謂韓王曰：「韓地險惡，山居，五穀所生，非麥而豆；民之所食，大抵豆飯藿羹；一歲不收，民不饜糟糠；地方不滿九百里，無二歲之所食。料大王之卒，悉之不過三十萬，而廝徒負養在其中矣，爲除守徼亭障塞，見卒不過二十萬而已矣。」〔註241〕

　　正因爲韓國的地緣形勢使然，韓國在整個戰國時期都是隨時觀望形勢而首鼠兩端，戰國初年魏強則與魏，後又感魏之威脅而聯手趙國對魏；秦強則多數時候與秦，中間一度試圖依楚抗秦，不幸成了楚人算盤的犧牲品〔註242〕。

〔註238〕諸祖耿：《戰國策集注彙考・韓一》，南京：鳳凰出版社，2008年，卷二十六，第1365頁。

〔註239〕諸祖耿：《戰國策集注彙考・秦三》，南京：鳳凰出版社，2008年，卷五，第289頁。

〔註240〕《史記・秦本紀》，北京：中華書局，1959年，第209頁。

〔註241〕諸祖耿：《戰國策集注彙考・韓一》，南京：鳳凰出版社，2008年，卷二十六，第1364頁。

〔註242〕《史記・韓世家》載：「十六年，秦敗我脩魚，虜得韓將宧、申差於濁澤。韓氏急，公仲謂韓王曰：『與國非可恃也。今秦之欲伐楚久矣，王不如因張儀爲和於秦，賂以一名都，具甲，與之南伐楚，此以一易二之計也。』韓王曰：『善。』乃警公仲之行，將西購於秦。楚王聞之大恐，召陳軫告之。陳軫曰：『秦之欲伐楚久矣，今又得韓之名都一而具甲，秦韓並兵而伐楚，此秦所禱祀而求也。今已得之矣，楚國必伐矣。王聽臣爲之警四境之內，起師言救韓，命戰車滿道路，發信臣，多其車，重其幣，使信王之救己也。縱韓不能聽我，韓必德王也，必不爲雁行以來，是秦韓不和也，兵雖至，楚不大病也。爲能聽我絕和於秦，秦必大怒，以厚怨韓。韓之南交楚，必輕秦；輕秦，其應秦必不敬：是因秦、韓之兵而免楚國之患也。』楚王曰：『善。』乃警四境之內，興師言救韓。命戰車滿道路，發信臣，多其車，重其幣。謂韓王曰：『不穀國雖小，

史念海先生說：「整個戰國時期，稱韓國爲秦的保護國，實在是不算過分。」〔註243〕合縱成爲大勢則又隨大流而與之。總體說來魏文侯時期三晉關係相對和睦時，魏國的主要注意力尙在河西，韓國得以在東南向有所伸展，「文侯二年，伐鄭，取陽城。伐宋，到彭城，執宋君。七年，伐齊，至桑丘。鄭反晉。九年，伐齊，至靈丘。十年，文侯卒，子哀侯立。哀侯元年，與趙、魏分晉國。二年，滅鄭，因徙都鄭。」〔註244〕顧祖禹稱魏國爲「山東之要、天下之脊」〔註245〕，於韓國言之魏國的疆域變遷對其影響極爲深遠。魏國銳意經略河西之時，韓之西疆形勢渾厚，待到秦惠王時期，魏國逐步退出河西之時，韓始屢屢披兵於秦，秦惠王更元十年，「伐取韓石章。」「（秦惠王更元）十一年，敗韓岸門，斬首萬，其將犀首走。」〔註246〕魏國重心東移對於韓國西疆所帶來的地緣影響體現在兩個方面，一則是西向崤函之道首當其衝而遭受秦人的正面衝擊卻不再有魏國在西疆援手的可能；二則是秦人勢力透入河東之後，安邑失而上黨必隨其後。根據李曉傑對於韓國疆域變遷的考證可以清晰地看到這種影響。韓襄王五年，「秦拔我宜陽，斬首六萬。」〔註247〕西疆門戶洞開，秦人的勢力伸入韓國在河南的腹地，韓魏兩國聯手抗爭，然則斯時大勢已去，「釐王三年，使公孫喜率周、魏攻秦。秦敗我二十四萬，虜喜伊闕。五年，秦拔我宛。六年，與秦武遂地二百里。十年，秦敗我師於夏山。」〔註248〕到了桓惠王時韓國險阻盡失，「至此河水以北的韓地已大體無存。」〔註249〕《趙世家》載其事曰：「桓惠王元年，伐燕。九年，秦拔我陘，城汾

已悉發之矣。原大國遂肆志於秦，不穀將以楚殉韓。』韓王聞之大說，乃止公仲之行。公仲曰：『不可。夫以實伐我者秦也，以虛名救我者楚也。王恃楚之虛名，而輕絕彊秦之敵，王必爲天下大笑。且楚韓非兄弟之國也，又非素約而謀伐秦也。已有伐形，因發兵言救韓，此必陳軫之謀也。且王已使人報於秦矣，今不行，是欺秦也。夫輕欺彊秦而信楚之謀臣，恐王必悔之。』韓王不聽，遂絕於秦。秦因大怒，益甲伐韓，大戰，楚救不至韓。十九年，大破我岸門。太子倉質於秦以和。」北京：中華書局，1959年，第1870～1871頁。

〔註243〕史念海：「論戰國時期稱雄諸侯各國間的關係及其所受地理環境的影響」，《河山集四集》，西安：陝西師範大學出版社，1991年，第343頁。

〔註244〕《史記・韓世家》，北京：中華書局，1959年，第1868頁。

〔註245〕〔清〕顧祖禹：《讀史方輿紀要・歷代州域形勢一》，賀次君、施和金點校，北京：中華書局，2008年，卷一，第30頁。

〔註246〕《史記・秦本紀》，北京：中華書局，1959年，第207頁。

〔註247〕《史記・韓世家》，北京：中華書局，1959年，第1872頁。

〔註248〕《史記・韓世家》，北京：中華書局，1959年，第1876頁。

〔註249〕李曉傑：「戰國時期韓國疆域變遷考」，《中國史研究》，2001年第3期，第25頁。

旁。十年，秦擊我於太行，我上黨郡守以上黨郡降趙。十四年，秦拔趙上黨，殺馬服子卒四十餘萬於長平。十七年，秦拔我陽城、負黍。二十二年，秦昭王卒。二十四年，秦拔我城皋、滎陽。二十六年，秦悉拔我上黨。二十九年，秦拔我十三城。」〔註250〕

　　總體言之，三晉的根本在於北向地軸之上，魏國經略河西而韓國西疆渾厚，韓魏聯袂足可抵制秦人之東出，更不論其向河東之漸次。魏國重心東移而河西失矣，秦人不僅可以蠶食河東之地軸，更加劇了對於東出的崤函通道的衝擊，天下之脊折則河北之禍至矣，東出之咽喉通則河南形勢危矣。這大體是三晉的地緣淪落之路。然則，武靈王之時西向掠地至於雲中、九原，其勢可南下以壓秦，其不意中暴露出秦人北疆的地緣弱點，也別開生面地開啟了新地軸的北疆遠緒。

2.3.2 秦的伸展與縱向新地軸的建構

　　秦人在戰國時期的地緣政治活動得益於其在西部的成功經營，這種經營大抵圍繞著三個部分展開的，一則是在東方將魏國的勢力逐出河西從而解除東方的心腹之患，二則為開拓巴蜀而建立秦蜀地緣聯合體，並以巴蜀為戰略後方，三則滅義渠而築長城以阻擋北向胡人和趙國的威脅，從而初步建立起新的地緣軸線。這條軸線不同的部分地緣意義各不相同，關中乃秦人之根本，雖則其縱深有限，然則東出即可直插中原而總四方之形勢；漢中地區最重要的地緣功能乃是關中與四川盆地之樞紐，且其本身的資源也極為豐富，亦是秦人力量的來源之一；北疆則主要是吸取西周滅國的教訓，乃是為了完固北方之形勢而具有軍事意義；四川盆地則是秦人的力量源泉，成為戰略總後方，且其本身亦兼有威懾楚國而撤其西疆屏障的軍事功能。新地軸的建立乃是戰國總體地緣形勢變遷的關鍵所在，自漢中而商洛進而四川盆地，使得楚人逐步處於秦人的戰略包圍之中，受秦之壓迫而不得不退出其立國的根本之地，而與此同時，楚人的東北向遷移又大大加劇了東方的緊張形勢。而秦國將魏國逐出河西之後從豫西走廊和河東兩個方向展開蠶食，一則使得北向地軸日漸殘破而終折天下之脊，一則迫使三晉的地緣重心東移，三晉的東移不但威脅楚之北疆，也大大鉗制了齊國在中原的開拓。

〔註250〕《史記‧韓世家》，北京：中華書局，1959年，第1877頁。

2.3.2.1 戰國初期秦國的地緣形勢與穩固關中的努力

秦國當戰國初年其地緣形勢相當惡劣，厲公之後秦國數易其君、形勢動盪，在動盪之中四夷交侵，「躁公二年，南鄭反。十三年，義渠來伐，至渭南。」〔註251〕與此同時，魏國開始銳意經營河西，「秦以往者數易君，君臣乖亂，故晉復彊，奪秦河西地。」〔註252〕斯時且不論東出之路盡在韓魏的控制之中，由於魏國伸展到渭河兩岸，秦國的腹地受到嚴重的威脅。獻公即位後勵精圖治，不斷對魏國用兵，力圖恢復有利的形勢，「二十一年，與晉戰於石門，斬首六萬，天子賀以黼黻。二十三年，與魏晉戰少梁，虜其將公孫痤。」〔註253〕雖則對外戰爭取得了較大的勝利，然則基本形勢並無太大改觀，而連年用兵，兵連禍結，到孝公即位的時候已經是國家殘破不堪。太史公論及孝公初年的列國形勢曰：「孝公元年，河山以東彊國六，與齊威、楚宣、魏惠、燕悼、韓哀、趙成侯並。淮泗之間小國十餘。楚、魏與秦接界。魏築長城，自鄭濱洛以北，有上郡。楚自漢中，南有巴、黔中。周室微，諸侯力政，爭相併。秦僻在雍州，不與中國諸侯之會盟，夷翟遇之。」〔註254〕在內外交困的危殆形勢下，孝公決定勵精圖治，發佈了著名的求賢詔，《秦本紀》記曰：「孝公於是布惠，振孤寡，招戰士，明功賞。下令國中曰：『昔我繆公自岐雍之間，修德行武，東平晉亂，以河為界，西霸戎翟，廣地千里，天子致伯，諸侯畢賀，為後世開業，甚光美。會往者厲、躁、簡公、出子之不寧，國家內憂，未遑外事，三晉攻奪我先君河西地，諸侯卑秦、醜莫大焉。獻公即位，鎮撫邊境，徙治櫟陽，且欲東伐，復繆公之故地，脩繆公之政令。寡人思念先君之意，常痛於心。賓客群臣有能出奇計彊秦者，吾且尊官，與之分土。』」〔註255〕在秦孝公的感召下，商鞅來到秦國進行了以富國強兵為基本內容的地緣改造。「居五年，秦人富彊，天子致胙於孝公，諸侯畢賀。」〔註256〕

秦國地緣政治的首要任務是先取得關中四塞的有利形勢，以實現自我的安全為第一步。而首要的任務即是解除魏國對關中的威脅，是以在變法取得初步成功之際，商鞅即向孝公建言伐魏以壓迫魏國東向移動：「其明年，衛鞅

〔註251〕《史記·秦本紀》，北京：中華書局，1959年，第199頁。
〔註252〕《史記·秦本紀》，北京：中華書局，1959年，第200頁。
〔註253〕《史記·秦本紀》，北京：中華書局，1959年，第201頁。
〔註254〕《史記·秦本紀》，北京：中華書局，1959年，第202頁。
〔註255〕《史記·秦本紀》，北京：中華書局，1959年，第202頁。
〔註256〕《史記·商君列傳》，北京：中華書局，1959年，第2232頁。

說孝公曰：『秦之與魏，譬若人之有腹心疾，非魏并秦，秦即并魏。何者？魏居領阨之西，都安邑，與秦界河而獨擅山東之利。利則西侵秦，病則東收地。今以君之賢聖，國賴以盛。而魏往年大破於齊，諸侯畔之，可因此時伐魏。魏不支秦，必東徙。東徙，秦據河山之固，東鄉以制諸侯，此帝王之業也。』孝公以為然，使衛鞅將而伐魏。」〔註257〕茲後，秦國屢屢對魏國用兵，雖則取得了進展，但是將魏人逐出河西之地的任務乃是在惠王時期完成，「六年，魏納陰晉，陰晉更名寧秦。七年，公子卬與魏戰，虜其將龍賈，斬首八萬。八年，魏納河西地。九年，渡河，取汾陰、皮氏。與魏王會應。圍焦，降之。十年，張儀相秦。魏納上郡十五縣。」〔註258〕至此，秦人不但盡取河西之地，還將鋒芒伸展到汾水谷地。在此之前，孝公初年即「西斬戎之獂王」〔註259〕而進一步鞏固了西部邊疆，關中的形勢日見完固。

　　商鞅的變法雖則加強了秦國的人地結合狀態，從而最大化地萃取了地緣力量，並將這種力量化作地緣競爭的軍事力量，但是渭河谷地縱深有限，亦如史念海先生指出的那樣，「秦國在地理上也有相當的缺陷。秦國雖獨霸關西，而關中最宜於農業之地卻只有渭河流域。渭河流域所產的糧食，勉強可以夠得上自足的狀態。設稍有天災，立刻會發生恐慌。」〔註260〕這就是商鞅變法格外強調以農為本的背後隱憂所在，是以商鞅鄭重強調：「國不農，則與諸侯爭權，不能自持也，則眾力不足也。故諸侯撓其弱，乘其衰，土地侵削而不振，則無及矣。」〔註261〕秦國欲東向以爭中原就必須跨越三晉這個宛如天下脊梁的縱向地軸，折天下之脊成為秦國東進的首要政治目標，然則欲折天下之脊就必須具有非凡的國力，要達到這個目標僅僅靠渭河谷地是不堪重負的，這就必須另尋他途。尤其是實力尚不具備之時一味東向進取往往會引起東方諸國尤其是三晉的高度警惕，效果常常適得其反。

2.3.2.2 經略巴蜀與新地軸的肇始

　　如果說秦蜀地緣聯合體對於定都關中的政權尤為重要的話，那麼夾峙於

〔註257〕《史記·商君列傳》，北京：中華書局，1959年，第2232頁。
〔註258〕《史記·秦本紀》，北京：中華書局，1959年，第205~206頁。
〔註259〕《史記·秦本紀》，北京：中華書局，1959年，第202頁。
〔註260〕史念海：「論戰國時期稱雄諸侯各國間的關係及其所受地理環境的影響」，《河山集四集》，西安：陝西師範大學出版社，1991年，第334~335頁。
〔註261〕蔣禮洪：《商君書錐指·農戰第三》，北京：中華書局，1986年，卷一，第24頁。

秦嶺與巴山之間的漢中盆地和安康盆地就可謂是這一地緣聯合體的鎖鑰。對於這個秦蜀地緣聯合體的結合部顧祖禹給予了很高的評價：「（漢中）府北瞰關中，南蔽巴蜀，東達襄、鄧，西控秦、隴，形勢最重。」〔註262〕秦巴山脈之間雖有安康和漢中兩個盆地，但是漢中盆地的地位卻至為重要，因為「它控制著通過秦嶺四條軍事要道和通過巴山的兩條軍事要道，成為關中和四川之間交通的樞紐。」〔註263〕穿越秦嶺的要道自西而東為陳倉道、褒斜道、倘駱道和子午道，穿越巴山的則為金牛道和米倉道，後世尚有荔枝道。而南鄭位於漢中盆地的中央，軍事價值極為重要。秦人只有取得了南鄭方可把握進入川的鑰匙，南鄭的獲取成為秦人南向定蜀的關鍵步驟。

漢中本是褒國之地，春秋時期為蜀國所據有，《華陽國志‧蜀志》論及蜀王杜宇時期蜀國的疆域曰：「乃以褒斜為前門，熊耳、靈關為後戶，玉壘、峨眉為城郭，江、潛、綿、洛為池澤，以汶山為畜牧，南中為園苑。」〔註264〕漢中盆地的中心即為南鄭，關於南鄭的得名由來，《水經注‧沔水》引《耆舊傳》語：「南鄭之號始於鄭桓公。桓公死於犬戎，其民南奔，故以南鄭為稱。」〔註265〕秦人向漢中盆地滲透的的努力為時較早，《六國年表》載：「（厲共公）二十六年（前451年）左庶長城南鄭。」〔註266〕然則漢中對於四川盆地的意義至關重要，楊洪所謂「漢中則益州之咽喉，存亡之機會，若無漢中則無蜀矣。」〔註267〕秦人南進漢中勢必嚴重威脅到蜀人的安全，在秦人佔據漢中十年後即利用秦國內部不穩再度奪取南鄭，《秦本紀》曰：「躁公二年（前441年），南鄭反。」〔註268〕而《華陽國志》則有「盧帝攻秦，至雍」的記載，劉逢春認為這二者可能是同一事〔註269〕。斯時蜀兵臨於秦都之下，可謂聲勢不

〔註262〕〔清〕顧祖禹：《讀史方輿紀要‧陝西五》賀次君、施和金點校，北京：中華書局，2005年，第2660頁。

〔註263〕史念海：「秦嶺巴山間在歷史上的軍事活動及其戰地」，《河山集四集》，西安：陝西師範大學出版社，1991年，第262頁。

〔註264〕〔晉〕常璩：《華陽國志校注‧蜀志》，劉琳校注，成都：巴蜀出版社，1984年，卷三，第182頁。

〔註265〕〔北魏〕酈道元：《水經注‧沔水》，陳橋驛校證，北京：中華書局，2008年，第645頁。

〔註266〕《史記‧六國年表》，北京：中華書局，1959年，第697頁。

〔註267〕《三國志‧蜀書‧楊洪傳》，北京：中華書局，1995年，第1013頁。

〔註268〕《史記‧秦本紀》，北京：中華書局，1959年，第199頁。

〔註269〕劉逢春：「戰國秦蜀楚巴對漢中、黔中的爭奪」，《成都大學學報（社科版）》，1998年第1期，第25頁。

小。秦惠公時期，秦人再次奪取漢中：「（惠公）十三年（前 387 年），伐蜀，取南鄭。」〔註 270〕但是，《六國年表》載同年之事曰：「蜀取我南鄭。」〔註 271〕徐中舒先生的意見是前一則史料當在「蜀取我南鄭」之後〔註 272〕，如果徐先生此說成立，那麼躁公二年「南鄭反」則不好解釋，其中必有缺載之處，但總體上說秦蜀之間圍繞著南鄭的角逐是非常劇烈而反覆的。

　　《華陽國志》曰：「周顯王（前 368～前 321 年）之世，蜀王有褒、漢之地。」這就是說至遲到秦滅蜀的前五年漢中還爲蜀人所控制，但是秦國欲伐蜀佔領漢中是必然的前提，《華陽國志》所載「周愼王五年（前 316 年）秋，秦大夫張儀、司馬錯、都尉墨從石牛道伐蜀。」〔註 273〕這就意味著秦人斯時已經利用蜀國內亂佔領了漢中。此前，蜀王封弟葭萌於漢中以加強防守，然則葭萌卻與蜀王世仇巴王交好，這就引發了蜀國的內亂：「蜀王別封弟葭萌於漢中，號苴侯，命其邑曰葭萌焉。苴侯與巴王爲好，巴與蜀仇，故蜀王怒，伐苴侯。苴侯奔巴，求救於秦。」〔註 274〕這無疑給了秦人以難得的機會，但是此時秦國業已獲取河西之地並將觸角伸展到河東，韓國在秦人的衝擊之下也頗感壓力，這就引發了秦國朝廷內部對於戰略發展方向的討論：「儀曰：『親魏善楚，下兵三川，塞什谷之口，當屯留之道，魏絕南陽，楚臨南鄭，秦攻新城、宜陽，以臨二周之郊，誅周王之罪，侵楚、魏之地。周自知不能救，九鼎寶器必出。據九鼎，案圖籍，挾天子以令於天下，天下莫敢不聽，此王業也。今夫蜀，西僻之國而戎翟之倫也，敝兵勞眾不足以成名，得其地不足以爲利。臣聞爭名者於朝，爭利者於市。今三川、周室，天下之朝市也，而王不爭焉，顧爭於戎翟，去王業遠矣。』」〔註 275〕與繼續展開東向的正面爭奪的方略不同，司馬錯提出了更爲務實的戰略進攻方向：「司馬錯曰：『不然。臣聞之，欲富國者務廣其地，欲彊兵者務富其民，欲王者務博其德，三資者備而王隨之矣。今王地小民貧，故臣原先從事於易。夫蜀，西僻之國也，而戎翟之長也，有桀紂之亂。以秦攻之，譬如使豺狼逐群羊。得其地足以

〔註 270〕《史記·秦本紀》，北京：中華書局，1959 年，第 200 頁。
〔註 271〕《史記·六國年表》，北京：中華書局，1959 年，第 713 頁。
〔註 272〕徐中舒：《論巴蜀文化》，成都：四川人民出版社，1982 年，第 7 頁。
〔註 273〕〔晉〕常璩：《華陽國志校注·蜀志》，劉琳校注，成都：巴蜀出版社，1984年，卷三，第 192 頁。
〔註 274〕〔晉〕常璩：《華陽國志校注·蜀志》，劉琳校注，成都：巴蜀出版社，1984年，卷三，第 191 頁。
〔註 275〕《史記·張儀列傳》，北京：中華書局，1959 年，第 2282 頁。

廣國，取其財足以富民繕兵，不傷眾而彼已服焉。拔一國而天下不以為暴，利盡西海而天下不以為貪，是我一舉而名實附也，而又有禁暴止亂之名。今攻韓，劫天子，惡名也，而未必利也，又有不義之名，而攻天下所不欲，危矣。臣請謁其故：周，天下之宗室也；齊，韓之與國也。周自知失九鼎，韓自知亡三川，將二國並力合謀，以因乎齊、趙而求解乎楚、魏，以鼎與楚，以地與魏，王弗能止也。此臣之所謂危也。不如伐蜀完。』由於司馬錯的方案阻力更小而顯得務實易行，最終為秦惠王所接納，於是，「卒起兵伐蜀，十月，取之，遂定蜀，貶蜀王更號為侯，而使陳莊相蜀。」此舉的實際後果相當明顯，秦國底氣大增，「蜀既屬秦，秦以益彊，富厚，輕諸侯。」〔註276〕

　　史公論及孝公元年時候的列國形勢曰：「楚自漢中，南有巴、黔中。」〔註277〕這說明大抵在今安康盆地一帶的東部漢中乃是為楚人所控制，論及斯時漢中地區對於秦楚之間的地緣形勢時，劉逢春先生亦指出：「漢中位於楚的上游，若從漢水進軍，高屋建瓴，直接威脅楚的腹心，因此，楚勢必力爭漢中。另一方面，楚控制的漢中東部地區，像一把尖刀橫在關中與巴蜀之間，不僅影響關中與巴蜀的溝通，對秦本土也是莫大的威脅，故秦亦必力奪東部漢中。這就決定了爭奪東部漢中鬥爭具有長期性、尖銳性和反覆性。」〔註278〕楚人毗鄰漢中而居隨時都有切斷關中與四川盆地之間聯繫的可能，對於秦國而言無異於如鯁在喉，必欲除之而後快。秦人佔有了漢中地區以後，隨即以之為基地對楚人發動了攻擊：「（秦惠王更元）十三年（前312年），庶長章擊楚於丹陽，虜其將屈匄，斬首八萬；又攻楚漢中，取地六百里，置漢中郡。」〔註279〕漢中關乎楚國的安危，是以楚人舉國以爭之，《楚世家》對這次戰役的記載是：「楚嘗與秦構難，戰於漢中，楚人不勝，列侯執珪死者七十餘人，遂亡漢中。楚王大怒，興兵襲秦，戰於藍田。」〔註280〕從此役死亡的貴族多達70人來看，足見楚國對於爭奪這一地區的重視，此役失敗後，楚人並未輕易罷手，而是逾武關而過，發重兵直搗秦人的關中腹地，與之戰於藍田。至此，漢中不復為楚所有，楚人的

〔註276〕《史記‧張儀列傳》，北京：中華書局，1959年，第2284頁。
〔註277〕《史記‧秦本紀》，北京：中華書局，1959年，第202頁。
〔註278〕饒勝文：《布局天下》，北京：解放軍出版社，2006年，第247頁。
〔註279〕《史記‧秦本紀》，北京：中華書局，1959年，第207頁。
〔註280〕《史記‧楚世家》，北京：中華書局，1959年，第1724頁。

戰略壓力驀然增加。饒勝文在論及秦人是役謂之：「楚立都與郢，西守江關以扼秦軍自三峽東出之路。秦已先擊滅蜀國，佔有四川，又攻取楚漢中六百里地，置爲漢中郡。這兩個地區遂成了秦脅楚、攻楚的基地。」[註281]

　　既然漢中地區夾峙於秦嶺、巴山之間，對於關中政權而言其樞紐地位不言而喻，如何突破秦巴山脈的限制，而有效地將秦蜀兩大地緣區實現有效地整合成爲一個重要的問題。爲完成這種地緣整合，首先最重要的就是實現在交通上的突破。秦嶺、巴山對於巴、蜀二國同外界的聯繫造成了巨大的困難，《華陽國志》載：「有周之世，限以秦、巴，雖奉王職，不得與春秋盟會，君長莫同書軌。」[註282]由於秦巴山脈的阻擋，以至於巴蜀二國跟外界的聯繫較少，而書軌異於中原。但是漢中之間通往蜀地和關中亦有險要的道路，顧祖禹曰：「漢中入關之道有三，而入蜀中之道有二。所謂入關中之道三者，一曰褒斜道，二曰儻駱道，三曰子午道也。所謂入蜀中之道二者，一曰金牛道，二曰米倉關道也。今繇關中以趣漢中，繇漢中以趣蜀中者，謂之棧道。」[註283]而秦滅蜀之戰即通過金牛道（舊稱石牛道），此後秦人當在秦、巴兩大山脈之間做了道路的改造和建設工作，蔡澤說范雎時即有「「棧道千里，通於蜀漢」[註284]之說，可見其一斑。因巴蜀關乎秦的戰略縱深，秦王還親臨其地巡視，《六國年表》載：「（秦昭王）四十六年（前261年），王之南鄭。」[註285]其重視程度可見一斑。此外，爲了加強秦蜀地緣聯合體的一體化進程，秦人在巴蜀還進行了移民充實、興修水利、修建城邑、建立郡縣[註286]等大量的改造工作，關於此方面的工作多有學者論及[註287]，

[註281] 劉逢春：「戰國秦蜀楚巴對漢中、黔中的爭奪」，《成都大學學報》，1998年第1期，第26頁。

[註282] 〔晉〕常璩：《華陽國志・蜀志》，劉琳校注，成都：巴蜀出版社，1984年，第181頁。

[註283] 〔清〕顧祖禹：《讀史方輿紀要・陝西五》，賀次君、施和金點校，北京：中華書局，2005年，第2663頁。

[註284] 《史記・范雎蔡澤列傳》，北京：中華書局，1959年，第2423頁。

[註285] 《史記・六國年表》，北京：中華書局，1959年，第746頁。

[註286] 因巴蜀地區立國已久，爲平復巴蜀之民對於秦人的抵制情緒，早已實行郡縣制的秦國在巴蜀的統治模式明顯異於關中，《華陽國志校注・蜀志》第194頁載：「周赧王元年，秦惠王封子通爲蜀侯，以陳壯爲相。置巴郡。以張若爲蜀國守。戎伯尚強，乃移秦民萬家實之。三年，分巴、蜀置漢中郡。六年，陳壯反，殺蜀侯通國。秦遣庶長甘茂、張儀、司馬錯復伐蜀，誅陳壯。七年，封子惲爲蜀侯。」劉琳注云：「既置侯、相，又置郡守，說明當時秦對蜀的統治方式還是分封制與郡縣制並用。」十四年赧王又誅惲，「十五年，王封子綰

茲不詳論。經過秦人在巴蜀的系統改造，秦孝文王時，巴蜀已然「沃野千里，號爲『陸海』。」〔註288〕「蜀於是盛有養生之饒也。」〔註289〕據王子今先生考察，經過秦人的系統改造工程，到漢代時，「蜀人對秦文化的逐步認同，形成了蜀地原有文化傳統漸次與秦文化相接近的歷史趨勢。」〔註290〕

秦蜀地緣聯合體的建立對於戰國時期的地緣政治格局產生了深遠影響。這種影響首先體現在其直接對楚國構成了戰略威脅上。秦人據有巴蜀之後立即將這種地緣優勢運用於外交訛詐之中，爲震懾楚國而離散其合縱聯盟張儀出使楚國，張儀說楚王曰：「秦西有巴蜀，大船積粟，起於汶山，浮江已下，至楚三千餘里。舫船載卒，一舫載五十人與三月之食，下水而浮，一日行三百餘里，里數雖多，然而不費牛馬之力，不至十日而距扞關。扞關驚，則從境以東盡城守矣，黔中、巫郡非王之有。秦舉甲出武關，南面而伐，則北地絕。秦兵之攻楚也，危難在三月之內，而楚待諸侯之救，在半歲之外，此其勢不相及也。夫弱國之救，忘彊秦之禍，此臣所以爲大王患也。」〔註291〕從當時的態勢上看，楚國在失去巴蜀後，秦人南可出武關直插楚之腹地，東向一則可以沿漢水河谷對楚發動攻擊，二則可以順長江建瓴而下，楚國的政治

爲蜀侯。」（見華志第199頁。）「三十年，疑蜀侯綰反，王復誅之，但置蜀守。」（見華志第200頁。）至此封建的羈縻功能已完成歷史使命，郡縣制在蜀地的完全成立說明秦蜀一體化的進程已然達到相當的程度。郭允蹈論曰：「秦人取巴蜀以王親子弟三，而卒皆殺之，歷之三十二年而始定，其取之不亦難乎？」（見氏著：《蜀鑑》，王雲五主編，《叢書集成初編》，上海：商務印書館，1937年，第3頁。）

〔註287〕蒙文通：《巴蜀古史論述》第84頁曰：「自秦惠王滅巴蜀，昭王時范睢、張若、李冰相繼經營，把巴蜀地區發展爲可能比六國更進步的地區，所以秦益富饒。范睢把秦孝公、商鞅的新法，推行到新開拓的巴蜀地區，本是意中之事。這時四川的繁榮，正如前面所舉，對秦成帝業，巴蜀是起了一定的作用。」其它論述見王子今：「秦兼併蜀地的意義與蜀人對秦文化的認同」，《四川師範大學學報》，1998年第2期。羅開玉：「秦在巴蜀的經濟管理制度試析——說青川秦牘、「成亭」漆器印文和蜀戈銘文」，《四川師院學報》，1982年第4期。張軍：「試論戰國後期秦對巴蜀的統一及社會經濟改革」，《西北農林科技大學學報》，2008年第5期。

〔註288〕〔晉〕常璩：《華陽國志校注·蜀志》，劉琳校注，成都：巴蜀出版社，1984年，卷三，第202頁。

〔註289〕〔晉〕常璩：《華陽國志校注·蜀志》，劉琳校注，成都：巴蜀出版社，1984年，卷三，第210頁。

〔註290〕王子今：「秦兼併蜀地的意義與蜀人對秦文化的認同」，《四川師範大學學報》，1998年第2期。

〔註291〕《史記·張儀列傳》，北京：中華書局，1959年，第2290頁。

中心郢都便處於秦國的戰略鉗制之下。正是在這種強大的地緣威懾之下，楚王「卒許張儀，與秦親。」〔註292〕

　　而從軍事的角度上看，張儀所言絕非一種外交上的虛張聲勢，這種政治恫嚇很快就化作了楚人的夢魘。「二十七年，錯攻楚。赦罪人遷之南陽。……又使司馬錯發隴西，因蜀攻楚黔中，拔之。二十八年，大良造白起攻楚，取鄢、鄧，赦罪人遷之。二十九年，大良造白起攻楚，取郢為南郡，楚王走。」〔註293〕對於這次攻楚的進軍路線，《史記‧白起列傳》載：「後七年，白起攻楚，拔鄢、鄧五城。其明年，攻楚，拔郢，燒夷陵，遂東至竟陵。」〔註294〕可見自秦人據有巴蜀之地之後，從長江順流而下直插楚人腹心為一條路線；而出武關沿漢水谷地南下為另一條路線，二者互為犄角，對楚人展開鉗式攻擊。藩籬已撤，門戶洞開，楚人被迫東撤以自保。而從楚都的變遷中亦可看出郢都與巴蜀屏障之間的地緣關聯，顧祖禹引《都邑考》指出：「熊繹封丹陽，文王始都郢，平王更城郢而都之。昭王遷鄀，旋還郢。至襄王，東北保陳城。考烈王遷巨陽，又遷壽春，亦曰郢。」〔註295〕可見楚人前期雖有所遊移，大抵還是以今荊州地區為核心，此時期亦為楚國強盛而地緣上相對安全的時期；待秦人南并巴蜀而次第拔除楚國西向屏障，其西向門戶洞開，江漢平原地區處於秦國強大的戰略鉗制之下，楚國都城被迫一再東遷，楚國也被迫東向發展以求自存了，從楚人的無論遊走何地，念念不忘以「郢」而名其都城，可見江漢平原對於楚之興亡的重要性，而這種地緣安全上的前提則又在於巴蜀之西部屏障的擁有。而楚人在秦國的戰略壓迫之下被迫東向移動，一則大大強化了秦國的戰略實力，二則也從戰略態勢上形成了一個懷抱天下的巨臂。從更寬闊的視野來審視，楚人自失去江漢平原以後，被迫東向擴展，從而加劇了淮、泗地區的爭奪，大大改變了東部地區的地緣格局。

　　秦自佔有巴蜀之後，不僅取得了對楚的有利態勢，更為重要的是其地緣力量大增，正是有了這種力量作支撐，秦人才得以展開大規模的地緣戰爭，據史念海先生統計，惠文王後九年以前對魏國用兵 10 次，平均每 16 年一次，伐韓 5 次，平均每 32 年一次，而對趙、楚、齊、燕則皆未用兵。是以史念海

〔註292〕《史記‧張儀列傳》，北京：中華書局，1959 年，第 2292 頁。
〔註293〕《史記‧秦本紀》，北京：中華書局，1959 年，第 213 頁。
〔註294〕《史記‧白起列傳》，北京：中華書局，1959 年，第 2331 頁。
〔註295〕〔清〕顧祖禹：《讀史方輿紀要‧歷代州域形勢一》，賀次君、施和金點校，北京：中華書局，2005 年，第 12 頁。

先生感慨地說：「以視其後征伐的頻繁，眞不可同日而語。固然不能絕對說巴蜀歸秦以後，秦人的軍需完全取給於這新征服的土地，但由其前後對各國用兵次數的多寡觀察，巴蜀的富庶對於秦國國力的幫助卻是不能加以否定的事情。」〔註296〕概言之，巴蜀地區的地緣價值首先在於其可以作爲關中的大後方，爲之提供用兵的人員和物資保障，以彌補關中相對狹小的戰略縱深；二則，巴蜀地區本身即可威懾兩湖，起到控馭長江流域的戰略作用。

2.3.2.3 封畛涇、洛與新地軸的初步成立

戰國時期秦國北疆的定型是與義渠的戰和狀態糾纏在一起的，春秋之世秦穆公霸西戎，斯時義渠或臣服於秦，進入戰國時期秦與義渠之間戰和不定，但總體上是秦國日漸進逼而義渠勢力日漸萎縮。秦厲公六年（前471年），「義渠來賂。綿諸乞援。」〔註297〕秦厲公三十三年（前444年）「伐義渠，虜其王。」「（躁公）十三年，義渠來伐，至渭南。」〔註298〕到了惠文王時期則加大了對義渠的用兵力度。秦惠文王七年（前331年），「義渠內亂，庶長操將兵定之。」〔註299〕秦惠文王十一年（前327年），「義渠君爲臣。」秦惠文王更元十一年（前314年），「侵義渠，得二十五城。」〔註300〕關於義渠與秦人之間關係的歷史，《後漢書‧西羌傳》說得更爲清晰：「至周貞王八年，秦厲公滅大荔，取其地。趙亦滅代戎，即北戎也。韓、魏復共稍并伊、洛、陰戎，滅之。其遺脫者皆逃走，西踰汧、隴。自是中國無戎寇，唯餘義渠種焉。至貞王二十五年，秦伐義渠，虜其王。後十四年，義渠侵秦至渭陰。後百許年，義渠敗秦師於洛。後四年，義渠國亂，秦惠王遣庶長操將兵定之，義渠遂臣於秦。後八年，秦伐義渠，取郁郅。後二年，義渠敗秦師於李伯。明年，秦伐義渠，取徒涇二十五城。」〔註301〕從這些材料來看，當時的義渠戎已經接受了華夏文明，也開始築城定居，其生產方式也當是以農耕爲主。從秦人一次就奪取其城市二十五處且其與秦人鬥爭互有勝負的情形來看，義渠戎應當具有強大的實力，而成爲秦人的一個強勁的對手。其在與秦人鬥爭的過程中漸居弱勢

〔註296〕史念海：「論戰國時期稱雄諸侯各國間的關係及其所受地理環境的影響」《河山集四集》，西安：陝西師範大學出版社，1991年，第336頁。
〔註297〕《史記‧六國年表》，北京：中華書局，1959年，第689頁。
〔註298〕《史記‧秦本紀》，北京：中華書局，1959年，第199頁。
〔註299〕《史記‧六國年表》，北京：中華書局，1959年，第728頁。
〔註300〕《史記‧六國年表》，北京：中華書局，1959年，第732頁。
〔註301〕《後漢書‧西羌傳》，北京：中華書局，1965年，第2874頁。

還是經歷了一個較長的過程的。關於義渠的疆域，據辛迪考證：「義渠地域包括今陝西、甘肅、寧夏的大部分，然義渠王城及活動地區主要還是在漢北地郡。」〔註302〕據郭殿忱考「上郡置於公元前328年，隴西置於公元前280年。只北地郡置於秦滅義渠當年。」〔註303〕所以當時在上郡和隴西之間唯有北地豁然對關中敞開，而這正是涇水河谷直透關中腹地的要害之處，西周滅亡的殷鑒未遠，是以強大的義渠在這一地帶的存在成為秦國的心腹大患。

「秦昭王時，義渠戎王與宣太后亂，有二子。宣太后詐而殺義渠戎王於甘泉，遂起兵伐滅義渠。於是秦有隴西、北地、上郡，築長城以距胡。」〔註304〕秦昭襄王時期利用義渠王與宣太后有染的事件而一舉起兵滅掉義渠戎，開始從今固原到延安一線修建長城，以鞏固既有的成果，同時屏蔽北方的國土安全。景愛先生指出：「義渠雖然潰逃，然而其有生力量並沒有徹底消滅，有隨時伺機侵擾的可能。為了防患於未然，秦昭王採取了修築長城的措施。」〔註305〕據史念海先生研究，秦昭王長城的修建正好利用了陝北由梁山、橫山、子午嶺所構成的馬蹄形山脈體系，從而使得北疆的形勢相對穩固。秦昭王長城的修建成為秦國新的縱向地軸初步完成的標誌，此後秦人的注意力主要集中在東方，當時，匈奴並未完成統一，實力有限，加之由於受到秦人東進的巨大壓力，燕趙都大規模地北向發展以贏得競爭的實力，也在很大程度上鉗制了匈奴的統一和崛起，因而長城一線基本能維繫秦國北部的安全。

2.3.3 東向地軸的拓展與齊、燕的地緣變遷

蘇秦合縱而游說齊宣王，其論及齊國之疆域形勢曰：「齊南有太山，東有琅邪，西有清河，北有渤海，此所謂四塞之國也。」〔註306〕齊國的形勢雖不如秦國，但是於大平原上視之，泰山雄峙以俯瞰四野，黃河巨防以屏蔽其側，內在形勢完整，逾國境則可縱橫四出。以東部全局觀之，河北之根柢

〔註302〕辛迪：「義渠考」，《內蒙古師範大學學報（哲學社會科學版）》，2004年第6期，第92頁。郭殿忱亦認同義渠主要分佈於北地之說，見氏撰：「秦滅義渠及其地望考」，《西北史地》，1996年，第1期。

〔註303〕郭殿忱：「秦滅義渠及其地望考」，《西北史地》，1996年第1期，第8頁。

〔註304〕《漢書・匈奴傳》，北京：中華書局，1962年，第3747頁。

〔註305〕景愛：《中國長城史》，上海：上海人民出版社，2006年，第145頁。

〔註306〕諸祖耿：《戰國策集注彙考・齊一》，南京：鳳凰出版社，2008年，卷八，第520頁。

於是、淮泗之藩籬於是，實則南北之衝要。但是齊國的地緣形勢也有其缺陷，顧祖禹所謂：「語其形則不及雍、梁之險阻，語其封域則不及荊、揚之廣衍。」〔註307〕正因為如此，齊國的地緣戰略自有其難以措置的矛盾在其中，韓非論齊國之地緣缺陷曰：「齊，五戰之國也，一戰不克而無齊。」〔註308〕饒勝文說：「山東的地理形勢雖然提供了齊作為一個大國的基礎，但反過來也構成了齊發展的限度。……山東地形主體是魯中南低山丘陵，周圍都是平原，缺乏天然的屏障來鞏固其略地，自身也缺乏縱深，幾處險要一被突破，全境即可能被擊穿；而且齊地近中原，與其他諸侯國的利害關係過於膠著，任何鯨吞蠶食的意圖都容易遭到其他諸侯國的反對，故齊強盛之時，雖有戰勝之名，卻未能略地拓境。」〔註309〕早在春秋時期，管仲即根據齊國的地理特點提出了「全近而攻遠」的戰略，這種戰略帶給齊國的只有政治和外交上的勝利，卻沒有太多實際的利益，是以桓公沒後，齊國長期匍匐於晉國的威權之下而無所作為。然則時勢異變，戰國之世血緣關係已然泯滅不再，各國皆以拓土為務，「全近攻遠」之策再無現實意義可言，當斯時，三晉次第完成了疆域重心向大平原上的轉移，而楚國也在秦人的壓迫下加強了向齊國北疆的拓展，是以齊國欲有所展拓確實不易。

齊國在春秋時期長期受制於晉，戰國初年，三晉關係和睦而在國際舞臺上能保持共進退，在東向齊國依然受到三晉的壓制，於其南境楚國北上滅莒，疆域達於齊國南疆。戰國時期齊國有為之君大抵在威、宣、愍三世，茲後齊國日漸消沉而不足論也。齊威王時對內實行變法實力大增，對外則力挫強魏，桂陵戰後，「於是齊最彊於諸侯，自稱為王，以令天下。」〔註310〕一時間號為霸主。宣王時期再次重創魏國於馬陵，齊國之勢烜赫一時，然則據李曉傑考證，威、宣之世齊國疆土並無太大變化〔註311〕。到了愍王的時候，齊國一反往昔相對保守的做法，開始大肆擴張，一時間齊兵縱橫四出：「七年，與宋攻魏，敗之觀澤。」〔註312〕「十二年，攻魏。」「二十三年，與秦擊敗楚

〔註307〕〔清〕顧祖禹：《讀史方輿紀要・山東方輿紀要序》，賀次君、施和金點校，北京：中華書局，2005年，卷三十，第1434頁。

〔註308〕〔清〕王先慎：《韓非子集解・初見秦第一》，鍾哲點校，北京：中華書局，1998年，卷第一，第4頁。

〔註309〕饒勝文：《布局天下》，北京：解放軍出版社，2007年，第179～180頁。

〔註310〕《史記・田敬仲完世家》，北京：中華書局，1959年，第1892頁。

〔註311〕李曉傑：「戰國時期齊國疆域變遷考」，《史林》，2008年第4期，第98頁。

〔註312〕《史記・田敬仲完世家》，北京：中華書局，1959年，第1894頁。

於重丘。」〔註313〕齊國在東方的活躍引起了秦人的忌憚，秦人不得不交好於齊，「二十四年，秦使涇陽君質於齊。」〔註314〕但是這種短暫的友好關係很快破裂，「二十六年，齊與韓魏共攻秦，至函谷軍焉。二十八年，秦與韓河外以和，兵罷。」〔註315〕懾於三國之軍威，強大的秦國也被迫作出妥協。「三十六年，王為東帝，秦昭王為西帝。」〔註316〕這時的愍王儼然是東土之霸主，是以橫行無忌，決定先拿弱小的宋國開刀。「三十八年，伐宋。……宋王出亡，死於溫。齊南割楚之淮北，西侵三晉，欲以并周室，為天子。泗上諸侯鄒魯之君皆稱臣，諸侯恐懼。」〔註317〕五千乘之勁宋一時間亡於齊國自然引起了東方諸國的震恐，而秦國也不希望看到齊國在東方的坐大，於是有了愍王四十年的六國伐齊之役，愍王身死國破，至此齊國實力大衰。自此齊國日漸消沉，幾不務於列國之事，秦趙長平之戰，趙為「唇亡齒寒」之說而求粟於齊，齊竟不予理睬。司馬光曰：「夫三晉者，齊、楚之藩蔽；齊、楚者，三晉之根柢；形勢相資，表裏相依。」〔註318〕藩籬既去，齊國終究無以自存。顧祖禹所謂：「以自守則易弱以亡，以攻人則足以自強而集事。」〔註319〕正是齊國的地緣寫照。

論及燕國的地緣形勢，太史公曰：「燕迫蠻貉，內措齊、晉，崎嶇彊國之間，最為弱小，幾滅者數矣。」〔註320〕然則燕國在地緣上西向受制於趙，南向則受制於齊，北則有東胡，燕國在戰國時期地緣政治上對於中原國家的影響較小，唯一可觀即是燕昭王伐齊之役，但是燕昭王未竟其志而中道崩殂，史念海先生謂之「這光榮的遠征，只是曇花一現而已。」〔註321〕趙國對於燕之地緣攝制作用，蘇秦、張儀皆有論及，蘇秦曰：「今趙之攻燕也，發興號令，不至十日，而數十萬之眾，軍於東垣矣。度呼沱，涉易水，不至

〔註313〕《史記‧田敬仲完世家》，北京：中華書局，1959年，第1898頁。
〔註314〕《史記‧田敬仲完世家》，北京：中華書局，1959年，第1898頁。
〔註315〕《史記‧田敬仲完世家》，北京：中華書局，1959年，第1898頁。
〔註316〕《史記‧田敬仲完世家》，北京：中華書局，1959年，第1898頁。
〔註317〕《史記‧田敬仲完世家》，北京：中華書局，1959年，第1899～1900頁。
〔註318〕〔宋〕司馬光：《資治通鑒》，〔元〕胡三省音注，北京：中華書局，1995年，卷七，第234頁。
〔註319〕〔清〕顧祖禹：《讀史方輿紀要‧山東方輿紀要序》，賀次君、施和金點校，北京：中華書局，2005年，卷三十，第1436頁。
〔註320〕《史記‧燕召公世家》，北京：中華書局，1959年，第1561～1562頁。
〔註321〕史念海：「論戰國時期稱雄諸侯各國間的關係及其所受地理環境的影響」，《河山集四集》，西安：陝西師範大學出版社，1991年，第367頁。

四五日距國都矣。故曰，秦之攻燕也，戰於千里之外，趙之攻燕也，戰於百里之內。」〔註322〕張儀亦云：「大王不事秦，秦下甲雲中、九原，驅趙而攻燕，則易水、長城非王之有也。」〔註323〕而齊之於燕的地緣攝製意義顧祖禹早有灼見：「吾嘗俯仰古今，而知能爲幽、燕患者，必於山東。」〔註324〕子之之亂，齊人入燕，燕自不自存可見其一斑。正是如此，燕國之勢難預於中原，爲圖存計，其亦試圖經略塞外以壯其國。對於燕國北向的發展，史念海先生評價道：「戰國末葉，燕國乘機向東北發展，驅逐東胡，開拓疆土，建置上谷、漁陽、右北平、遼西、遼東等郡。這些地方雖是邊塞荒涼之地、別無他種物產，而馬的繁殖卻與秦、趙的憑藉差不多，可惜燕人得到這些地方太遲，一時竟不能增加燕國的國力。等到秦國并滅各國的時候，燕國也遭遇同樣的命運。」〔註325〕

2.3.4 新舊地軸的轉換對楚國地緣格局的衝擊

　　當春秋之世，楚人問鼎周室，飲馬黃河，江、淮、河、濟幾乎到處都可見楚國武士的身影。然則到了戰國時期楚國的進取心大爲消減，楚國變得保守起來。論及楚人走向保守的原因，史念海先生認爲原因有二：其一，楚人在春秋時候的擴張已經到達了其地理適應度的極限，黃河流域的氣候條件已然不能令楚人適應；其二，秦國的威脅鉗制了楚人的對外擴張〔註326〕。關於楚國在戰國時期的地緣政治變遷，大抵體現在三個方向，其北向因爲舊地軸之韓魏兩家受到秦人之壓迫而將政治重心東向轉移，從而加劇了對楚國北疆的侵奪；其西向則由於秦蜀地緣聯合體的建立而西部屏障次第丟失，以至於楚國腹地最終淪喪而被迫東遷；其東向一則在戰國初期利用越人對於淮河流域經略的忽視而大力展拓之於泗上，二則乃東遷之後加速對東境的擴張。要

〔註322〕諸祖耿：《戰國策集注彙考·燕一》，南京：鳳凰出版社，2008年，卷二十九，第1503頁。

〔註323〕諸祖耿：《戰國策集注彙考·燕一》，南京：鳳凰出版社，2008年，卷二十九，第1526頁。

〔註324〕〔清〕顧祖禹：《讀史方輿紀要·山東方輿紀要序》，賀次君、施和金點校，北京：中華書局，2005年，卷三十，第1434頁。

〔註325〕史念海：「論戰國時期稱雄諸侯各國間的關係及其所受地理環境的影響」，《河山集四集》，西安：陝西師範大學出版社，1991年，第367頁。

〔註326〕史念海：「論戰國時期稱雄諸侯各國間的關係及其所受地理環境的影響」，《河山集四集》，西安：陝西師範大學出版社，1991年，第357～358頁。

言之，楚國在戰國時期的地緣變遷與新地軸的成立和舊地軸的殘破直接關聯。

於北向疆域觀之，戰國初期，韓魏相繼實現重心的東移，加緊與楚國爭奪汝潁上游地區。「（悼王）十一年，三晉伐楚，敗我大梁、榆關。」〔註327〕「（肅王）十年，魏取我魯陽。」〔註328〕魯陽之失對楚國北疆的影響極大，魯陽處於南向地軸之上，「爲楚出南陽盆地、越伏牛山去周、鄭的戰略通道所經……魯陽入魏，使楚國失去了方城以北的一個重要屏障，並使方城外、汝潁中下游地區廣大楚地處於韓、魏勢力的兩面威脅之下。」〔註329〕「十一年，威王卒，子懷王熊槐立。魏聞楚喪，伐楚，取我陘山。」〔註330〕「（懷王）六年，楚使柱國昭陽將兵而攻魏，破之於襄陵，得八邑。」〔註331〕根據陳偉先生的考察，「約在公元前 400 年以後的數十年間，楚與韓、魏在汝、潁上遊山地的衝突中勝少敗多，基本上處於劣勢。春秋時期在滍水以北奪取的大片土地可能多已失守。」〔註332〕這種情況到了懷王中前期有所變化，斯時韓、魏勢力日漸消沉，楚國則勢力所有提振，陳偉先生指出：「楚懷王中期，控制著汝、潁上游一帶的大片土地，最北則進至伊水河谷，超出了春秋、戰國之際的範圍。」〔註333〕在秦國對楚作戰的同時，韓魏兩家多趁火打劫，「十七年春，與秦戰丹陽……楚懷王大怒，乃悉國兵復襲秦，戰於藍田，大敗楚軍。韓、魏聞楚之困，乃南襲楚，至於鄧。楚聞，乃引兵歸。」〔註334〕楚懷王晚期楚國在與秦連橫與同諸侯合縱之間搖擺不定，兩邊不討好。「（懷王）二十八年（前 301 年），秦乃與齊、韓、魏共攻楚，殺楚將唐眛，取我重丘而去。」〔註335〕據陳偉先生考察，垂沙之役楚國遭受重創，「從戰爭的結局看，宛、葉以北的楚地被韓、魏瓜分。」〔註336〕

楚人在東向的擴張分爲兩個時期，一個是戰國初年利用越國忽略對淮河流域的經略而趁機收復春秋時期被吳國佔領的土地，其二則是以此爲基

〔註327〕《史記·楚世家》，北京：中華書局，1959 年，第 1720 頁。

〔註328〕《史記·楚世家》，北京：中華書局，1959 年，第 1720 頁。

〔註329〕徐少華：《周代南土歷史地理與文化》，武漢：武漢大學出版社，1994 年，第 319 頁。

〔註330〕《史記·楚世家》，北京：中華書局，1959 年，第 1721 頁。

〔註331〕《史記·楚世家》，北京：中華書局，1959 年，第 1721 頁。

〔註332〕陳偉：《楚東國地理研究》，武漢：武漢大學出版社，1989 年，第 108 頁。

〔註333〕陳偉：《楚東國地理研究》，武漢：武漢大學出版社，1989 年，第 110 頁。

〔註334〕《史記·楚世家》，北京：中華書局，1959 年，第 1724 頁。

〔註335〕《史記·楚世家》，北京：中華書局，1959 年，第 1727 頁。

〔註336〕陳偉：《楚東國地理研究》，武漢：武漢大學出版社，1989 年，第 114 頁。

地向東北擴張。「（楚惠王）十六年，越滅吳。四十二年，楚滅蔡。四十四年，楚滅杞。與秦平。是時越已滅吳而不能正江、淮北；楚東侵，廣地至泗上。」〔註337〕「簡王元年，北伐滅莒。」〔註338〕此時之楚國疆域東北達於齊境。楚國在戰國初年東向疆域的拓展的一個重大的舉措就是滅越國。「王無彊時，越興師北伐齊，西伐楚，與中國爭彊。當楚威王之時，越北伐齊，……於是越遂釋齊而伐楚。楚威王興兵而伐之，大敗越，殺王無彊，盡取故吳地至浙江，北破齊於徐州。而越以此散，諸族子爭立，或爲王，或爲君，濱於江南海上，服朝於楚。」〔註339〕據陳偉先生考察，懷、襄之際楚國在淮泗流域的疆域一度也受到衝擊。第二個時期即是遷陳後，這一時期，舊楚腹地盡失，楚國加強了對於東北的爭奪。早在遷陳之前，楚國就利用列國共伐齊國的機會奪取了被齊國佔有的淮北之地：「（楚襄王）十五年，楚王與秦、三晉、燕共伐齊，取淮北。」〔註340〕這自然加強了楚國在東部的形勢，「頃公二年，秦拔楚之郢，楚頃王東徙於陳。十九年，楚伐我，取徐州。二十四年，楚考烈王伐滅魯。」〔註341〕其東北疆域達於泰山南麓。

　　楚國國防的關鍵還是在於西線，春秋之世楚國西疆的穩定得益於其對於江漢上游的經略，楚國對於西向的地緣擴張主要有兩個方向，一個是西向沿長江向三峽地區挺進，這具體體現在其同巴人的角逐之中。當四川盆地門戶的三峽地區成爲地緣角逐的重點，《水經注》載：「又出江關，入南郡界。酈注曰：『江水自關東逕弱關、扞關。扞關，廩君浮夷水所置也。弱關在建平秭歸界，昔巴、楚數相攻伐，籍險置關，以相防扞。秦兼併天下，置立南郡，自巫東上，皆其域也。』」〔註342〕第二個擴張的方向即是沿著漢水谷地向上游擴展，以與蜀人分漢中之險。這一擴張的結果是，到戰國中期時「楚自漢中，南有巴、黔中」〔註343〕而佔領了巴蜀東緣和漢水河谷的東部等廣大的地域，盡有西部屏障，設漢中郡、巫郡、黔中郡以守護之。是以顧祖禹以爲古往今

〔註337〕《史記·楚世家》，北京：中華書局，1959年，第1719頁。
〔註338〕《史記·楚世家》，北京：中華書局，1959年，第1719頁。
〔註339〕《史記·越王句踐世家》，北京：中華書局，1959年，第1751頁。
〔註340〕《史記·楚世家》，北京：中華書局，1959年，第1729～1730頁。
〔註341〕《史記·魯周公世家》，北京：中華書局，1959年，第1547頁。
〔註342〕〔北魏〕酈道元：《水經注校證·江水》，陳橋驛校證，北京：中華書局，2007年，第789頁。
〔註343〕《史記·秦本紀》，北京：中華書局，1959年，第202頁。

來用荊州而爭雄於當世最佳者即為楚國，「從來之善用荊州者，莫如楚。楚都於郢，而其爭中原也，則在方城漢水之外，是今日襄陽以北地矣。西則以黔中、巫郡隔礙秦雍，控扼巴蜀，非今日歸州、夷陵諸境乎？東則越冥阨以迫陳、蔡，由夏州、州來、符離，以通江、淮，非今日武昌黃、蘄之郊乎？是則全楚之形勝，莫過於荊州也。」〔註344〕顧氏此言論及政治重心在荊州地區的地緣格局的基本取向，反觀此論，不難發現，欲取全楚之形勝，佔領巴蜀地區的東緣是其關鍵，是以顧氏此處談到楚人攻佔巴蜀東緣而設立黔中、巴郡的重要地緣戰略意義。

　　大抵到威、懷之世，楚國的疆域達到空前廣大的規模，《淮南子·兵略訓》曰：「昔者楚人地，南卷沅、湘，北繞潁、泗，西包巴、蜀，東裹郯、邳，潁、汝以為洫，江、漢以為池，垣之以鄧林，綿之以方城，山高尋雲，谿肆無景，地利形便。」〔註345〕但是這一形勢隨著秦人進佔巴蜀而徹底改變，如前節所論秦人在佔有巴蜀之後的第四年即佔領了楚漢中之地。而自楚丟失南陽及漢北之地後，不到兩年的時間裏秦軍橫掃楚國腹地，至此雄踞南國數百年的楚國已然大勢去矣，而天下一統之勢也因之而成立。

2.3.5 合縱連橫、遠交近攻與軸線格局之關聯

　　戰國時期地最著名的緣政治活動莫過於合縱連橫，關於合縱連橫的說法出自《韓非子·五蠹》：「縱者，合眾弱以攻一強也；而橫者，事一強以攻眾弱也。」〔註346〕韓非之說出自戰國晚期，不能反映合縱連橫的全部歷史內容。按照徐中舒先生的意見，五國相王之前戰國前期仍具有春秋以來爭霸的性質，乃是春秋爭霸活動的繼續。但是自齊、魏二國徐州相王之後這一性質開始發生變化，徐先生說：「魏、齊會徐州相王，是諸侯間第一次互相承認為王，因而也是戰國時代一件驚人的大事。」〔註347〕徐先生認為「魏齊都是中原主要侯國，這兩個國家稱王，也就是給周王室以致命的打擊，從而否定其獨尊

〔註344〕〔清〕顧祖禹：《讀史方輿紀要·湖廣方輿紀要序》，賀次君、施和金點校，北京：中華書局，2005 年，第 3484 頁。

〔註345〕何寧：《淮南子集釋·兵略訓》，北京：中華書局，1998 年，卷十五，第 1060 頁。

〔註346〕〔清〕王先慎：《韓非子集釋·五蠹》，鍾哲點校，北京：中華書局，2007 年，卷十九，第 452 頁。

〔註347〕徐中舒：「戰國初期魏齊的爭霸及列國間合縱連橫的開始」，《川大史學（徐中舒卷）》，徐亮工編，成都：四川大學出版社，2006 年，第 441 頁。

的共主地位。」〔註348〕徐州相王在徐先生看來即是連橫之始，其本質是「事一強以禦另一強」〔註349〕。繼之的五國相王其目的則在於「合眾弱以禦三強（齊、秦、楚）。」〔註350〕五國相王則是為合縱之開始。至此，西周的血緣紐帶完全喪失，而縱橫之謂本身即是地緣看待的凸顯。在談到從不完全意義上的地緣政治活動到赤裸裸的地緣競爭轉換的歷史原因時，徐先生指出：「大國間爭霸鬥爭，即大國爭奪對小諸侯領導權的鬥爭，也隨著小國的逐步消失而減弱其重要意義。當小國消滅殆盡的時候，大國間爭霸鬥爭也因之而結束了。但是，列國間並不因小國大量消失，爭霸鬥爭結束而停止鬥爭。相反，大國鬥爭在作為緩衝地帶的小國消失，領土直接接界後，更劇烈起來。因為，這時的鬥爭，並不是爭奪對小國領導權的鬥爭，而是關係於本國生存的鬥爭。強大的國家力圖削弱、吞併較弱小的國家；一當抵抗失敗，又紛紛討好強國，以圖自保。於是『合眾弱以攻一強』和『事一強以攻眾弱』的連橫合縱政策代替了大國的爭霸鬥爭。」〔註351〕

　　戰國時期，列國形勢瞬息萬變，各國為圖存或拓展計皆無定交。除卻五國相王之外，據周鵬飛統計大的縱橫活動還有五次〔註352〕，其實是五個階段的縱橫活動，其中第三次中嚴格說來可分為兩次。第一次發生於前 314 年至前 312 年，斯時，秦迫使韓、魏兩家與己連橫，其意圖在於將楚人逐出漢中東部以保障其秦蜀地緣聯合體結合部之安全，是役由於韓魏兩家在北向對楚構成有力的牽制，秦人順利地奪取了楚漢中地六百里。第二次則發生於前 303 年至前 296 年，斯時秦、楚連橫而齊、韓、魏三家合縱。前 301 年，三國聯軍大敗楚於垂沙，楚北疆喪失大片土地，前有所論，不贅述。前 296 年，三國又連兵西進而攻入函谷關，秦被迫歸還韓之河外、武遂與魏之河外、封陵。第三次則為前 288 年至前 284 年，此次本是秦齊兩家連橫約以伐趙，後由趙奉陽君李兌出面拆散了齊秦之橫而組織了齊、燕、趙、韓、魏五國合縱攻秦，

〔註348〕徐中舒：「戰國初期魏齊的爭霸及列國間合縱連橫的開始」，《川大史學（徐中舒卷）》，徐亮工編，成都：四川大學出版社，2006 年，第 441 頁。

〔註349〕徐中舒：「戰國初期魏齊的爭霸及列國間合縱連橫的開始」，《川大史學（徐中舒卷）》，徐亮工編，成都：四川大學出版社，2006 年，第 446 頁。

〔註350〕徐中舒：「戰國初期魏齊的爭霸及列國間合縱連橫的開始」，《川大史學（徐中舒卷）》，徐亮工編，成都：四川大學出版社，2006 年，第 446 頁。

〔註351〕徐中舒：「戰國初期魏齊的爭霸及列國間合縱連橫的開始」，《川大史學（徐中舒卷）》，徐亮工編，成都：四川大學出版社，2006 年，第 445 頁。

〔註352〕周鵬飛：「『合縱、連橫』辨析」，《杭州大學學報》，1984 年 12 月，第 101～102 頁。

儡於五國兵勢浩大，「史（使）秦廢令，疏服而聽，反（返）溫、軹、高平於魏，反（返）王公、符逾於趙。」〔註353〕但是是役之後，齊湣王驕狂而吞宋，秦國及時利用列國震恐的有利局勢組織了六國合縱以攻齊，待燕軍破齊，齊國自此一蹶不振。秦國唯一參與的一次合縱活動對於打擊東向地軸上的競爭者齊國起到了至關重要的作用，從而有效地保障了自己地緣擴張戰略的次第開展。第四次則是前247年，信陵君發動了三晉與楚、燕的合縱攻秦；第五次是前241年，依然是三晉與楚、燕合縱攻秦，但此時已值戰國晚期，斯時秦已然主導了天下形勢，後兩次之合縱之時已是大勢已去而於事無補。

　　以秦國觀之，秦國的主要地緣戰略大抵有二：連橫與遠交近攻。秦國在秦蜀地緣聯合體尚未穩固之時，其主要的連橫對象乃是韓魏兩家，當時楚懷王之楚勢力強大，而東向合縱於齊對秦國構成很大的威脅，於是以張儀詐許楚「商於之地六百里」而成功離散了齊楚之縱，秦與韓魏兩家南向伐楚，而拔除了楚漢中之地，使得秦蜀地緣聯合體得以穩固。茲後，由於秦國已經完全佔有了對楚的地緣有利形勢，楚在東遷前很長的時間皆橫於秦，這不能不說與新地軸建立後形勢逼迫有直接的關係。至於齊湣王時齊秦互帝（前288年）而橫於齊乃是忌憚齊國之實力而作權宜羈縻之策，待到齊滅宋而東方地緣格局發生了重大變化之時，秦國於昭王二十二年（前285年）毅然派蒙武率軍對齊國實行跨境作戰，拔除齊國九座城池。而後又利用諸侯對齊國的恐懼不失時機組織了六國合縱以伐齊，燕昭王破齊後，這個東向地軸的有力競爭者至此則一蹶不振。概括這段歷史，秦之所以能有效地實行同韓魏的連橫是與其對北向地軸的日漸蠶食和佔有分不開的，秦國利用連橫之策巧妙地離間了齊楚兩家的關係，又利用韓魏之橫而成功地將楚人的勢力逐出了漢中東部，從而使得新地軸得以穩固。而到齊湣王時期齊國在東向地軸上一枝獨大，秦國橫於齊乃是權宜之計，待到齊滅宋而秦又不失時機地合縱諸侯以重挫齊國，東向的威脅基本解除。至於秦人對齊國實行的跨境打擊亦是形勢之不得已而為之，是為了防止東向地緣格局走向了不可控制的局面。

　　范雎說秦昭王標誌著秦國地緣戰略的轉換，范雎謂秦國地緣策略之弊曰：「大王越韓、魏而攻強齊，非計也。少出師則不足以傷齊，多之則害於秦。臣意王之計，欲少出師，而悉韓、魏之兵則不義矣。今見與國之不可親，越

〔註353〕《馬王堆帛書・戰國縱橫家書・蘇秦獻書趙王章》，北京：文物出版社，1976年，第92頁。

人之國而攻，可乎？疏於計矣。昔者齊人伐楚，戰勝，破軍殺將，再辟地千里，膚寸之地無得者，豈齊不欲地哉？形弗能有也。諸侯見齊之罷露，君臣之不親，舉兵而伐之，主辱軍破，爲天下笑。所以然者，以其伐楚而肥韓、魏也。此所謂『藉賊兵而齎盜食』也。」〔註354〕進而提出了「遠交近攻」的地緣戰略方針。「王不如遠交而近攻，得寸則王之寸，得尺亦王之尺也。今捨此而遠攻，不亦繆乎？且昔者，中山之地方五百里，趙獨擅之，功成、名立、利附，則天下莫能害。今韓、魏中國之處，而天下之樞也。王若欲霸，必親中國而以爲天下樞，以威楚、趙。趙強則楚附，楚強則趙附，楚、趙附則齊必懼，懼，必卑辭重幣以事秦，齊附，而韓、魏可虛也。」〔註355〕從前面的秦國地緣活動的歷史分析可知范雎所謂的「遠交近攻」誠然有其轉換的必然性，然則其大談既往秦人連橫之策的弊端則未免有游說者的策略在其中，范雎說秦昭王發生在昭王三十六年，司馬遷論及當時的地緣格局曰：「當是時，昭王已立三十六年。南拔楚之鄢郢，楚懷王幽死於秦。秦東破齊。愍王嘗稱帝，後去之。數困三晉。」〔註356〕斯時東向之齊破於燕後而一蹶不振，南服強國楚國之腹地已爲秦所併，三晉在秦國的打擊下已不堪重負，天下一統之勢已然明晰，已經到了地緣兼併戰的最後關頭了，此時實行「遠交近攻」自有其合理的時勢在其中。「遠交近攻」戰略實施後，秦國加強了對三晉攻擊的力度，而從戰國後期的兩次五國合縱來看，齊國皆未參與，甚至長平之戰趙國請粟於齊，齊也置之不理。對於齊國的這種保守史念海先生說：「齊國對於自己的得天獨厚，深深地感到滿足。在這干戈紛擾，各國設法開拓自己的疆土之時，齊國則持保守態度。這種保守的態度和楚國根本不同。楚國的保守，是衰老的表現；齊國的保守，則是自滿的流露。他雖然偶爾也曾對外用兵，但這不過如富人的娛樂一樣，並沒有多大的意義。」而齊國也正是在這種消沉中走向最後的滅亡，不再給秦國的地緣兼併戰爭惹麻煩了。

至於東方諸國的合縱誠然是列國在秦國威脅下的自救行動的反應，但是也得對其作具體分析，比方說齊湣王時期的兩次攻秦的合縱則帶有東向地軸之齊欲爭雄於秦的意味在其中，而兩次皆積極參與的韓魏兩家則有不

〔註354〕諸祖耿：《戰國策集注彙考‧秦三》，南京：鳳凰出版社，2008 年，卷五，第287～288 頁。

〔註355〕諸祖耿：《戰國策集注彙考‧秦三》，南京：鳳凰出版社，2008 年，卷五，第288 頁。

〔註356〕《史記‧范雎蔡澤列傳》，北京：中華書局，1959 年，第 2404 頁。

堪秦國一再剝削的反抗姿態在其中。戰國後期的各國合縱抗秦則不過是大廈將傾之時的拼死一搏而已，不再具有實質性的意義。東方諸國的合縱都有著一種地緣自私的本能在其中，昭忌謂秦王曰：「『山東之從時合時離，何也哉？』秦王曰：『不識也。』曰：『天下之合也，以王之不必也；其離也，以王之必也。今攻韓之管，國危矣，未卒而移兵於梁，合天下之從，無精於此者矣。』」〔註 357〕合縱諸國皆自有算盤，其倉促烏合，很難有深謀遠慮，且其彼此之間點滴的勢力消長與格局變化都會影響到合縱的穩定性，是以合縱對秦國並不具有致命的威脅，尤其是當秦國的地緣新軸線建立而舊地軸日漸爲其蠶食之後，秦人地力、地利兩便，而東方各國則須彼此協調，齊燕等國則須勞師千里，秦人大可以逸待勞。利則各個擊破，急則作適度妥協，終能保其無虞。

2.4 小結

　　西周僻處西陲，以小部族而滅商進主中土，斯時不論生產力之水平還是周人之實力皆極爲有限，是以周人擘畫的以西馭東的地緣格局與十字形地緣軸線的建構不得不採取借力的間接統治形式，是以封建成爲不可跨越的歷史選擇。但是西周的地緣網絡發揮作用的根本在於宗周的強大與安全，驪山之難後根本已失，平王被迫東遷，斯時洛邑之原點猶在，其北依太行南關南陽，晉鄭是依，藉血緣之紐帶猶可勉力維持。然則中心暗淡，以地軸爲骨架的地緣系統之渙散勢所必然。春秋之世，地軸之東西南北孵化出齊、秦、楚、晉四大國，尤其是縱向地軸的晉、楚二國主導著春秋時期的政治形勢，西周立國以來的以東馭西格局演變爲南北交爭爲主線的南北之局。而在北方，秦爲東出之路的奮鬥與齊國爭中原的努力則又使得北疆的東西交爭同時出現；東南之吳、越形勢自成一體，晉國爲犄楚計而扶持吳國，使得長江一線的東西之爭亦爲激烈，待到吳國日益坐大，其北向以爭中原，從而演繹出東南地緣政治之異數，大大豐富了此一時期地緣政治之內涵。當戰國之世，血緣之紐帶蕩然無存，各國皆務於地利與地力，開疆拓土是爲第一要務。北向地軸之晉國一分爲三，戰國初年，三晉之尤者魏國疆域關聯太行之東西，是以首鼠

〔註 357〕諸祖耿：《戰國策集注彙考・魏四》，南京：鳳凰出版社，2008 年，卷二十五，第 1311 頁。

兩端終於被秦人逐出河西，自此秦人解除了東疆之威脅。惠文君時期南向滅巴蜀而開闢了新的地緣軸線，昭王時期又北逐義渠而築長城，自茲始秦人的縱向新地軸初步奠定。新地軸尤其是秦蜀地緣聯合體大大加強了秦國的地緣力量，秦人藉此而強化了對於舊地軸的衝擊力度。伴隨著舊地軸的日漸破碎，東方列國彼此之間的競爭也日益殘酷。是以秦人開啟的縱向新地軸是以萃取地緣力量為核心的新體制，這種體制自商鞅變法始即異常鮮明，茲後其又以這種萃取地力為核心的體制去改制新造的巴蜀，這也使得郡縣制成為必然。

第三章　格局與變局：秦朝的地緣架構及秦漢之際的地緣變遷

秦國以新地軸爲依託進而蠶食佔有了北向地軸，其以此爲基礎統一中國之後不但繼承了六國的疆域，而且北擊匈奴、南伐百越，建立起疆域空前遼闊的大帝國。秦朝實現統一和南北拓展的同時開始了對帝國的大規模地緣改造。其不但「墮壞城郭，決通川防，夷去險阻」，還大量遷徙人口，以咸陽爲中心呈放射型修建馳道而達於要害之處，並數次巡遊東服刻石紀功以示威強。而對於西部疆域而言其於奪取河南地之後於陰山一線修建長城，從而使得縱向新地軸於是完固，爲及時預於北疆形勢計，秦始皇還修建了自九原達於雲陽的戰略通道。然則一夫作難而宗廟墮，觀之秦漢之際的風雲變幻其與地緣軸線的關聯亦頗爲密切，劉邦入關中而使別將據有漢中以切斷秦蜀地緣聯合體之關聯，項羽肢解齊秦各爲三，皆是對東西地軸之地緣處置之策，其定都之彭城亦乃橫向軸線上是樞紐，江東子弟縱橫天下再展東南之地緣能量。而劉邦由漢中而入關中進而削平群雄則在縱向地軸之反向演繹了關中模式，而秦漢之際的地緣演繹又直接關聯著西漢立國之格局。

3.1 地緣軸線之新局與地緣改造之新舉

3.1.1 新舊地軸之合璧與縱向地軸之完固

西周所建立的縱向地軸其南端達於南陽盆地而直指江漢平原，春秋時期楚人據有南陽，自江漢平原關聯南陽盆地至於豫西山地一線成爲南向地軸的

基本範圍，這種局面持續到秦人佔有巴蜀地區之後。然而，秦自攻佔楚國之巫郡、黔中郡之後，縱向舊地軸之南段開始發生偏移，南向地軸的具體位置大抵在秦嶺餘脈的伏牛山、大巴山餘脈的今鄂東北的武當山、神農架與湘西的武陵山一線，其地緣屏障意義加強，其南端亦不再是南陽盆地延長線的江漢平原地區，但是南陽盆地依然是舊地軸南北之間的樞紐。而自始皇三十三年北取河南地而渡河築長城新地軸亦告完成，至此，新舊地軸合二爲一，舊地軸的地緣功能爲攝制東方而拱衛關中。新舊地軸之北向皆有抗禦匈奴而屏蔽關中的功能，至於新地軸之主要地緣意義還在於其雄富的經濟實力，這正是帝國控馭的物質基礎。是以秦帝國再次開闢了以西馭東的地緣控馭格局，其所不同於西周的是秦人所建立的地緣格局以西部的地力與地利之聯合爲基礎實現對東部的直接控制，而非西周的假血緣於地緣的借力模式，伴隨著這種變遷，秦帝國的地緣政治重心也由西周時期的伊洛平原西移到渭河平原。

3.1.1.1 北擊匈奴與秦始皇長城的地緣意義

秦人自南向奪取巴蜀而建立了秦蜀地緣聯合體之後，方才打開了東進的膠著局面，並以之爲戰略基地而加劇了對舊地軸的衝擊，終於掃平六合，一統天下。秦朝完成統一之後在關中北向繼承了趙國所建置的雲中、九原諸郡，有效地屏蔽了關中北向的地緣威脅。但是，秦昭王長城以西、以北，黃河以南向有大片土地處在匈奴的控制之下，這就與西漢初年的形勢相近，婁敬曾曰：「匈奴河南白羊、樓煩王，去長安近者七百里，輕騎一日一夜可以至秦中。」〔註1〕史念海先生論及河南地未收復之前的秦朝北疆形勢曰：「秦都咸陽與長安隔一渭水，而且還在渭水之北，可以想見當時不僅秦國北邊受到巨大威脅，就是國都也已經感到不安。」〔註2〕然而論及秦始皇北逐匈奴之原由，太史公曰：「燕人盧生使入海還，以鬼神事，因奏錄圖書，曰『亡秦者胡也』。始皇乃使將軍蒙恬發兵三十萬人北擊胡，略取河南地。」〔註3〕實則荒誕，對於略取河南地之初衷，張維華先生亦有與史念海先生相同之見解，其曰：「秦建都咸陽，北去匈奴所居河南之地不遠，一旦有警，不數日，咸陽即直接受其威脅。始皇欲解除其後顧之憂，必使匈奴北退而後可，不然，則始終不能安枕

〔註1〕《史記·劉敬叔孫通列傳》，北京：中華書局，1959年，第2719頁。
〔註2〕史念海：「秦始皇直道遺迹的探索」，《河山集四集》，西安：陝西師範大學出版社，1991年，第436頁。
〔註3〕《史記·秦始皇本紀》，北京：中華書局，1959年，第252頁。

也。秦之形勢如此，漢之局勢亦如此，故武帝開疆，亦以衛青奪取河南地為始。」〔註4〕關於秦始皇北擊匈奴而築長城的記載語甚寥寥，實則無法窺見其全貌。《秦始皇本紀》曰：「（三十三年）西北斥逐匈奴。自榆中並河以東，屬之陰山，以為三十四縣，城河上為塞。又使蒙恬渡河取高闕、山、北假中，築亭障以逐戎人。徙謫，實之初縣。禁不得祠。明星出西方。三十四年，適治獄吏不直者，築長城及南越地。」〔註5〕《蒙恬列傳》載曰：「（始皇二十六年）秦已并天下，乃使蒙恬將三十萬眾北逐戎狄，收河南。築長城，因地形，用制險塞，起臨洮，至遼東，延袤萬餘里。於是渡河，據陽山，逶蛇而北。暴師於外十餘年，居上郡。」〔註6〕《匈奴列傳》云：「後秦滅六國，而始皇帝使蒙恬將十萬之眾北擊胡，悉收河南地。因河為塞，築四十四縣城臨河，徙適戍以充之。而通直道，自九原至雲陽，因邊山險嶄谿谷可繕者治之，起臨洮至遼東萬餘里。又度河據陽山北假中。」〔註7〕卜德教授曾不無遺憾地指出：「考慮到長城的宏偉，《史記》的記載（在蒙恬傳中）卻是極為漫不經心和簡略的。」〔註8〕而喬森納‧弗萊爾也說：「司馬遷對待修築長城就像對待夏天的野餐一樣。」〔註9〕

　　由於對秦始皇長城具體路線的失載，引發了後世關於秦始皇長城的許多爭議。關於始皇長城的爭議主要集中於兩處，其一是其東部起點，其二則是其與趙長城和秦昭王長城的關係問題。關於第一點爭議始於兩處不同的材料，《正義》引《括地志》注《匈奴列傳》曰：「（長城）起岷州西十二里，延袤萬餘里，東入遼水。」〔註10〕《正義》注《蒙恬列傳》曰：「遼東郡在遼水東，始皇築長城至遼水，西南至海上。」〔註11〕兩說一致。《水經注‧河水三》曰：「秦始皇令太子扶蘇與蒙恬築長城，起於臨洮，至於碣石。」〔註12〕張維

〔註4〕　張維華：《中國長城建置考》上編，北京：中華書局，1979 年，第 130 頁。

〔註5〕　《史記‧秦始皇本紀》，北京：中華書局，1959 年，第 253 頁。

〔註6〕　《史記‧蒙恬列傳》，北京：中華書局，1959 年，第 2565～2566 頁。

〔註7〕　《史記‧匈奴列傳》，北京：中華書局，1959 年，第 2886 頁。

〔註8〕　〔英〕崔瑞德、〔美〕費正清主編：《劍橋中國秦漢史》第 1 章「秦國和秦帝國」，北京：中國社會科學出版社，1992 年，第 77～78 頁。

〔註9〕　喬森納‧弗萊爾：《中國長城》第 50 頁，出版社未詳。轉引自〔美〕阿瑟‧沃爾德隆：《長城：從歷史到神話》，石雲龍、金鑫榮譯，南京：鳳凰出版傳媒集團江蘇教育出版社，2008 年，第 23 頁。

〔註10〕《史記‧匈奴列傳》，北京：中華書局，1959 年，第 2887 頁。

〔註11〕《史記‧蒙恬列傳》，北京：中華書局，1959 年，第 2566 頁。

〔註12〕〔北魏〕酈道元，：《水經注校證‧河水三》，陳橋驛校證，北京：中華書局，

華云：「蓋始皇時之長城，其東段所在之地，雖未必與燕長城相合，然亦不至大違。」〔註13〕王國良據《通典》及《晉志》考證，此碣石及漢樂浪郡之碣石山，於是兩說遂不矛盾〔註14〕。而爭論的焦點則集中於西部長城，西部長城的具體走向如何，太史公寥寥數語，著實費解。黃麟書先生謂之西端長城之路徑曰：「起自甘肅省岷縣城（臨洮）西二十里。東傍洮河右岸，轉北，經會川，臨洮（狄道）洮沙三縣城之西。再北，傍黃河右岸。（傍洮傍河雲隴西塞）經皐蘭市榆中縣之北，靖遠縣之西北。入寧夏省，經中寧縣城之北，金積、靈武、陶樂三縣城之西，入綏遠省。仍傍黃河右岸。（黃河長城）再北，截黃河，傍支流五加河之右岸，經臨河縣城之西，晏江五原二縣城之北。再截五加河而東，（其南爲河南新秦中）傍陰山，經安北、固陽、武川、陶林、集寧、興和等縣之北，入察哈爾省。」〔註15〕另據黃先生所繪「秦皇長城圖」〔註16〕西端長城自臨洮起始一路傍洮河、黃河右岸而北上至於河水自靖遠縣西北處逾河而連貫於陰山長城。張維華先生則認爲西端長城實則有三條防線，第一道防線爲秦昭王長城，蒙恬當對其作了修繕；第二條則爲「沿河所置之塞」；第三則在「黃河以北，陰山西出餘脈之中。」〔註17〕景愛先生的意見則是河南地沿黃河一線雖有軍事佈防的堡壘，但是單就長城論則是與之無涉，始皇長城西端不過是利用了秦昭王長城而對其作了向北的延伸而已，他說：「蒙恬所築長城，是從白於山向北延伸，進入內蒙古境內。」〔註18〕譚其驤先生主編的《中國歷史地圖集》第二冊「關中諸郡」部分於陰山地區河水之南部分注明爲「秦始皇所築長城」〔註19〕，當是對「因河爲塞」理解爲修築長城。史念海先生本主黃河沿線築長城之說，但是其同時又不得其解，他說：「說者謂可能是沿著黃河建築長城，也可能像秦國塹洛長城那樣，鏟削黃

2008 年，第 85 頁。
〔註13〕張維華：《中國長城建置考》上編，北京：中華書局，1979 年，第 135 頁。
〔註14〕王國良：《中國長城沿革考》，上海：商務印書館，1931 年，第 30 頁。
〔註15〕黃麟書著：「秦皇長城簡述」，《邊塞研究》第 4 頁，臺北：商務印書館，1979 年，。
〔註16〕黃麟書：「秦皇長城再簡述」，《邊塞研究》，臺北：商務印書館，1979 年，第 31 頁。
〔註17〕張維華：《中國長城建置考》上編，北京：中華書局，1979 年，第 132～133 頁。
〔註18〕景愛：《中國長城史》，上海：上海人民出版社，2006 年，第 165 頁。
〔註19〕譚其驤主編：《中國歷史地圖集》第二冊，北京：中國地圖出版社，1996 年，第 5～6 頁。

河岸邊，使敵騎不能飛渡。說法雖不盡相同，總是離不開黃河的。就是不佞以前也有如此想法。沿著黃河是可以建築長城的，但這裡的黃河岸邊迄未能發現與長城有關的事物，也未能見到有關的記載。這樣的說法就難得實指。」〔註20〕辛德勇先生在進行了數萬字的複雜考證之後指出：「秦始皇統一六國後，其北方邊防設施，在秦人故土，沿用了秦昭襄王長城；在趙國舊境，則沿用了趙武靈王長城，……至秦始皇三十二年，蒙恬率軍『北擊胡，略取河南地』，並在第二年亦即秦始皇三十三年，興工修建了『起臨洮，至遼東，延袤萬餘里』的所謂『萬里長城』。這道長城的西北地段，是『自榆中並河以東，屬之陰山。』其在原趙國北邊地帶，仍是利用趙武靈王所建長城；由狄道至枹罕西北的黃河岸邊地段，是重新興修了一段城垣；由枹罕西北的黃河河岸亦即『榆中』地區，至陰山西南端的趙武靈王長城起點，則是利用黃河河道作爲防禦設施，並未修築城垣。」〔註21〕概括諸位先生的意見，黃麟書先生傍洮河、黃河之說因毫無考古發現可證似乎很難成立，景愛先生、張維華先生皆注重「因河爲塞」對於河南地西部之防衛意義，西部臨河地帶當有要塞分佈，辛德勇先生雖考證細緻，對於長城北段的認識有很大貢獻，但是他的「由枹罕西北的黃河河岸亦即『榆中』地區，至陰山西南端的趙武靈王長城起點，則是利用黃河河道作爲防禦設施，並未修築城垣」之說似乎很難令人信服，景愛先生也注意到了黃河多季凍結的現象，如以此爲據抗禦馬背上的民族，當何以爲據？而辛氏所言正是黃河緯度最高的河段，漫長的河段一無所守，對於河南地而言是不可想像的。且《水經注・河水三》曰：「河水又北經富平縣城西，秦置北部都尉，治縣城。」〔註22〕富平縣即是臨河而置，可謂對辛氏所論的有力反詰。總體觀之，張維華先生關於秦朝北疆地軸一線三條防線的說法似乎更爲公允。

這樣，陰山與陽山長城成爲屏蔽北向之衝擊的第一線，黃河沿線爲第二線，利用黃河天險與沿河建置的軍事要塞佈防第二線，第三線則是修繕完固並延伸加強的秦昭王長城一線，此線自臨洮逶迤而北亦有屏蔽河東而予以相互依恃的

〔註20〕史念海：《河山集七集・西北地區諸長城的分佈及其歷史軍事地理》，西安：陝西師範大學出版社，1999 年，第 265 頁。

〔註21〕辛德勇：「陰山高闕與陽山高闕辨析」，《秦漢政區與邊界地理研究》，北京：中華書局，2009 年，第 254 頁。

〔註22〕〔北魏〕酈道元：《水經注校證・河水三》，陳橋驛校證，北京：中華書局，2008 年，第 74 頁。

意味，如此關中方實現了真正的形勢完固。而雲中、九原、雁門一線則處於陰山、太行山、燕山的結合部，自雁門、代郡而東南沿無定河谷而下則是進入大平原的捷徑，是以秦廷以三十萬大軍陳於是處自有其戰略考慮在其中，而絕非所謂好大喜功之舉，這從後世漢初的地緣政治處境可以清晰地體現。

3.1.1.2 直道對於北向地軸的地緣戰略功能

與始皇長城同時修建的還有一項重要的軍事工程就是秦直道，關於直道的記載亦是語焉不詳，《秦始皇本紀》載曰：「三十五年，除道，道九原抵雲陽，塹山堙谷，直通之。」〔註23〕《蒙恬列傳》曰：「始皇欲遊天下，道九原，直抵甘泉，乃使蒙恬通道，自九原抵甘泉，巉山堙谷，千八百里。道未就。」〔註24〕關於直道路線的討論長期以來成為一個熱點。史念海先生認為秦直道自云陽起始，穿越子午嶺而進入鄂爾多斯草原，逾越黃河而直抵九原〔註25〕。王開先生則以細緻的實地調查與詳細的考證相結合的方法細緻地論述了秦直道的路線為自云陽向北經上郡過高奴而達於九原，王先生還舉西漢文帝三年（前177年）遣灌嬰發車騎詣高奴事證之，他還說「漢文帝自甘泉宮至高奴必然要走『秦直道』。」〔註26〕這就先入為主地認定了秦直道即是甘泉經膚施抵九原這唯一的一條道了，設若秦直道乃是穿越子午嶺而達於鄂爾多斯草原之道，漢初為匈奴所據，安得走那個「秦直道」？且按照前面張維華先生所言的三條防線計，正是河南地喪失，第二條防線失守，高奴的重要性才得以凸顯。王北辰先生從橋門與直道的關係入手，同時借蒙恬遇害於陽周而推測其駐地於此，並引《漢書・武帝紀》元封元年勒兵十八萬北巡事為證，主張直道為經過陽周的東線道路〔註27〕。茲後，史念海先生又撰文回應王開與王北辰先生，史念海先生並不否認穿越膚施的南北大道的存在，他認為：「經過上郡治所膚施的大道，是秦始皇以前的舊道，也是秦始皇全國馳道的組成部分，與直道無關。」〔註28〕辛德勇先生引《括地志》與《元和郡縣圖志》證

〔註23〕《史記・秦始皇本紀》，北京：中華書局，1959年，第256頁。

〔註24〕《史記・蒙恬列傳》，北京：中華書局，1959年，第2566～2567頁。

〔註25〕史念海：「秦始皇直道遺迹探索」，《河山集四集》，西安：陝西師範大學出版社，1992年，第438～452頁。

〔註26〕王開：「『秦直道』新探」，《成都大學學報（社科版）》，1989年第1期，第43頁。

〔註27〕王北辰：「古橋門與秦直道考」，《王北辰西北歷史地理論文集》，北京：學苑出版社，2003年，第101～116頁。

〔註28〕史念海：「直道和甘泉宮遺迹質疑」，《河山集四集》，西安：陝西師範大學出版社，1992年，第459頁。

史念海先生所說，但亦同時指出唐人之說的史料價值不如漢代，留有餘地。王子今先生頗爲富有想象力地將子午道與子午嶺關聯起來論述，他認爲「而『子午』和『直』，後者可以理解爲前者的快讀合音。而『子午』和『直』的方位定義，既是對甘泉宮而言的，而且基本上也是對咸陽——長安而言的。」〔註29〕王先生認爲「（咸陽）當時的建築藍圖包含有貫通南北，聯繫子午的意識。在咸陽、長安以南，確實有『子午道』通往漢中巴蜀。」〔註30〕「子午嶺——直道，子午道——直河，在咸陽——長安正北正南形成了縱觀千里的軸線。」〔註31〕如果王先生是論成立，那麼就說明直道不過是秦始皇欲貫通縱向地軸交通工程的一個組成部分而已。但是王先生在直道的具體路徑上似乎還在東西說之間搖擺，一方面他認同子午嶺之說，一方面他又對武帝元封元年北巡之事不好處置，故而說：「推想秦直道的若干路段，都有漢武帝的車列和大隊鐵騎經過。」〔註32〕

兩說的分歧在於直道自陝甘交界的沮源關是繼續北進進入鄂爾多斯還是折向東北而連貫膚施，若從王北辰、王開先生的意見，有幾個問題似乎不太好解釋。一則是趙高一行自直道返咸陽之事；二則是對於河南地之戰略貫通之事；三則是對於馬蓮河谷的控馭問題。沙丘之變後，秦始皇的車隊並未從函谷關直返咸陽，而是繞到九原自直道歸，《秦始皇本紀》記曰：「更爲書賜長子扶蘇曰：『朕巡天下，禱祠名山諸神以延壽命。今扶蘇與將軍蒙恬將師數十萬以屯邊，十有餘年矣，不能進而前，士卒多耗，無尺寸之功，乃反數上書直言誹謗我所爲，以不得罷歸爲太子，日夜怨望。扶蘇爲人子不孝，其賜劍以自裁！將軍恬與扶蘇居外，不匡正，宜知其謀。爲人臣不忠，其賜死，以兵屬裨將王離。』封其書以皇帝璽，遣胡亥客奉書賜扶蘇於上郡。更爲書賜公子扶蘇、蒙恬，數以罪，賜死。語具在李斯傳中。行，遂從井陘抵九原。會暑，上輼車臭，乃詔從官令車載一石鮑魚，以亂其臭。行從直道至咸陽，發喪。」〔註33〕可見，趙高對於北疆蒙恬強大的國防軍是心存忌憚的，所以在處置北方軍團的人事上頗費了一番心思，王離乃王翦之孫，觀乎始皇時期的軍將其勢力與聲望能與蒙氏家族相

〔註29〕 王子今：「秦直道的歷史文化觀照」，《人文雜誌》，2005 年第 5 期，第 109 頁。
〔註30〕 同上。
〔註31〕 王子今：「秦直道的歷史文化觀照」，《人文雜誌》，2005 年第 5 期，第 110 頁。
〔註32〕 王子今：「秦直道的歷史文化觀照」，《人文雜誌》，2005 年第 5 期，第 111 頁。
〔註33〕 《史記・秦始皇本紀》，北京：中華書局，1959 年，第 264 頁。

抗衡的唯有王氏家族，王翦滅楚而請封於始皇，足見其頗能藏拙保身，這種家風或對其後人有所影響。而王離本人亦被始皇所器重，始皇二十八年巡遊之近臣即有王離，琅琊刻石載其事曰：「維秦王兼有天下，立名為皇帝，乃撫東土，至於琅邪。列侯武城侯王離、列侯通武侯王賁、倫侯建成侯趙亥、倫侯昌武侯成、倫侯武信侯馮毋擇、丞相隗林、丞相王綰、卿李斯、卿王戊、五大夫趙嬰、五大夫楊樛從，與議於海上。」〔註34〕雖則趙高等人在北方軍團的人事上作了周密的考慮，但是畢竟蒙恬聲譽極高，其死前尚曰：「今臣將兵三十餘萬，身雖囚繫，其勢足以倍畔……」〔註35〕足見其在北方國防軍中的影響力之巨大，所以趙高一行先達九原即是穩定北方軍心，更為細緻佈防軍隊，以防有變。待其處置完畢即由直道返回咸陽，而不達上郡，亦是對蒙恬餘部的忌憚。待到始皇歸葬，仍未立刻處死蒙恬，足見其顧慮甚重。而陳勝起後，東方形勢洶洶，遲遲不動用北方軍團亦可能有此等顧忌，蒙恬出任北方主將之前為內史，茲後出任三十萬大軍的統帥是否秩級有所陞遷不可得知，但至少內史和少府乃是同為兩千石，而《項羽本紀》裏有「章邯令王離、涉間圍鉅鹿，章邯軍其南，築甬道而輸之粟。」〔註36〕足可見二世對這支軍隊的不信任。昔日趙武靈王觀秦足以震動昭襄王，何況三十萬精銳之師懸於北向地軸之頂端，所以趙高與二世在處置北向地軸上非常審慎。

而從對河南地的防守來看，直道經由鄂爾多斯草原地區亦是合情合理的，河南地土地平衍，一旦突破黃河防線即可深入腹地，若有一條戰略通道直達是處可及時預於非常之情。是後三十三年取河南地，三十五年修直道，時隔兩年不可能不兼顧新造之地的防守問題的。且從三條防線的布局來看，陰山防線突破，有黃河一線，黃河一線突破有秦昭王長城一線，而於第二條防線與第三條防線之間修築戰略通道從軍事意義上說正是對可能的內線作戰的防守考慮，一旦黃河一線有事，立刻作出反應聚殲入侵之敵而不使其泛濫並衝擊戰略底線。至於對馬蓮河流域的控馭而言，因為涇河河谷關聯關中之安全甚深，早在西周時期即重視在這一地區設防，如前章所論，《詩·小雅·六月》裏即有「玁狁匪茹，整居焦獲。侵鎬及方，至於涇陽。」「薄伐玁狁，

〔註34〕《史記·秦始皇本紀》，北京：中華書局，1959年，第246頁。
〔註35〕《史記·蒙恬列傳》，北京：中華書局，1959年，第2569頁。
〔註36〕《史記·項羽本紀》，北京：中華書局，1959年，第304頁。

至於大原。」〔註 37〕足見涇水及其上游支流一帶成為關乎關中安全的要害之處。史念海先生論及漢初的情形說：「既然匈奴奴隸主有意窺伺甘泉，為什麼不從直道南下，卻遠遠繞到六盤山下？再說，在子午谷的東西，是洛河河谷和馬蓮河谷。游牧民族向南進攻，一般都取路於河谷。而當時的洛河河谷和馬蓮河谷都沒有受到騷擾，這又是什麼原因？推究起來，這正是子午嶺上添了一條直道，使匈奴奴隸主貴族不能不有所顧慮。」〔註 38〕若從沮源關即折向東北是不能實現對馬蓮河谷的全面控制的，是以概括論之，史先生之論斷似乎更有道理一些。而直道的貫通對於北向地軸內部的連貫鎔鑄以及對外的威懾作用同時具備，而當秦始皇初拓疆土而篳路藍縷以至於自給不暇之時，這條大道也毫無疑問成為向前線輸送給養的大動脈，是以直道本身即是軸線地緣的強烈體現。

3.1.1.3 帝國的地緣改造與實關中政策的肇始

戰國時期，列國自有其不同之形勢，各國居險而守，這種局面隨著秦始皇一統中國之後則大不利於帝國之一統。是以秦始皇擘畫帝國的一個重要的組成部分即是對於六國既有地緣形勢作一次大規模的改造。然則言及是處則用語寥寥：「分天下以為三十六郡，郡置守、尉、監。更名民曰『黔首』。大酺。收天下兵，聚之咸陽，銷以為鍾鐻，金人十二，重各千石，置廷宮中。一法度衡石丈尺。車同軌。書同文字。地東至海暨朝鮮，西至臨洮、羌中，南至北鄉戶，北據河為塞，并陰山至遼東。徙天下豪富於咸陽十二萬戶。」〔註 39〕這其中與地緣相關有將郡縣制推廣至帝國所有的疆域，而此前西周的地緣控馭模式則是根源於分封制的，此舉勢必影響深遠，後有專節論述，不贅述。而遷徙天下豪富於關中則有兩重意義，一則這些豪富不是六國貴族即是富可敵國的商人，其在地方之影響力不可小覷，遷徙之後自可斷絕其與鄉土之關聯而置於帝國的監視之下，二則可以充實關中之人口，起到固其根本之效。當然統一文字可以從地緣文化上斷絕其分離意識，意義自為深遠。除此之外，另一個重要的舉措就是廣修馳道，毀壞險阻。而關於修建馳道的工作從秦統一伊始即開始著手，「是歲（始皇二十七年），賜爵一級。治馳道。」

〔註 37〕程俊英：《詩經・小雅・六月》，上海：上海古籍出版社，2009 年，第 278 頁。
〔註 38〕史念海：「秦始皇直道遺迹探索」，《河山集四集》，西安：陝西師範大學出版社，1992 年，第 453 頁。
〔註 39〕《史記・秦始皇本紀》，北京：中華書局，1959 年，第 239 頁。

〔註40〕從李斯臨終之前所謂第六罪曰：「治馳道，興遊觀，以見主之得意。」
〔註41〕可見是李斯在主持這項工作，亦可見重視程度於一斑。關於秦馳道的
盛況，文帝時期賈山謂之：「爲馳道於天下，東窮燕、齊，南極吳、楚，江湖
之上，瀕海之觀畢至。道廣五十步，三丈而樹，厚築其外，隱以金椎，樹以
青松。爲馳道之麗至於此，使其後世曾不得邪徑而託足焉。」〔註42〕寬闊四
達的道路成爲帝國控馭四方的經脈，其戰略意義自不待言。除了修建馳道，
夷去險阻也是一項重要的地緣改造，始皇三十二年的碣石刻辭裏有「墮壞城
郭，決通川防，夷去險阻。地勢既定，黎庶無繇，天下咸撫。」〔註43〕張維
華先生的意見是：「此所墮壞與夷去者，悉在內地。至於邊地之塞，不在其列。」
〔註44〕論及秦之滅亡，太史公感慨地說：「秦既稱帝，患兵革不休，以有諸侯
也，於是無尺土之封，墮壞名城，銷鋒鏑，鉏豪桀，維萬世之安。然王迹之
興，起於閭巷，合從討伐，軼於三代，鄉秦之禁，適足以資賢者爲驅除難耳。
故憤發其所爲天下雄，安在無土不王。」〔註45〕誠然所謂在德不在險，然則
其於秦人致力於統一帝國的地緣改造之用心可謂著墨甚濃。

3.1.2 秦代的巡遊與地緣軸線之關聯

帝王巡遊本是古制，《尚書·舜典》曰：「歲二月，東巡守，至於岱宗，
柴。望秩於山川，肆覲東後。協時月正日，同律度量衡。修五禮、五玉、三
帛、二生、一死贄。如五器，卒乃復。五月南巡守，至於南嶽，如岱禮。八
月西巡守，至於西嶽，如初。十有一月朔巡守，至於北嶽，如西禮。歸，格
於藝祖，用特。五載一巡守，群后四朝。敷奏以言，明試以功，車服以庸。」
〔註46〕《禮記·王制》謂之：「天子五年一巡守，歲二月，東巡守，至於岱宗，
柴而望祀山川；覲諸侯；問百年者就見之。命大師陳詩，以觀民風，命市納
賈，以觀民之所好惡，志淫好辟；命典禮，考時、月，定日，同律，禮樂制
度衣服正之。山川神祇，有不舉者，爲不敬，不敬者，君削以地；宗廟，有

〔註40〕《史記·秦始皇本紀》，北京：中華書局，1959 年，第 241 頁。
〔註41〕《史記·李斯列傳》，北京：中華書局，1959 年，第 2561 頁。
〔註42〕《漢書·賈鄒枚路傳》，北京：中華書局，1959 年，第 2328 頁。
〔註43〕《史記·秦始皇本紀》，北京：中華書局，1959 年，第 252 頁。
〔註44〕張維華：《中國長城建置考》上編，北京：中華書局，1979 年，第 129 頁。
〔註45〕《史記·秦楚之際月表》，北京：中華書局，1959 年，第 760 頁。
〔註46〕李學勤主編：《十三經注疏·尚書正義·舜典》，北京：北京大學出版社，1999
年，第 59～60 頁。

不順者，爲不孝，不孝者，君絀以爵；變禮易樂者，爲不從，不從者，君流；革制度衣服者，爲畔，畔者君討；有功德於民者，加地進律。五月，南巡守至於南嶽，如東巡守之禮。八月，西巡守至於西嶽，如南巡守之禮。十有一月，北巡守至於北嶽，如西巡守之禮。歸，假於祖禰，用特。」〔註47〕可見古代帝王巡遊在時間和方位以及具體的巡遊內容安排上都有一定的規定。秦始皇自統一六國始，先後五次巡遊，如加上統一前親臨邯鄲與郢陳就達七次之多。其巡遊的密度和經歷的時間以及其所達的地域在性質上都與古帝王巡遊之制大有不同。有的學者統計過，秦始皇在統一後的十一年裏巡遊的歷程達到 20000 公里左右，而持續的時間則約 26 個月，其西達隴西狄道，東之成山，南至會稽山，北至九原，其巡遊的郡達全國總郡數的 80% 以上，除了巴蜀與新造的嶺南諸郡，幾乎遍及全國〔註48〕。所以卜德教授說：「在僕僕風塵於帝國的次數和勤奮方面，可能中國的君主誰也比不上秦始皇。」〔註49〕

　　從具體巡遊路線上觀察，統一後始皇第一次巡遊在二十七年，其路線爲：「始皇巡隴西、北地，出雞頭山，過回中。」〔註50〕這次主要以巡視西部邊防爲重點，其遠達六盤山地區，這也是始皇唯一一次巡視西部邊疆的記載。次年，秦始皇又作了第二次巡視，這次的路線爲：咸陽——鄒嶧山——泰山——梁父——黃、腄——成山——之罘——琅邪——彭城——淮水——衡山——南郡——長江——湘山祠——武關〔註51〕。這次巡視的主要目的是行封禪大禮，且從「始皇東行郡縣」之說和首站到達齊、魯來看，應該是從函谷關直趨齊、魯的。第三次巡遊在始皇二十九年，大抵路線當是自咸陽經函谷關至陽武博狼沙，然後登之罘，之琅邪，道上黨入。〔註52〕第四次在始皇三十二年，其大抵路線爲：「始皇之碣石，……始皇巡北邊，從上郡入。」〔註53〕第五次也是始皇最後一次巡遊是在其三十七年十一月，關於這次巡遊

〔註47〕　李學勤主編：《十三經注疏・禮記正義・王制》，北京：北京大學出版社，1999年，第 360～363 頁。

〔註48〕　李瑞、吳宏岐：「秦始皇巡遊的時空特徵及其原因分析」，《中國歷史地理論叢》，2003 年第 3 期，第 130 頁。

〔註49〕　〔英〕崔瑞德、〔美〕費正清主編：《劍橋中國秦漢史》第 1 章「秦國和秦帝國」，北京：中國社會科學出版社，1992 年，第 83 頁。

〔註50〕　《史記・秦始皇本紀》，北京：中華書局，1959 年，第 241 頁。

〔註51〕　《史記・秦始皇本紀》，北京：中華書局，1959 年，第 242～248 頁。

〔註52〕　《史記・秦始皇本紀》，北京：中華書局，1959 年，第 250 頁。

〔註53〕　《史記・秦始皇本紀》，北京：中華書局，1959 年，第 251～252 頁。

的路線大抵如此：「行至雲夢，望祀虞舜於九疑山。浮江下，觀籍柯，渡海渚。過丹陽，至錢唐。臨浙江，水波惡，乃西百二十里從狹中渡。上會稽，祭大禹，望於南海，而立石刻頌秦德。……還過吳，從江乘渡。並海上，北至琅邪。……自琅邪北至榮成山，弗見。至之罘，見巨魚，射殺一魚。遂並海西。至平原津而病。……七月丙寅，始皇崩於沙丘平臺。」〔註 54〕沙丘之變後，如前所論，爲處置好北方邊防軍計，趙高一行繞道從井陘抵九原，最後經直道至咸陽。透過秦始皇的巡遊路線及其沿途刻石及政治舉措可以大致看出秦始皇所擘畫的地緣政治圖示來。首先，其五次巡遊則四次東巡，其四次東巡則三次達於齊魯，卜德的解釋是：「除了皇帝對他的新版圖具有當然的興趣和自豪感外，這些巡遊表明了他作爲生在西面內陸的人對中國東部沿海的明顯的喜愛。」〔註 55〕然而這麼風塵僕僕常年奔波於東部遼闊的疆土純然爲遊玩似乎不是這麼簡單，始皇死後，二世即位未久即謂趙高曰：「朕年少，初即位，黔首未集附。先帝巡行郡縣，以示彊，威服海內。今晏然不巡行，即見弱，毋以臣畜天下。」〔註 56〕可見「示彊，威服海內」乃是秦始皇巡遊的首要目的，而東巡四次三次達於齊魯，更有甚者，始皇三十五年，「於是立石東海上朐界中，以爲秦東門。」〔註 57〕足見其對於東向傳統地軸之高度重視，這種重視不僅與東向地軸在大平原上的地緣意義相關，亦與齊國在戰國晚期的實際情況相關，齊國富有魚鹽之利，然則自愍王破後即很少預於國際政治，始皇滅齊亦未經歷大的戰事，所以齊國雖滅而勢力猶在，這不能不令始皇高度矚目。

　　而在東部巡遊除了對齊地之重視以外，吳、楚舊地亦是始皇關注的重點，四次東巡兩次達於吳、楚之地，若算上統一前則三次達於是處，亦可謂高度重視，且秦始皇東巡皆有刻石，大抵皆是言及六國國君之苛暴，帝國一統之威強，同時亦有安撫地方、宣明大政的意味，然則細觀刻石文辭內容實有不同之側重。而其中會稽刻石即有如下文辭：「飾省宣義，有子而嫁，倍死不貞。防隔內外，禁止淫泆，男女絜誠。夫爲寄豭，殺之無罪，男秉義程。妻爲逃嫁，子不得母，咸化廉清。大治濯俗，天下承風，蒙被

〔註 54〕《史記‧秦始皇本紀》，北京：中華書局，1959 年，第 260〜265 頁。

〔註 55〕〔英〕崔瑞德、〔美〕費正清主編：《劍橋中國秦漢史》第 1 章「秦國和秦帝國」，北京：中國社會科學出版社，1992 年，第 83 頁。

〔註 56〕《史記‧秦始皇本紀》，北京：中華書局，1959 年，第 267 頁。

〔註 57〕《史記‧秦始皇本紀》，北京：中華書局，1959 年，第 256 頁。

休經。」〔註 58〕表達出對於吳、越舊地民風整肅的意識。早在天下初平之時，丞相王綰即建言注重燕、齊、楚之防守：「丞相綰等言：『諸侯初破，燕、齊、荊地遠，不爲置王，毋以塡之。請立諸子，唯上幸許。』始皇下其議於群臣，群臣皆以爲便。」〔註 59〕群臣之所以皆以爲然不僅是出於對封建制的贊同，也認同應對燕、齊、楚等地須加強防守，燕當匈奴、齊爲東向地軸之所在、楚則不僅關聯於齊且後期之楚亦關聯吳越舊地，皆爲形勢所重，是以以上數處皆爲始皇巡遊之重點。關乎始皇出入關中之關隘可謂不一而足，函谷關、武關、井陘關，而三十二年巡視北邊或自飛狐口入代郡、雁門而抵於九原，足見始皇東巡亦有視察縱向地軸周邊關隘險要的意圖，有意思的是與此同時之罘刻辭裏顯示出始皇開始在東部「墮壞城郭，決通川防，夷去險阻」，其以西馭東的地緣模式已然成型。觀乎始皇的巡遊歷程，其幾乎遍歷全國除卻僻遠的嶺南地區外，竟然不巡遊新地軸上的巴蜀，似乎不好解釋。但是如若從我們前面對巡遊性質的分析來看就不奇怪了，秦始皇五次巡遊不是跟壓服關東初定之地就是與備戰匈奴相關涉，而巴蜀自惠文王時期奪取至此已然一個多世紀，經由數輩秦人的經營理所當然地成爲其後院了，且其關山重險，周邊沒有大的威脅，當國務紛繁之時，自可安枕而暫且不顧。

3.1.3 秦廷對軸線地域的疆理

顧祖禹曰：「天下不能有治而無亂也。繇亂而之治，則州域奠定，而形勢操於一人。繇治而之亂，則州域紛更，而形勢散於天下。蓋有都會焉，有藩服焉，有疆索焉，此州域也，而即一人之形勢也。封域不可恃爲強，城廓不可恃爲固，山溪不可恃爲險，一夫荷戈，群雄角逐，天下各有其形勢，而州域於是乎不可問矣。有大力者出焉，提衡握機，取天下之形勢，而獨決於執掌之中，於以芟除僭僞，削平禍亂，而形勢復定。嗚呼，自生民以來，亂則必歸於治也。其治也，必有所以致之者也。治則必趨於亂也。其亂也，亦必有所以致之者也。時代之因革，視乎州域，州域之乘除，關乎形勢。州域之建置有定，而形勢之變動無方。譬之弈焉，州域其畫方之道也，形勢其布子之法也。譬之治田者焉，州域其疆理之迹也，形勢其墾辟之宜也。布子同而

〔註 58〕《史記·秦始皇本紀》，北京：中華書局，1959 年，第 262 頁。

〔註 59〕《史記·秦始皇本紀》，北京：中華書局，1959 年，第 238 頁。

勝負不同，則存乎奕者之心手而已矣。墾闢同而獲否不同，則存乎田者之材力而已矣。禹迹茫茫，其得失成敗之故，不越於此也。覽者盍亦知其大指焉。」〔註60〕秦朝完成統一之後將郡縣制推行到帝國整體之疆域，其意義深遠。然則秦二世而亡，關於秦代郡縣之記載不甚了了，歷代於此最為聚訟。自乾嘉考證之風興起以來，關於秦郡的爭論不休，錢大昕〔註61〕、姚鼐〔註62〕、全祖望〔註63〕、毛嶽生〔註64〕、黃廷鑒〔註65〕、胡承珙〔註66〕、洪亮吉〔註67〕、王國維〔註68〕、劉師培〔註69〕、譚其驤〔註70〕、辛德勇〔註71〕、后曉榮〔註72〕、徐慕〔註73〕等古今學者均有研究。本書囿於篇幅所限與研究意旨之別，不全面介入關於秦郡的爭議之中，但就相關學者的研究成果說明其於地緣軸線之疆理措置而已。

新地軸之南向巴蜀地區設有漢中郡，巴郡、蜀郡，此地域經秦人一個多

〔註60〕〔清〕顧祖禹：《讀史方輿紀要‧歷代州域形勢紀要序》，賀次君、施和金點校，北京：中華書局，2005 年，第 1 頁。

〔註61〕錢大昕：「秦四十郡辨」、「秦三十六郡考」，《潛研堂文集》卷十六，陳文和主編：《嘉定錢大昕全集》，南京：江蘇古籍出版社，1997 年第 245 頁、第 250 頁。

〔註62〕〔清〕姚鼐：「復談孝廉書」，《惜抱軒全集》卷六，北京：中國書店，1991 年，第 74 頁。

〔註63〕〔清〕全祖望：《漢書地理志稽疑》，《二十五史補編》第一冊，北京：中華書局，1998 年，卷一，1249 頁。

〔註64〕〔清〕毛嶽生：《休復居文集》卷一，收入譚其驤主編：《清人文集地理類彙編》第一冊，杭州：浙江人民出版社，1986 年，第 78 頁。

〔註65〕〔清〕黃廷鑒：《第六弦溪文鈔》卷一，收入譚其驤主編：《清人文集地理類彙編》第一冊，杭州：浙江人民出版社，1986 年，第 82 頁。

〔註66〕〔清〕胡承珙：《求是堂文集》卷一，收入譚其驤主編：《清人文集地理類彙編》第一冊，杭州：浙江人民出版社，1986 年，第 76 頁。

〔註67〕〔清〕洪亮吉：「與錢少詹論地理書一」，《卷施閣文甲集》卷十，劉德權點校：《洪亮吉集》第一冊，北京：中華書局，2008 年，第 208 頁。

〔註68〕王國維：「秦郡考」，《觀堂集林》上冊，石家莊：河北教育出版社，2002 年，第 338 頁。

〔註69〕〔清〕劉師培：「秦四十郡考附秦郡建制沿革考」，《左盦集》卷五，《劉師培全集》，北京：中共中央黨校出版社，1997 年。

〔註70〕譚其驤著：「秦郡新考」、「秦郡界址考」，《長水集》（上），北京：人民出版社，2009 年，第 1 頁、第 13 頁。

〔註71〕辛德勇：「秦始皇三十六郡新考」，《秦漢政區與邊界地理研究》，北京：中華書局，2009 年，第 3 頁。

〔註72〕后曉榮：《秦代政區地理》，北京：社會科學出版，2009 年。

〔註73〕徐慕：「秦代政區研究」，復旦大學博士學位論文。

世紀的經營已然穩定，譚其驤先生對於其界址皆有論定〔註74〕，不論。關中內史之西爲隴西郡，北向自西而東曰北地、上郡，黃河以北爲九原〔註75〕、雲中，皆承繼趙郡，蒙恬渡黃河略地後新拓之地當屬九原，大抵於今山西境內置爲河東、上黨、太原、雁門、代郡五郡，舊地軸之樞紐地帶南陽爲南陽郡。以上各郡設置，譚其驤、辛德勇、后曉榮、徐慕等學者基本一致。大要言之，秦朝在新地軸之上之疆理除卻新秦中之外，沒有太多的分歧，於舊地軸北向亦無不同意見，其主要爭議集中在東向地軸齊國舊域與南向地軸之黔中郡上。河南地的分割及其是否設郡關係到上郡、北地和九原的疆界劃分，在這個問題上各家意見卻不太一致。史念海先生撰《新秦中考》一文，他系統考證了新秦中與河南地之間的位置關聯，對譚其驤及楊守敬的地圖劃分提出質疑，他說：「秦時的河南地應是在陰山之下的黃河以南，其南直抵秦昭王的長城。……可是楊守敬的《前漢地理圖》及譚季龍（其驤）先生主編的《中國歷史地圖集》第二冊《西漢并州、朔方刺史部圖》卻皆以新秦中就在朔方郡，這顯然是和實際不相符合的。」〔註76〕史先生所論雖是漢事，然則河南地於武帝元朔二年收復前的形勢與蒙恬奪取河南地之前的形勢大抵一致，亦可證秦代關於此地之疆理情況，史先生的意見不過是劃分的地域的差異問題，他並未直接提出在河南地單獨設郡之說。而后曉榮在明確提出了新秦中

〔註74〕譚其驤：「秦郡界址考」，《長水集》上，北京：人民出版社，2009 年，第 13 頁。

〔註75〕九原郡是否屬於秦郡、其置於何年史家有不同意見，王國維斷其始置於始皇三十三年取河南地而北渡黃河之後，其曰：「此三十四縣者，優足以置一大郡，以地理準之，實即九原郡之地。」見氏撰：「秦郡考」，《觀堂集林》，石家莊：河北教育出版社，2002 年，第 340 頁。全祖望云：「《匈奴傳》趙有雁門、代郡、雲中三郡以備胡，而九原特雲中之北界，未置郡也。始皇三十五年以前，其於邊郡多仍前之舊，不聞增設。三十三年，蒙恬闢河南地四十餘縣，蓋以此四十餘縣置九原。」見氏著：《漢書地理志稽疑》，《二十五史補編》第 1 冊，北京：中華書局，1998 年，第 1249 頁。辛德勇先生以張家山漢簡史料考論曰：「在秦始皇出兵收取『河南地』之前以及秦末至漢武帝元朔二年之間，秦漢兩朝在這一地區是以陰山亦即今烏拉山、大青山腳下的趙武靈王長城爲邊界防線，並沒有進入河套以內，張家山漢簡《二年律令‧秩律》所示漢初邊界，可以清楚說明這一點。可是，在這種情況下，九原郡在漢初卻依然存在，顯而易見，九原郡的存在，並不直接依賴於河套地區的得失。」見氏撰：「秦始皇三十六郡新考」，《秦漢政區與邊界地理研究》，北京：中華書局，2009 年，第 51 頁。

〔註76〕史念海：「新秦中考」，《河山集五集》，太原：山西人民出版社，1991 年，第 100 頁。

郡之說，其曰：「其（新秦中郡）南界應以秦昭襄王所修長城為界，分別與秦北地郡、上郡為鄰，東界與秦九原郡接壤。其範圍基本包括甘肅北、寧夏大部和內蒙古河套地區。郡治不詳。」〔註77〕觀乎周振鶴、辛德勇、徐慕等學者皆無此說，可見歷史地理學界的主流仍從譚其驤之說，只不過是河南地劃分問題上存在不同的見解而已。而關於齊魯故地的疆理則有一個漸進的認識過程，王國維對於齊地設郡早有質疑：「今以秦四十二郡還之六國，則除六郡為秦故地，楚得其八，趙亦如之，燕得其五，韓、魏共得七。齊得其二。夫齊地之大，雖不若楚、趙，以視韓、魏，顧將倍之。且負海饒富，非楚、趙邊地之比也。今舉全齊之地，僅置二郡，其不可解一也。」〔註78〕對於王國維先生的這一質疑，譚其驤先生通過考證給以答案：「齊分濟北，琅邪分膠東，齊七十餘城，分隸四郡，平均郡得十餘縣，秦之疆理齊土，已可得其平。」〔註79〕辛德勇先生大抵從譚其驤先生之說〔註80〕，后曉榮則有不同之意見，他說：「秦滅齊後，在齊地初設置齊郡和琅邪郡，後析置七郡。此七郡範圍即相當於漢初高帝六年封子肥為齊王地，有臨淄、濟北、博陽、城陽、膠東、膠西、琅邪七郡。」〔註81〕徐慕則認為：「秦代末年位於齊國故地的郡很可能是五個，即臨菑、濟北、即墨、琅邪、薛郡。」〔註82〕但其同時因對城陽郡設置尚存疑惑而對於齊地五郡說又持有保留〔註83〕。概括而言，對於齊地疆理的主流意見介入四郡和五郡之間，尚有待出土材料進一步的證實，但是透過既有的研究成果可以窺見秦國在統一六國後對於東向地軸齊國故地這一戰略重地是進行了必要的分割的，這與其東巡中一再君臨齊地似乎可以互相印證其有強化控馭東向地軸的地緣戰略考慮。

秦國滅楚之後其地緣政治結構的一大改變就是將傳統的縱向舊地軸向南部拓展至於楚國舊有的巫郡、黔中郡，譚其驤先生對於黔中郡之界址亦有論

〔註77〕后曉榮：《秦代政區地理》，北京：社會科學文獻出版社，2009年，第182頁。

〔註78〕王國維：「秦郡考」，《觀堂集林》，石家莊：河北教育出版社，2002年，第341頁。

〔註79〕譚其驤：「秦郡新考」，《長水集》（上），北京：人民出版社，2009年，第10頁。

〔註80〕辛德勇：「秦始皇三十六郡新考」，《秦漢政區與邊界地理研究》，北京：中華書局，2009年，第87頁插圖。

〔註81〕后曉榮：《秦代政區地理》，北京：社會科學文獻出版社，2009年，第278頁。

〔註82〕徐慕：「秦代政區研究」，復旦大學博士學位論文，第72頁。

〔註83〕徐慕：「秦代政區研究」，復旦大學博士學位論文，第73～74頁。

斷〔註84〕，本來沒有太多爭議，但是隨著 2002 年湖南里耶出土的秦簡中出現的洞庭、蒼梧二郡之名〔註 85〕，對於舊有關於黔中郡的論斷形成強烈的衝擊，學者紛紛撰文參與這一地區疆理的討論。陳偉先生的意見是：「秦始皇二十五年將原黔中郡一分為二後，西部一部沒有沿用黔中舊名，而是改稱『洞庭郡』；東南一部則稱作『蒼梧郡』，後世以『長沙郡』稱之，大概是採用漢人的習慣。」〔註86〕趙炳清認為「洞庭郡郡域的範圍可以大致推定為湘江中下游區、湘東北地區、沅水流域和澧水流域區及重慶烏江流域部分地區。」〔註 87〕周振鶴先生的意見則是：「待到楚國徹底滅亡的翌年，秦始皇分天下為三十六郡，將楚國原來設置的巫郡與黔中郡罷去，使巫郡東部屬南郡，西部屬巴郡，黔中東部屬洞庭郡，西部亦屬巴郡，大致形成與自然地理背景相符合的態勢。」〔註88〕概括起來陳偉先生與趙炳清的意見大體一致，也就是洞庭與蒼梧屬於南北布局，而周振鶴先生則認為其大抵是東西布局，周先生認為這與湘東西因雪峰山縱貫其中相關，而秦代疆理基本上是採取的是山川形便的原則〔註89〕。周先生的說法大體符合秦代疆域行政區分的特點，較為可信。周先生對於洞庭郡將西向的部分歸為巴郡之說，辛德勇先生有深入的論述，他說：「將烏江流域劃歸巴郡以後，巴郡與黔中之間，便能夠以烏江同澧水、沅江之間的分水嶺作為天然的界限和屏障，將『關中』區域與東部其他地區，隔絕開來，在地理空間上形成完整的封閉體系。……秦廷這次對黔中郡轄界所做的調整，並非只損不益，其郡名改稱洞庭，就與新增益的轄

〔註84〕　譚其驤謂之其「北接漢中，有峽江兩岸及清江流域之地。」見氏撰：「秦郡界址考」，《長水集》（上），北京：人民出版社，2009 年，第 20 頁。

〔註85〕　J1（16）6 簡正面：「廿七年二月丙子朔庚寅，洞庭守禮謂縣嗇夫、卒史嘉、叚（假）卒史谷、蜀尉：令曰：『傳送委（第 1 行）輸，必先悉行城旦舂、隸臣妾、居貲贖責（債）。急事不可留，乃興徭。』今洞庭兵輸內史及巴、（第 2 行）南郡、蒼梧，輸甲兵當傳者多。節（即）傳之，必先悉行乘城卒、隸臣妾、城旦舂、鬼薪白粲、居（第 3 行）貲贖責（債）、司寇、隱官、踐更縣者。……」見王煥林：《里耶秦簡校詁》，北京：中國文物出版社，2007 年，第 112 頁。

〔註86〕　陳偉：「秦蒼梧、洞庭二郡芻論」，《歷史研究》，2003 年第 5 期，第 172 頁。

〔註87〕　趙炳清：「秦洞庭郡略論」，《江漢考古》，2005 年第 2 期，第 77 頁。

〔註88〕　周振鶴：「秦代洞庭、蒼梧兩郡懸想」，《復旦學報（社會科學版）》，2005 年第 5 期，第 67 頁。

〔註89〕　周振鶴、李曉傑稱：「秦始皇統一海內之後，分天下為三十六郡，也以山川作為政區劃界的基本依據。」見周振鶴主編，周振鶴、李曉傑：《中國行政區劃通史·總論、先秦卷》，上海：復旦大學出版社，2009 年，第 88 頁。

界有關。」〔註90〕徐慕則承繼乃師之觀點而對洞庭、蒼梧二郡展開論述，但由於相家巷封泥有「巫黔右工」、「巫黔□邸」等字樣，是以其對於秦曾置巫黔郡表示肯定，但又因里耶秦簡之故，是以其解釋爲巫黔郡乃是秦初滅楚的權宜之計〔註91〕，此說似可兼顧二者。而后曉榮則取巫黔郡、洞庭郡並存的觀點〔註92〕。從上述學者的研究成果來看，秦始皇統一之後對於南向疆域作了有利於控馭東方的調整，而洞庭郡的變遷則反映了縱向舊地軸南展之後的疆理趨勢。

而對於秦人東出的正門的昔日韓、魏之地亦是作了一番處置，此地置爲三川郡、潁川郡、河內郡〔註93〕，以控扼東出要津而夾輔於黃河兩岸。這種處置即是爲了斷絕了韓魏負險再起的可能，是以秦漢之際六國後復起之後而韓、魏二國尤其是韓國實力弱小不堪，可謂與秦人的地緣處置不無關聯。大要言之，秦代的疆理本著拱衛以新舊地軸爲主體的地緣格局，於東方則對諸侯要地實行肢解，並輔之以巡遊、決通川防、毀壞險阻的手段而起到以東馭西、控馭全國的目的。

3.1.4 地緣軸線之南展與南伐百越

始皇三十三年南伐百越成爲秦代地緣政治活動的一件大事，至此秦代的地緣擴張到達了農耕文明的絕大部分地區，也奠定了中國幾千年的疆域基礎。這件事也成爲後世詬病於秦的口實，後世多以此舉乃秦始皇好大喜功之所爲，並將此事作爲秦亡的原因之一。主父偃曰：「欲肆威海外，乃使蒙恬將兵以北攻胡，闢地進境，戍於北河，蜚芻輓粟以隨其後。又使尉屠睢將樓船之士南攻百越，使監祿鑿渠運糧，深入越，越人遁逃。曠日持久，糧食絕乏，越人擊之，秦兵大敗。秦乃使尉佗將卒以戍越。當是時，秦禍北構於胡，南掛於越，宿兵無用之地，進而不得退。行十餘年，丁男被甲，丁女轉輸，苦不聊生，自經於道樹，死者相望。及秦皇帝崩，天下大叛。陳勝、吳廣舉陳，

〔註90〕辛德勇：「秦始皇三十六郡新考」，《秦漢政區與邊界地理研究》，北京：中華書局，2009年，第78頁。

〔註91〕徐慕：「秦代政區研究」，復旦大學博士學位論文，第53頁。

〔註92〕后曉榮：《秦代政區地理》，北京：社會科學文獻出版社，2009年，第424～429頁。

〔註93〕詳見譚其驤：「秦郡新考」，「秦郡界址考」《長水集》（上），北京：人民出版社，2009年，第10頁、第14～15頁。

武臣、張耳舉趙，項梁舉吳，田儋舉齊，景駒舉郢，周市舉魏，韓廣舉燕，窮山通谷豪士並起，不可勝載也。然皆非公侯之後，非長官之吏也。無尺寸之勢，起閭巷，杖棘矜，應時而皆動，不謀而俱起，不約而同會，壞長地進，至於霸王，時教使然也。秦貴爲天子，富有天下，滅世絕祀者，窮兵之禍也。故周失之弱，秦失之彊，不變之患也。」〔註94〕乍聞之，是論似乎頗爲有理，但是如前所論，我們放到秦代關於南向地軸的擘劃格局下觀察，則是論可謂不知兵要之管見。

秦始皇究竟何時經略嶺南百越地區，《史記》記載並不清晰，關於略定嶺南之事《秦始皇本紀》載曰：「三十三年，發諸嘗逋亡人、贅婿、賈人略取陸梁地，爲桂林、象郡、南海，以適遣戍。」〔註95〕後世多以始皇經略百越地區在始皇三十三年，但是梳理戰國末年秦國用兵於楚、越故地的情況就發現一些新的線索。「二十五年，……王翦遂定荊江南地；降越君，置會稽郡。」〔註96〕關於「江南地」的界定，《正義》釋曰：「言王翦遂平定楚及江南地，降越君，置爲會稽郡。」〔註97〕而江南地之範圍依然沒有明晰，《貨殖列傳》曰：「衡山、九江、江南、豫章、長沙，是南楚也，其俗大類西楚。郢之後徙壽春，亦一都會也。而合肥受南北潮，皮革、鮑、木輸會也。與閩中、干越雜俗，故南楚好辭，巧說少信。江南卑濕，丈夫早夭。多竹木。豫章出黃金，長沙出連、錫，然堇堇物之所有，取之不足以更費。九疑、蒼梧以南至儋耳者，與江南大同俗，而楊越多焉。番禺亦其一都會也，珠璣、犀、瑇瑁、果、布之湊。」〔註98〕徐廣曰：「高帝所置，江南者，丹陽也，秦置爲鄣郡，武帝改名爲丹陽。」〔註99〕而《正義》駁曰：「徐說非。秦置鄣郡在湖州長城縣西南八十里，鄣郡故城是也。漢改爲丹陽郡，徙郡宛陵，今宣州地也。上言吳有章山之銅，明是東楚之地。此言大江之南豫章長沙二郡，南楚之地耳。徐、裴以爲江南丹陽郡屬南楚，誤之甚耳。」〔註100〕從《史記》明言的三楚地域劃分來看，《正義》所駁當然是正確的，但是遺憾的是其亦未指出江南究竟的地域範圍。從這則史料來看，江南與衡山、九江、豫章、長沙並列而謂之「是

〔註94〕《史記·平津侯主父偃列傳》，北京：中華書局，1959年，第2954頁。
〔註95〕《史記·秦始皇本紀》，北京：中華書局，1959年，第253頁。
〔註96〕《史記·秦始皇本紀》，北京：中華書局，1959年，第234頁。
〔註97〕《史記·秦始皇本紀》，北京：中華書局，1959年，第235頁。
〔註98〕《史記·貨殖列傳》，北京：中華書局，1959年，第3268頁。
〔註99〕《史記·貨殖列傳》，北京：中華書局，1959年，第3268頁。
〔註100〕《史記·貨殖列傳》，北京：中華書局，1959年，第3268頁。

南楚也」，可見其爲楚國的一部分〔註101〕；而後面又說「江南卑濕，丈夫早夭。多竹木。」其後緊承之豫章、長沙皆論其物產，可見這裡的江南與上同，其地域範圍應該不大，大抵與豫章、長沙相彷彿。而其後又說「九疑、蒼梧以南至儋耳者，與江南大同俗，而楊越多焉。」那麼九疑、蒼梧以南成爲一個分界線，這個界限南北的差異只是「楊越多」之別，其風俗卻沒有大的差異。那麼就有一個問題，此處論及九疑、蒼梧以南依然關聯著「江南」，而前論及南楚物產卻不論此二地，這就使得「江南」隱然有包含二地的意味。如果這個推論成立，那麼江南就有廣義和狹義之別。而前面徐廣之說不能成立，而司馬遷又圈定了西楚的地理範圍：「夫自淮北沛、陳、汝南、南郡，此西楚也。」〔註102〕那麼這個狹義的江南也就只能指這兩個地區了，但是這也有一個費解的問題，那就是既然名之以「江南」二字，必然去「江」未遠，而江在古代乃特指，這就令這個問題不好解釋了。王子今先生說：「司馬遷謂『江南』指代的區域，並不如後世人所謂『江南』那樣廣闊。」〔註103〕但其亦未指明其具體範圍。通過這種分析，那麼「王翦遂定荊江南地」就只能理解爲平定楚國江南之地，而非楚及江南地。這樣才能在地理上好理解其繼之以「降越君，置會稽郡」之事。但是問題並未終結，《王翦傳》卻又曰：「歲餘，虜荊王負芻，竟平荊地爲郡縣。因南征百越之君。」〔註104〕這就說明王翦在平定楚地而降服越君置會稽郡之後又有一次對百越地區的用兵，錢大昕以此條史料與《南越列傳》中的「與越雜處十三歲」〔註105〕而得出結論「則二十六年分三十六郡正當有南海三郡矣。」〔註106〕然則「征」是否就是「征服」呢？辛德勇先生細緻分析了錢氏所持的第二條史料，認爲該段史料從整體上看乃是「依照西漢王朝的視點而展開敘述的，」並推斷出「其『與越人雜處十三歲』云云，正應該是由設置嶺南三郡的秦始皇三十三年，下延至劉邦『定天下』的漢高祖五年。」〔註107〕但是《秦始皇本紀》裏另外兩則史料卻又增加了新的

〔註101〕王子今先生認爲「其區域範圍或相當於郡。」見氏著：《秦漢區域文化研究》，成都：四川人民出版社，1998年，第95頁。

〔註102〕《史記·貨殖列傳》，北京：中華書局，1959年，第3267頁。

〔註103〕王子今：《秦漢區域文化研究》，成都：四川人民出版社，1998年，第96頁。

〔註104〕《史記·白起王翦列傳》，北京：中華書局，1959年，第2341頁。

〔註105〕《史記·南越列傳》，北京：中華書局，1959年，第2967頁。

〔註106〕錢大昕：「答談階平書」，《潛研堂文集》，陳文和主編：《嘉定錢大昕全集》，南京：江蘇古籍出版社，1997年，卷三十五，第599頁。

〔註107〕辛德勇：「秦始皇三十六郡新考」，《秦漢政區與邊界地理研究》，北京：中華書局，2009年，第33頁。

疑問：一則是論及始皇二十六年的疆域曰：「地東至海暨朝鮮，西至臨洮、羌中，南至北鄉戶，北據河爲塞，并陰山至遼東。」〔註108〕二則是始皇二十八年琅琊刻石亦云：「西涉流沙，南盡北戶。」〔註109〕《集解》注曰：「《吳都賦》曰：『開北戶以向日。』劉達曰：日南之北戶，猶日北之南戶也。」〔註110〕關於「北向戶」辛德勇先生有詳盡的論述〔註111〕，他指出：「所謂的『北向戶』，不過是中原人因罕見門戶有北向者而將其視爲怪異，並片面地以此來概括當地的建築特點。」〔註112〕辛先生的結論可備一說。但是「北向戶」兩度載入《秦始皇本紀》足見其應當是大面積存在的較爲普遍的現象，絕非個別情況，然則史料缺載，無法確知。設若北向戶之稱謂與北回歸線附近地區無涉，秦人在未入南嶺之前其拓地已然深入其近處，緣何見其指稱於史冊？

論及「議帝號」時御史所稱引之功績皆爲平定六國之事，並無對四夷的地區武功的敘述；且司馬遷很清楚地指出斯時乃是「秦初併天下。」〔註113〕而在北逐匈奴，南定百越的次年，秦始皇大宴群臣於咸陽宮，周青臣稱頌始皇曰：「平定海內，放逐蠻夷，日月所照，莫不賓服。」〔註114〕那麼王翦當時的「征百越」究竟是一個什麼樣的狀況呢？關於秦人用兵於嶺南的記述，《淮南子·人間訓》最爲詳細，其曰：「乃使尉屠睢，發卒五十萬，爲五軍，一軍塞鐔城之嶺，一軍守九疑之塞，一軍出番禺之都，一軍守南野之界，一軍接餘干之水，三年不解甲弛弩，使監祿無以轉餉，又以卒鑿渠而通糧道，以與越人戰，殺西嘔君譯籲宋。而越人皆入叢薄中，與禽獸處，莫肯爲秦虜。相置桀駿以爲將，而夜攻秦人，大破之。殺尉屠睢，伏屍流血數十萬，乃發謫戍以備之。當此之時，男子不得修農畝，婦人不得剡麻考縷，羸弱服格於道，大夫箕會於衢，病者不得養，死者不得葬。」〔註115〕關於這段史料蒙文通先生的解讀是：「西嘔及西甌也。鐔城在今湖南黔陽，九疑在今湖南寧遠，番

〔註108〕《史記·秦始皇本紀》，北京：中華書局，1959年，第239頁。

〔註109〕《史記·秦始皇本紀》，北京：中華書局，1959年，第245頁。

〔註110〕《史記·秦始皇本紀》，北京：中華書局，1959年，第241頁。

〔註111〕辛德勇：「秦始皇三十六郡新考」，《秦漢政區與邊界地理研究》，北京：中華書局，2009年，第28～30頁。

〔註112〕辛德勇：「秦始皇三十六郡新考」，《秦漢政區與邊界地理研究》，北京：中華書局，2009年，第29頁。

〔註113〕《史記·秦始皇本紀》，北京：中華書局，1959年，第235頁。

〔註114〕《史記·秦始皇本紀》，北京：中華書局，1959年，第254頁。

〔註115〕何寧：《淮南子集釋·人間訓》，北京：中華書局，1998年，卷十八，第1289～1291頁。

番禺爲今廣州，南野在今江西南康，餘干水即江西信江。以圖案之，秦皇所發五軍：『結餘干之水』者，所向爲閩中；『守南野之界』、『處番禺之都』者，所向爲南海，且既以『處』言之，則番禺已爲秦軍所取，當已無戰事。『塞鐔城之嶺』、『守九疑之塞』者，則所向爲西甌。西嘔君死於此役，是當爲戰爭激烈之地。」〔註116〕而辛德勇先生則有不同的理解，他認爲「番禺之都」「具體應指番禺北面稍偏西方向的越人北界。」〔註117〕辛先生則相應地認爲秦人的這次用兵「與其說是突入越地的征伐，毋寧說是試圖以強大的武力來清除或剿服邊鄙地區的越人，明確劃定雙方的界限。」〔註118〕權衡兩種意見，加之秦皇發兵五十萬的規模來看幾乎近於滅強楚的傾國之兵〔註119〕，蒙文通先生所論的秦人一度深入腹地應該是較爲可信的，這說明秦人是有一舉攻佔這一地區的戰略意圖的。而辛先生也指出秦人對於洞庭、蒼梧二郡的疆理「同樣與對嶺南的戰事有關。」〔註120〕不僅如此，秦人對於從南向地軸側翼向嶺南伸展的努力亦有別的證據，《西南夷列傳》載：「秦時常頗略通五尺道，諸此國頗置吏焉。十餘歲，秦滅。」〔註121〕《正義》引《括地志》云：「五尺道在郎州。」郎州即今遵義一帶，而從「諸此國頗置吏焉」來看，秦人在此地區依然有了有效的行政管理，其南向的戰略意圖可見於一斑，而其「十餘歲，秦滅」的時間來看，其大抵與進軍南嶺相彷彿。

而從另外一個方向觀之，閩中郡南鄰南海三郡，在地緣上關聯甚密，《淮南子·人間訓》所謂的五路大軍，其兩路是指向閩中的，蒙文通先生前有所論。這就涉及到閩中置郡的年代問題了，關於閩中置郡之事，《東越列傳》載：「閩越王無諸及越東海王搖者，其先皆越王句踐之後也，姓騶氏。秦已併天下，皆廢爲君長，以其地爲閩中郡。」〔註122〕並未注明其年代，但是

〔註116〕蒙文通著：《越史叢考·駱越與西甌》第83頁，人民出版社1983年。

〔註117〕辛德勇：「秦始皇三十六郡新考」，《秦漢政區與邊界地理研究》，北京：中華書局，2009年，第76頁。

〔註118〕辛德勇：「秦始皇三十六郡新考」，《秦漢政區與邊界地理研究》，北京：中華書局，2009年，第76頁。

〔註119〕辛德勇先生認爲五十萬大軍乃是滅楚損耗之後的數字，見氏撰：「秦始皇三十六郡新考」，《秦漢政區與邊界地理研究》，北京：中華書局，2009年，第75頁。

〔註120〕辛德勇：「秦始皇三十六郡新考」，《秦漢政區與邊界地理研究》，北京：中華書局，2009年，第77頁。

〔註121〕《史記·西南夷列傳》，北京：中華書局，1959年，第2993頁。

〔註122〕《史記·東越列傳》，北京：中華書局，1959年，第2979頁。

透過秦人在是處的處置似乎可以發現一些信息。關於越人爲楚所破之後的情形，《越王句踐世家》載：「於是越遂釋齊而伐楚。楚威王興兵而伐之，大敗越，殺王無彊，盡取故吳地至浙江，北破齊於徐州。而越以此散，諸族子爭立，或爲王，或爲君，濱於江南海上，服朝於楚。」〔註 123〕這裡的情形是越人由此破散爲多支，大者爲王、小者爲君而「皆朝服於楚。」而《越絕書》更明確地記載爲：「無彊子之侯，竊自立爲君長。……之侯以下微弱，稱君長。」〔註 124〕觀察秦在閩中的處置頗爲可疑，既然其已經置郡，爲何又「皆廢爲君長」呢？秦始皇連子弟皆無尺寸之封亦爲時人所論及，又如何能容得異族之君長？若是出於羈縻考慮，當是有非常的情形，這種情形可能即與嶺南的戰事有關，那麼秦人又爲什麼不直接徹底消滅閩中越人呢？這可能與這一地帶的地形有關，福建境內崗阜連綿，其間多狹小盆地，用兵於此往往得不償失。所以嶺南之役，秦出兩軍之一在於備閩中之越，而另一軍則軍於南野之界，即今天的南康市，南康毗鄰南嶺而位於武夷山與南嶺的結合部，其意圖兼有防範閩中越人南下而切斷其聯繫以及在必要時策應其它主攻百越之三軍。如此推測則閩中郡之設立可能在設會稽郡未久，而會稽郡在地緣上近於閩中。當時因嶺南越人近於南向地軸，王翦大軍在定楚降服會稽越君之後隨即南下，辛德勇先生所推測的十萬大軍的損耗或有相當部分留於會稽參與了恩威並施定閩中的行動。這種推測是可以從武帝年間用兵南越的布局得到印證的，「元鼎五年秋，衛尉路博德爲伏波將軍，出桂陽，下湟水；主爵都尉楊僕爲樓船將軍，出豫章，下橫浦；故歸義越侯二人爲戈船、下瀨將軍，出零陵，或下離水，或抵蒼梧；使馳義侯因巴蜀罪人，發夜郎兵，下牂柯江：咸會番禺。」〔註 125〕而此次豫章之軍則可直接參與攻擊而無須防備會稽方向可能之敵，而「發夜郎兵，下牂柯江」則印證了秦人修五尺道的戰略東向即爲南下服越之意圖。

《張家山漢簡・奏讞書》記載了秦始皇二十七年蒼梧之事曰：「御史書以廿七年二月壬辰到南郡守府，……今復之：隼曰：初視事，蒼梧守竈、尉徒唯謂隼：利鄉反，新黔首往擊，去北當捕治者多，皆未得，其事甚害難，恐爲敗。隼視獄留，以問獄史氏，氏曰：蒼梧縣反者，御史恒令南郡復。義等

〔註 123〕《史記・越王句踐世家》，北京：中華書局，1959 年，第 1751 頁。

〔註 124〕張仲清：《越絕書校注・越絕外傳記地傳第十》，北京：國家圖書館出版社 2009年，第 203～204 頁。

〔註 125〕《史記・南越列傳》，北京：中華書局，1959 年，第 2975 頁。

戰死，新黔首恐，操其叚（假）兵匿山中，誘召稍來……令：所取荊新地多群盜，吏所興與群盜遇，去北，以儋乏不鬥律論。（J124-161）」〔註126〕辛德勇先生提出了一個大膽的設想，他認為「尉徒唯」可能就是尉屠睢〔註127〕，那麼這次隼被耐為鬼薪乃是因為斯時越人眾多，罰不勝罰，隼欲實行懷柔之策而觸犯了「不鬥律」之條款，因其爵位在上造，故而減刑為鬼薪。結合《淮南子》與《奏讞書》兩處材料來看，秦人進軍嶺南的戰事是相當殘酷的，屠睢被殺後，秦人可能退回到蒼梧，在南嶺一帶與越人相持。是以三十三年大興師滅百越而謂之以「陸梁」，《索引》釋曰：「謂南方之人，其性陸梁，故曰陸梁。」《正義》曰：「嶺南之人多處山陸，其性強梁，故曰陸梁。」〔註128〕前有所引，太史公謂之「九疑、蒼梧以南至儋耳者，與江南大同俗」，而何以不謂楚人陸梁？三晉亦山處且其山尤險與南嶺，又何以不謂之陸梁？這種陸梁的印象當是秦、越之間第一輪殘酷較量後秦人的深刻記憶。秦人雖佔有此地，亦不敢掉以輕心，不但地移民充實此地，除卻攻佔嶺南的當時之外，「三十四年，適治獄吏不直者，築長城及南越地。」〔註129〕而始皇三十五年「益發讁徙邊」〔註130〕，辛德勇先生亦推測有移民於嶺南的可能〔註131〕。

關於嶺南的地緣形勢，顧祖禹早有所論，「廣東在南服最為完固，地皆沃衍，耕耨以時，魚鹽之饒，市舶之利，資足用也。誠於無事時修完險阻，積穀訓兵，有事則越橫浦以狗豫章，出湟溪以問南郡，東略七閩通揚、越之舟車，西極兩江用僮、僚之弓矢，且也放乎南海，風帆頃刻擊輯江津，揚舲淮渚，無不可為也，豈坐老於重山巨浸之間哉？」〔註132〕是以當秦末之亂，嶺南即自成一體：「至二世時，南海尉任囂病且死，召龍川令趙佗語曰：『聞陳勝等作亂，秦為無道，天下苦之，項羽、劉季、陳勝、吳廣等州郡各共興軍聚眾，虎爭天下，中國擾亂，未知所安，豪傑畔秦相立。南海僻遠，吾恐盜

〔註126〕《張家山漢墓竹簡（釋文修訂本）‧奏讞書》，北京：文物出版社，2006年，第103～104頁。
〔註127〕辛德勇：「秦始皇三十六郡新考」，《秦漢政區與邊界地理研究》，北京：中華書局，2009年，第81頁。
〔註128〕《史記‧秦始皇本紀》，北京：中華書局，1959年，第253頁。
〔註129〕《史記‧秦始皇本紀》，北京：中華書局，1959年，第253頁。
〔註130〕《史記‧秦始皇本紀》，北京：中華書局，1959年，第258頁。
〔註131〕辛德勇：「秦始皇三十六郡新考」，《秦漢政區與邊界地理研究》，北京：中華書局，2009年，第31頁。
〔註132〕〔清〕顧祖禹：《讀史方輿紀要‧廣東方輿紀要敘》，賀次君、施和金點校，北京：中華書局，2005年，第4575頁。

兵侵地至此，吾欲興兵絕新道，自備，待諸侯變，會病甚。且番禺負山險，阻南海，東西數千里，頗有中國人相輔，此亦一州之主也，可以立國。郡中長吏無足與言者，故召公告之。』即被佗書，行南海尉事。囂死，佗即移檄告橫浦、陽山、湟谿關曰：『盜兵且至，急絕道聚兵自守！』因稍以法誅秦所置長吏，以其黨為假守。秦已破滅，佗即擊并桂林、象郡，自立為南越武王。」〔註133〕對於秦漢之際趙佗在嶺南之行事，顧祖禹論曰：「夫佗未嘗一日而忘用兵也。觀其初行尉事，即擊並桂林、象郡，其後地益斥，東西且萬里，使當可乘之時，其遂無意於中國哉？」〔註134〕而斯時趙佗之所以能得志於南服，是與劉邦西斬秦蜀地緣聯合體緊密相關的，南向地軸斷裂而控馭力喪失，劉邦但留意於中原無暇顧及耳，後有詳論，不贅述。

總體觀之，秦始皇自統一中國之後，實現了新舊地軸的合璧，舊地軸以懾服東方，新地軸則為戰略縱深之所寄，二者互為表裏，當帝國新造，關東未服之時，這種以西馭東的地緣格局成為其必然選擇，而其用兵北疆，逐除匈奴而守於陰山之外則固完了北向地軸之形勢，大大有利於關中北向之安全。而隨著地軸之南展，為穩固南維計，其又展開對嶺南地區的征伐，這一南一北兩處之用兵皆與其以西馭東的地緣戰略格局相關。劉安論曰：「禍在備胡而利越也。欲知築修城以備亡，不知築修城之所以亡也。發近戍以備越，而不知難之從中發也。」〔註135〕並謂之以「烏鵲之智」，誠不知兵之謂也。千古一帝豈是浪得虛名？錢穆先生論北魏孝文帝可以為始皇之地緣擘畫作結：「惜乎孝文南遷五年即死，他的抱負未能舒展，鮮卑人追不上他的理想，而變亂由此起。」〔註136〕秦始皇的理想也大大超越了他的人民所能承受的極限，而至於二世之世，才力視界皆遠不可望其項背，建樹未有而奢靡暴戾尤過之，秦祚之絕自是不可遏止。

3.2 秦朝地緣體系的崩潰及其在秦漢之際的變遷

秦始皇所構建的以新舊地軸合璧而成的以西馭東的地緣格局乃是出於新

〔註133〕《史記・南越傳》，北京：中華書局，1959 年，第 2967 頁。
〔註134〕〔清〕顧祖禹：《讀史方輿紀要・廣東方輿紀要敘》，賀次君、施和金點校，北京：中華書局，2005 年，第 4576 頁。
〔註135〕何寧：《淮南子集釋・人間訓》，北京：中華書局，1998 年，卷十八，第 1289～1291 頁。
〔註136〕錢穆：《國史大綱》，北京：商務印書館，2002 年，第 285 頁。

帝國長治久安的未雨綢繆之考慮，但是這種地緣格局的打造在南北兩個方向皆投入重兵防守，加之東方尚未有效銷鑄，反秦勢力猶存，在東部遼闊的疆域之上勢必有不少的佈防。這就大大分散了秦人的軍事力量，尤其是南北的地緣擴張而造成了啞鈴式的中空局面。

3.2.1 陳勝地緣戰略的失敗與關東地緣形勢的發展

　　陳勝初起未暇即以大軍兩路並進直趨關中，其意欲一舉滅秦的戰略意圖至為明顯，而隨著周文與宋留兩路大軍的次第失敗，而吳廣、陳勝也次第身死，章邯統率的秦軍在擊敗周文大軍之後進而揮師進入關東以圖撲滅東方義軍，而由陳勝體系衍生出的力量在六國故地次第展開了復國運動，從而有效地遲滯了秦軍一舉勘定東方的圖謀。從而使得秦末農民起義進入到項氏叔侄主導的第二個階段。

3.2.1.1 陳勝直線路徑的努力與失敗

　　陳勝的庸耕身份早為學者所疑，曾祥文先生的《陳勝新論》〔註137〕一文裏對陳勝的身份做了大量考證，比較令人信服。曾先生認為，陳勝有著士以上身份的標誌——字；起事時陳勝對當時的天下形勢、宮闈密事是瞭如指掌的，這顯然超越了氓隸之人的能力範圍和興趣點；並且陳勝故里陽城曾是楚國貴族麓聚之地；曾先生還認為一個在暴秦壓抑下的雇農是絕對不可能不切實際的做什麼虛空的「鴻鵠」之想的。在太史公的筆下，陳勝身在草澤即是胸懷「鴻鵠之志」，當危難之際又是處變不驚，謀劃深沉，行事果敢，與其貧賤之交相比無異於鶴雞之較。可見陳勝顯然不是什麼庸耕之人。關於這些現象，洪邁也有類似的疑惑：「項氏之起江東，亦矯稱陳王之令而渡江。秦之社稷為墟，誰之力也？且其稱王之初，萬事草創，能從陳餘之言，迎孔子之孫鮒為博士，至尊為太師，所與謀議，皆非庸人崛起者可及，此其志豈小者哉？」〔註138〕陳勝初起之時，以「扶蘇」與「項燕」二人為倡導，對於以「扶蘇」為旗號，呂思勉先生也有疑惑：「案陳涉首事，詐稱公子扶蘇，此已可怪；又稱楚項燕，項燕以立昌平君而死，安得輔扶蘇？又祖右稱大楚；自立為王則號張楚；似舉棋不定，徒為賢者驅除難者。然觀其所遣兵，北攻滎陽，西入

〔註137〕《四川大學學報》，1988 年第 5 期。

〔註138〕〔宋〕洪邁：《容齋隨筆・陳涉不可輕》，孔凡禮點校，北京：中華書局，2005年，卷十四，第 391 頁。

函谷，西南叩武關，非畏儒無方略者可比。」〔註139〕從其斷然誅殺擅立楚王的葛嬰、毅然拒絕張耳與陳餘立六國後的建議、數次令張陳將兵西征諸事，足可見其意圖即是以項燕作爲號召楚人反秦的旗號，而扶蘇則是其暗藏的在合適之時重返大一統帝國皇帝的旗幟〔註140〕。

　　而關於陳勝的地緣戰略，透過散見於《陳涉世家》裏的材料可以清晰展現，其攻佔陳而建立張楚政權未暇，即派吳廣親臨前線，進攻西北方向處於東向地軸之重鎮滎陽，「乃以吳叔爲假王，監諸將以西擊滎陽。」〔註141〕繼而以周文爲將軍，收服各地義軍直接正面衝擊函谷關，「周文，陳之賢人也，嘗爲項燕軍視日，事春申君，自言習兵，陳王與之將軍印，西擊秦。行收兵至關，車千乘，卒數十萬，至戲，軍焉。」〔註142〕而同樣在入陳未幾，亦派大軍衝擊縱向地軸的樞紐南陽，並由此入武關而直指關中，「初，陳王至陳，令銍人宋留將兵定南陽，入武關。」〔註143〕待到周文軍破，田臧殺吳廣而自立，陳勝並未對其予以懲處，而是立刻承認其合法性，「陳王使使賜田臧楚令尹印，使爲上將。」〔註144〕正是這種以主要戰略目標爲務的處置，使得田臧軍能迅速改變在滎陽的膠著局面而攻佔滎陽。而對於主要地緣目標之外的地區，陳勝亦遣兵將四處徇地，但皆兵馬不多，務於收集人馬西向而已。這些縱橫四出的兵將大抵有以下幾支：「蘄下，乃令符離人葛嬰將兵徇蘄以東。」〔註145〕「令陳人武臣、張耳、陳餘徇趙地，令汝陰人鄧宗徇九江郡。」〔註146〕「陽城人鄧說將兵居郟……銍人伍徐將兵居許。」〔註147〕而對於這些四處徇地的將領及各地倉促而起的地方勢力都力圖將其控制在自己掌握的範圍之內，「陳王初立時，陵人秦嘉、銍人董緤、符離人朱雞石、取慮人鄭布、徐人丁疾等皆特起，將兵圍東海守慶於郯。陳王聞，乃使武平君畔爲將軍，監郯下軍。」〔註148〕葛嬰在不知的情況下立襄疆且獲知陳王已立的情況下主動誅

〔註139〕呂思勉：《秦漢史》，上海：上海古籍出版社，2005年，第26頁。
〔註140〕參見拙文：「從陳勝稱王與以扶蘇、項燕相倡率的關係看秦漢之際封建與大一統之爭」，《秦文化論叢》第十四輯，西安：三秦出版社，2007年，第88～111頁。
〔註141〕《史記·陳涉世家》，北京：中華書局，1959年，第1953頁。
〔註142〕《史記·陳涉世家》，北京：中華書局，1959年，第1954頁。
〔註143〕《史記·陳涉世家》，北京：中華書局，1959年，第1959頁。
〔註144〕《史記·陳涉世家》，北京：中華書局，1959年，第1957頁。
〔註145〕《史記·陳涉世家》，北京：中華書局，1959年，第1952頁。
〔註146〕《史記·陳涉世家》，北京：中華書局，1959年，第1953頁。
〔註147〕《史記·陳涉世家》，北京：中華書局，1959年，第1957頁。
〔註148〕《史記·陳涉世家》，北京：中華書局，1959年，第1957頁。

殺襄彊以自明，加之起事未久正值用人之際陳勝卻斷然誅殺方面大將，不能說不是折射出陳勝對於另立山頭的深切忌諱。但是這種情況在逐漸發生變化，雖則陳勝的主攻方向直指關中，而各地將領勢力的迅猛發展，他們擺脫陳勝限制的趨勢日漸明顯，「武臣到邯鄲，自立爲趙王，陳餘爲大將軍，張耳、召騷爲左右丞相。陳王怒，補繫武臣等家室，欲誅之。柱國曰：『秦未亡而誅趙王將相家屬，此生一秦也。不如因而立之。』陳王乃遣使者賀趙，而徙繫武臣等家屬宮中，而封耳子張敖爲成都君，趣趙兵亟入關。」〔註149〕面對這種局面，陳勝不得不作出妥協而對現狀作出承認，但以「趣趙兵亟入關」爲務而已。陳勝的地緣戰略的意圖是利用秦人關中兵力空虛的時機直搗咸陽，一舉摧毀秦政權，而在關東則力圖將各支不同的反秦勢力納入自己的控制之下，待到據有關中之後再回頭收拾東方之局面。但是隨著章邯的大軍擊潰了周文、田臧大軍之後，張楚政權主力喪失而情勢逆轉直下，陳勝力圖正面衝擊縱向地軸的直線路徑隨著其兵敗身死而歸於失敗。

3.2.1.2 關東的復國運動與地緣形勢的發展

如前所論，早在陳勝稱王之前，張耳、陳餘即反對其稱王而主張立六國後，「陳涉問此兩人，兩人對曰：『夫秦爲無道，破人國家，滅人社稷，絕人後世，罷百姓之力，盡百姓之財。將軍瞋目張膽，出萬死不顧一生之計，爲天下除殘也。今始至陳而王之，示天下私。原將軍毋王，急引兵而西，遣人立六國後，自爲樹黨，爲秦益敵也。敵多則力分，與眾則兵彊。如此野無交兵，縣無守城，誅暴秦，據咸陽以令諸侯。諸侯亡而得立，以德服之，如此則帝業成矣。今獨王陳，恐天下解也。』」〔註150〕而當陳勝稱王之後，其游說陳勝而得兵三千北徇趙地，「至邯鄲，張耳、陳餘聞周章軍入關，至戲卻；又聞諸將爲陳王徇地，多以讒毀得罪誅，怨陳王不用其筴不以爲將而以爲校尉。乃說武臣曰：『陳王起蘄，至陳而王，非必立六國後。將軍今以三千人下趙數十城，獨介居河北，不王無以填之。且陳王聽讒，還報，恐不脫於禍。又不如立其兄弟；不，即立趙後。將軍毋失時，時間不容息。』武臣乃聽之，遂立爲趙王。以陳餘爲大將軍，張耳爲右丞相，邵騷爲左丞相。」〔註151〕趙得以立國之後，並不熱心於西攻關中，而

〔註149〕《史記・陳涉世家》，北京：中華書局，1959 年，第 1955 頁。
〔註150〕《史記・張耳陳餘列傳》，北京：中華書局，1959 年，第 2573 頁。
〔註151〕《史記・張耳陳餘列傳》，北京：中華書局，1959 年，第 2575～2576 頁。

務於自身的地緣發展，「張耳、陳餘說武臣曰：『王王趙，非楚意，特以計賀王。楚已滅秦，必加兵於趙。原王毋西兵，北徇燕、代，南收河內以自廣。趙南據大河，北有燕、代，楚雖勝秦，必不敢制趙。』趙王以爲然，因不西兵，而使韓廣略燕，李良略常山，張黶略上黨。」〔註152〕在趙國的三支軍隊中，「李良已定常山，還報，趙王復使良略太原。至石邑，秦兵塞井陘，未能前。」〔註153〕而北略燕地的韓廣則又別樹一幟，「燕故貴人豪傑謂韓廣曰：『楚已立王，趙又已立王。燕雖小，亦萬乘之國也，原將軍立爲燕王。』韓廣曰：『廣母在趙，不可。』燕人曰：『趙方西憂秦，南憂楚，其力不能禁我。且以楚之彊，不敢害趙王將相之家，趙獨安敢害將軍之家！』韓廣以爲然，乃自立爲燕王。居數月，趙奉燕王母及家屬歸之燕。」〔註154〕奉陳勝之命徇地的周市略齊而不得後亦在魏地立寧陵君咎爲魏王：「周市北徇地至狄，狄人田儋殺狄令，自立爲齊王，以齊反擊周市。市軍散，還至魏地，欲立魏後故寧陵君咎爲魏王。時咎在陳王所，不得之魏。魏地已定，欲相與立周市爲魏王，周市不肯。使者五反，陳王乃立寧陵君咎爲魏王，遣之國。周市卒爲相。」〔註155〕齊地亦自立爲王下節有專論，不贅述。至此，除了韓無後之外，東方六國故地皆已立王。

陳勝死後，反秦陣營爭奪領導權的鬥爭由此而白熱化，「秦嘉等聞陳王軍破出走，乃立景駒爲楚王，引兵之方與，欲擊秦軍定陶下。使公孫慶使齊王，欲與並力俱進。齊王曰：『聞陳王戰敗，不知其死生，楚安得不請而立王！』公孫慶曰：『齊不請楚而立王，楚何故請齊而立王！且楚首事，當令於天下。』田儋誅殺公孫慶。」〔註156〕時項梁已奪會稽兵，張楚故將召平「矯陳王命，拜梁爲楚王上柱國。」〔註157〕項氏叔姪渡江而西，沿途滙集了陳嬰、黥布、蒲將軍諸軍，聲勢大增，至於擊潰秦嘉之軍後，已然重振張楚的聲勢，薛城之會，范增說項梁曰：「『陳勝敗固當。夫秦滅六國，楚最無罪。自懷王入秦不反，楚人憐之至今，故楚南公曰『楚雖三戶，亡秦必楚』也。今陳勝首事，不立楚後而自立，其勢不長。今君起江東，楚蜂午之將皆爭附君者，以君世

〔註152〕《史記·張耳陳餘列傳》，北京：中華書局，1959年，第2576頁。
〔註153〕《史記·張耳陳餘列傳》，北京：中華書局，1959年，第2577頁。
〔註154〕《史記·陳涉世家》，北京：中華書局，1959年，第1956頁。
〔註155〕《史記·陳涉世家》，北京：中華書局，1959年，第1956頁。
〔註156〕《史記·陳涉世家》，北京：中華書局，1959年，第1959頁。
〔註157〕《史記·項羽本紀》，北京：中華書局，1959年，第298頁。

世楚將，爲能復立楚之後也。』於是項梁然其言，乃求楚懷王孫心民間，爲人牧羊，立以爲楚懷王，從民所望也。陳嬰爲楚上柱國，封五縣，與懷王都盱臺。項梁自號爲武信君。」〔註158〕薛城之會成爲反秦鬥爭的一個重要轉折點，其不但宣告了陳勝的直線路徑的地緣戰略的失敗，更是全面承認了「立六國後」而聯合反秦的基本戰略，項梁立楚懷王之後，在韓地亦立其後，「及項梁之立楚後懷王也，燕、齊、趙、魏皆已前王，唯韓無有後，故立韓諸公子橫陽君成爲韓王，欲以撫定韓故地。」〔註159〕薛城之會的決策與當時列國分立的現實以及秦軍勢力依然強大的現實緊密相關，其內在的另外一重原因即是因陳勝以之爲旗幟的「項燕」就是項氏叔侄的先祖，再也沒有可能在張楚與「扶蘇」之間虛與委蛇的現實政治空間有直接關聯。田餘慶先生曾經指出「陳勝未必是心甘情願地接受這種局面。他想獨立地西擊秦，又想阻止六國王室後人（如魏咎）爲王，但畢竟都失敗了。」「陳勝張楚之立，可以說是諸侯舊地皆王的開端，是『興滅國』；項梁立楚懷王，可以說是諸侯後人皆可以興復的標誌，是『繼絕世』。『興滅國，繼絕世』，舊典所載，影響至深。陳勝走一步，項氏再走一步，這兩步連在一起，使一場農民反秦暴政的戰爭無可避免的轉化爲諸侯合縱攻秦。看來這個關鍵時刻，歷史前進並沒有直路可走，非出現『之』字不可。」〔註160〕

項梁立懷王未久即在定陶兵敗身亡，楚國內部的權力鬥爭再次激烈起來，項梁用來作爲暫時政治旗號的楚懷王熊心也不是一個甘於受人擺佈的人物。所以當項梁戰死之後，他馬上利用他的楚王名號作文章了：「楚兵已破於定陶，懷王恐，從盱眙之彭城，並項羽、呂臣軍自將之。以呂臣爲司徒，以其父呂青爲令尹。以沛公爲碭郡長，封爲武安侯，將碭郡兵。」〔註161〕懷王迅速奪取兵權，在人事上作了大幅調整，拉攏擁有軍事實力的陳王舊臣呂臣與聲望近於項羽的劉邦，以分項羽之勢。並將處於洪澤湖後的都城盱眙遷至四面通達的戰略要地彭城，以便及時左右時局。另外，在外交上謀求與齊國的聯合以外抗強秦、內謀項羽。「初，宋義所遇齊使者高陵君顯在楚軍，見楚王曰：『宋義論武信君之軍必敗，居數日，軍果敗。兵未戰而先見敗徵，此

〔註158〕《史記·項羽本紀》，北京：中華書局，1959 年，第 300 頁。

〔註159〕《史記·韓信盧綰列傳》，北京：中華書局，1959 年，第 2631 頁。

〔註160〕田餘慶：「說張楚」，《秦漢魏晉史探微》，北京：中華書局，2006 年，第 27 頁。

〔註161〕《史記·項羽本紀》，北京：中華書局，1959 年，第 304 頁。

可謂知兵矣。』王召宋義與計事而大說之，因置以爲上將軍，項羽爲魯公，爲次將，范增爲末將，救趙。諸別將皆屬宋義，號爲卿子冠軍。」〔註 162〕呂思勉先生指出：「懷王是時，蓋收項氏之權。項梁與齊不合，而舉宋義者適出齊使，蛛絲馬迹，不無可尋。」〔註 163〕宋義上任之後，滯留於安陽四十六日不進，復「乃遣其子宋襄相齊，身送之至無鹽，飲酒高會。」呂先生進而指出：「義之進既由齊使，是時又使子相齊，云與齊謀反楚，誣，云楚結齊共謀項氏，則頗有似矣。」〔註 164〕此論可謂一語中的。然而項羽在楚軍中畢竟擁有深厚的基礎和威望，在危若累卵的關頭，他斷然發動政變殺掉了宋義，重新控制了軍事指揮權。王夫之深刻地指出：「懷王之立，非項氏之意也，范增之說，以爲從民望而已。臣主之名立，而其心不相釋，項氏成而懷王固不能有楚。懷王念此至悉，故一乘項梁之敗而奪上將軍之權以授宋義；義適遇之際而獲懷王之心，故與計事而大悅。非悅其滅秦之計，悅其奪項之計也。宋義壁於安陽而項羽斬之，非憤其救趙之遲，憤其奪己之速也。義之壁安陽而不自進也，非欲乘秦、趙之弊，欲得當以收項羽之兵也；其遣子相齊而送之無鹽也，非不恤士卒之飢寒以自侈，爲懷王樹外援於齊而因以自固也。宋義死，諸將慴然曰『首立楚者將軍家也。』羽之情見矣，義之情亦見矣，懷王之不能終安於項氏，情亦見矣。」〔註 165〕繼而，極富有戰術才能的項羽破釜沉舟，率領楚軍一舉殲滅了秦朝最爲強大的國防軍。孫臏曰：「戰勝而強立，效天下服矣。」〔註 166〕「及楚擊秦，諸將皆從壁上觀。楚戰士無不一以當十，楚兵呼聲動天，諸侯軍無不人人慴恐。於是已破秦軍，項羽召見諸侯將，入轅門，無不膝行而前，莫敢仰視。項羽由是始爲諸侯上將軍，諸侯皆屬焉。」〔註 167〕救趙之戰讓諸侯親眼目睹了項羽的神威和楚軍旺盛的戰鬥力，項羽一躍而成爲反秦陣營的首領。在內外交困的局面之下，章邯也被迫投降了項羽。

〔註162〕《史記・項羽本紀》，北京：中華書局，1959 年，第 304 頁。
〔註163〕呂思勉：《秦漢史》，上海：上海古籍出版社，2005 年，第 30 頁。
〔註164〕呂思勉：《秦漢史》，上海：上海古籍出版社，2005 年，第 31 頁。
〔註165〕〔清〕王夫之：《讀通鑒論・二世》，舒士彥點校，北京：中華書局，1975 年，卷一，第 5～6 頁。
〔註166〕張震澤：《孫臏兵法校理・見威王》，北京：中華書局，1984 年，第 20 頁。
〔註167〕《史記・項羽本紀》，北京：中華書局，1959 年，第 307 頁。

3.2.2 劉邦西征與縱向地軸的瓦解

在派遣宋義、項羽北上救趙的同時，懷王派遣劉邦西征關中，「令沛公西略地入關。與諸將約，先入定關中者王之。」〔註168〕而當項羽在關東與王離大軍苦戰的同時劉邦亦踏上了西征之路。劉邦西征一開始亦打算穿越伊洛平原直趨關中，然則劉邦在正面衝擊關中的努力並不順利，一方面由於斯時章邯大軍猶存，是以當關中門戶的秦軍抵抗尚很激烈，劉邦與秦軍互有勝負：「乃道碭至成陽，與杠里秦軍夾壁，破二軍。楚軍出兵擊王離，大破之。沛公引兵西，遇彭越昌邑，因與俱攻秦軍，戰不利。還至栗，遇剛武侯，奪其軍，可四千餘人，并之。與魏將皇欣、魏申徒武蒲之軍并攻昌邑，昌邑未拔。西過高陽。……食其說沛公襲陳留，得秦積粟。乃以酈食其為廣野君，酈商為將，將陳留兵，與偕攻開封，開封未拔。西與秦將楊熊戰白馬，又戰曲遇東，大破之。楊熊走之滎陽，二世使使者斬以徇。南攻穎陽，屠之。因張良遂略韓地轘轅。」〔註169〕；而另一方面因為懷王有先入關中者王的約定，趙別將司馬卬亦欲入關中而與劉邦爭而王之，「沛公乃北攻平陰，絕河津。」〔註170〕在遏制住司馬卬渡河之後，劉邦轉而南向欲從武關方向打開局面，「南，戰洛陽東，軍不利，還至陽城，收軍中馬騎，與南陽守齮戰犨東，破之。略南陽郡，南陽守齮走，保城守宛。沛公引兵過而西。」〔註171〕當此之時劉邦一心入關中，幾欲置後路於不顧，張良諫曰：「沛公雖欲急入關，秦兵尚眾，距險。今不下宛，宛從後擊，彊秦在前，此危道也。」〔註172〕於是南向攻宛，待到和平收復宛之後，產生了強烈的失範效應，沿途秦軍望風而靡，「引兵西，無不下者。至丹水，高武侯鰓、襄侯王陵降西陵。還攻胡陽，遇番君別將梅鋗，與皆，降析、酈。遣魏人寧昌使秦，使者未來。是時章邯已以軍降項羽於趙矣。」〔註173〕劉邦在軍事進攻的同時，亦積極在秦廷內部用力，試圖使得先入關而王減少阻力而早日實現，「沛公將數萬人已屠武關，使人私於高，高恐二世怒，誅及其身，乃謝病不朝見。」〔註174〕而待到趙高已殺二世，妥協亦

〔註168〕《史記・高祖本紀》，北京：中華書局，1959年，第356頁。
〔註169〕《史記・高祖本紀》，北京：中華書局，1959年，第357～358頁。
〔註170〕《史記・高祖本紀》，北京：中華書局，1959年，第359頁。
〔註171〕《史記・高祖本紀》，北京：中華書局，1959年，第359頁。
〔註172〕《史記・高祖本紀》，北京：中華書局，1959年，第359頁。
〔註173〕《史記・高祖本紀》，北京：中華書局，1959年，第360頁。
〔註174〕《史記・秦始皇本紀》，北京：中華書局，1959年，第275頁。

成爲秦人的需要，「趙高乃悉召諸大臣公子，告以誅二世之狀。曰：『秦故王國，始皇君天下，故稱帝。今六國復自立，秦地益小，乃以空名爲帝，不可。宜爲王如故，便。』立二世之兄子公子嬰爲秦王。」〔註175〕但是此時章邯業已降楚，一方面是劉邦已然距離關中不過一步之遙，而另一方面業已消滅秦軍主力的項羽大軍即將從函谷關正面叩關而入，在這種情勢之下，已不再有與趙高分享關中的必要，是以劉邦故技重施，武攻利誘交相爲用而得以先諸侯而入關：「及趙高已殺二世，使人來，欲約分王關中。沛公以爲詐，乃用張良計，使酈生、陸賈往說秦將，啗以利，因襲攻武關，破之。又與秦軍戰於藍田南，益張疑兵旗幟，諸所過毋得掠鹵，秦人憙，秦軍解，因大破之。又戰其北，大破之。乘勝，遂破之。漢元年十月，沛公兵遂先諸侯至霸上。秦王子嬰素車白馬，繫頸以組，封皇帝璽符節，降軹道旁。」〔註176〕對於趙高欲保存秦王及關中故地的努力，田餘慶先生指出：「但是時勢畢竟已變化了；關東諸王雖然可以承認關中王業，但不等於承認秦的故王，嬴秦宗室或舊人欲求保全王位，已經不可能了。」〔註177〕其不僅不可能爲劉邦所容，亦斷然不會爲仇秦尤甚的項羽所容，是以嬴秦宗室的命運在不久的後來是可想而知的。

在劉邦西征滅秦的過程中，得以順利佔有南陽是個關鍵步驟，如前章所論，南陽不僅是縱向地軸的樞紐，亦然是南北過渡地帶的樞紐，其東出則可望兩淮，西進則可以進佔秦蜀地緣聯合體的鎖鑰關中從而將這一聯合體斷而爲二。張衡《南都賦》稱譽其形勢曰：「爾其地勢，則武關關其西，桐柏揭其東。流滄浪而爲隍，廓方城而爲墉。湯谷湧其後，泲水蕩其胸。推淮引湍，三方是通。」〔註178〕而這一對於關中政權的地緣隱憂在先秦時代並未發生過現實的威脅，但是漢水谷地對於漢中的軍事意義早爲史念海先生所注意到，他說：「這一地區的東部，巴山北麓和漢水兩岸，其間的軍事行動是不亞於巴山各條軍事通道的。」〔註179〕因此值得注意的是在劉邦由南陽而進攻武關的

〔註175〕《史記·秦始皇本紀》，北京：中華書局，1959年，第275頁。
〔註176〕《史記·高祖本紀》，北京：中華書局，1959年，第361～362頁。
〔註177〕田餘慶：「說張楚」，《秦漢魏晉史探微》，北京：中華書局，2006年，第26頁。
〔註178〕費振剛、胡雙寶、宗明華輯校：《全漢賦·南都賦》，北京：北京大學出版社，1997年，第458頁。
〔註179〕史念海：《河山集四集·秦嶺巴山間在歷史上的軍事活動及其戰地》，西安：陝西師範大學出版社，1991年，第296頁。

同時，別遣一軍進攻漢中，「曲周侯酈商者……從攻下宛、穰，定十七縣。別將攻旬關，定漢中。」〔註180〕史料有限，酈商佔領漢中之後的情形不得而知，但是可以肯定的是，其佔領漢中不僅可以在非常之時自關中西部策應劉邦大軍，而且最為重要的是其切斷了關中的戰略大後方與關中本部的聯繫，有效地阻止了巴蜀向關中輸入力量的可能，這在戰略上意義非凡。而從後來的情勢發展來看，項羽在處置諸王分封的問題上封劉邦於巴蜀、漢中，雖則不是最利於劉邦集團的方案，但是這種處置亦不是最壞的方案，因為劉邦有效地控制了漢中即可以在與項羽可能的爭奪中失利之時，退而以之為基地再徐圖進展。在項羽揮師入關之前，劉邦已然成功地切斷了縱向地軸，阻斷了秦人負險再起的可能，而北向地軸的代地業已為趙所據，秦人苦苦經營的地緣屏障至此斷而為三。

3.2.3 項羽分封的地緣意蘊及其政治地圖的崩潰

　　秦漢之際雖則歷時不長，然則這一階段卻是一段新舊激盪的重要時期，不僅舊有的封建觀念猶存，而且封建的觀念在新時代下亦發生了深刻的形變，另一方面，秦始皇所締造的帝國模式也深刻地影響著斯時之觀念。六國的復國運動背後的「興亡繼絕」被視為理所當然，而「王侯將相寧有種乎」的反詰亦在社會底層掀起驚人的波瀾，從劉邦的「大丈夫當如是」到項羽的「彼可取而代之」則反映了實力派對帝國皇帝的嚮往，是以大者望帝、次者望王、又其下者而望侯成為這一時期顯明的特點。項羽的分封對象形色各異正是反映了對於這一時期不同階層、不同人等的一種地緣政治裁置，然則當彼紛紜淆亂之世，宰割天下的裂土之劍當如何裁剪卻是一件頗費思量的難題。項羽的分封方案素為人所詬病，然則多是成王敗寇的昧於大勢之論，鮮有卓識可觀。隨著時代的演進與研究的深入，對於項羽分封是否就是開歷史之倒車的討論已漸沉寂，論者多從項羽之人性、戰略眼光去探究其分封之失，本節即具體探討項羽分封的地緣意蘊及其與軸線格局的關聯，意圖明晰其地緣演繹的真相。

3.2.3.1 項羽分封的地緣意蘊

　　項羽分封是秦漢之際的一件大事，關於項羽分封之前的政治形勢，姚磊有清楚的分析，除了劉、項與隨同入關的諸侯之外，「關外之地盤踞著舊

〔註180〕《史記・樊酈滕灌列傳》，北京：中華書局，1959年，第3660頁。

諸侯和新興勢力，他們有的是秦末起義時期因為貴族的身份被立起來的王，有的是趁亂聚集勢力打下來的地盤。他們有控制以彭城為中心楚地的懷王；盤踞齊地的田榮、田巿；盤踞趙地的趙王歇；盤踞燕地的韓廣；佔據南郡的楚柱國共敖；佔據河內的司馬卬以及在定陶的彭越勢力和南皮的陳餘勢力。」〔註181〕在這種錯綜複雜的情勢之下，一則必須給翹首而望王侯的新貴一個交代，二則必須對舊諸侯一個適當的處置，對於項羽斯時所面臨的一種艱難而複雜的局勢，《義門讀書記》引馮鈍吟語曰「楚兵初起，憂在亡秦，須立六國以樹黨。六國立，則秦已失天下，獨有關中耳。秦已滅，則患在諸侯。盡徙故王王惡地，羽之謀也。此亦有不得已者，但不知桓、文處此當何如耳！」〔註182〕關於項羽分封的具體情形，《項羽本紀》有清晰的記載：「故立沛公為漢王，王巴、蜀、漢中，都南鄭。而三分關中，王秦降將以距塞漢王。項王乃立章邯為雍王，王咸陽以西，都廢丘。長史欣者，故為櫟陽獄掾，嘗有德於項梁；都尉董翳者，本勸章邯降楚。故立司馬欣為塞王，王咸陽以東至河，都櫟陽；立董翳為翟王，王上郡，都高奴。徙魏王豹為西魏王，王河東，都平陽。瑕丘申陽者，張耳嬖臣也，先下河南，迎楚河上，故立申陽為河南王，都洛陽。韓王成因故都，都陽翟。趙將司馬卬定河內，數有功，故立卬為殷王，王河內，都朝歌。徙趙王歇為代王。趙相張耳素賢，又從入關，故立耳為常山王，王趙地，都襄國。當陽君黥布為楚將，常冠軍，故立布為九江王，都六。鄱君吳芮率百越佐諸侯，又從入關，故立芮為衡山王，都邾。義帝柱國共敖將兵擊南郡，功多，因立敖為臨江王，都江陵。徙燕王韓廣為遼東王。燕將臧荼從楚救趙，因從入關，故立荼為燕王，都薊。徙齊王田巿為膠東王。齊將田都從共救趙，因從入關，故立都為齊王，都臨菑。故秦所滅齊王建孫田安，項羽方渡河救趙，田安下濟北數城，引其兵降項羽，故立安為濟北王，都博陽。田榮者，數負項梁，又不肯將兵從楚擊秦，以故不封。成安君陳餘棄將印去，不從入關，然素聞其賢，有功於趙，聞其在南皮，故因環封三縣。番君將梅鋗功多，故封十萬戶侯。項王自立為西楚霸王，王九郡，都彭城。」〔註183〕分封首要的難題即是如何處置劉邦集團，這成為一個風向標而勢必

〔註181〕姚磊：《項羽分封謀略新證》，出自互聯網：
　　　　http://bbs.cqzg.cn/thread-298033-1-1.html
〔註182〕〔清〕何焯：《義門讀書記》，北京：中華書局，1987年，第201頁。
〔註183〕《史記·項羽本紀》，北京：中華書局，1959年，第316～317頁。

爲各種勢力所觀望，而正是如此項羽不得不謹慎，爲此項羽使人再詢懷王，「項王使人致命懷王。懷王曰：『如約。』」〔註184〕懷王與項羽之間既然早已撕破臉面，再無折中之必要，因而斷然堅持前命。在這種情勢之下，項羽確立了以功封王的原則，「項王欲自王，先王諸將相。謂曰：『天下初發難時，假立諸侯後以伐秦。然身被堅執銳首事，暴露於野三年，滅秦定天下者，皆將相諸君與籍之力也。義帝雖無功，故當分其地而王之。』諸將皆曰：『善。』」〔註185〕爲此項羽與范增謀曰：「『巴、蜀道險，秦之遷人皆居蜀。』乃曰：『巴、蜀亦關中地也。』」〔註186〕而斯時漢中已爲劉邦所據，將這支僅次於自己的勢力安排到關東任其發展是不可能的，既兼顧懷王之約，又同時利用巴蜀的險要將項羽的主要競爭者凍結在南向地軸就成爲當時不得不然的一種選擇。而從另一個方面觀察，劉邦入蜀之時燒毀棧道，自有麻痹項羽示其無東歸之心以令項羽放心的意味，而這種舉動當是洞悉了項羽的地緣戰略的用意而作出的一種反映，這就從側面印證了項羽在處置劉邦勢力之時的地緣意味。

但是劉邦畢竟是擁兵十萬的強大勢力，要做到凍結其勢力就必須相應地建立屏障以實現有效的阻擋。項羽將最爲驍勇的章邯放在咸陽以西，以當漢中進入關中的首選通道，又處置其親信司馬欣以攝其後，以防其萬一，且其所王之地控馭函谷關要地，當非常之時可保證項羽及親項羽勢力迅速入關回應。董翳亦是秦人，將其放在陝北，必要時自可及時救援章邯。對於項羽分封關中的舉措，周騁論曰：「這樣一來，在不讓劉邦染指故秦的同時，既可以用秦人治秦，並令其塞堵劉邦出蜀東進之路，又可以爲自己博得公道之名。更重要的是三秦對楚的依附之情，使得這塊眾人垂涎的關中之地實際上成了項羽的囊中之物。須知，章邯三人率軍與天下義軍周旋三年，秦人死難不計其數，最後二十餘萬降卒又被諸侯悉數坑殺，而此三人隻身隨諸侯入秦，秦人定恨之入骨。此三人全仗楚人的扶持才得以立足。可以想見，他們對項羽的依附之情較之於受封的楚國舊屬及從楚入關諸侯有過之而無不及。而他們的存在，儼然是另一楚，這又可使遠離西楚的諸侯國更加聽令於項羽。」〔註187〕除卻這一層意味之外，關中畢竟是自戰國

〔註184〕《史記·項羽本紀》，北京：中華書局，1959年，第315頁。

〔註185〕《史記·項羽本紀》，北京：中華書局，1959年，第316頁。

〔註186〕《史記·項羽本紀》，北京：中華書局，1959年，第316頁。

〔註187〕周騁：「項羽分封新論」，《淮海文匯》，1996年第7期。

以來的形勝之地，項羽以三位故秦之人王故秦之地，一則實現了對這一地區的有效肢解，二則同時利用其皆爲秦人在防止劉邦北向上定能一致對外，可謂匠心獨運。不僅如此，河東之地在春秋戰國之世曾長期令秦人如髖在喉，項羽將魏王豹徙封爲西魏王即亦是令其王故魏之地，項羽還安插與魏王豹關聯甚密的項他爲魏相以控制河東之形勢〔註 188〕。申陽事楚甚力，且地位卑賤，項羽立其爲河南王則必德楚而樂爲之用，從而有效控扼這一橫向地軸上的咽喉之地。而司馬卬曾欲渡河入關而受阻於劉邦，其後其亦隨項羽入關，且其本爲趙將而得以拔擢爲王，在劉、項之間當傾向於項羽無疑。趙國在秦漢之際爲僅次於劉、項與齊國的勢力，對趙國的肢解也勢所必然，趙國得以復國在很大程度上仰仗張耳、陳餘的謀劃運籌，項羽將實權派的張耳封爲常山王，使其居於河北平原之上而不令其據險而染指北向地軸，而將並無實權的趙王歇封於代地。對於東向地軸的齊國則是依法炮製而一分爲三，一則徙田市爲膠東王，二則將親楚的田都、田安皆封王，一則將這一大平原上形勢完固的東向地軸肢解爲三，二則安插親信以左右其形勢。對於當蜀地門戶的南郡則有共敖爲臨江王，都江陵。從其後來受命殺義帝之事來看，其與項羽的關係當非同一般，且到項羽兵敗身死而共敖之子仍拒不投降，更可見其與西楚之關係之密，「初項羽所立臨江王共敖前死，子尉嗣立爲王，不降。遣盧綰、劉賈擊虜尉。」〔註 189〕況且，南郡之東尚有項羽的心腹驍將黥布攝其後，此番處置可謂經營了一張嚴密的地緣包圍網。

而項羽所王九郡並無詳細記載，歷來都有爭議，錢大昕考證爲東海、泗水、會稽、東郡、碭郡、薛郡、東陽、吳郡、鄣郡〔註 190〕；姚鼐則無吳郡而增陳郡、南陽二郡〔註 191〕；全祖望爲東海、泗水、會稽、東郡、碭郡、薛郡、楚郡、南陽、黔中九郡〔註 192〕；劉文淇增郯郡無東海、增潁川而無黔中，餘

〔註 188〕姚磊：《項羽分封謀略新證》，出自互聯網：
　　　　　http://bbs.cqzg.cn/thread-298033-1-1.html
〔註 189〕《漢書・高祖紀》，北京：中華書局，1962 年，第 50 頁。
〔註 190〕〔清〕錢大昕著，方詩銘、周殿傑校點：《廿二史考異》卷六之漢書一高帝紀第 91 頁，上海古籍出版社 2006 年。
〔註 191〕〔清〕姚鼐：「項羽所王九郡考」，《惜抱軒全集》，北京：中國書店，1991 年，卷二，第 19 頁。
〔註 192〕〔清〕全祖望：「漢書地理志稽疑」卷一，《二十五史補編》第一冊，北京：中華書局，1998 年，第 1259～1252 頁。

則同於全祖望〔註193〕。周振鶴在前人考證的基礎上認真回歸秦郡的設置情形考訂出東海、泗水、會稽、東郡、碭郡、薛郡、陳郡、南陽、鄣郡九郡〔註194〕。在項羽所王九郡中以故楚之地為根本，但也涉及到東郡與碭郡二郡，乃東魏之地，而茲後項羽殺韓王而將潁川亦控制於自己手中。這種形勢的安排使得項羽處於東西南北之間的樞紐地位，尤其是處於橫向地軸的中央，於其兩端之齊、秦皆加以肢解，同時坐鎮中央以控馭四方形勢。

總體觀之，項羽的分封對於橫向地軸之齊秦二地皆加以肢解，所不同的是肢解秦則屠殺章邯之二十萬大軍，使其無楚而不能自立，不能令其坐大；因齊在諸國中之勢力僅次於劉、項而為其所顧忌，項羽於齊地則分諸田而制之，而項羽所都之彭城毗鄰於齊，可隨時預於斯地之形勢。對於縱向地軸則將實力有限的趙王歇安排於代地為王，而河東則以魏王豹扼守河津，申陽為河南王阻擋關中之正面，九江、臨江諸王則被視為項羽之戰略後方，同時可以阻擋劉邦在南部的攻擊。項羽分封是新舊勢力的一次大洗牌，諸多碰撞必然是其所預料到的，項羽自立於東向地軸之中央即是為了隨時應對變化之局勢，此之謂項羽分封的地緣意蘊之大概。

3.2.3.2 從陳到彭城重心轉換的地緣原因

從陳勝建立張楚到項羽為西楚霸王，楚地的政治重心由陳到彭城發生了一次轉移，這種轉移始於懷王之時。陳勝初起之時，攻佔陳而以之為都，這中間當有兩重原因，一則陳毗鄰鴻溝，交通便利，為楚國晚期的都城，楚人在此地勢力較大，戰國晚期，秦始皇的兩次東巡除了君臨其少時生活過的邯鄲之外，另一次即是親臨滅楚的前沿郢陳。足見其對此地之重視。陳不僅成為楚復興的精神象徵，甚至成為整個反秦陣營的一面旗幟。是以當陳勝死後，張楚餘部數次復陳為都，第一次是陳勝蒙難之後未暇呂臣即復陳為楚：「陳王故涓人將軍呂臣為倉頭軍，起新陽，攻陳下之，殺莊賈，復以陳為楚。」〔註195〕此後陳復被秦左右校所攻佔，黥布復收之為都：「郡盜當陽君黥布之兵相收，復擊秦左右校，破之青波，復以陳為楚。」〔註196〕而第二個原因則在於陳處於攻秦武關和函谷關的中心點上，坐鎮於陳可以有效指揮各路攻秦大軍，而從張楚政權建立伊始

〔註193〕〔清〕劉文淇：「楚漢諸侯疆域志」，《二十五史補編》第一冊，北京：中華書局，1998年，第123頁。

〔註194〕周振鶴：《西漢政區地理》，北京：人民出版社，1987年，第255～256頁。

〔註195〕《史記·陳涉世家》，北京：中華書局，1959年，第1959頁。

〔註196〕《史記·陳涉世家》，北京：中華書局，1959年，第1960頁。

即發兵函谷關、武關、東北攻滎陽，可見陳勝是銳意攻秦而圖一舉滅之的，正是如此，陳自然成為一個重要的前敵指揮中心。但是，隨著陳勝西征的各路大軍次第失敗與秦軍東向反攻的開始，陳在進攻意義上的優點不復存在，而反倒處於易於受到攻擊的不利地位，是以陳勝沒後，陳數度淪陷。

項氏叔侄渡江而西，楚地兵勢復振，待其立懷王後，「陳嬰為楚上柱國，封五縣，與懷王都盱臺。」〔註197〕當時的盱臺遙在洪澤湖之南，而從項梁大會諸將於薛，而此後其活動皆不在盱臺可知懷王當時所都之地不過是一個政治花瓶而並非實際的政治中心。然則自項梁兵破定陶，楚國內部的情況變得複雜起來，不甘寂寞的懷王開始力圖掌握主動，一方面其拉攏陳勝舊臣呂臣及劉邦、宋義等將領以分項羽之勢，另一方面，懷王所都的盱臺遙在洪澤湖之南，不利於及時預於形勢，因而從盱臺遷都彭城，而遷都彭城在當時的另一重意味則是就齊而尋求奧援。「楚兵已破於定陶，懷王恐，從盱臺之彭城，并項羽、呂臣軍自將之。以呂臣為司徒，以其父呂青為令尹。以沛公為碭郡長，封為武安侯，將碭郡兵。」〔註198〕宋義被懷王立為上將軍，從宋義送子宋襄赴齊為相足見楚聯絡齊國排擠項氏勢力的用心。當然，齊楚彼此關聯對於抗秦圖存也是有利的。隨著項羽分封的塵埃落定，其王九郡奪彭城而都之。關於項羽不都關中而都彭城，歷來為人所詬病。韓信與劉邦論及項羽之失則曰：「項王雖霸天下而臣諸侯，不居關中而都彭城。」〔註199〕太史公亦將項羽都彭城看作是其走向滅亡的原因之一，其曰：「及羽背關懷楚，放逐義帝而自立，怨王侯叛己，難矣。」〔註200〕顏師古云：「背關，背約不王高祖於關中。懷楚，謂思東歸而都彭城。」〔註201〕顧炎武認為顏師古之說「乃背約，非背關也。」〔註202〕亦即捨棄關中四固之險要而都彭城之謂。山河千載不變而時勢歷代不同，是以顧祖禹開篇即論及疆理擘畫之道而曰「州域之建置有定，而形勢之變動無方。」〔註203〕

〔註197〕《史記·項羽本紀》，北京：中華書局，1959年，第300頁。
〔註198〕《史記·項羽本紀》，北京：中華書局，1959年，第304頁。
〔註199〕《史記·淮陰侯列傳》，北京：中華書局，1959年，第2612頁。
〔註200〕《史記·項羽本紀》，北京：中華書局，1959年，第339頁。
〔註201〕《史記·項羽本紀》，北京：中華書局，1959年，第339頁。
〔註202〕〔清〕顧炎武：《日知錄集釋》，〔清〕黃汝成集釋，欒保群、呂宗力校點，石家莊：花山文藝出版社，1990年，卷二十七，第1184頁。
〔註203〕〔清〕顧祖禹：《讀史方輿紀要·歷代州域形勢紀要序》，賀次君、施和金點校，北京：中華書局，2005年，第1頁。

定都之理亦然，單純從形勢而論及都彭城與都關中之優劣，自然彭城有諸多之不及，但是我們看待項羽定都的問題亦當與看待其分封問題一樣，不能將之看作是終究之計，這兩者皆是項羽試圖邁向大一統帝國而不得不行的權宜之計，雖然歷史的發展使得項羽的擘劃的邏輯歸向中道而止，我們無法看見那一副永遠無法打開的歷史畫卷。王子今先生引宋人黃震之論而認為「其實項羽本來就無『爭天下之志』，『從來無統一天下之心』」〔註204〕是不妥的，項羽早在少年之時即有「取而代之」之志，而關於項羽謀求帝業的系列擘畫田餘慶先生在《說張楚》裏亦有精闢論述：「項羽不會自安於稱楚王而長久的與諸侯王並立，不會眼看著業已空出的帝位而毫不動心。所以他除了在分封諸侯王中隱伏心機以外，還有其他一些動作。第一步，他把懷王升格為義帝，以楚帝代替秦帝的法統地位，並就此承認帝業的合法性。他自己暫居西楚霸王，繼續做諸侯的盟主。第二步，他徙義帝於郴而又殺之，這樣就使楚帝名號暫時空懸起來，使自己有靜觀待變、斟酌處理的餘地。第三步，他合乎邏輯的措置是，做好各種善後以後，自己名正言順的登上楚帝的寶座。但是項羽沒有邁開這最後一步，形勢就急遽變化，自己立刻由主動變為被動，做楚帝的機會永遠消失了。」〔註205〕王先生正是認定了項羽無大志方才在其安於歸故鄉上立論而極言彭城地理之優。誠然，彭城之地緣優點歷代皆有論及，顧祖禹在論及徐州府之地緣優劣時多有援引：呂蒙曰：「徐州地勢陸通，驍騎所騁，今日取之，操後旬必來爭。」宋人王玄謨曰：「彭城要兼水陸，其地南屆大淮，左右清、汴，表裏京甸，捍接邊境，城隍峻整，禁衛周固。」南朝陳顧野王曰：「彭城險固，繇來非攻所能拔，且其地形都要，不特捍蔽南國，為必爭之地，而自昔東南用兵，莫不繇此以臨諸夏矣。」宋人陳無己曰：「彭城之地，南守則略河南、山東，北守則瞰淮、泗，故於兵家為攻守要地。」蘇軾曰：「徐州為南北襟要，京東諸郡邑安危所寄也。」〔註206〕概括諸家之論，彭城的地緣形勢特點在於其是南北之衝要，四方交匯之樞紐，為必爭之地，這正是彭城重要性之所在，那麼定都於這麼一個「爭地」之上的原因自不在於其所謂的「險固」，自當有其「必爭」之形勢使然。史念海先生提出了項羽定都彭城是出於經

〔註204〕王子今：「論西楚霸王項羽『都彭城』」，《湖湘論壇》，2010年第5期，第74頁。

〔註205〕田餘慶：「說張楚」，《秦漢魏晉史探微》，北京：中華書局，2004年，第27頁。

〔註206〕以上諸論皆見於〔清〕顧祖禹：《讀史方輿紀要・南直十一》，賀次君、施和金點校，北京：中華書局，2008年，卷二十九，第1388～1389頁。

濟考慮的觀點，他說：「如果僅從經濟上來觀察，項羽的東都彭城，並沒有什麼可以訾議的地方。」〔註207〕但是他又說：「他對於選擇首都，只著眼在經濟的觀點，而沒有想到建國的大計原是多方面的，單解決經濟上的困難是不行的。東南固然富庶，是西北趕不上的。尤其是秦漢之際去戰國未遠，昔日的風流餘韻還未完全泯滅，所以這方面更是重要。項羽和漢高帝雖並起於江淮之間，可是漢高帝出關東征的時候，部下除了若干將帥之外，大部已經換成關隴巴蜀的士卒了。項羽僅就這一方面著眼，終究吃了大虧。」〔註208〕史先生之說且不說前後矛盾，僅就項羽士卒戰鬥力之論就忽略了基本的歷史事實，項羽何以能威服諸侯呢？不正是在於楚軍的勇猛與旺盛的戰鬥力麼？西北士卒之英華者王離大軍不正是慘敗於這關東楚軍麼？而且史先生是論亦是認定了項羽都彭城即為一終極事件而為之找原因附會，這勢必衍生出諸多難以自圓其說的枝蔓來。

　　項羽雖則被後世目為殘暴，但是屠城之事號稱仁厚長者的劉邦在西征中同樣為之，「南攻潁陽，屠之。」〔註209〕項羽的身份與劉邦不同，如何處置秦國後亦必為諸侯所矚目，對此姚磊的解釋是：「殺子嬰，滅秦宗室亦是項羽之戰略。首先，子嬰是秦朝殘餘勢力之代表，作為對秦始皇的反對，大家是不會留下這個代表的。當劉邦想收買關中之人心，留下子嬰，手下曹無傷則言：『沛公欲王關中，使子嬰為相，珍寶盡有之。』如果項羽留下子嬰，恐怕亦會遭到諸侯抵制。再當時宗室的威望號召力強大，六國民心皆向著宗室，並認為立宗室為王就是恢復舊國。項羽封章邯為王，阻擋劉邦，必然要為章邯除此隱患，斷絕秦人復國之念。否則，秦人有死灰復燃之勢，必然影響項羽戰略大計。」〔註210〕且其坑殺章邯大軍亦有其不得不然的理由，章邯有此二十萬大軍於項羽而言自然是芒刺在背，一旦其待時而起後事皆難預料，殺之而章邯就不得不仰仗楚人之支持方能立國。項羽對於關中和齊地皆加以肢解，此舉所將引發的激烈反彈亦必是其預料好的，項羽都彭城正是利用其處於東向地軸衝要的樞紐地位以便對諸方尤其是齊地可能的變故迅即作出反

〔註207〕史念海：「婁敬和漢朝的建都」，《河山集四集》，西安：陝西師範大學出版社，1991年，第371頁。

〔註208〕史念海：「婁敬和漢朝的建都」，《河山集四集》，西安：陝西師範大學出版社，1991年，第372頁。

〔註209〕《史記·高祖本紀》，北京：中華書局，1959年，第358頁。

〔註210〕姚磊：「項羽分封謀略新證」，出自互聯網：
　　　　　http://bbs.cqzg.cn/thread-298033-1-1.html

應，另外項羽自王九郡、定都彭城而處於四戰之地正是仰仗其驍勇強悍的軍隊以作出快速反應。是以其都彭城本身即是爲戰計而非坐守之勢，其地緣擘畫的藍圖就是欲利用這種肢解和裁置加上楚軍的強大的戰力，利用諸侯間對分封的不滿和異動而將其各個擊破，這方是項羽自立於四戰之地的根本原因，也正是西楚霸王睥睨天下的英雄氣概之體現。

3.2.3.3 項羽政治地圖的渙散與關中模式反向演繹的成功

項羽的政治地圖是對新舊勢力的一次大洗牌，這種措置必然會引起激烈的衝突，這種政治地圖的改寫從北部的燕國開始，「臧荼之國，因逐韓廣之遼東，廣弗聽，荼擊殺廣無終，並王其地。」〔註211〕燕國地處北陲，與東方地緣格局一時間關涉不大，且臧荼所驅逐的乃是舊諸侯，因而未見項羽有特別的反應。但是這種改變在漢、齊、趙三大強國之間產生激烈的反響，很快就擴展成一種燎原之勢。田榮對項羽的分封方案大爲不滿，很快就吞併三齊，後有專節論述，不贅述。陳餘亦對項羽的分封憤憤不平，其借力於齊而驅逐張耳重新統一趙國。更嚴重的是西楚最大的對手劉邦開始向關中發動進攻，其在很短的時間內擊敗章邯，並將其包圍於廢丘城內，進而迅速在關中進行拓展，同時劉邦又派遣薛歐、王吸二將與南陽的王陵軍匯合以迎太公、呂后之名在西南作戰略試探：「八月，漢王用韓信之計，從故道還，襲雍王章邯。邯迎擊漢陳倉，雍兵敗，還走；止戰好畤，又復敗，走廢丘。漢王遂定雍地。東至咸陽，引兵圍雍王廢丘，而遣諸將略定隴西、北地、上郡。令將軍薛歐、王吸出武關，因王陵兵南陽，以迎太公、呂后於沛。」〔註212〕對於劉邦在西方的異動，項羽相應地作出了布置：「楚聞之，發兵距之陽夏，不得前。令故吳令鄭昌爲韓王，距漢兵。」〔註213〕項羽此時爲了避免兩線作戰，在作出相關處置之後，迅即加大對齊地用兵的力度，試圖一舉定齊。然則項羽嚴酷的殺戮政策在齊地激起了激烈的反抗，田橫繼起之後一時間難以打開局面，這就給了劉邦一個難得的機會，「二年，漢王東略地，塞王欣、翟王翳、河南王申陽皆降。韓王昌不聽，使韓信擊破之。於是置隴西、北地、上郡、渭南、河上、中地郡；關外置河南郡。更立韓太尉信爲韓王。……三月，漢王從臨晉渡，魏王豹將兵從。下河內，虜殷王，置河內郡。南渡平陰津，至洛陽。

〔註211〕《史記・項羽本紀》，北京：中華書局，1959 年，第 320 頁。
〔註212〕《史記・高祖本紀》，北京：中華書局，1959 年，第 368 頁。
〔註213〕《史記・高祖本紀》，北京：中華書局，1959 年，第 368 頁。

新城三老董公遮說漢王以義帝死故。漢王聞之，袒而大哭。遂爲義帝發喪，臨三日。發使者告諸侯曰：『天下共立義帝，北面事之。今項羽放殺義帝於江南，大逆無道。寡人親爲發喪，諸侯皆縞素。悉發關內兵，收三河士，南浮江漢以下，原從諸侯王擊楚之殺義帝者。』〔註214〕值得注意的是劉邦這次東向擴展在地軸的幾個不同的方向都有舉措，首先是勘定關中，然後是打通當函谷關東出的河南，其次是在北向舊地軸上則是渡臨晉而入河東，自軹道而攻佔河內的司馬卬地盤。而關於「浮江漢以下」《正義》的解釋是：「南收三河士，發關內兵，從雍州入子午道，至漢中，歷漢水而下，從是東行，至徐州，擊楚。」〔註215〕《正義》之謂是以項羽爲終極目標的，但是從劉邦的詔書上看，「擊楚之殺義帝者」是否有指殺義帝的直接執行者的意味呢？而義帝柱國共敖的封國臨江國正好當漢水河谷要衝。雖則此處史料不詳，但漢中地區的直接軍事意義不可低估。

劉邦利用項羽困於齊地的泥潭的有利時機迅速突破了項羽在西線苦心經營的地緣包圍網絡，到漢二年春，劉邦脅迫五諸侯兵五十六萬大軍浩浩蕩蕩只趨徐州，大有一舉滅楚的氣勢。關於五諸侯之說歷來爭議頗多，如淳謂其爲塞、翟、魏、殷、河南；應劭則謂之雍、翟、塞、殷、韓；韋昭則認爲是塞、翟、韓、殷、魏；顏師古認爲五諸侯爲常山、河南、韓、魏、殷。各家之失亦至爲明顯，張耳幾乎隻身逃漢又何來「劫諸侯兵」之說？章邯斯時尚被圍困於廢丘，自不可隨漢攻楚；而趙翼據《項羽本紀》贊所曰「三年遂將五諸侯滅秦」推劉邦所劫五諸侯〔註216〕自是錯訛更甚，辛德勇先生最後考證的結果是「翟、塞、殷、韓、魏」五家〔註217〕，比較可信。面對西部急轉而下的形勢，項羽迅速回擊彭城諸侯軍，「項王聞之，即令諸將擊齊，而自以精兵三萬人南從魯出胡陵。四月，漢皆已入彭城，收其貨寶美人，日置酒高會。項王乃西從蕭，晨擊漢軍而東，至彭城，日中，大破漢軍。漢軍皆走，相隨入谷、泗水，殺漢卒十餘萬人。漢卒皆南走山，楚又追擊至靈壁東睢水上。漢軍卻，爲楚所擠，多殺，漢卒十餘萬人皆入睢水，睢水爲之不流。圍漢王

〔註214〕《史記‧高祖本紀》，北京：中華書局，1959 年，第 370 頁。

〔註215〕《史記‧高祖本紀》，北京：中華書局，1959 年，第 370 頁。

〔註216〕〔清〕趙翼：《陔餘叢考‧楚、漢五諸侯》，欒保群、呂宗力校點，石家莊：河北人民出版社，2003 年，第 93～94 頁。

〔註217〕辛德勇：「楚漢彭城之戰地理考述」，《歷史的空間與空間的歷史》，北京：北京師範大學出版社，2003 年，第 112～120 頁。

三匝。於是大風從西北而起，折木發屋，揚沙石，窈冥晝晦，逢迎楚軍。楚軍大亂，壞散，而漢王乃得與數十騎遁去，欲過沛，收家室而西；楚亦使人追之沛，取漢王家，家皆亡，不與漢王相見。漢王道逢得孝惠、魯元，乃載行。楚騎追漢王，漢王急，推墮孝惠、魯元車下，滕公常下收載之。如是者三。曰：『雖急不可以驅，奈何棄之？』於是遂得脫。求太公、呂后不相遇。審食其從太公、呂后間行，求漢王，反遇楚軍。楚軍遂與歸，報項王，項王常置軍中。」〔註218〕彭城一戰，雜湊而至的諸侯聯軍大敗，劉邦本人也幾乎不能以身免，其家人也做了楚軍的戰俘，項羽的雄武與楚軍的戰力再次令諸侯膽寒。關於彭城之戰，辛德勇先生有專文探討，他在分析彭城之戰迅速歸於失敗的原因時說：「劉邦在彭城靜待戰局發展，顯然是想一箭雙鵰，既消滅掉項羽，又藉此消耗趙、梁、齊各方的實力，為自己的下一步目標預作準備。劉邦精心設計的這一計劃其實存在著一個致命的弱點，這就是其他幾方力量特別是趙歇、陳餘肯定也懷有類似的打算，所以同樣要竭力迴避與項羽的主力決戰。」〔註219〕這樣以來，這支看似浩蕩的聯軍其戰力其實有限，加之劉邦自以為勝券在握而疏於防範，給了項羽以反敗為勝的機會。但是劉邦自佔有關中而重新建立秦蜀地緣聯合體以來確實發揮了巨大的戰略效應，形成了漢軍對楚軍的第一輪衝擊波。

彭城戰後，田橫趁機收復了失地，重新控制了齊地，而項羽也不得不調整戰略方針，集中兵力對付劉邦，當項羽集中力量西向之時，漢軍在函谷關正面的滎陽一帶遭遇巨大壓力，劉邦也幾乎不能脫身，「漢王之出滎陽，南走宛、葉，得九江王布，行收兵，復入保成皋。漢之四年，項王進兵圍成皋。漢王逃，獨與滕公出成皋北門，渡河走脩武，從張耳、韓信軍。諸將稍稍得出成皋，從漢王。楚遂拔成皋，欲西。漢使兵距之鞏，令其不得西。」〔註220〕楚軍步步緊逼而一度攻佔成皋，關中危若累卵。為消減正面戰場的壓力，劉邦積極謀求在項羽之側翼製造新的戰場以牽制其正面的攻勢，一方面劉邦利用英布欲保存實力而與項羽之矛盾派隨和拉攏九江王英布，隨和說英布曰：「漢王收諸侯，還守成皋、滎陽，下蜀、漢之粟，深溝壁壘，分卒守徼乘塞，楚人還兵，間以梁地，深入敵國八九百里，欲戰則不得，攻城則力不能，老

〔註218〕《史記·項羽本紀》，北京：中華書局，1959年，第321～322頁。
〔註219〕辛德勇：「楚漢彭城之戰地理考述」，《歷史的空間與空間的歷史》，北京：北京師範大學出版社，2003年，第134頁。
〔註220〕《史記·項羽本紀》，北京：中華書局，1959年，第327頁。

弱轉糧千里之外；楚兵至滎陽、成皐，漢堅守而不動，進則不得攻，退則不得解。」〔註221〕隨和之論顯然是游說之辭而與實情並不相符，但是劉邦到底是利用了英布不自安於楚的心理而成功拉攏了這一支重要的勢力，九江王畢竟是昔日楚軍中的第一猛將，他的倒戈無論在政治上還是在地緣局勢上都對楚國產生極大的影響，項羽一直視爲後院的地方起火了。雖則龍且大軍擊破了淮南之軍，但是英布在劉邦的幫助下利用其在淮南的影響在楚國的後方給項羽造成了很大的麻煩；而另一方面項羽之所以能對關中正面形成巨大的威脅就在於項羽位於東向地軸之上，其通行無礙，能迅速達於關中正面。爲了在這條東西大道上遲滯楚軍，劉邦利用活躍於巨野澤的彭越勢力牽制項羽，早在西征之時，劉邦即與彭越並肩攻秦，而五諸侯東征之時，劉邦即開始拉攏這支勢力，「漢王二年春，與魏王豹及諸侯東擊楚，彭越將其兵三萬餘人歸漢於外黃。漢王曰：『彭將軍收魏地得十餘城，欲急立魏後。今西魏王豹亦魏王咎從弟也，眞魏後。』乃拜彭越爲魏相國，擅將其兵，略定梁地。」〔註222〕彭越對項羽的戰略襲擾令項羽煩擾不已：「是時，彭越渡河擊楚東阿，殺楚將軍薛公。項王乃自東擊彭越。漢王得淮陰侯兵，欲渡河南。鄭忠說漢王，乃止壁河內。使劉賈將兵佐彭越，燒楚積聚。項王東擊破之，走彭越。漢王則引兵渡河，復取成皐，軍廣武，就敖倉食。項王已定東海來，西，與漢俱臨廣武而軍，相守數月。當此時，彭越數反梁地，絕楚糧食，項王患之。」〔註223〕正是在彭越的反覆襲擾之下，劉邦才得以重新據有成皐。而眞正在戰略上打開局面的還是韓信在舊地軸上的拓展，彭城之戰後，魏豹託故歸國而叛，「漢敗，還至滎陽，豹請歸視親病，至國，即絕河津畔漢。」〔註224〕面對魏豹的反叛，窮於應付項羽的劉邦當時無暇以武力降服，在游說失敗之後，方才令韓信將兵擊河東而以爲郡：「魏王盛兵蒲阪，塞臨晉，信乃益爲疑兵，陳船欲度臨晉，而伏兵從夏陽以木罌鮓渡軍，襲安邑。魏王豹驚，引兵迎信，信遂虜豹，定魏爲河東郡。」〔註225〕韓信在平叛之後並沒有停止前進，而是力圖效法昔日秦滅六國的戰略而完全佔有舊地軸以折天下之脊，「漢王遣張耳與信俱，引兵東，北擊趙、代。」〔註226〕而斯時趙軍二十萬

〔註221〕《史記・黥布列傳》，北京：中華書局，1959 年，第 2600 頁。
〔註222〕《史記・魏豹彭越列傳》，北京：中華書局，1959 年，第 2592 頁。
〔註223〕《史記・項羽本紀》，北京：中華書局，1959 年，第 327 頁。
〔註224〕《史記・魏豹彭越列傳》，北京：中華書局，1959 年，第 2590 頁。
〔註225〕《史記・淮陰侯列傳》，北京：中華書局，1959 年，第 2613 頁。
〔註226〕《史記・淮陰侯列傳》，北京：中華書局，1959 年，第 2614 頁。

之眾陳軍井陘口嚴陣以待，欲打開局面實為不易，然而陳餘拒絕了李左車的建議使得韓信得以以疑軍破趙，「於是漢兵夾擊，大破虜趙軍，斬成安君泜水上，禽趙王歇。」〔註227〕號稱二十萬大軍的強大趙國一舉被韓信殲滅，對關東局勢自然產生了深刻的影響，在韓信的軍威之下，燕地傳檄而定，這就對齊楚二國形成了戰略包圍之勢。韓信為軍功計揮師攻齊，在這種戰略態勢之下，齊楚二國這對秦漢之際長期的敵手不得不聯手對抗韓信大軍，隨著龍且與齊軍的戰敗，項羽斯時已是危機四伏。

　　劉邦成功地演繹了以巴蜀為資合關中之勢而取天下的關中模式，所不同的是此次秦蜀之間的地緣聯合是由南向北發起的，此中更可窺見巴蜀地區的地緣潛力。項羽所王劉邦之地則是巴、蜀、漢中三個地理單元。從經濟上看，巴蜀地區經過秦人的經營，經濟實力已非向時可比，「（李）冰乃壅江作堋，穿郫江、簡江，別支流雙過郡下，以行舟船。岷山多梓、柏、大竹，頹隨水流，坐致材木，功省用饒；又溉灌三郡，開稻田。於是蜀沃野千里，號為「陸海」。旱則引水浸潤，雨則杜塞水門，故記曰：水旱從人，不知飢饉，時無荒年，天下謂之「天府」也。」〔註228〕除此之外，漢中、巴蜀地區還生產可資軍事之用的戰略物資，「且褒斜材木竹箭之饒，擬於巴蜀。」〔註229〕總之，在劉邦與項羽集團爭奪天下的較量中，巴蜀地區的強大經濟實力是發揮了重要的作用的，「漢王引兵東定三秦，何以丞相留收巴蜀，填撫諭告，使給軍食。」〔註230〕「及項藉弒義帝，高帝東伐，蕭何常居守漢中，足食足兵。」〔註231〕關於巴蜀地區對於劉邦北向爭奪關中的價值，《水經注》說得更為直白：「漢高祖之為漢王也，發巴渝之士，北定三秦。」〔註232〕巴蜀成為劉邦的大後方，而這個後方待其襲定三秦之後，更是與關中連為一體，成為劉邦東向爭天下的資本。「關中事計戶口轉漕給軍，漢王數失軍遁去，何常興關中卒，輒補缺。」〔註233〕這就是戰國時期

〔註227〕《史記‧淮陰侯列傳》，北京：中華書局，1959年，第2616頁。

〔註228〕〔晉〕常璩：《華陽國志‧蜀志》，劉琳校注，成都：巴蜀出版社，1984年，第202頁。

〔註229〕《史記‧河渠書》，北京：中華書局，1959年，第1411頁。

〔註230〕《史記‧蕭相國世家》，北京：中華書局，1959年，第2014頁。

〔註231〕〔晉〕常璩：《華陽國志‧蜀志》，劉琳校注，成都：巴蜀出版社，1984年，第108頁。

〔註232〕〔北魏〕酈道元證：《水經注校證‧江水》，陳橋驛校，北京：中華書局，2007年，第771頁。

〔註233〕《史記‧蕭相國世家》，北京：中華書局，1959年，第2015頁。

新地軸的地力功能，而僅僅這些是不夠的，真正在戰略上打開了局面並最終底定天下的關鍵還是在於對舊地軸之佔有，發揮其攝製東方的地利功能。亦如酈食其說田橫所謂：「今已據敖倉之粟，塞成皋之險，守白馬之津，杜大行之阪，距蜚狐之口，天下後服者先亡矣。」〔註234〕

3.2.4 東向地軸的演變及其對地緣格局的影響

秦漢之際的主要角逐在關東，東向地軸之齊地在秦漢之際扮演著特殊的角色。不僅陳勝初起之時其即獨立於張楚系統之外，而且在楚政權內部起伏之時，齊地皆蠢蠢欲動而意欲主導東方之形勢。秦嘉之起、懷王之遷都彭城、陳餘之復趙、項羽之都彭城無不與齊地之地緣形勢有莫大之關聯，劉邦取三秦而項羽不為所動仍汲汲於以定齊為務，而韓信下齊一貫豪氣衝天的楚霸王始懼矣。由於秦漢之際之爭奪主要在關東地區展開，東向地軸之完固形勢與地緣潛力對於斯時之地緣格局的影響足可見諸一斑。

3.2.4.1 張楚政治體系之外的齊國

前有所論，齊國在戰國晚期自齊湣王進取受挫之後，在國際上採取消極自守的姿態，很少參與國際間的合縱抗秦，而齊又在東方五國次第而亡後最後滅亡，秦滅齊也基本上沒有發生大的戰事，是以齊地仍然保留著相對完好的下層基礎，秦始皇多次巡遊齊地除了對東部海疆的興趣之外更大一部分原因即是對齊地的地緣重視在其中。這個東部大平原上形勢自成一體的東向地軸在陳勝初起之時即表現出不同於他地的氣勢，齊地乃在東方列國中除張楚之外率先以「六國後」的名義復國，一開始就獨立於張楚政權體系之外：「陳涉之初起王楚也，使周市略定魏地，北至狄，狄城守。田儋佯為縛其奴，從少年之廷，欲謁殺奴。見狄令，因擊殺令，而召豪吏子弟曰：『諸侯皆反秦自立，齊，古之建國，儋，田氏，當王。』遂自立為齊王，發兵以擊周市。周市軍還去，田儋因率兵東略定齊地。」〔註235〕前有所論，陳勝自立之前斷然拒絕立六國後的建議，而建立張楚伊始即銳意攻秦力圖走直線路徑而邁向大一統帝國之皇位，所以張楚政權對於擅立六國後頗為警惕。趙國自立之時，「陳王怒，補繫武臣等家室，欲誅之。」〔註236〕魏國立時，「使者五反，

〔註234〕《史記·酈生陸賈列傳》，北京：中華書局，1959年，第2695～2696頁。

〔註235〕《史記·田儋列傳》，北京：中華書局，1959年，第2643頁。

〔註236〕《史記·陳涉世家》，北京：中華書局，1959年，第1955頁。

帝國的骨架：地緣與血緣之間──先秦、秦漢地緣政治結構變遷大勢

陳王乃立寧陵君咎爲魏王，遣之國。」〔註237〕相較於對趙、燕、魏等國復國的政治反應，陳勝似乎對田氏在齊地稱王並無什麼特別的反應，這或與東向地軸完固的形勢有莫大之關聯，陳勝斯時但求一舉滅秦而再回頭收拾東方之局面。

3.2.4.2 齊國與關東的反秦勢力的關係

齊國建立之後，張楚政權並未表示出明顯的不滿，亦未對其加以處置，雙方大體相安無事。但是待到陳勝兵敗身亡之後，齊國則意欲主導關東之局勢。「秦嘉等聞陳王軍破出走，乃立景駒爲楚王，引兵之方與，欲擊秦軍定陶下。使公孫慶使齊王，欲與並力俱進。齊王曰：『聞陳王戰敗，不知其死生，楚安得不請而立王！』公孫慶曰：『齊不請楚而立王，楚何故請齊而立王！且楚首事，當令於天下。』田儋誅殺公孫慶。」〔註238〕陳勝未死之前，齊國雖獨立於張楚體系之外，但在名義上尚對張楚首義而號令天下保持著形式上的尊重，這就成爲公孫慶駁斥齊王的理由，但是其所謂的「齊不請楚而立王，楚何故請齊而立王」則觸到齊楚關係的痛處，齊國雖對張楚保持著形式上的尊重，但並不唯楚命是從，而對於這個尋求齊國支持的張楚陣營裏的新勢力齊國自然不能容忍其儼然以盟主的身份而對其加以指斥，「楚安得不請而立王」則油然暴露出其意欲主導關東形勢的野心。

秦嘉旋即敗亡，項氏叔侄兵勢大盛，加之陳勝兵敗之後，章邯大軍進抵關東，齊國的野心不得不暫時潛藏，而在抗秦圖存的大前提下與包括楚在內關東反秦勢力同舟共濟，魏國難時，齊王田儋親率大軍救魏，「秦將章邯圍魏王咎於臨濟，急。魏王請救於齊，齊王田儋將兵救魏。章邯夜銜枚擊，大破齊、魏軍，殺田儋於臨濟下。」〔註239〕而楚國也在聯合抗秦的問題上表現出積極的姿態，田榮被圍困之時，項梁亦率軍相救：「田榮之走東阿，章邯追圍之。項梁聞田榮之急，乃引兵擊破章邯軍東阿下。」〔註240〕田儋死後，齊人恐齊地無王而爲諸侯所趁，迅即立王以防範列強：「齊人聞王田儋死，乃立故齊王建之弟田假爲齊王，田角爲相，田間爲將，以距諸侯。」〔註241〕這表現出齊地獨立自守的地緣心態，但是齊人這種背田儋家族而擅立的

〔註237〕《史記·陳涉世家》，北京：中華書局，1959年，第1956頁。

〔註238〕《史記·陳涉世家》，北京：中華書局，1959年，第1959頁。

〔註239〕《史記·田儋列傳》，北京：中華書局，1959年，第2643頁。

〔註240〕《史記·田儋列傳》，北京：中華書局，1959年，第2644頁。

〔註241〕《史記·田儋列傳》，北京：中華書局，1959年，第2644頁。

－250－

舉動令田榮大爲惱火，「而田榮怒齊之立假，乃引兵歸，擊逐齊王假。假亡走楚。齊相角亡走趙；角弟田間前求救趙，因留不敢歸。田榮乃立田儋子市爲齊王。榮相之，田橫爲將，平齊地。」〔註242〕田榮再次將齊國控制於家族的勢力之下。擅立之王田假與齊故相田角自然無法自立於齊國，二人分別逃奔楚、趙以避難。而此時章邯兵勢日盛，項梁呼籲齊、趙共同派兵抗秦，「項梁既追章邯，章邯兵益盛，項梁使使告趙、齊，發兵共擊章邯。田榮曰：『使楚殺田假，趙殺田角、田間，乃肯出兵。』楚懷王曰：『田假與國之王，窮而歸我，殺之不義。』趙亦不殺田角、田間以市於齊。齊曰：『蝮螫手則斬手，螫足則斬足。何者？爲害於身也。今田假、田角、田間於楚、趙，非直手足戚也，何故不殺？且秦復得志於天下，則齮齕用事者墳墓矣。』楚、趙不聽，齊亦怒，終不肯出兵。章邯果敗殺項梁，破楚兵，楚兵東走，而章邯渡河圍趙於鉅鹿。項羽往救趙，由此怨田榮。」〔註243〕關於這則史料《項羽本紀》則將不殺田假之語繫於項梁：「項梁已破東阿下軍，遂追秦軍。數使使趣齊兵，欲與俱西。田榮曰：『楚殺田假，趙殺田角、田間，乃發兵。』項梁曰：『田假爲與國之王，窮來從我，不忍殺之。』」〔註244〕而《漢書·陳勝項藉傳》亦繫於項梁名下〔註245〕。對於此點，瀧川資言、王先謙、趙翼皆注意到兩說之不同〔註246〕，但皆未作出解釋。反對勢力存身楚、趙之中終究是齊國的隱患，田榮自然是欲除之而後快。而至於楚之不殺田假或有兩種可能，一則拒絕殺田假的乃是懷王，斯時項氏叔侄深陷前線，懷王拒絕齊王的要求則勢必使其亦相應拒絕出兵，乃可以借章邯之手而除掉項氏之勢力，這從定陶兵敗之後懷王的諸多措置來看，不是沒有這種可能性的；另一方面則是楚國對於這個獨立自處的東向地軸之國欲扶植起一個在恰當之時可以預於齊國形勢的政治傀儡，第二種情形也是有可能的。由於楚、趙二國拒絕了田榮的要求，田榮以此怨楚而不出兵，項梁也兵敗定陶而身死，這又爲項羽所記恨，這就使得齊楚二國之間的積怨加深。

〔註242〕《史記·田儋列傳》，北京：中華書局，1959年，第2644頁。
〔註243〕《史記·田儋列傳》，北京：中華書局，1959年，第2644頁。
〔註244〕《史記·項羽本紀》，北京：中華書局，1959年，第302頁。
〔註245〕《漢書·陳勝項藉傳》，北京：中華書局，1962年，第1800頁。
〔註246〕〔日〕瀧川資言：《史記會注考證·項羽本紀第七》，太原：北嶽文藝出版社，1999年，第13頁。〔清〕王先謙：《漢書補注·陳勝項藉傳第一》，北京：中華書局，1983年，第912頁。〔清〕趙翼：《廿二史札記校證》，王樹民校證，北京：中華書局，1984年，第13頁。

3.2.4.3 齊地對項羽政治地圖的衝擊與楚漢對峙格局的變化

鉅鹿之戰項羽一舉擊潰王離大軍而威服諸侯，而茲後章邯亦降於項羽，斯時楚軍聲勢大盛，及聯軍揮師入關滅秦之後，項羽開始了宰割天下的大分封。對於這個東向地軸上形勢自任的齊國，項羽斷然加以肢解，而在項羽的肢解方案中，「徙齊王田市更王膠東，治即墨。齊將田都從共救趙，因入關，故立都爲齊王，治臨淄。故齊王建孫田安，項羽方渡河救趙，田安下濟北數城，引兵降項羽，項羽立田安爲濟北王，治博陽。田榮以負項梁不肯出兵助楚、趙攻秦，故不得王」〔註247〕田榮所立的田儋之子田市雖被保留但亦遷徙於膠東，而在其西方則以親楚的田都爲齊王、田安爲濟北王以封鎖膠東王，而爲項羽所記恨的田榮不得王。這種分封方案一出，田榮即大爲惱怒。

而改寫項羽政治地圖的兩大策源地一爲西向之劉邦集團，二則爲東向地軸之齊國，田榮對項羽疆理的改寫不僅體現在其再次將肢解的齊地合而爲一，並且體現在其不斷地拉攏扶持反項勢力而在關東給項羽製造更多的對手以消解項羽對齊地的戰略壓力。項羽分封未暇，田榮即迅速改寫了齊地的分裂局面而再次將齊地統一於自己的控制之下：「榮亦發兵以距擊田都，田都亡走楚。田榮留齊王市，無令之膠東。市之左右曰：『項王彊暴，而王當之膠東，不就國，必危。』市懼，乃亡就國。田榮怒，追擊殺齊王市於即墨，還攻殺濟北王安。於是田榮乃自立爲齊王，盡並三齊之地。」〔註248〕不僅如此，田榮還積極同同樣不滿於項羽分封方案的陳餘相勾結，派兵扶持陳餘改寫趙地的疆理現狀。「及齊王田榮畔楚，陳餘乃使夏說說田榮曰：『項羽爲天下宰不平，盡王諸將善地，徙故王王惡地，今趙王乃居代！原王假臣兵，請以南皮爲扞蔽。』田榮欲樹黨於趙以反楚，乃遣兵從陳餘。陳餘因悉三縣兵襲常山王張耳。張耳敗走，……陳餘已敗張耳，皆復收趙地，迎趙王於代，復爲趙王。趙王德陳餘，立以爲代王。陳餘爲趙王弱，國初定，不之國，留傅趙王，而使夏說以相國守代。」〔註249〕而茲後的劉邦東擊項羽陳餘之趙代亦參與其中，「漢二年，東擊楚，使使告趙，欲與俱。陳餘曰：『漢殺張耳乃從。』於是漢王求人類張耳者斬之，持其頭遺陳餘。陳餘乃遣兵助漢。」〔註250〕趙國

〔註247〕《史記·田儋列傳》，北京：中華書局，1959年，第2645頁。

〔註248〕《史記·田儋列傳》，北京：中華書局，1959年，第2645頁。

〔註249〕《史記·張耳陳餘列傳》，北京：中華書局，1959年，第2581頁。

〔註250〕《史記·張耳陳餘列傳》，北京：中華書局，1959年，第2582頁。

的重新統一不僅為項羽樹立了新的對手，亦在東向地軸上鉗制著劉邦的擴張，從而為齊國的自存贏得了更大的空間。除此之外，田榮還拉攏無所歸屬的重要力量彭越之軍，令其攻楚。「漢元年秋，齊王田榮畔項王，乃使人賜彭越將軍印，使下濟陰以擊楚。楚命蕭公角將兵擊越，越大破楚軍。」〔註251〕成功的拉攏彭越給楚軍造成了重大的威脅，尤其是彭越之軍近在齊側，彭越向齊對於分擔楚軍的壓力意義自然明顯。

　　自田榮重新定齊為一體後開始對項羽形成了莫大的牽制，項羽銳意攻齊雖擊敗田榮之軍，然則其殘酷的殺戮政策亦激起了齊人的反抗，田榮之弟田橫很快積聚了數萬人而再反於城陽，「項王聞之，大怒，乃北伐齊。齊王田榮兵敗，走平原，平原人殺榮。項王遂燒夷齊城郭，所過者盡屠之。齊人相聚畔之。榮弟橫，收齊散兵，得數萬人，反擊項羽於城陽。」〔註252〕「項王因留，連戰未能下。」〔註253〕而正是齊地的頑強抵抗才有效遲滯了項羽各個擊破的意圖，從而客觀上給劉邦東征以機會，「漢王率諸侯敗楚，入彭城。項羽聞之，乃醳齊而歸，擊漢於彭城，因連與漢戰，相距滎陽。以故田橫復得收齊城邑，立田榮子廣為齊王，而橫相之，專國政，政無鉅細皆斷於相。」〔註254〕而項羽的轉而攻劉邦聯軍也再次給了田橫以重新收復齊地的機會，茲後劉邦威脅日大，項羽的重心被迫轉而向西，而此後至酈生說田廣時期，齊楚之間處於相對和平的時期。這種局面到劉邦使酈食其游說於齊之時方才發生改變：「漢王使酈生往說齊王廣，廣叛楚，與漢和，共擊項羽。」〔註255〕隨著韓信一舉擊敗二十萬大軍之趙國而燕地亦傳檄而定，天下的局勢發生了重大的變化，在這種情勢之下，酈食其東行游說田橫，在一番劉、項二者之比較之後則示田橫以形勢，在這種情勢之下，「田廣以為然，乃聽酈生，罷歷下兵守戰備，與酈生日縱酒。」〔註256〕眼看著齊地就這樣「和平解放」了，韓信念及自己轉戰千里方才定趙，而酈生僅以三寸之舌即功與己平，於是趁齊軍鬆懈無備之際，突然發動攻齊戰，「漢將韓信已平趙、燕，用蒯通計，度平原，襲破齊歷下軍，因入臨淄。」〔註257〕韓信的突然攻齊戰無異於給了

〔註251〕《史記·魏豹彭越列傳》，北京：中華書局，1959年，第2592頁。
〔註252〕《史記·田儋列傳》，北京：中華書局，1959年，第2646頁。
〔註253〕《史記·項羽本紀》，北京：中華書局，1959年，第321頁。
〔註254〕《史記·田儋列傳》，北京：中華書局，1959年，第2646頁。
〔註255〕《史記·高祖本紀》，北京：中華書局，1959年，第275頁。
〔註256〕《史記·酈生陸賈列傳》，北京：中華書局，1959年，第2696頁。
〔註257〕《史記·田儋列傳》，北京：中華書局，1959年，第2646頁。

項羽一個聯齊抗漢的機會，這對於當時頗爲孤立的楚軍而言自是一個難得的機會，且一旦齊地被漢軍攻佔，不僅彭城處於漢軍的直接威脅之下，楚軍勢必腹背受敵而處於戰略包圍之中。所以在韓信攻齊未久，項羽馬上作出反應而派猛將龍且統帥二十萬大軍北上援齊，「楚亦使龍且將，號稱二十萬，救齊。」〔註258〕然則龍且有勇無謀且自以爲是，戰爭的結果與項羽的期望完全相反，「淮陰侯與戰，騎將灌嬰擊之，大破楚軍，殺龍且。」〔註259〕關於韓信定齊之戰，辛德勇有詳細的分析，篇幅所限茲不詳論。

韓信攻佔齊地給項羽以巨大的威脅，「項王聞龍且軍破，則恐，使盱臺人武涉往說淮陰侯。」〔註260〕辛德勇說：「當韓信殺掉龍且，平定三齊之後，一向氣勢如虎的項羽驟然一反常態，大爲恐慌，急忙派遣說客武涉去游說韓信。」〔註261〕這種恐慌與東向地軸的地緣功能緊密相關，東向地軸形勢完固，攻之不易，然則亦如顧祖禹所曰「以攻人則足以自強以集事。」〔註262〕因而無時不刻不是對楚的一個巨大威脅，尤其是項羽還需要在正面面對劉邦大軍，側翼還須防範彭越之襲擾，後方還須提防英布之舊地不寧。武涉說韓信而論及斯時之情勢而曰：「今足下雖自以與漢王爲厚交，爲之盡力用兵，終爲之所禽矣。足下所以得須臾至今者，以項王尚存也。當今二王之事，權在足下。足下右投則漢王勝，左投則項王勝。項王今日亡，則次取足下。足下與項王有故，何不反漢與楚連和，參分天下王之？今釋此時，而自必於漢以擊楚，且爲智者固若此乎！」〔註263〕韓信雖然拒絕了項羽的請求，但是其坐擁齊地，亦不錯過以此爲據而爲自己謀求封王的地位，「漢四年，遂皆降平齊。使人言漢王曰：『齊僞詐多變，反覆之國也，南邊楚，不爲假王以鎮之，其勢不定。原爲假王便。』」〔註264〕面對這種時勢劉邦雖則不願亦別無他法，不得不在封王問題上與韓信妥協：「當是時，楚方急圍漢王於滎陽，韓信使者至，發書，漢王大怒，罵曰：『吾困於此，且

〔註258〕《史記‧淮陰侯列傳》，北京：中華書局，1959年，第2620頁。
〔註259〕《史記‧項羽本紀》，北京：中華書局，1959年，第329頁。
〔註260〕《史記‧項羽本紀》，北京：中華書局，1959年，第329頁。
〔註261〕辛德勇：「韓信平齊之役地理新考」，《歷史的空間與空間的歷史》，北京：北京師範大學出版社，2003年，第142頁。
〔註262〕〔清〕顧祖禹：《讀史方輿紀要‧山東方輿紀要序》，賀次君、施和金點校，北京：中華書局，2005年，第1436頁。
〔註263〕《史記‧淮陰侯列傳》，北京：中華書局，1959年，第2622頁。
〔註264〕《史記‧淮陰侯列傳》，北京：中華書局，1959年，第2621頁。

暮望若來佐我，乃欲自立爲王！』張良、陳平躡漢王足，因附耳語曰：『漢方不利，寧能禁信之王乎？不如因而立，善遇之，使自爲守。不然，變生。』漢王亦悟，因復罵曰：『大丈夫定諸侯，即爲眞王耳，何以假爲！』乃遣張良往立信爲齊王，徵其兵擊楚。」〔註265〕然而，韓信坐擁的大好形勢也深爲縱橫策士所動心，繼武涉之後，蒯通復以天下形勢而勸誘韓信自立，其曰：「今楚漢分爭，使天下無罪之人肝膽塗地，父子暴骸骨於中野，不可勝數。楚人起彭城，轉鬥逐北，至於滎陽，乘利席卷，威震天下。然兵困於京、索之間，迫西山而不能進者，三年於此矣。漢王將數十萬之衆，距鞏、洛，阻山河之險，一日數戰，無尺寸之功，折北不救，敗滎陽，傷成皋，遂走宛、葉之間，此所謂智勇俱困者也。夫銳氣挫於險塞，而糧食竭於內府，百姓罷極怨望，容容無所倚。以臣料之，其勢非天下之賢聖固不能息天下之禍。當今兩主之命縣於足下。足下爲漢則漢勝，與楚則楚勝。臣原披腹心，輸肝膽，效愚計，恐足下不能用也。誠能聽臣之計，莫若兩利而俱存之，參分天下，鼎足而居，其勢莫敢先動。夫以足下之賢聖，有甲兵之衆，據彊齊，從燕、趙，出空虛之地而制其後，因民之欲，西鄉爲百姓請命，則天下風走而響應矣，孰敢不聽！割大弱彊，以立諸侯，諸侯已立，天下服聽而歸德於齊。案齊之故，有膠、泗之地，懷諸侯以德，深拱揖讓，則天下之君王相率而朝於齊矣。蓋聞天與弗取，反受其咎；時至不行，反受其殃。原足下孰慮之。」〔註266〕蒯通是不甘心讓韓信坐擁形勢之地而賤賣，然則韓信終不爲所動。韓信心思居功封王而見容於劉邦而已，並不想冒更大的風險，而當其後來臨刑之際，悔而不聽蒯通之策。

由於劉邦祭出了封王的法器，各路人馬皆積極出兵滅項，「韓信乃從齊往，劉賈軍從壽春並行，屠城父，至垓下。大司馬周殷叛楚，以舒屠六，舉九江兵，隨劉賈、彭越皆會垓下，詣項王。」〔註267〕而從當時包圍追趕項羽的灌嬰軍來看，首先抵達垓下而包圍項羽的當是韓信軍，「平明，漢軍乃覺之，令騎將灌嬰以五千騎追之。」〔註268〕這正是齊地對於楚之地緣威脅的現實體現。正因爲齊地在關東獨特的地緣地位，待到項羽兵破，劉邦自是不安心於驍勇善戰的韓信處於這一關東勁地，其迅即採取了奪軍徙王之策，「項羽已

〔註265〕《史記·淮陰侯列傳》，北京：中華書局，1959年，第2621頁。
〔註266〕《史記·淮陰侯列傳》，北京：中華書局，1959年，第2623～2624頁。
〔註267〕《史記·項羽本紀》，北京：中華書局，1959年，第332頁。
〔註268〕《史記·項羽本紀》，北京：中華書局，1959年，第334頁。

破，高祖襲奪齊王軍。漢五年正月，徙齊王信爲楚王，都下邳。」〔註269〕

3.3 小結

秦始皇自消滅六國而統一中國之後，使得新舊地軸合而爲一，新地軸成爲秦人戰略的縱深，體現爲地力之功能，而舊地軸則成爲帝國控馭東方的屛障，其體現爲地利功能。二者互爲表裏，當帝國新造，關東未服之時，這種以西馭東的地緣格局成爲其必然選擇，而其用兵北疆，逐除匈奴而守於陰山之外則完固了北向地軸之形勢，大大有利於關中北向之安全。而隨著地軸之南展，爲穩固南維計，其又展開對嶺南地區的征伐，這一南一北兩處之用兵皆與其以西馭東的地緣戰略格局相關。新舊地軸合璧之後，傳統西向地軸的渭河平原則消弭於其中，而在現象上體現爲大關中格局。東西之局在從戰國到帝國階段的轉換中不是消解掉，而是得以強化了，這種強化與秦人對關東的深刻忌憚有莫大的關係。但是始皇的南北大舉開拓使得帝國呈現出一種啞鈴式軍事防守格局，從而導致了關中的中空的局面，陳勝振臂一呼，關東反秦勢力蜂起，待到周文大軍破關而入之時，秦廷不得不倉促以驪山徒應敵，足可見其一斑。

然則始皇擘畫的帝國模式影響深遠，陳勝初起斷然拒絕封六國後而大肆西征銳意滅秦，其以陳爲中心而在函谷關和武關兩個方向對縱向地軸形成猛烈的衝擊，一度破關而入，不能不說是對秦人自恃武力地險而蔑視民力的地緣政治模式的一種嘲諷。陳勝兵敗身沒之後，章邯和王離大軍次第揮師東向，地緣鬥爭的格局集中在東方。而觀察陳勝起後關東地緣形勢的發展，自陳勝張楚體系之中游離出來的力量紛紛以立六國後爲號召在趙、燕、魏等地掀起波瀾，但東向地軸之齊地則一開始即獨立於張楚體系之外而形勢自任。雖則如此，六國的復國運動假昔日之血緣與地緣之關聯相號召而將反秦運動擴展開來，在陳勝敗亡之後在關東遼闊的地域上有效地遲滯了秦軍一舉撲滅義軍的企圖。在劉邦對關中發動的第二次西征中，其據有南陽而進佔漢中以切斷秦蜀地緣聯合體可謂對此後形勢之發展影響至爲深遠，一則徹底斷絕了秦人以巴蜀爲據而再起之可能，二則也爲可能的楚漢相爭預留了戰略退縮空間，而茲後的項羽分封的處置亦不得不以此作爲考量的基礎。待到項羽分封之

〔註269〕《史記·淮陰侯列傳》，北京：中華書局，1959年，第2626頁。

時，齊地在東方再次發難，其不但改寫了項羽對齊地的擘劃，也成為製造關東反項勢力的策源地，在齊人的支持下趙國重新統一，而正因為齊人在東方的運動也給了西部劉邦集團以可趁之機，觀察劉邦的崛起，正是關中模式的翻版，所不同的是他是自南而北發起了攻擊而重建了秦蜀地緣聯合體，然則其首次東征因並未有效控制舊地軸之北向而對關東形成建瓴之勢，終於倉促而起、倉促而敗，斯時項羽調轉矛頭主攻劉邦，而為了應對項羽楚軍在關中正面的衝擊，劉邦南聯英布，北攻魏、趙，而東聯彭越勢力。但是真正打開局面的還是韓信在井陘之戰中一舉擊敗趙國二十萬大軍，舊地軸形勢自在而燕地傳檄而定，待到韓信兵定三齊，項羽已然大勢已去，終至於垓下兵敗而亡。

縱觀秦漢之際不同勢力的紛紜之爭，皆與地軸有莫大之關聯。項羽分封對於東西地軸皆加以肢解，而其自居於這一中軸線的中央以控馭東西之形勢，而齊地能在秦漢之際自專一方與其完固的形勢不無關聯，而正是這一完固之齊攝其後終於拖住了項羽之楚而令其被迫兩線乃至數線作戰，以至於淪亡。韓之後封而數亡與其當東西交爭之要道不無關係，東魏為項羽所據而舊地軸上之西魏雖是其戰國時之故地，然則河東究竟淪喪過久而經由秦人之地緣改造後其民眾基礎蕩然無存，是以劉邦得以渡河而劫魏王豹之兵，韓信渡河而豹束手就擒。趙國能在秦漢之際有搶眼之表現與其佔據舊地軸之北段不無關係，而當其井陘之敗，斯無趙矣。項羽雖雄武蓋世而楚軍雖勇冠千軍，然則待到東西地軸分而復合而縱向地軸再次走向聯合之時，已是疲於奔命之局，其九郡之地終於成了四戰之地。是以當天下紛亂之時，帝國之郡縣疆理煥然解散，水落而石出，以自然山河之限的四向地軸再次發揮出其強大的功能，可謂當之者興，失之者亡。而秦漢之際的這種種圍繞著地軸展開的複雜地緣演繹又必然深刻地影響著西漢帝國的立國形勢與地緣擘畫。這就是秦帝國地緣格局的內蘊與秦漢之際地緣形勢演進之大概。